COLLINET VERSAILLES

INVENTAIRE
Y² 45193

LES
CENT NOUVELLES
NOUVELLES

DITES

LES CENT NOUVELLES DU ROI LOUIS XI

NOUVELLE ÉDITION

REVUE SUR L'ÉDITION ORIGINALE

AVEC DES NOTES ET UNE INTRODUCTION

PAR

P. L. JACOB

BIBLIOPHILE

PARIS
ADOLPHE DELAHAYS, ÉDITEUR
4-6, RUE VOLTAIRE, 4-6
1858

LES
CENT NOUVELLES
NOUVELLES

PARIS. — IMP. SIMON RAÇON ET COMP., RUE D'ERFURTH, 1.

LES
CENT NOUVELLES

NOUVELLES

DITES LES CENT NOUVELLES DU ROI LOUIS XI

NOUVELLE ÉDITION

REVUE SUR L'ÉDITION ORIGINALE, AVEC DES NOTES
ET UNE INTRODUCTION

PAR

P. L. JACOB

BIBLIOPHILE

PARIS

ADOLPHE DELAHAYS, LIBRAIRE-ÉDITEUR

4-6, RUE VOLTAIRE, 4-6

1858

AVERTISSEMENT DE L'ÉDITEUR

Les *Cent Nouvelles nouvelles*, depuis la pitoyable édition de 1735, n'avaient été réimprimées qu'une seule fois (en 1786), et avec une monstrueuse augmentation de fautes grossières, lorsque nous réimprimâmes, en 1841, ce chef-d'œuvre de notre ancienne littérature gauloise, dans le recueil des *Vieux Conteurs français*, qui fait partie de la collection du *Panthéon littéraire*. « On vante sans cesse les Conteurs italiens, disions-nous en tête de ce recueil; on ne parle pas des nôtres, du moins en France, où c'est un parti pris depuis longtemps de déprécier autant que possible la littérature nationale au profit des littératures étrangères. Nous n'avons jamais partagé, Dieu merci, cette injuste indifférence à l'égard des précieux monuments de la langue des quinzième et seizième siècles; nous accordons même une sorte d'admiration à ces récits pleins de grâce, de finesse et de naïveté, dans lesquels brille de tout son éclat le véritable esprit français. »

La réimpression des *Cent Nouvelles nouvelles* était, on peut le dire, une tentative assez hasardée : le public, qui est toujours ce qu'on le fait, ne paraissait pas trop préparé à goûter la saveur un peu crue de cet admirable livre, qu'on avait relégué depuis longtemps parmi les vieilleries et les curiosités littéraires. Il fallait donc créer, en quelque sorte, un nouveau public, qui voulût bien se familiariser avec la lecture, quelque peu pénible, de notre *Décaméron* français. Le conte de Louis XI ou de la cour de Bourgogne, ce conte franc, naïf, libre et jovial, comme une réminiscence des fabliaux d'autrefois, avait passé de mode et n'était plus apprécié d'un petit nombre de lecteurs qu'à titre de monument archéologique du génie de la langue du quinzième siècle. Cette langue, il est vrai, qui n'est obscure qu'en raison de l'orthographe du temps, semblait une espèce de hiéroglyphe à déchiffrer. Voilà le principal motif qui nous fit alors adopter complètement l'orthographe moderne dans une édition destinée surtout à restituer aux *Cent Nouvelles nouvelles* la popularité qu'elles avaient perdue.

Ce fut, il faut le reconnaître, l'orthographe moderne qui permit de lire facilement et même agréablement un ouvrage, que sa vieille orthographe eût rendu presque inintelligible à la plupart des personnes que nous gagnâmes ainsi à la cause de notre ancienne littérature. On s'étonna de pouvoir comprendre sans effort un écrivain du temps de Charles VII, et on apprit à se plaire avec ces joyeux conteurs qu'on ne connaissait plus que de nom. Au moment même où nous obtenions ce résultat inespéré, le savant M. Leroux de Lincy publiait, de son côté, une autre édition des *Cent Nouvelles nouvelles*, édition offerte surtout aux érudits, et dans laquelle il s'appliquait à reproduire le texte original d'après la première édition de ce célèbre recueil de contes. La tentative de M. Leroux de Lincy réussit aussi bien que la nôtre, et son édition eut les honneurs d'une réimpression dans l'espace de peu d'années. Grâce à cette double expérience de librairie, le livre des *Cent Nouvelles nouvelles* peut s'attendre désormais à être souvent réimprimé avec son vieux langage et sa vieille orthographe; car il a pris sa place à la tête de ces ouvrages classiques qu'on nomme en Italie *testi di lingua*.

L'édition que nous publions aujourd'hui est toute différente de celle que nous avons donnée il y a seize ans dans le volume des *Vieux Conteurs français* : suivant notre système, nous avons essayé de faire mieux que nous n'avions fait alors. Depuis seize ans, d'ailleurs, l'érudition est en progrès; elle est devenue beaucoup plus répandue, et il y a, pour les faiseurs d'éditions nouvelles, un public plus nombreux, mais plus difficile aussi à contenter. Nous nous sommes donc attaché à présenter un texte aussi parfait que possible, en le revoyant sur l'édition originale de Vérard, et nous l'avons élucidé par des notes philologiques et historiques qui étaient indispensables pour l'intelligence de la langue et du récit. Quant à imposer un caractère constamment uniforme et régulier à l'orthographe des ouvrages du quinzième siècle, ce serait une entreprise peut-être regrettable, car cette variété orthographique indique souvent des nuances grammaticales qu'il importe de conserver. Nous avons seulement éclairci le sens du discours par l'emploi de certains signes d'accentuation et de ponctuation modernes, qui ne changent pas la forme du langage et qui ne lui ôtent rien, pour ainsi dire, de son goût de terroir gaulois.

Le texte des *Cent Nouvelles nouvelles* est, ce nous semble, dans notre édition, plus correct et plus compréhensible que dans les éditions précédentes; car, tout en reproduisant scrupuleusement ce texte d'après la plus ancienne édition connue, qui devait nous tenir lieu du manuscrit original, nous n'avons pas hésité à rectifier une foule de phrases, évidemment fautives, par le seul fait de l'impression, et à corriger des mots plus ou moins altérés dans cette édition de 1486, qui a été la base de toutes les autres. Nous ne croyons pas que l'exactitude d'un éditeur doive aller jusqu'à respecter les fautes et les négligences de ses devanciers. Vienne un nouvel éditeur qui profite, à son tour, de notre travail, et qui contribue à le rendre parfait! Nous lui en saurons un gré infini, dans l'intérêt de l'étude de la langue et des mœurs de nos aïeux.

NOTICE

SUR LE LIVRE DES

CENT NOUVELLES NOUVELLES

Les *Cent Nouvelles nouvelles* furent racontées, dans l'intervalle de l'année 1456 à l'année 1461, par le Dauphin de France, Louis, fils de Charles VII, et par le comte de Charolais, Charles, fils de Philippe le Bon, duc de Bourgogne, ainsi que par leurs officiers et les personnes de leur suite, au château de Genappe, en Belgique, où le Dauphin s'était retiré après sa sortie de France, et où il tenait sa cour en attendant la mort du roi son père. C'est là un fait que nous apprend une tradition constante et qui se trouve établi par les termes mêmes de l'épître dédicatoire du recueil : « Notez que, par toutes les Nouvelles où il est dit *par Monseigneur*, il est entendu *par Monseigneur le Daulphin*, lequel depuis a succédé à la couronne, et est le roy Louis XIe, car il estoit lors ès pays du duc de Bourgoigne[1]. »

---

[1] Dans cette notice, nous suivons presque pas à pas celle de M. Leroux de Lincy, qui s'est servi des meilleurs historiens du temps avec une exactitude que nous ne saurions mieux apprécier qu'en renvoyant une fois pour toutes à son travail, emprunté aux Chroniques Martiniennes, aux Mémoires de Comines, de Jacques Duclerc, d'Olivier de la Marche, de Mathieu de Coucy, etc. Cependant M. Leroux de Lincy cite à peine un opuscule très-estimable dont il a tiré de grands secours : *Mémoire sur le séjour que Louis, dauphin de Viennois, depuis roi sous le nom de Louis XI, fit aux Pays-Bas, de l'an 1456 à 1461*, par de Reiffenberg.

Le Dauphin Louis montra de bonne heure ce que devait être Louis XI : il fut mauvais fils avant d'être mauvais père. A peine âgé de quatorze ans, il causa beaucoup de chagrin à Charles VII, en se déclarant l'ennemi implacable de la belle Agnès, que le roi aimait, et il s'emporta même jusqu'à donner un soufflet à cette favorite, qui l'avait traité peut-être sans ménagement. Ce soufflet fut, dit-on, la cause de la première révolte du Dauphin (en 1440), contre Charles VII, qui se vit obligé d'employer la force des armes pour soumettre le rebelle et faire cesser la *Praguerie*, cette petite guerre civile qui menaça un moment de s'étendre par tout le royaume. Charles VII, voulant éloigner son fils, quoiqu'il lui eût pardonné, le fit gouverneur du Dauphiné, et le jeune prince résida quelques années à Grenoble, appauvrissant la province par des exactions impitoyables, machinant des intrigues criminelles et créant des obstacles à l'autorité royale, qu'il bravait ouvertement. Louis était impatient de s'emparer de la couronne : il essaya de gagner les archers de la garde écossaise et les principaux seigneurs de la cour de Charles VII ; il répandit de l'argent et des promesses dans un but secret, qui touchait peut-être au parricide; mais Antoine de Chabannes, comte de Dampmartin, alla dénoncer le complot, et le Dauphin nia tout avec effronterie, en laissant punir ses complices qui l'accusaient. Il se vengea dès lors d'Agnès Sorel, empoisonnée à Jumiéges, par ses ordres, s'il faut en croire les échos de l'indignation populaire que souleva cette mort tragique. Mais il ne put se venger du comte de Dampmartin qu'après être monté sur le trône.

Celui-ci continua donc à surveiller les projets sinistres du Dauphin, qui était sans cesse en mésintelligence avec son père. Louis s'apprêtait même à en venir à une seconde révolte et il rassemblait déjà des troupes et de l'argent pour tenir tête à la royauté, sinon pour l'attaquer, lorsque Charles VII, poussé à bout et las de pardonner, ordonna au fidèle de Chabannes d'entrer avec une armée dans le Dauphiné et d'arrêter le Dauphin. « Si Dieu ou la fortune, s'écria Louis en apprenant l'approche du lieutenant du roi, m'eussent donné la grâce de disposer de la moitié des hommes d'armes dont le roi mon père est le maître et qui m'appartiendront un jour, de par Notre-Dame, ma bonne maîtresse, je lui aurais épargné la peine de venir si avant me chercher : je serais allé jusqu'à Lyon pour le combattre. »

Sentant bien que la résistance était impossible et n'espérant plus de pardon, il résolut de sortir de France et de se réfugier auprès du duc de Bourgogne. Dans le cours du mois de juin 1456, il feignit une partie de chasse pour qu'on ne s'opposât point à sa fuite, et passa en Bourgogne avec six de ses familiers. En arrivant à Saint-Claude, sur les terres du duc, qui devenait son hôte, il écrivit au roi pour se justifier, et il manifesta l'intention de s'associer à une espèce de croisade que Philippe le Bon devait entreprendre contre les Turcs. Le duc de Bourgogne, qui assiégeait alors Utrecht, se réjouit de l'arrivée du Dauphin de France, et transmit les ordres nécessaires pour que le prince exilé fût reçu à Bruxelles avec les honneurs appartenant à son rang et à sa naissance. Il revint bientôt lui-même en Brabant; il accueillit très-gracieusement à la cour le Dauphin, et il voulut connaître les griefs que ce prince prétendait avoir contre le roi et ses conseillers. « Monseigneur, soyez le bienvenu dans mon pays ! lui dit le duc, après l'avoir écouté avec attention; je suis très-heureux de vous y voir. En tout ce qui touche votre personne, soyez sûr que je vous ferai service, soit de corps, soit d'argent, sauf contre monseigneur le roi votre père, contre lequel, pour rien, je ne voudrais entreprendre aucune chose qui fût à son déplaisir. » Philippe le Bon s'employa activement pour réconcilier le Dauphin avec le roi; mais les négociations, entamées à cet effet, échouèrent toujours par le mauvais vouloir des personnes intéressées à empêcher ou à retarder cette réconciliation; le Dauphin, d'ailleurs, ne se souciait pas trop de rentrer en France, du vivant de son père, et celui-ci se croyait plus sûr de conserver sa couronne, tant que son redoutable fils resterait hors de ses États.

Pendant le séjour du Dauphin en Brabant, une parfaite harmonie régna entre lui et le vieux duc, quoique Charles VII eût dit amèrement, au sujet de la généreuse hospitalité que Philippe le Bon accordait au fugitif : « Mon cousin ne sait pas ce qu'il fait; il donne asile au renard qui mangera ses poules. » Le duc avait promis une pension de trois mille florins d'or par mois au Dauphin, qui alla se fixer au château de Genappe. « Ce manoir, fort ancien, dit M. Leroux de Lincy, situé sur la rivière de Dyle, entre Nivelle et Gemblours, à six lieues de Bruxelles et à sept de Louvain, fut la dot et le séjour d'Ide, mère du célèbre Godefroy de Bouillon. Les bâtiments dont il se composait, et qui n'existent plus aujourd'hui, entièrement construits sur la Dyle, étaient joints au rivage par un pont de bois, auquel venait se joindre, du côté du château, un petit pont-levis. On arrivait au premier pont, en traversant une cour assez vaste, environnée de jardins et d'arbres fruitiers. Deux tourelles protégeaient l'entrée; deux autres étaient placées sur la face gauche. Autant qu'on en peut juger par le dessin qui nous en reste (*Délices du Brabant*, etc., par Cantillon, t. II), l'ensemble de l'édifice se composait de quatre corps de logis distribués inégalement de chaque côté d'une grande cour. A gauche, on voyait s'avancer une chapelle. Un bâtiment séparé, défendu par une cinquième tour carrée, faisait saillie en dehors, du même côté que la chapelle. En considérant avec attention l'aspect de ce château, environné de toutes parts d'une rivière aux eaux tranquilles et d'une campagne florissante ouverte aux plaisirs de la promenade et de la chasse, on comprend que le Dauphin de France y ait fixé sa demeure, en attendant la fin de son exil. La nuit, le pont-levis une fois dressé, il ne craignait ni attaque ni surprise, et pouvait tranquillement se livrer aux plaisirs de la table et à celui d'écouter ou de faire ces joyeux récits qui composèrent plus tard les *Cent Nouvelles*. Le jour, accompagné de ses fidèles serviteurs et du comte de Charolais, dont il aimait à exciter la bouillante ardeur, il chassait, ou bien encore visitait les paysans et s'amusait de leurs propos. »

« Les principaux du Conseil dudict Dauphin, raconte Olivier de la Marche dans ses *Mémoires*, furent le seigneur de Montauban et le bastard d'Armignac, avec le seigneur de Craon; et avoit mondit seigneur le Dauphin, de moult notables jeunes gens, comme le seigneur de Cressols, le seigneur de Villiers, de l'Estang, M. de Lau, M. de la Barde, Gaston du Lyon, et moult d'autres nobles gens et gens esleus; car il fut prince, et aima chiens et oiseaux, et mesme, où il sçavoit nobles hommes de renommée, il les achetoit à poids d'or, et avoient très-bonne condition. Mais il fut homme soupçonneux, et legerement attrayoit gens et legerement il les reboutoit de son service; mais il estoit large et abandonné, et entretenoit par sa largesse ceux de ses serviteurs dont il se vouloit servir, et aux autres donnoit congé legerement et leur donnoit le bond, à la guise de France. »

Le Dauphin, au château de Genappe, pouvait se croire encore souverain, comme dans son gouvernement du Dauphiné, à l'exception qu'il ne pressurait pas d'impôts la province et qu'il manquait quelquefois d'argent. « A la despense qu'il faisoit de tant de gens qu'il avoit, dit Comines, l'argent lui failloit souvent : qui lui estoit grande peine et soucy; et luy en falloit chercher ou emprunter, ou ses gens l'eussent laissé : qui est grande angoisse à un prince qui ne l'a point accoustumé. » C'était une véritable cour, qui ressemblait à celle de Bourgogne par le nombre et l'*état* des seigneurs que le prince retenait auprès de lui à force de sacrifices. Le comte de Charolais, que l'exemple et peut-être les perfides conseils du Dauphin avaient mis presque en révolte ouverte contre le duc son père et qui plusieurs fois oublia même le respect qu'il devait à ce noble vieillard, quittait souvent le palais de Bruxelles et venait passer quelques semaines au château de Genappe avec les gentilshommes de sa maison. Ce fut durant les divers séjours du comte de Charolais auprès de Louis de France que les *Cent Nouvelles nouvelles* furent racontées, à l'imitation de celles de Boccace, dans les veillées d'hiver, autour d'une vaste cheminée où brûlaient des arbres entiers, et dans les veillées d'été, sous des tonnelles de vigne vierge ou entre des murailles de buis taillé.

En ce temps-là, les femmes vivaient à l'écart entre elles et loin de la société des hommes, excepté dans les circonstances solennelles où elles paraissaient en public, pour l'ornement des fêtes, des processions et des tournois. Anne de Bretagne établit la première, entre les deux sexes, des habitudes de fréquentation polie, qui produisirent cette urbanité que la France a longtemps apprise aux autres nations et que nous ne connaissons plus que par des traditions à demi-effacées. Anne de Bretagne *fonda la Cour des dames*, comme le dit Brantôme, et cette innovation amena presque aussitôt une révolution générale et profonde dans les mœurs, qui, de rudes et grossières qu'elles étaient, devinrent douces et élégantes. On sent bien, en lisant les *Cent Nouvelles nouvelles*, que des femmes n'étaient pas là pour les entendre, et que des hommes, jeunes et galants la plupart, pouvaient seuls écouter ce que chacun narrait à son tour si gaillardement, avec cette liberté de paroles qui n'accuse que l'innocence du bon vieux temps.

Voici, par ordre alphabétique, la nomenclature des personnages qui ont coopéré à la composition des *Cent Nouvelles nouvelles*, et dont quelques-uns nous sont à peine connus de nom, malgré les persévérantes recherches de MM. de Reiffenberg et Leroux de Lincy.

ALARDIN. Il y avait un Alardin la Griselle, écuyer-échanson du duc de Bourgogne en 1436. On trouve encore, au nombre des officiers de la maison de Bourgogne, un Alardin Bournel, qui passa au service de Louis XI en 1461. C'est sans doute ce dernier qui contait au château de Genappe. (Voyez Nouv.ᵉ 77.)

AMANT DE BRUXELLES (Monseigneur l'). C'est Jean d'Enghien, chevalier, sieur de Kessergat, vicomte de Grimbergh, chambellan et maître d'hôtel du duc de Bourgogne. Il était *amann* de Bruxelles, charge municipale qui correspondait à celle de notaire ou plutôt d'archiviste. (Voyez Nouv. 13 et 55.)

BARDE (Monseigneur de la). Jean d'Estuer, chevalier, seigneur de la Barde, de Salignac en Limousin, de Nieul en Anjou, etc., fut conseiller et chambellan de Louis XI, sénéchal du Limousin en 1462, ambassadeur ou plutôt agent du roi en Angleterre, sénéchal de Lyon en 1483, gouverneur de Perpignan, etc. Il mourut vers 1488. (Voyez Nouv. 31, dont le titre porte : *Racomptée par Monseigneur de la Barde*, quoique la Table dise seulement : *mise en avant par Monseigneur*.)

BEAUVOIR (Monseigneur de). Jean de Montespedon, dit *Houaste*, écuyer, conseiller et premier valet de chambre de Louis XI, n'était pas encore seigneur de Beauvoir, lorsqu'il s'expatria pour suivre le Dauphin. (Cette circonstance prouve que la rédaction des *Cent Nouvelles nouvelles*, ou du moins celle des titres de la Table, où sont nommés les narrateurs, est postérieure à l'année 1461.) Jean de Montespedon fut chargé de porter une lettre du Dauphin à Charles VII en janvier 1460. Louis XI récompensa ses services, en le nommant bailli de Rouen, au mois de novembre 1461. (Voyez Nouv. 27 et 30.)

CARON. Il était clerc de chapelle dans la maison de Bourgogne. On voit que les gens d'Église ne se scandalisaient pas aisément en matière de contes. (Voyez Nouv. 22.)

Chancy (Messire Michaut de), conseiller du grand conseil, chambellan ordinaire, premier écuyer tranchant, puis premier maître d'hôtel des ducs de Bourgogne Philippe et Charles; ce dernier lui accordait une confiance particulière et le combla de faveurs. Après la mort de Charles le Téméraire, Louis XI confirma Michaut ou Michel de Changy dans toutes les charges qu'il avait en Bourgogne. (Voyez Nouv. 40, 64, 79 et 80.)

Commesuram (Monseigneur de). Ne faut-il pas lire *M. de Conversan*. C'est ainsi qu'on qualifiait alors Louis de Luxembourg, comte de Saint-Pol, qui est pourtant nommé *monseigneur de Saint-Pol* en tête de la Nouvelle 59? (Voyez Nouv. 23, 62 et 72.)

Créquy (Monseigneur de). Jean, sire de Créquy, de Canaples et de Tressin, chevalier de la Toison-d'Or depuis l'origine de cet ordre, en 1431, était un de ceux qui, en 1453, firent le *vœu du faisan* pour une croisade contre les Turcs. En 1461, il fut chargé de porter le collier de l'ordre au roi d'Aragon. Il est nommé au nombre des douze seigneurs qui portèrent le corps du duc défunt, à la cérémonie des obsèques de Philippe le Bon. Il mourut après l'année 1469. (Voyez Nouv. 14.)

David (Pierre) se trouve porté aux appointements de douze sous par mois dans les états des officiers et domestiques de la maison de Bourgogne en 1448. (Voyez Nouv. 49.)

Dygoine (Messire Chrétien de), chevalier, seigneur de Thianges, chambellan de Jean-sans-Peur, conserva cette charge auprès des ducs Philippe et Charles : il touchait, en 1473, une pension de six cents francs d'or. Il vivait encore en 1475. (Voyez Nouv. 68.) Voyez ci-après Thianges.

Fiennes (Monseigneur de). Thibaut de Luxembourg, second fils de Pierre, premier du nom, fut le chef de la branche de Fiennes. Il était pensionnaire du duc de Bourgogne en 1466. Après la mort de sa femme, Philippine de Melun, il se fit moine dans l'ordre de Cîteaux et devint tour à tour abbé d'Igny, puis abbé d'Orcamp, et enfin évêque du Mans. Il mourut en 1477. (Voyez Nouv. 24 et 43.)

Fouquessoles (Monseigneur de). On sait seulement que ce personnage était bailli de Fouquessoles en 1419 et qu'il avait le commandement d'une compagnie de gendarmes dans l'armée du duc de Bourgogne. (Voyez Nouv. 26.)

Guyenne (Monseigneur le sénéchal de). Voyez Lau.

Lamant de Bruxelles. Voyez Amant.

Lambin (Maître Jean). On croit que c'est Berthelot Lambin, valet de chambre du duc Philippe le Bon et contrôleur de son artillerie en 1446. (Voyez Nouv. 73.)

Lanoy (Monseigneur Jean de), créé chevalier de la Toison d'Or en 1451, était, dès l'année 1448, attaché à la maison du duc de Bourgogne, qui lui donnait trente-six sols de gages par mois. Louis XI, en montant sur le trône, l'attira sans peine à son service, le nomma gouverneur de Lille et bailli d'Amiens, et le chargea d'une mission secrète auprès du roi d'Angleterre. Mais Charles le Téméraire, indigné de la déloyale conduite de Jean de Lanoy, voulut le faire arrêter et s'empara de ses terres en Brabant. Après la mort du duc, Jean de Lanoy reparut à la cour de Bourgogne et joua un rôle important dans la politique du temps : il fut abbé de Saint-Bertin, chancelier de la Toison-d'Or, chambellan de Maximilien d'Autriche, et mourut en 1492. (Voyez Nouv. 6, et 92. La nouvelle 82 lui est attribuée dans la Table ; mais on lit en tête de cette Nouvelle : *par Jehan Martin*. Il faut aussi remarquer que le nom de Jean de Lanoy est écrit partout *Launoy* dans l'édition originale des *Cent Nouvelles nouvelles*.)

Laon (Philippe de). C'est Philippe de Loan, écuyer d'écurie du duc de Bourgogne en 1462. On conserve parmi les Manuscrits de la Bibliothèque impériale un bel exemplaire de la *Bible historiale* de Guyard des Moulins, qu'il avait acheté à Londres le 25 novembre 1461, probablement pour le compte de Philippe le Bon. (Voyez Nouv. 5, 20, 21, 66, 67, 74 et 76.)

La Roche (Monseigneur de). Philippe Pot, fils de Jacques Pot, seigneur de la Roche, de Nolay et autres lieux, était chambellan de la maison de Bourgogne, aux gages de trente-six sols par mois, en 1462. Il devint alors un des plus intimes conseillers de Philippe le Bon, qui lui confia plusieurs négociations délicates. Charles le Téméraire lui accorda la même confiance et le nomma successivement capitaine de la ville et du château de Lille, grand-maître d'hôtel et chambellan de Bourgogne, etc. A la mort du duc, Louis XI, qui connaissait l'habileté de Philippe Pot, le créa grand sénéchal de Bourgogne. Il mourut vers 1498. On croit qu'il avait été gouverneur du comte de Charolais et du roi Charles VIII. Ces renseignements, empruntés à la notice que M. Leroux de Lincy a consacrée à ce personnage, ne nous ont pas bien convaincu que *Monseigneur de la Roche* ne fût pas plutôt Jean de la Roche, seigneur de Barbezieux, fils aîné de Guy de la Rochefoucauld, le même qui avait commandé les troupes du Dauphin pendant la *Praguerie* de 1440. Dans tous les cas, monseigneur de la Roche fut un des plus joyeux conteurs des *Cent Nouvelles nouvelles*. (Voyez Nouv. 5, 12, 15, 18, 36, 37, 41, 44, 45, 47, 48 et 52.)

Lau (Monseigneur de). Antoine de Châteauneuf, seigneur et baron de Lau, en Armagnac, fut un des favoris de Louis XI, qui non-seulement le nomma grand chambellan et grand bouteiller de France, sénéchal de Guyenne, mais encore qui lui donna de grandes sommes d'argent pour ses bons services ; cependant il tomba bientôt en disgrâce et se vit emprisonné au château d'Usson, en Auvergne. Il parvint à s'évader en 1468 et se retira auprès du duc de Bourgogne. Il fit bientôt sa paix avec le roi, car il était gouverneur de Perpignan en 1472. Il mourut avant l'année 1485. (Voyez Nouv. 38.)

Lebreton Il y avait, en 1419, un Roulant Lebreton, roi d'armes d'Artois, qui fut fait prisonnier à Dreux, par Bernard d'Armagnac, et envoyé à Paris, où Charles VI lui accorda 200 livres à titre d'indemnité. (Voyez Nouv. 98.)

La Sale (Antoine de), qu'on regarde comme le rédacteur des *Cent Nouvelles nouvelles*, et qui serait alors l'*Acteur*, c'est-à-dire l'auteur de la nouvelle 50, était né en Bourgogne dans les dernières années du quatorzième siècle. Dans sa jeunesse, il alla en Italie, et s'attacha comme secrétaire à Louis III, comte d'Anjou et de Provence, et roi de Sicile; il passa ensuite au service du bon roi René, et fut précepteur des enfants de ce prince. Ramené en Flandre par le comte de Saint-Pol, et présenté à Philippe le Bon, il devint un des ornements de la cour de Bourgogne, qui accueillit ses romans et ses histoires avec de justes applaudissements. « Noble et bien renommé, Anthoine de La Sale, dit un de ses contemporains (Basse de Brinchamel, dans la préface des *Aventures de Floridan et d'Ellinde*), avez tousjours plaisir, et dès le temps de vostre fleurie jeunesse, vous estes delicté à lire, aussi à escripre histoires honnorables; ouquel exercice, et continuant, vous perseverez de jour en jour sans interruption. »

Ce fut sans doute pour le délassement du Dauphin de France, qu'Antoine de La Sale écrivit l'*Histoire du petit Jehan de Saintré et de la dame des Belles Cousines*, puisque les manuscrits de ce joli roman sont datés du château de Genappe et de l'année 1459 : il écrivit aussi, dans le même temps et peut-être dans le même but, les *Quinze joies du mariage*, vive et plaisante satire, à laquelle il ne mit pourtant pas son nom. « Entre cet ouvrage, la *Dame des Belles Cousines* et les *Cent Nouvelles*, il y a, dit M. Leroux de Lincy, un air de famille qui suffirait pour qu'on les attribuât tous trois au même auteur. » Antoine de La Sale aurait donc, suivant toute apparence, rédigé les *Cent Nouvelles nouvelles*, et c'est lui-même qui offrit au comte de Charolais, comme il le dit dans la dédicace adressée à ce prince, ce *petit œuvre, mis en terme et sur piez, à vostre commandement et advertissement*. (Voyez Nouv. 50.)

Mahiot d'Auquesnes. C'est Mahiot Regnault, *maître de la chambre aux deniers*, c'est-à-dire argentier de Philippe le Bon; ou bien Mahiot Noël, domestique qui recevait sept sols de gages par mois, en 1448, dans la maison de Bourgogne. (Voyez Nouv. 54.)

Martin (Jean), valet de chambre et premier *sommelier du corps* de Philippe le Bon, seigneur de Bretonnières, châtelain de Rouvres, etc., ne resta pas au service de Charles le Téméraire après la mort du duc Philippe, et se retira dans la ville de Dijon, où il mourut le 28 novembre 1475. (Voyez Nouv. 78 et 82.)

Meriadech (Hervé), Breton, écuyer, attaché à la maison de Bourgogne, où il touchait dix-huit sols de gages par mois en 1448, avait suivi en Écosse le bon chevalier Jacques de Lalaing, et s'était distingué par de *belles expertises d'armes*. Louis XI le nomma gouverneur de Tournay en 1464. (Voyez Nouv. 42.)

Poncelet. On croit que c'est Jacques *Pourcelet*, qui était, en 1471, conseiller du duc de Bourgogne. (Voyez Nouv. 59, 60 et 61.)

Rothelin (marquis de). Philippe, marquis de Hocheberg, comte de Neufchâtel en Suisse, seigneur de Rothelin et de Badenviller, fut maréchal de Bourgogne et grand sénéchal de Provence; il devint, en 1491, grand chambellan de France. Il mourut en 1503. (Voyez Nouv. 84.)

Saint-Pol (Monseigneur de). Louis de Luxembourg, comte de Saint-Pol, de Brienne, de Conversan, etc., chevalier de la Toison-d'Or, joua un grand rôle dans les premières années du règne de Louis XI, qui l'avait appelé à son service et créé connétable de France en 1465. Mais Louis de Luxembourg conservait des intelligences secrètes avec le duc de Bourgogne, son ancien maître, et trahissait tour à tour le duc et le roi, en les ménageant tous deux et en les opposant toujours l'un à l'autre. Enfin, Louis XI le fit arrêter, juger et décapiter en décembre 1475. (Voyez Nouv. 59.)

Saint-Yon (Monseigneur de). C'est sans doute Garnot de Saint-Yon, qui était écuyer-pannetier de Jean-sans-Peur et qui fut ensuite échanson de Philippe le Bon, avec 100 francs de gages par an. (Voyez Nouv. 25.)

Thalemas (Monseigneur de). Messire Gui, seigneur de Roye, Plessis, Muret, Thalemas et Guerbigny, chevalier de la Toison-d'Or, mort sans postérité en 1463. (Voyez Nouv. 75.)

Thianges (Monseigneur de). C'est le même que *messire Chrétien Dygoine*, ou *d'Ygoinne*, qui raconte la nouvelle 68, puisque la seigneurie de Thianges appartenait à ce personnage. (Voyez Nouv. 46. Dans l'édition originale, le titre de cette Nouvelle nomme *monseigneur de Thieurges*; mais le nom est rectifié dans la Table où on lit *de Thienges*.)

Vignier (Philippe) était valet de chambre du duc de Bourgogne en 1441. (Voyez Nouv. 19. Le nom du conteur est écrit *Vignieu* dans la Table, et *Vignier* en tête de la Nouvelle.)

Villiers (Monseigneur de). C'est sans doute Antoine de Villiers, premier écuyer de Philippe le Bon. Louis XI, qui l'avait connu et apprécié à Genappe, l'employa plus tard dans des négociations difficiles et le récompensa de son zèle, après la conclusion de plusieurs traités de paix, auxquels le seigneur de Villiers avait fort contribué. (Voyez Nouv. 32, 53, 55, 56, 57 et 95.)

WAULVRIN (Monseigneur de), seigneur de Forestel, d'une illustre famille de Flandre, chambellan des ducs de Bourgogne Jean et Philippe, est auteur d'une chronique, encore inédite, qui embrasse l'histoire d'Angleterre et de France depuis les temps les plus reculés jusqu'en 1471. (Voyez Nouv. 81 et 83. La Table, où son nom est écrit *Vaulvrain* et non *Waurin* comme dans le titre de la Nouvelle 81, le désigne comme auteur de la 83e Nouvelle, en tête de laquelle il n'est pas nommé.

WASTENNES (Monseigneur le prévôt de) était un des conseillers du comte de Charolais qui, dans sa querelle avec la maison de Croy, l'accusa de trahison et l'éloigna de sa personne. On ne sait pas le nom de ce personnage. (Voyez Nouv. 65.)

Parmi les *Cent Nouvelles nouvelles*, il y en a plusieurs dont les narrateurs ne sont pas nommés. M. de Reiffenberg attribue ces Nouvelles anonymes à Philippe, comte de Croy, qu'il présente même comme l'*Acteur* du recueil entier; mais cette conjecture n'est guère vraisemblable, et l'on a plus de raison de penser qu'Antoine de La Sale, écrivant de souvenir les Nouvelles qu'il avait entendues, ne s'est pas rappelé tous les noms des conteurs et en a omis quelques-uns. La Table des sommaires, rédigée postérieurement à la composition du livre, rectifie plusieurs noms et en ajoute d'autres qui avaient été omis en tête des Nouvelles.

Le Dauphin, que le rédacteur désigne sous le nom de *Monseigneur*, comme il l'annonce dans l'épître dédicatoire, raconte les Nouvelles 2, 4, 7, 9, 11, 29, 33, 69, 70, 71. La Nouvelle 71 est attribuée à *Monseigneur le duc* dans le titre qui la précède; mais la Table porte seulement : *racomptée par Monseigneur*. Louis XI *aimoit fort les bons mots et les subtils esprits*, selon Brantôme. Ce fut chez lui un goût prédominant, dont il ne se corrigea pas en devenant roi, car alors, dit encore Brantôme, « la pluspart du temps mangeoit en pleine salle avec force gentilshommes de ses plus privez. Et celuy qui lui faisoit le meilleur et le plus lascif conte de dames de joye, il estoit le mieux venu et festoyé. Et luy-mesme ne s'espargnoit à en faire, car il s'en enquéroit fort et en vouloit souvent sçavoir; et puis, en faisoit part aux autres publiquement. C'estoit bien un scandale grand que celuy-là. Il avoit très-mauvaise opinion des femmes et ne les croyoit toutes chastes. » L'histoire a conservé un grand nombre de reparties facétieuses et d'anecdotes plaisantes, qui nous font bien connaître le genre d'esprit de Louis XI : il n'était pas ignorant comme presque tous les princes de son temps, qu'il méprisait, parce que, dit Comines, *de nulles lettres n'ont congnoissance et sont nourris seulement à faire les fols en habillemens et en paroles;* il prenait plaisir à entendre parler les gens savants, et, malgré les leçons du docte Jean d'Arconville, qui lui avait appris le latin, il préférait aux chefs-d'œuvre de l'antiquité grecque et romaine les poésies, les histoires et les romans français ou plutôt *gaulois*. Il eût donné tout Homère et tout Virgile pour un joyeux propos.

Le comte de Charolais, qui devait pourtant, par la nature même de son caractère belliqueux, faire moins de cas des récits grivois et familiers que des héroïques histoires de chevalerie, paya aussi son tribut de conteur aux veillées du château de Genappe[1]. (Voyez Nouv. 16, 17 et 58.) Le comte, à cette époque, vivait fraternellement avec le Dauphin : ils mangeaient à la même table, couchaient dans le même lit, chassaient ensemble, échangeaient leurs pensées et leurs projets, se préparant mutuellement à leur destinée de duc et de roi. Louis aimait les contes, et Charles conta. Quand ils se quittèrent, à la fin de juillet 1461, le Dauphin devenant roi de France par la mort de son père, ils étaient ennemis et ne se retrouvèrent plus que sur les champs de bataille. Pendant que Louis XI était prisonnier de son beau cousin de Bourgogne dans le château de Péronne, en 1468, il se souvint peut-être des bons contes qu'il faisait et qu'il entendait naguère au château de Genappe.

Les contes dont se composent les *Cent Nouvelles nouvelles* peuvent se diviser en trois catégories, provenant chacune de trois sources différentes : les unes (Nouv. 1, 9, 14, 16, 18, 19, 23, 54, 58, 60, 61, 64, 78, 88 et 96) sont imitées de Boccace et des anciens fabliaux; les autres (Nouv. 5, 8, 11, 12, 20, 21, 32, 50, 79, 80, 85, 90, 91, 93, 95 et 99) sont empruntées aux *Facéties* du Pogge; le reste est original et fondé sur des faits véritables. « Se peut très-bien, et par raison fondée convenablement en assez apparente verité, dit l'*Acteur*, ce present livre intituler de *Cent Nouvelles nouvelles;* jà soit ce qu'elles soyent advenues ès parties de France, d'Allemaigne, d'Angleterre, de Haynault, de Flandres, de Brabant, etc.; aussy, pource que l'estoffe, taille et façon d'icelles est d'assez fresche memoire et de myne beaucoup nouvelle. »

Les anecdotes contemporaines sur lesquelles reposent la plupart des *Cent Nouvelles* (notamment les Nouvelles 1, 5, 47, 62, 63, 75, etc.) ont

[1] On ne sait par quelle préoccupation M. Leroux de Lincy a placé parmi les conteurs des *Cent Nouvelles nouvelles* le vieux duc Philippe le Bon, lequel n'eût pas certainement compromis la dignité ducale dans des assemblées intimes qui réunissaient les domestiques les plus *privés* du Dauphin et du comte de Charolais. Le rédacteur ayant mis *monseigneur le duc* en tête des contes qu'il attribue au jeune prince de Bourgogne, qui ne fut duc qu'à la mort de son père, il faut en conclure plutôt que la rédaction du livre a été faite après 1467, ou du moins que, dans le manuscrit qui servit à la première impression de ce recueil, le copiste avait changé la qualification du personnage, sans s'inquiéter de l'erreur chronologique qui devait résulter de ce changement.

certaine valeur historique; « mais, dit M. Leroux de Lyncy, ce n'est pas seulement sous le point de vue de l'histoire proprement dite que les *Cent Nouvelles* ont de l'importance; c'est plutôt comme servant à l'histoire des mœurs, des usages, des coutumes du quinzième siècle, que ce recueil doit être considéré. Sous cet aspect, il n'est pas une page qui ne mérite de fixer l'attention. La vie intime de nos aïeux y est peinte dans le plus grand détail; il est facile d'en saisir les circonstances les plus secrètes... Ce qui distingue principalement les *Cent Nouvelles*, c'est le style plein de clarté, de finesse et d'élégance, avec lequel elles sont écrites. Il est impossible de pousser plus loin la satire et la moquerie : la gaieté la plus franche s'y mêle à cette naïveté, dont notre la Fontaine avait le secret et qui s'est perdue avec lui. Cette naïveté a l'avantage de faire passer la crudité, quelquefois un peu rude, dont les récits sont empreints, et de faire oublier certaines expressions trop grossières... Le style est surtout remarquable dans le dialogue; l'*Acteur* est arrivé, sous ce rapport, à une grande perfection; mais il ne faut pas oublier que chacun des narrateurs y a contribué pour une partie, et que le mérite de l'*Acteur* consiste principalement dans la fidélité scrupuleuse avec laquelle il a reproduit chaque récit dans les mêmes termes qu'il l'avait entendu faire. Cette fidélité donne aux *Cent Nouvelles* une grande valeur, parce qu'elle nous permet de juger du langage admis dans la haute société du quinzième siècle. »

On ne possède plus de manuscrits des *Cent Nouvelles nouvelles*. Celui qui était dans l'ancienne bibliothèque des ducs de Bourgogne, sous le n° 1261, et qui avait été sans doute offert à Charles le Téméraire,[1] par Antoine de La Sale, est perdu; celui qu'on trouve inscrit dans le Catalogue des livres du cabinet de L. J. Gaignat, sous le n° 2214, et qui ne fut vendu que 100 francs en 1769, n'est point entré dans un dépôt public : on doit d'autant plus le regretter, qu'il portait la date de 1462; c'était donc probablement une copie de l'original.

Les *Cent Nouvelles nouvelles* ont été réimprimées environ douze fois depuis la première édition datée de 1486. Voici la liste de ces éditions.

Les Cent Nouvelles nouvelles. — *Cy finissent les Cent Nouvelles nouvelles composées et récitées par nouvelles gens depuis naguères et imprimées à Paris, le 25ᵉ jour de décembre 1486, par Anthoine Verard, libraire.* Pet. in-fol. goth. à 2 colonnes de 56 lignes chacune, figures en bois. Cette

---

[1] « Ung livre tout neuf escript en parchemin à deux coulombes, couvert de cuir blanc de chamoy, historié en plusieurs lieux de riches histoires, contenant *Cent Nouvelles*, tant de Monseigneur (que Dieu pardonne!) que de plusieurs autres de son hostel... » *Bibliothèque protypographique, ou librairie des fils du roi Jean*, publié par Barrois, p. 185. Ces mots, *que Dieu pardonne*, prouvent que l'inventaire de la librairie a été dressé après la mort du duc Charles le Téméraire, voilà tout.

édition, plus correcte que les suivantes, est fort rare. On n'en connaît que trois ou quatre exemplaires. L'état des gravures sur bois, qui sont usées et même endommagées, semblerait indiquer qu'elles avaient servi à une autre édition.

— Les mêmes. *Imprimé à Paris par Anthoine Verard* (sans date), in-fol. goth. de 158 f. à 2 colonn. de 56 lignes chacune, fig. en bois. Cette édition, aussi rare et moins belle que la précédente, pourrait bien lui être antérieure.

— Les mêmes, *contenant en soy cent chapitres et histoires ou nouveaux comptes plaisans et récréatifs pour deviser en toutes compaignies.* — Impr. à Paris, par Nicolas Desprez, le m₀ jour de février, l'an 1505, pour maistre Durand Gerlier, marchant libraire. Pet. in-fol. goth. de 161 f. à 2 colonn., de 43 lignes chacune, fig. en bois. Cette édition est aussi fort rare.

— Les mêmes. *Paris, Michel Lenoir* (sans date). Pet. in-4° goth. de 154 ff., à 2 colonn., de 39 lignes chacune, fig. en bois.

— Les mêmes. *Paris, Jehan Trepperel* (sans date). Pet. in-4° goth., ff. non chiffrés, sign. A-C, fig. en bois.

— Les mêmes. *Paris, impr. par Nic. Desprez, pour Jehan Petit* (sans date). Pet. in-4° goth. à 2 colonn.

— Les mêmes. *Paris, veuve de Jehan Trepperel et Jehan Jannot* (sans date). Pet. in-4° goth. de 154 ff., à 2 colonn., fig. en bois.

— Les mêmes. *Lyon, Olivier Arnoullet* (sans date, vers 1530). Pet. in-4° goth. de 136 f. à longues lignes, avec fig. en bois.

— Les mêmes, *où sont comprins plusieurs devis et actes d'amour, non moins subtils que facétieux. Rouen, Jacques Aubert* (sans date, vers 1540), in-12.

— Les mêmes. *Cologne (Amsterdam), P. Gaillard*, 1701, 2 vol. pet. in-8°, avec figures en taille-douce d'après Romain de Hooge. Il y a, de cette édition, deux sortes d'exemplaires : les uns avec vignettes tirées dans le texte en tête de chaque Nouvelle; les autres avec ces mêmes vignettes tirées à part.

— Les mêmes. *Amsterdam*, 1732, 2 vol. in-12, avec les figures de l'édition de 1701.

— Les mêmes. *La Haye (Lyon), P. Gosse et J. Neaulme*, 1733, 2 vol. pet. in-12. Cette édition fait partie d'une collection de contes qui comprend ceux de Boccace, de la Reine de Navarre et de la Fontaine.

— Les mêmes. *Cologne (Suisse)*, 1786, 4 vol. in-12, avec les figures de l'édition de 1701.

Dans des éditions modernes, le texte est singulièrement altéré, et l'on voit que les éditeurs ne comprenaient guère le langage du quinzième siècle; car, outre les erreurs continuelles de la ponctuation, on remarque presque à chaque ligne, des fautes grossières qui prouvent que ces éditions ont été copiées l'une sur l'autre depuis celle de 1701, qu'on imprima sur un exemplaire gothique, que les compositeurs ne savaient pas même lire. On ne s'étonne plus, en voyant le texte défiguré de ces éditions, que les deux derniers siècles aient regardé comme barbare et incompréhensible la langue si claire et si charmante de nos vieux conteurs.

— Les mêmes, édition revue sur les textes originaux et précédée d'une introduction par Leroux de Lincy. *Paris, Paulin,* 1841, 2 vol. gr. in-18.

Cette édition, dont il y a une réimpression sous la même date, a paru en concurrence avec celle que nous avons publiée nous-même dans le recueil des *Vieux Conteurs français;* elle se recommande par les travaux historiques de M. Leroux de Lincy (son excellente Introduction et ses Notices sur les conteurs, etc.) que nous avons mis souvent à contribution. Quant au texte, que l'éditeur s'est appliqué à reproduire, d'après les deux éditions de Vérard, dit-il, *avec une scrupuleuse exactitude, ayant soin de suivre, dans l'orthographe du même mot, toutes les variations alors en usage;* nous regrettons que ce texte soit peut-être trop conforme à celui des premières éditions; car l'éditeur ne s'est pas même permis de corriger les innombrables fautes qui le défigurent et qui rendent parfois le sens peu intelligible; nous reprocherons aussi à M. Leroux de Lincy l'accentuation toute moderne et la ponctuation très-imparfaite, qu'il a cru devoir ajouter à la fidèle reproduction des originaux.

Les *Cent Nouvelles nouvelles,* qui furent tant de fois imitées, abrégées ou paraphrasées par les conteurs du seizième siècle, avaient rencontré, dès cette époque, un malencontreux éditeur, qui les mutila, sous prétexte de les *remettre en leur naturel,* sous ce titre : *Les facétieux Devis des Cent et six Nouvelles nouvelles, très-récréatives et fort exemplaires pour resveiller les bons esprits françois.* Le seigneur de La Motte-Roullant, Lyonnais, ne craignit pas de commettre ce sacrilége qui obtint néanmoins les honneurs de trois éditions : l'une, *Paris, Guill. Le Bret,* 1549, in-8°; l'autre, *Paris, Jean Longis,* 1550, pet. in-8°, et la troisième, *Lyon, Benoît Rigaud,* 1570 ou 1574, in-16; ce plagiaire, qui avait emprunté aux *Cent Nouvelles nouvelles* quatre-vingt-dix-sept nouvelles pour les transformer et les accommoder à sa fantaisie, trouva un plagiaire à son tour; mais celui-ci garda l'anonyme, en faisant paraître à Lyon, chez Eustache Barricat, en 1555, le *Recueil des plaisantes et facétieuses Nouvelles, recueillies de plusieurs auteurs,* in-16. Ces imitations plus ou moins déguisées du chef-d'œuvre d'Antoine de La Sale montrent assez que son ouvrage avait bien vieilli dans la forme, un siècle après l'époque où il fut écrit; car on ne le réimprimait déjà plus à la fin du règne de François Ier, quand le conte gaulois, plein de malice et de joyeuseté, dut céder le pas aux longues et fastidieuses aventures chevaleresques des Amadis, apportées d'Espagne par le royal prisonnier de Charles-Quint. On le dédaigna, on l'oublia tout à fait, lorsque l'*italianisme*, que Catherine de Médicis avait mis en faveur à la cour de Henri II, se fut infiltré dans la littérature comme dans les mœurs de la France.

A MON TRÈS REDOUBTÉ SEIGNEUR

MONSEIGNEUR

LE DUC DE BOURGOIGNE ET DE BRAIBANT [1]

Comme ainsi soit que, entre les bons et prouffitables passetemps, le très gracieux exercice de lecture et d'estude soit de grande et sumptueuse recommandacion, duquel, sans flatterie, mon très redoubté Seigneur, vous estes haultement et largement doué, Je, vostre très obeissant serviteur [2], desirant complaire, comme je doy, à toutes voz haultes et très nobles intencions, en façon à moy possible, ose ce present petit oeuvre, à vostre commandement et advertissement mis en terme et sur piez, vous presenter et offrir, suppliant très humblement que agreablement soit reçeu, qui en soy contient et traicte cent hystoires assez semblables en matiere, sans attaindre le subtil et très orné

---

[1] Cette épître est adressée certainement à Charles le Téméraire, qui porta le titre de comte de Charolais jusqu'à ce que la mort de son père, Philippe le Bon, l'eut fait duc de Bourgogne en 1467, lorsque Louis XI était déjà roi de France depuis six ans. On voit donc, par là, que la rédaction ou du moins la publication des *Cent Nouvelles nouvelles* est postérieure à l'année 1467.

[2] Antoine de La Sale, qui passe pour être l'*acteur* ou rédacteur des *Cent Nouvelles nouvelles*, recueillies par le commandement du duc de Bourgogne, longtemps après l'époque où elles furent racontées au château de Genappe. Voy. la Notice préliminaire.

langaige du livre de *Cent Nouvelles* [1]. Et se peut intituler le Livre de *Cent Nouvelles nouvelles*. Et, pour ce que les cas descriptz et racomptez oudit livre de *Cent Nouvelles*, advindrent la pluspart ès marches et mettes [2] des Ytalies, jà long temps a; neantmoins toutesfois, portans et retenans toujours nom de Nouvelles, se peut très bien, et par raison fondée convenablement en assez apparente verité, ce present livre intituler de *Cent Nouvelles nouvelles*; jà soit ce qu'elles soyent advenues ès parties de France, d'Alemaigne, d'Angleterre, de Haynault, de Flandres, de Braibant, etc.; aussy, pource que l'estoffe, taille et façon d'icelles est d'assez fresche memoire et de myne beaucoup nouvelle.

Et notez que, par toutes les Nouvelles où il est dit *par Monseigneur*, il est entendu *par Monseigneur le Daulphin*, lequel depuis a succedé à la couronne, et est le roy Loys unziesme, car il estoit lors ès pays du duc de Bourgoigne.

[1] Le *Décaméron* de Boccace avait été traduit en français, d'après une version latine littérale, par Laurent du Premier-Faict, sous le règne de Charles VI; et cette traduction, peu exacte, mais pleine de naïveté et de charme, se trouvait en manuscrit dans toutes les bibliothèques des rois et des princes.

[2] Aux pays et frontières.

S'ENSUIT

LA TABLE DE CE PRESENT LIVRE

DES

CENT NOUVELLES NOUVELLES

LEQUEL EN SOY CONTIENT

CENT CHAPITRES OU HISTOIRES

OU POUR MIEULX DIRE

NOUVEAUX COMPTES A PLAISANCE

I. — LA MEDAILLE A REVERS[1].

La premiere nouvelle traicte d'ung qui trouva façon de jouyr de la femme de son voisin, lequel il avoit envoyé dehors pour plus aisiement en jouyr; et luy, retourné de son voyaige, le trouva qui se baignoit avec sa femme. Et non saichant que ce fust elle, la voulut veoir; et permis luy fut de seulement en veoir le derriere : et alors jugea que ce luy sembla sa femme, mais croire ne l'osa. Et sur ce, se partit et vint trouver sa femme à son ostel, qu'on avoit boutée hors par une poterne de derriere; et luy compta l'imaginacion qu'il avoit eue sur elle, dont il se repentoit[2].

---

[1] Nous avons conservé, dans cette Table seulement, les titres donnés aux *Cent Nouvelles nouvelles* longtemps après leur rédaction, car ils ne se trouvent pas dans les éditions du quinzième siècle ni dans les premières du seizième siècle.

[2] Le sujet de cette Nouvelle existe dans un ancien fabliau intitulé : les *Deux*

II. — LE CORDELIER MEDECIN.

La seconde nouvelle traicte d'une jeune fille qui avoit le mal de broches, laquelle creva, à ung cordelier qui la vouloit mediciner, ung seul bon œil qu'il avoit ; et aussi du procès qui s'ensuyvit puis après [1].

III. — LA PESCHE DE L'ANNEAU.

La troisiesme nouvelle, de la tromperie que fist ung chevalier à la femme de son musnier, à laquelle bailloit à entendre que son c.. luy cherroit s'il n'estoit recoigné ; et ainsi par plusieurs fois le luy recoigna. Et le musnier, de ce adverty, pescha puis après dedans le corps de la femme dudit chevalier ung dyamant qu'elle avoit perdu en soy baignant ; et pescha si bien et si avant, qu'il le trouva, comme bien sceut depuis ledit chevalier, lequel appela le musnier *pescheur de dyamans*, et le musnier luy respondit en l'appellant *recoigneur de c...* [2].

Changeurs. Voy. les *Contes et fabliaux* de Legrand d'Aussy, 5ᵉ éd., t. IV. Il a été traité aussi dans le *Pecorone*, giorn. II, nov. II. Depuis, les nouvelliers italiens ont imité, à l'envi, la Nouvelle française. Voy. *Notti* de Straparolla, notte II, nov. XI ; Malespini, *Ducento Novelle*, nov. LIII ; Bandello, *Novelle*, etc. Mais il est probable que le conteur des *Cent Nouvelles nouvelles* avait en vue, dans son récit, un fait véritable qui s'était passé à la cour de France, et que Brantôme rapporte en ces termes, dans ses *Dames galantes* (disc. 1ᵉʳ) :

« Louis, duc d'Orléans, tué à la porte Barbette, à Paris, fit bien au contraire, grand desbaucheur des dames de la cour, et toujours des plus grandes. Car, ayant avec luy couchée une fort belle et grande dame, ainsy que son mary vint en sa chambre pour luy donner le bonjour, il alla couvrir la teste de sa dame, femme de l'autre, du linceul, et luy descouvrit tout le corps, luy faisant voir tout nud et toucher à son bel aise, avec defense expresse, sur la vie, de n'oster le linge du visage ni le descouvrir aucunement, à quoi il n'osa contrevenir. Luy demandant par plusieurs fois ce qui luy sembloit de ce beau corps tout nud, l'autre en demeura tout esperdu et grandement satisfait.....

« Et le bon fut de ce mary, qu'estant la nuict d'emprès couché avec sa femme, il luy dit que monseigneur d'Orléans luy avoit fait voir la plus belle femme nue qu'il vit jamais ; mais, quant au visage, qu'il n'en sçavoit que rapporter, d'autant qu'il luy avoit interdit. Je vous laisse à penser ce qu'en pouvoit dire sa femme, dans sa pensée ! Et, de ceste dame tant grande et de monseigneur d'Orléans, on dit que sortit ce brave et vaillant bastard d'Orléans duquel est venue cette noble et généreuse race des comtes de Dunois. »

Suivant la chronique scandaleuse de la cour, en effet, c'était Mariette d'Enghien, mère du bâtard d'Orléans, comte de Dunois, que le duc d'Orléans aurait fait voir nue, le visage couvert, à Aubert de Cany, mari de cette *belle et grande dame*.

[1] Imité par Malespini, *Ducento Novelle*, part. II, nov. XXXVII.

[2] Cette Nouvelle, empruntée aux *Facetiæ* de Poggio, a été imitée par Bonaventure Des Periers, *Contes et joyeux devis*, nouv. XI ; par Malespini, *Ducento Novelle*, nov. XLV ; par Straparolla, *Notti*, notte VI, nov. I ; par Henri Estienne, *Apologie pour*

IV. — LE COCU ARMÉ.

La quatriesme nouvelle, d'ung archier Escossois qui fut amoureux d'une belle et gente dampiselle, femme d'un eschoppier, laquelle, par le commandement de son mary, assigna jour audit Escossois; et, de fait, garny de sa grande espée, y comparut et besoigna tant qu'il voulut, present ledit eschoppier qui de paour s'estoit caiché en la ruelle de son lit, et tout povoit veoir et ouyr plainement; et la complainte que fist après la femme à son mary [1].

V. — LE DUEL D'ESGUILLETTE.

La cinquiesme nouvelle racompte de deux jugemens de Monseigneur Thalebot, c'est assavoir d'ung François qui fut prins par ung Anglois soubz son sauf-conduit, disant que esguillettes estoient habillemens de guerre; et ainsi le fist armer de ses esguillettes sans aultre chose, encontre le François, lequel d'une espée le frappoit, present Thalebot; et l'aultre, qui l'Eglise avoit robée, auquel il fist jurer de jamais plus en l'Eglise entrer [2].

VI. — L'IVROINGNE AU PARADIS.

La sixiesme nouvelle, d'ung yvroingne, qui, par force, au prieur des Augustins de La Haye en Hollande, se voulut confesser; et après sa confession, disant qu'il estoit en bon estat, voulut mourir. Et cuida avoir la teste trenchée et estre mort, et par ses compaignons fut emporté, lesquelz disoient qu'ilz le portoient en terre [3].

VII. — LE CHARRETON A L'ARRIEREGARDE.

La septiesme nouvelle, d'ung orfevre de Paris qui fist coucher un charreton, lequel luy avoit amené du charbon, avec luy et sa femme;

Hérodote, édit. de Leduchat, t. II, p. 541, et par La Fontaine, *Contes*, liv. II, conte II, le *Faiseur d'oreilles et le raccommodeur de moules*.

[1] Imité par Malespini, *Ducento Novelle*, nov. xv, et par l'auteur anonyme des *Joyeuses adventures et nouvelles récréations contenant plusieurs contes et facéties* (Lyon, Rigaud, 1582, in-16), recueil que Barbier cite mal à propos, dans son *Dict. des Anonymes*, comme une réimpression des Contes de Bonaventure Des Periers. Voy. devis IX.

[2] Imité par l'auteur anonyme des *Joyeuses adventures et nouvelles récréations*, devis LIV.

[3] Imité par Malespini, *Ducento Novelle*, part II, nov. XLVII.

et comment ledit charreton par derriere se jouoit avecques elle, dont l'orfevre s'apperceut et trouva ce que estoit; et des parolles qu'il dist au charreton [1].

VIII. — GARCE POUR GARCE.

La huictiesme nouvelle parle d'ung compaignon picart, demourant à Brucelles, lequel engrossa la fille de son maistre; et, à ceste cause, print congié de haulte heure et vint en Picardie soy marier. Et tost après son partement, la mere de la fille s'apperceut de l'encoleure de sadicte fille, laquelle, à quelque meschief que ce feust, confessa à sa mere le cas tel qu'il estoit; et sa mere la renvoya devers ledit compaignon pour luy deffaire ce qu'il lui avoit fait. Et du reffuz que la nouvelle mariée fist audit compaignon, et du compte qu'elle luy compta; à l'occasion duquel d'elle se departit incontinent et retourna à sa premiere amoureuse, laquelle il espousa [2].

IX. — LE MARY MAQUEREAU DE SA FEMME.

La neufviesme nouvelle racompte et parle d'ung chevalier de Bourgoigne, lequel estoit tant amoureux d'une des chamberieres de sa femme, que c'estoit merveille; et cuidant couchier avec ladicte chamberiere, coucha avec sa femme, laquelle s'estoit couchée au lit de sadicte chamberiere. Et aussi comment il fist ung aultre chevalier son voisin, par son ordonnance, couchier avec sadicte femme, cuidant veritablement que ce fust la chamberiere, de laquelle chose il fut depuis bien mal content, jà soit que la dame n'en sceust oncques riens, et ne cuidoit avoir eu que son mary, comme je croy [3].

[1] Imité par Malespini, *Ducento Novelle*, part. II, nov. LXXVII, et par l'auteur anonyme des *Joyeuses adventures et nouvelles récréations*, devis x.

[2] Cette Nouvelle, tirée des Facéties du Pogge (*Repensa merces*), a été imitée depuis par Malespini, *Ducento Novelle*, nov. XVIII; par Nicod. Frischelinus, *Facetiæ*; par La Fontaine, *Contes*, liv. III, conte v, les *Aveux indiscrets*.

[3] La plus ancienne source de cette Nouvelle est un fabliau d'Enguerrand d'Oisi, le *Meunier d'Aleu*. Voy. le recueil de Legrand d'Aussy, t. III. Le même sujet avait été aussi traité par Boccace, *Decamerone*, giorn. VIII, nov. IV; par Poggio, *Facetiæ*, sous ce titre: *Vir sibi cornua promovens*; par Sacchetti, *Novelli*, nov. CCVI. Le conte des *Cent Nouvelles nouvelles* a eu de nombreuses imitations: Malespini, *Ducento Novelle*, nov. XCVI; Marguerite de Navarre, *Heptaméron*, nouv. VIII; J. Bouchet, *Serées*, VIIIe; *Joyeuses adventures et nouvelles récréations*, devis XII; Ludov. Guicciardini, *Hore di recreazione*; Gabr. Chapuys, *Facétieuses journées*, p. 215; La Fontaine, *Contes*, liv. V, les *Quiproquos*.

X. — LES PASTEZ D'ANGUILLE.

La dixiesme nouvelle, d'ung chevalier d'Angleterre, lequel, depuis qu'il fut marié, voulut que son mignon, comme par avant son mariaige faisoit, de belles filles luy fist finance; laquelle chose il ne voulut faire, car il pensoit qu'il luy souffisoit bien d'avoir une femme; mais ledit chevalier à son premier train le ramena, par le faire tousjours servir de pastez d'anguilles, au disner et au soupper [1].

XI. — L'ENCENS AU DYABLE.

La onziesme nouvelle, d'ung paillart jaloux qui après plusieurs offrandes faictes à plusieurs sainctz, pour le remede de sa maladie de jalousie, lequel offrit une chandelle au dyable qu'on paint communement dessoubz sainct Michel; et du songe qu'il songea, et de ce qu'il luy advint à son reveillier [2].

XII. — LE VEAU.

La douziesme nouvelle parle d'ung Hollandois, qui, nuyt et jour, à toute heure, ne cessoit d'assaillir sa femme au jeu d'amours; et comment d'adventure il la rua par terre, en passant par ung bois, soubz ung grant arbre sur lequel estoit ung laboureur qui avoit perdu son veau. Et, en faisant inventoire des beaux membres de sa femme, dist qu'il veoit tant de belles choses et quasi tout le monde; à qui le laboureur demanda s'il veoit pas son veau qu'il cherchoit, duquel il disoit qu'il luy sembloit en veoir la queuë [3].

XIII. — LE CLERC CHASTRÉ.

La treiziesme nouvelle, comment le clerc d'un procureur d'Angleterre deceut son maistre pour luy faire accroire qu'il n'avoit nulz coil-

---

[1] Imité par Malespini, *Ducento Novelle*, nov. LVII; par l'auteur des *Joyeuses adventures et nouvelles récréations*, devis LVII; par La Fontaine, *Contes*, liv. I, conte XII, le *Pâté d'anguilles*.

[2] Tiré d'une facétie de Poggio, intitulée *Annulus*; imité par Rabelais, *Pantagruel*, liv. III, chap. XXVIII; et par Malespini, *Ducento Novelle*, part. II, nov. LXXXIX.

[3] Imité de Poggio; voy., dans les *Facetiæ*, son *Asinus perditus*, qui se retrouve aussi dans les *Cento Novelle antiche*. Il y a de nombreuses imitations de cette Nouvelle. Voy. les *Ducento Novelle* de Malespini, nov. LXVIII; le *Cabinet satirique*, t. II, p. 282; les *Contes* du sieur d'Ouville, édit. de 1661, II⁰ part., p. 72; *Roger Bontemps en belle humeur*, p. 87; les *Contes* de La Fontaine, liv. II, conte XII, etc.

lons, et, à ceste cause, il eut le gouvernement de sa maistresse aux champs et à la ville, et se donnerent bon temps [1].

XIV. — LE FAISEUR DE PAPE OU L'HOMME DE DIEU.

La quatorziesme nouvelle, de l'hermite qui deceut la fille d'une pauvre femme, et luy faisoit acroire que sa fille auroit ung fils de luy, qui seroit pape ; et adonc, quant vint à l'enfanter, ce fut une fille ; et ainsi fut l'embusche du faulx hermite descouverte, qui à ceste cause s'enfouyt du pays [2].

XV. — LA NONNE SCAVANTE.

La quinziesme nouvelle, d'une nonnain que ung moyne cuidoit tromper, lequel en sa compaignie amena son compaignon, qui devoit bailler à taster à elle son instrument, comme le marchié le portoit, et comme le moyne mist son compaignon en son lieu, et de la response que elle fist [3].

XVI. — LE BORGNE AVEUGLE.

La seiziesme nouvelle, d'ung chevalier de Picardie, lequel en Prusse s'en alla ; et tandis ma dame sa femme d'ung autre s'accointa ; et, à l'heure que son mary retourna, elle estoit couchée avec son amy, lequel, par une gracieuse subtilité, elle le bouta hors de sa chambre, sans ce que son mary le chevalier s'en donnast garde [4].

[1] Imité par Malespini, *Ducento Novelle*, nov. v, et par l'auteur anonyme des *Joyeuses adventures et nouvelles récréations*, devis XII.
[2] Cette Nouvelle, dont l'origine existe dans l'*Histoire des Juifs* de Josèphe (liv. XVIII, ch. XIII), et qui a été reproduite dans un roman du moyen âge, intitulé *Historia Alexandri Magni de præliis*, est empruntée par l'auteur des *Cent Nouvelles nouvelles* aux conteurs italiens, Boccace (*Decam.*, giorn. IV, nov. II), et Masuccio (*Novellino*, t. 1, nov. II). Elle a été imitée depuis par Malespini, *Ducento Novelle*, nov. LXXX; et par La Fontaine, *Contes*, liv. II, conte XVI, l'*Hermite*. Marmontel s'est servi de la même idée dans son conte moral, le *Mari sylphe*.
[3] Imité par Malespini, *Ducento Novelle*, part. II, nov. LXX.
[4] Cette Nouvelle, qui se trouve dans le *Décaméron* de Boccace (giorn. VII- nov. VI), est peut-être sortie des fables indiennes. Voy. l'*Essai* de L. Deslongchamps sur ces fables, p. 76. Elle a passé ensuite dans la littérature du moyen âge, car elle reparaît dans les *Gesta Romanorum*, cap. CXXII; dans les fabliaux des trouvères (*De la mauvaise femme*); voy. le recueil de Legrand d'Aussy, t. IV, p. 188; dans la *Discipline de Clergie*, de Pierre Alphonse, etc. Parmi les nombreuses imitations qui en ont été faites depuis les *Cent Nouvelles nouvelles*, il faut citer celles du Bandello (*Parte prima*, nov. XXIII), de Sansovino (*Cento Novelle*), de Sabadino (*Novelle*), de Malespini (nov. XLIV), de Marguerite de Navarre (*Heptamé-*

XVII. — LE CONSEILLER AU BULETEAU.

La dix et septiesme nouvelle d'ung president de parlement, qui devint amoureux de sa chamberiere, laquelle, à force, en buletant la farine, cuida violer, mais, par beau parler, de luy se desarma et luy fist affubler le buleteau de quoy elle tamissoit, puis alla querir sa maistresse qui en cet estat son mary et seigneur trouva, comme cy après vous orrez [1].

XVIII. — LA PORTEUSE DU VENTRE ET DU DOS.

La dix et huitiesme nouvelle racomptée par Monseigneur de la Roche, d'ung gentil homme de Bourgoigne, lequel trouva façon, moyennant dix escuz qu'il fist bailler à la chamberiere, de coucher avecques elle ; mais, avant qu'il voulsist partir de sa chambre, il eut ses dix escuz et se fist porter sur les espaulles de ladicte chamberiere par la chambre de l'oste. Et, en passant par ladicte chambre, il fist ung sonnet tout de fait advisé, qui tout leur fait encusa, comme vous pourrez ouyr en la nouvelle cy dessoubz [2].

XIX. — L'ENFANT DE NEIGE.

La dix neuviesme nouvelle par Phelippes Vignier, d'ung marchant d'Angleterre, duquel la femme, en son absence, fist ung enfant, et disoit qu'il estoit sien ; et comment il s'en despescha gracieusement : comme elle luy avoit baillé à croire qu'il estoit venu de neige, aussi pareillement au soleil comme la neige s'estoit fondu [3].

---

ron, vi° nouv. de la Iʳᵉ journée), de Henry Estienne (*Apologie pour Hérodote*, ch. xv), de La Monnoye (en latin, *OEuvres choisies*, t. II, p. 354), de d'Ouville (*Contes*, t. II, p. 215), etc.

[1] Imité par Malespini, *Ducento Novelle*, nov. xcvii, et par l'auteur des *Joyeuses adventures et nouvelles récréations*, devis xix.

[2] Imité de Boccace et de Poggio (*Decam.*, giorn. VIII, nov. 1 et 11, et *Facetiæ*, *Anser venalis*), qui avaient eux-mêmes pris ce sujet dans deux fabliaux, la *Dame et le Curé*, le *Boucher d'Abbeville*. Voy. le recueil de Legrand d'Aussy, t. III, p. 288, et t. IV, p. 299. Il y a des imitations de cette Nouvelle dans les *Facetiæ* de Bebelianus, lib. IV, p. 88 ; dans les *Ducento Novelle* de Malespini, nov. xxix ; dans les *Joyeuses adventures et nouvelles récréations*, devis xx ; dans les *Contes* du sieur de d'Ouville, IIᵉ part., p. 136 ; et dans un grand nombre de contes français des dix-septième et dix-huitième siècles.

[3] Tiré d'un ancien fabliau, l'*Enfant qui fondit au soleil* ; voy. le recueil de Legrand d'Aussy, t. III, p. 84. Imité depuis par Malespini, *Ducento Novelle*, nov. xxxvii ; par l'auteur des *Joyeuses adventures et nouvelles récréations*, de-

XX. — LE MARY MEDECIN.

La vingtiesme nouvelle par Phelippe de Laon, d'ung lourdault Champenois, lequel, quant il se maria, n'avoit encores jamais monté sur beste crestienne, dont sa femme se tenoit bien de rire. Et de l'expedient que la mere d'elle trouva; et du soubdain pleur dudit lourdault, à une feste et assemblée qui se fist depuis après qu'on luy eust monstré l'amoureux mestier, comme vous pourrez ouyr plus à plain, cy après [1].

XXI. — L'ABBESSE GUERIE.

La vingt et uniesme nouvelle racomptée par Phelippe de Laon, d'une abbesse qui fut malade par faulte de faire cela que vous sçavez, ce qu'elle ne vouloit faire, doubtant de ses nonnains estre reprouchée; et toutes luy accorderent de faire comme elles; et ainsi s'en firent toutes donner largement [2].

XXII. — L'ENFANT A DEUX PERES.

La vingt et deuxiesme nouvelle racomptée, d'ung gentil homme qui engrossa une jeune fille, et puis en une armée s'en alla. Et avant son retour, elle d'ung autre s'accointa, auquel son enfant elle donna. Et le gentil homme, de la guerre retourné, son enfant demanda; et elle luy pria que à son nouvel amy le laissast, promettant que le premier qu'elle feroit, sans faulte, luy donneroit, comme cy dessoubz vous sera recordé [3].

XXIII. — LA PROCUREUSE PASSE LA RAYE.

La vingt et troisiesme nouvelle, d'ung clerc, de qui sa maistresse fut amoureuse, laquelle à bon escient s'y accorda, pour tant qu'elle avoit passé la raye, que ledit clerc luy avoit faicte; ce voyant, son petit

---

vis xx; par Gabr. Chapuys, *Facétieuses journées*, p. 503; par Sansovino, *Novelle*, giorn. IX, nov. vi, par Grécourt, t. III, p. 67.

[1] Cette nouvelle a été imitée par Malespini, nov. xl, et par l'auteur des *Joyeuses adventures et nouvelles récréations*, devis xxi.

[2] Tiré des *Facetiæ* de Poggio (*Priapi vis*), et imité par Malespini, nov. lxxix; par La Fontaine, liv. IV, conte ii, et par La Monnoye, qui n'a fait que traduire en latin le récit du Pogge.

[3] Imité par Malespini, nov. viii, part. II, et par l'auteur des *Joyeuses adventures et nouvelles récréations*, devis lviii.

filz dist à son pere, quant il fut venu, qu'il ne passast point la raye, car, s'il la passoit, le clerc luy feroit comme il avoit fait à sa mere [1].

XXIV. — LA BOTE A DEMY.

La vingt et quatriesme nouvelle dicte et racomptée par Monseigneur de Fiennes, d'ung conte qui une très belle jeune et gente fille, l'une de ses subjectes, cuida decevoir par force; et comment elle s'en eschappa par le moyen de ses houseaux : mais depuis l'en prisa très fort, et l'aida à marier, comme il vous sera cy après declairé [2].

XXV. — FORCÉE DE GRÉ.

La vingt et cinquiesme nouvelle racomptée et dicte par Monseigneur de Saint Yon, de celle qui de force se plaignit d'ung compaignon, lequel elle avoit mesmes adrecié à trouver ce qu'il queroit; et du jugement qui en fut fait [3].

XXVI. — LA DAMOISELLE CAVALIERE.

La vingt et sixiesme nouvelle racomptée et mise en terme par Monseigneur de Foquessoles, des amours d'ung gentil homme et d'une damoiselle, laquelle esprouva la loyaulté du gentil homme par une merveilleuse et gente façon, et coucha troys nuytz avec luy, sans aucunement scavoir que ce feust elle, mais pour homme la tenoit, ainsy comme plus à plain pourrez ouyr cy après [4].

XXVII. — LE SEIGNEUR AU BAHU.

La vingt et septiesme nouvelle racomptée par Monseigneur de Beauvoir, des amours d'ung grant seigneur de ce royaulme, et d'une gente

---

[1] D'après un ancien fabliau, le *Curé qui posa une pierre;* voy. le recueil de Legrand d'Aussy, t. III, p. 221. Imité, en français et en italien, par Malespini, nov. LXXXVIII; par Bandello, nov. LIII; par Granucci (*Novelle*); par L. Guicciardini (*Detti et fatti piacevoli*); par le sieur de d'Ouville; par l'auteur des *Joyeuses adventures et nouvelles récréations*, devis XXII; par les compilateurs de divers recueils de contes du dix-septième siècle, le *Facétieux réveil-matin*, le *Courrier facétieux*, les *Divertissements curieux de ce temps*, etc.

[2] Imité par Malespini, nov. XXXVI, et par l'auteur des *Joyeuses adventures et nouvelles récréations*, devis XXV. Selon M. Leroux de Lincy, le sujet de cette Nouvelle serait emprunté à une ancienne ballade anglaise. Voy. *Percy's Relict of the ancient poetry.*

[3] Imité par Malespini, *Ducento Novelle,* nov. LVI, part. II.

[4] Imité par Malespini, *Ducento Novelle,* nov. XIX, part. II.

damoiselle mariée, laquelle, affin de bailler lieu à son serviteur, fist son mary bouter en ung bahu par le moyen de ses chamberieres, et leans le fist tenir toute la nuyt, tandis qu'avec son serviteur passoit le temps; et des gaigeures qui furent faictes entre elle et sondit mary, comme il vous sera recordé cy après [1].

XXVIII. — LE GALANT MORFONDU.

La vingt et huitiesme nouvelle dicte et racomptée par Messire Michault de Changy, de la journée assignée à ung grand prince de ce royaulme par une damoiselle servante de chambre de la royne; et du petit exploit d'armes que fist ledit prince, et des faintises que ladicte damoiselle disoit à la royne de sa levriere, laquelle estoit tout à propos enfermée dehors de la chambre de ladicte royne, comme orrez cy après [2].

XXIX. — LA VACHE ET LE VEAU.

La vingt et neufviesme nouvelle racomptée par Monseigneur, d'ung gentil homme qui dès la premiere nuyt qu'il se maria et après qu'il eut heurté ung coup à sa femme, elle luy rendit ung enfant; et de la maniere qu'il en tint, et des parolles qu'il en dist à ses compaignons qui lui apportoient le chaudeau, comme vous orrez cy après [3].

XXX. — LES TROIS CORDELIERS.

La trentiesme nouvelle racomptée par Monseigneur de Beauvoir, François, de trois marchans de Savoye alans en pellerinage à sainct Anthoine, en Viennois, qui furent trompez et deceuz par trois cordeliers, lesquelz coucherent avec leurs femmes, combien qu'elles cuidoient estre avecques leurs mariz; et comment, par le rapport qu'elles firent, leurs marys le sceurent, et de la maniere qu'ilz en tindrent, comme vous orrez cy après [4].

---

[1] Imité par Malespini, nov. xx, et par l'auteur des *Joyeuses adventures et nouvelles récréations*, devis xxiii.

[2] Imité par Malespini, *Ducento Novelle*, nov. xxxvii, et par l'auteur des *Joyeuses adventures et nouvelles récréations*, devis xxiv.

[3] Imité par Malespini, *Ducento Novelle*, nov. xlvii.

[4] Imité par Malespini, *Ducento Novelle*, nov. lii.

XXXI. — LA DAME A DEUX.

La trente et uniesme nouvelle mise en avant par Monseigneur, de l'escuier qui trouva la mulette de son compaignon, et monta dessus, laquelle le mena à l'huis de la dame de son maistre; et fist tant l'escuier, qu'il coucha leans où son compaignon le vint trouver; et pareillement des parolles qui furent entre eulx, comme plus à plain vous sera declairé cy dessoubz [1].

XXXII. — LES DAMES DISMÉES.

La trente et deuxiesme nouvelle racomptée par Monseigneur de Villiers, des cordeliers d'Ostellerie en Castelongne, qui prindrent le disme des femmes de la ville; et comment il fut sceu, et quelle punicion par le seigneur et ses subjetz en fut faicte, comme vous orrez cy après [2].

XXXIII. — MADAME TONDUE.

La trente et troisiesme nouvelle racomptée par Monseigneur, d'ung gentil seigneur qui fut amoureux d'une damoiselle, dont se donna garde ung aultre grant seigneur qui luy dist; et l'aultre tousjours plus luy celoit et en estoit tout affolé; et de l'entretenement depuis d'eulx deux envers elle, comme vous pourrez ouyr cy après [3].

XXXIV. — SEIGNEUR DESSUS, SEIGNEUR DESSOUS.

La trente et quatriesme nouvelle racomptée par Monseigneur de la Roche, d'une femme mariée qui assigna journée à deux compaignons, lesquelz vindrent et besoingnerent; et le mary tantost après survint; et des parolles qui après en furent et de la maniere qu'ilz tindrent, comme vous orrez cy après [4].

---

[1] Imité par Malespini, *Ducento Novelle*, nov. x, part. II. Il y a, dans les *Historiettes* de Tallemant des Réaux, une aventure toute semblable dont Henri de Guise est le héros; édit. in-18, t. II, p. 26.

[2] Tiré des *Facetiæ* de Poggio (*Decimæ*). Imité depuis par Malespini, *Ducento Novelle*, nov. XXIII; par Frischlinus, *Facetiæ*, p. 17, et par La Fontaine, *Contes*, liv. II, conte III.

[3] Imité par Malespini, *Ducento Novelle*, nov. XVII.

[4] Cette Nouvelle, dont la source est un ancien fabliau (voy. le recueil de Legrand d'Aussy, t. III, p. 265), a été souvent imitée depuis. Voy. les *Joyeuses adventures et nouvelles récréations*, devis XXVI; *Ducento Novelle* de Malespini, nov. XC; *Facetiæ* de Frischlinus, t. I, p. 165; *Roger Bontemps en belle humeur; Contes* de Grécourt, t. III, p. 212, etc.

XXXV. — L'ESCHANGE.

La trente et cinquiesme nouvelle par Monseigneur de Villiers, d'ung chevalier, duquel son amoureuse se maria, tandis qu'il fut en voyaige; et, à son retour, d'aventure la trouva en mesnage, laquelle, pour couchier avec son amant, mist en son lieu couchier avec son mary une eune damoiselle sa chamberiere; et des parolles d'entre le mary et le chevalier voyaigeur, comme plus à plain vous sera recordé cy après [1].

XXXVI. — A LA BESOIGNE.

La trente et sixiesme nouvelle racomptée par Monseigneur de la Roche, d'ung escuier qui vit sa maistresse, dont il estoit moult feru, entre deux aultres gentilz hommes, et ne se donnoit garde qu'elle tenoit chascun d'eulx en ses laz; et ung aultre chevalier, qui scavoit son cas, le luy bailla à entendre, comme vous orrez cy après.

XXXVII. — LE BENESTRIER D'ORDURES.

La trente et septiesme nouvelle par Monseigneur de la Roche, d'ung jaloux qui enregistroit toutes les façons qu'il povoit ouyr, ne scavoir, dont les femmes ont deceu leurs marys, le temps passé; mais, à la fin, il fut trompé par l'orde eaue que l'amant de sadicte femme getta par une fenestre sur elle, en venant de la messe, comme vous orrez cy après [2].

XXXVIII. — UNE VERGE POUR L'AULTRE.

La trente et huitiesme nouvelle racomptée par Monseigneur le Seneschal de Guyenne, d'ung bourgeois de Tours qui acheta une lamproye qu'à sa femme envoya pour appointer, affin de festoier son curé, et ladicte femme l'envoya à ung cordelier son amy; et comment elle fist coucher sa voisine avec son mary, qui fut batue, Dieu scait comment, et de ce qu'elle fist accroire à sondit mary, comme vous orrez cy dessoubz [3].

---

[1] Imité dans les *Joyeuses adventures et nouvelles récréations*, devis XXVII.

[2] Imité par Malespini, nov. XLIX; par Domenichi, lib. V, nov. 1; par Bon. Des Periers, conte XVIII; par l'auteur anonyme des *Plaisantes nouvelles* (Lyon, 1555, in-16); par l'auteur des *Joyeuses adventures et nouvelles récréations*, devis XXVIII; par La Fontaine, liv. II, conte X.

[3] Cette Nouvelle, imitée de Boccace, *Decamerone*, giorn. VII, nov. VIII, est peut-être originaire de l'Orient, puisqu'on la trouve dans les contes de Bidpaï. Voy.

XXXIX. — L'UN ET L'AULTRE PAYÉ.

La trente et neufviesme nouvelle racomptée par Monseigneur de Saint Pol, du chevalier, qui, en attendant sa dame, besoigna trois fois avec la chamberiere qu'elle avoit envoyée pour entretenir ledit chevalier, affin que trop ne luy ennuyast; et depuis besoigna trois fois avec la dame, et comment le mary sceut tout par la chamberiere, comme vous orrez [1].

XL. — LA BOUCHIERE LUTIN DANS LA CHEMINÉE.

La quarantiesme nouvelle par Messire Michault de Changy, d'ung Jacopin qui abandonna sa dame par amour, une bouchiere, pour une aultre plus belle et plus jeune; et comment ladicte bouchiere cuida entrer en sa maison par la cheminée [2].

XLI. — L'AMOUR EN ARMES.

La quarante et uniesme nouvelle par Monseigneur de la Roche, d'ung chevalier qui faisoit vestir à sa femme ung haubregon quant il luy vouloit faire ce que scavez, ou compter les dens; et du clerc qui luy apprint aultre maniere de faire, dont elle fut à peu près par sa bouche mesmes encusée à son mary, se n'eust esté la glose qu'elle controuva subitement [3].

XLII. — LE MARY CURÉ.

La quarante et deusiesme nouvelle par Meriadech, d'ung clerc de villaige, qui, estant à Romme, cuidant que sa femme fust morte, devint prestre et impetra la cure de sa ville; et quant il vint à sa cure, la premiere personne qu'il rencontra, ce fût sa femme [4].

---

l'*Essai sur les fables indiennes*, par Deslongchamps, p. 54. Elle aurait été, à l'époque des croisades, transportée dans la littérature française, car elle a fourni le sujet de plusieurs fabliaux. Voy. le recueil de Legrand d'Aussy, t. II, p. 340. Malespini l'a reproduite, d'après les *Cent Nouvelles nouvelles*; voy. ses *Ducento Novelle*, part. II, nov. XL.

[1] Imité par Malespini, nov. XCIX.

[2] Imité par Malespini, nov. XLIII, part. II.

Imité par l'auteur des *Joyeuses adventures et nouvelles récréations*, devis XXIX, et par Malespini, nov. XL, part. II.

Imité par Malespini, nov. XXVI, et par L. Guicciardini (les *Heures de récréation et après-dînées*, 1594, in-16, p. 257).

XLIII. — LES CORNES MARCHANDES.

La quarante et troisiesme nouvelle par Monseigneur de Fiennes, d'ung laboureur qui trouva ung homme sur sa femme; et laissa à le tuer, pour gaingner une somme de blé; et fut la femme cause du traictié, affin que l'aultre parfist ce qui avoit commencé [1].

XLIV. — LE CURÉ COURSIER.

La quarante et quatriesme nouvelle par Monseigneur de la Roche, d'ung curé de villaige qui trouva façon de marier une fille, dont il estoit amoureux, laquelle luy avoit promis, quant elle seroit mariée, de faire ce qu'il vouldroit, laquelle chose le jour de ses nopces il luy ramenteust, ce que le mary d'elle ouyt tout à plain, à quoy il mist provision, comme vous orrez [2].

XLV. — L'ESCOSSOIS LAVANDIERE.

La quarante et cinquiesme nouvelle par Monseigneur de la Roche, d'ung jeune Escossois qui se maintint en habillement de femme l'espace de quatorze ans, et par ce moyen couchoit avec filles et femmes mariées, dont il fut puny en la fin, comme vous orrez cy après [3].

XLVI. — LES POIRES PAYÉES.

La quarante et sixiesme nouvelle racomptée par Monseigneur de Thienges, d'ung Jacopin et de la nonnain qui s'estoient boutez en un preau pour faire armes à plaisance dessoubz ung poirier où s'estoit caiché ung qui scavoit leur fait, tout à propos, qui leur rompit leur fait pour ceste heure, comme plus à plain vous orrez cy après [4].

---

[1] Imité par Malespini, nov. LI, part. II; par L. Guicciardini, *Heures de récréation*, p. 92; et par l'auteur des *Joyeuses adventures et nouvelles récréations*, devis XXXI.

[2] Imité par Malespini, *Ducento Novelle*, nov. XXVII.

[3] Imité par Malespini, nov. LXXVIII, et par l'auteur des *Joyeuses adventures et nouvelles récréations*, devis XXXII.

[4] Cette Nouvelle est une répétition de la XIIe, le *Veau*, avec quelques changements. Les imitations que nous avons signalées à propos de la nouvelle XII se rapportent également à celle-ci. Nous ajouterons à ces imitations celle qui se trouve dans le *Joyeux réveil-matin des esprits mélancoliques* (Rouen, 1626, in-8).

TABLE.

XLVII. — LES DEUX MULLES NOYÉES.

La quarante et septiesme nouvelle par Monseigneur de la Roche, d'ung president saichant la deshonneste vie de sa femme, la fist noyer par sa mulle, laquelle il fist tenir de boire par l'espace de huit jours; et pendant ce temps luy faisoit bailler du sel à mengier, comme il vous sera recordé plus à plain [1].

XLVIII. — LA BOUCHE HONNESTE.

La quarante et huitiesme nouvelle racomptée par Monseigneur de la Roche, de celle qui ne vouloit souffrir qu'on la baisast, mais bien vouloit qu'on lui rembourrast son bas; et abandonnoit tous ses membres, fors la bouche, et de la raison qu'elle y mettoit [2].

XLIX. — LE CUL D'ESCARLATE.

La quarante et neufviesme nouvelle racomptée par Pierre David,

---

[1] M. Leroux de Lincy a retrouvé l'origine historique de cette Nouvelle dans un dictionnaire manuscrit des *Beautés et choses curieuses du Dauphiné*. Voici le curieux passage qu'il en a extrait :

« Dans la rue de Cleres, à Grenoble, on voyoit autrefois sur le portail de la maison de Nicolas Prunier de Saint-André, président au parlement de Grenoble, un écusson de pierre soutenu par un ange, et portant pour armoiries d'or à un lion de gueule (ces armes étoient celles de la famille Carles, éteinte au dix-septième siècle). L'ange qui supportoit l'écusson tenoit l'index d'une de ses mains contre sa bouche, d'un air mystérieux et comme indiquant qu'il faut savoir se taire. Chaffrey Carles, président unique au parlement de Grenoble, en 1505, l'avoit fait mettre sur cette maison qui lui appartenoit. Cet homme sut en effet dissimuler assez longtemps, avant que de trouver l'occasion de se venger de l'infidélité de sa femme, en la faisant noyer par la mule qu'elle montoit au passage d'un torrent. Il avoit commandé à dessein qu'on laissât la mule plusieurs jours sans boire. Cette aventure, imprimée en plusieurs endroits, a fait le sujet d'une des nouvelles de ce temps; mais dans ce conte on n'y nomme pas les personnages. Chaffrey étoit si savant dans la langue latine et dans les humanités, que la reine Anne de Bretagne, femme de Louis XII, le choisit pour enseigner cette langue et les belles-lettres à Renée, sa fille, qui fut depuis duchesse de Ferrare. Ce même Chaffrey Carles fut fait chevalier d'armes et de lois par Louis XII, en 1509. »

Cette aventure est trop originale pour n'avoir pas tenté les imitateurs. Aussi la Reine de Navarre s'en est-elle emparée la première, *Heptaméron*, journ. IV, nouv. XXXVI. Après elle, Bonaventure Des Periers l'a reproduite dans ses *Contes et joyeux devis*, nouv. XCXII; puis Malespini, nov. XVI, part. II; puis l'auteur des *Joyeuses adventures et nouvelles récréations*, devis XXXV; puis L. Guicciardini, *Hore di recreazione*, 1585, in-8.

[2] Imité dans les *Joyeuses adventures et nouvelles récréations*, devis XXX, et dans les *Ducento Novelle* de Malespini, nov. C.

de celuy qui vit sa femme avec ung homme auquel elle donnoit tout son corps entierement, excepté son derriere qu'elle laissoit à son mary, lequel la fist habiller ung jour, presens ses amys, d'une robbe de bureau et fit mettre sur son derriere une belle piece d'escarlate; et ainsi la laissa devant tous ses amys [1].

L. — CHANGE POUR CHANGE.

La cinquantiesme nouvelle racomptée et dicte par Anthoine de la Sale, d'ung pere qui voulut tuer son filz, pource qu'il avoit voulu monter sur sa mere grand, et de la response dudit filz [2].

LI. — LES VRAIS PERES.

La cinquante et uniesme nouvelle racomptée par l'Acteur, de la femme qui departoit ses enfans au lit de la mort, en l'absence de son mary qui siens les tenoit; et comment ung des plus petitz en advertit son pere [3].

LII. — LES TROIS MONIMENS.

La cinquante et deuxiesme nouvelle racomptée par Monseigneur de la Roche, de trois enseignemens que ung pere bailla à son filz, luy estant au lit de la mort, lesquelz ledit filz mist à effet au contraire de ce qu'il luy avoit enseigné. Et comment il se deslya d'une jeune fille qu'il avoit espousée, pource qu'il la vit couchier avec le prestre de la maison, la premiere nuyt de leurs nopces [4].

LIII. — LE QUIPROQUO DES EPOUSAILLES.

La cinquante et troisiesme nouvelle racomptée par Monseigneur l'Amant de Brucelles, de deux hommes et deux femmes qui attendoient pour espouser à la premiere messe bien matin; et pource que

---

[1] Imité par Malespini, nov. XVIII.

[2] Tiré des *Novelle* de Sacchetti, nov. XIV, et des *Facetiæ* de Poggio (*Justa excusatio*). Imité depuis par Malespini, *Ducento Novelle*, nov. LXVII; par Sterne, *Tristram Shandy*; par Mérard de Saint-Just, *Espiégleries et joyeusetez*, 1789, t. I, p. 214, etc.

[3] Imité par Guicciardini, *Heures de récréation et après-dînées*, 1594, in-16, p. 66; par Malespini, nov. XXV, part. II; par l'auteur des *Joyeuses adventures et nouvelles récréations*, devis XXXIV.

[4] Tiré de Sacchetti, nov. XVI. Imité par Straparole, *Nuits facétieuses*, 1re nuit, conte 1, et par Malespini, *Ducento Novelle*, nov. XIV.

le curé ne veoit pas trop cler, il print l'une pour l'autre, et changea à chascun homme la femme qu'il devoit avoir, comme vous orrez [1].

LIV. — L'HEURE DU BERGER.

La cinquante et quatriesme nouvelle racomptée par Mahiot, d'une damoiselle de Maubeuge qui se abandonna à ung charreton et refusa plusieurs gens de bien; et de la response qu'elle fist à ung noble chevalier, pource qu'il lui reprouchoit plusieurs choses, comme vous orrez [2].

LV. — L'ANTIDOTE DE LA PESTE.

La cinquante et cinquiesme nouvelle par Monseigneur de Villiers, d'une fille qui avoit l'epidimie, qui fist mourir trois hommes pour avoir la compaignie d'elle; et comment le quatriesme fut saulvé et elle aussi [3].

LVI. — LA FEMME, LE CURÉ, LA SERVANTE, LE LOUP.

La cinquante et sixiesme nouvelle par Monseigneur de Villiers, d'ung gentil homme qui attrapa, en un piege qu'il fist, le curé, sa femme, et sa chamberiere et ung loup avec eulx; et brula tout là dedans, pource que le dit curé maintenoit sa femme [4].

LVII. — LE FRERE TRAITABLE.

La cinquante et septiesme nouvelle par Monseigneur de Villiers, d'une damoiselle qui espousa ung bergier, et de la maniere du traictié du mariage, et des parolles qu'en disoit ung gentil homme frere de ladicte damoiselle [5].

LVIII. — FIER CONTRE FIER.

La cinquante et huitiesme nouvelle par Monseigneur le Duc, de deux compaignons qui cuidoient trouver leurs dames plus courtoises vers

---

[1] Imité de Malespini, nov. x.
[2] Imité dans les *Ducento Novelle* de Malespini, nov. xxxiii, et dans les *Joyeuses adventures et nouvelles récréations*, devis xxxv.
[3] Imité dans les *Ducento Novelle* de Malespini, part. II, nov. v, et dans les *Joyeuses adventures et nouvelles récréations*, devis xxxvi.
[4] Imité par Malespini, part. II, nov. i.
[5] Imité par Malespini, nov. lxiii, part II.

eulx; et jouerent tant du bas mestier, que plus 'n'en pouvoient ; et puis dirent, pource qu'elles ne tenoient compte d'eulx, qu'elles avoient comme eulx joué du cymier, comme vous orrez cy après [1].

LIX. — LE MALADE AMOUREUX.

La cinquante et neufviesme nouvelle par Poncelet, d'ung seigneur qui contrefist le malade pour couchier avec sa chamberiere avec laquelle sa femme le trouva [2].

LX. — LES NOUVEAUX FRERES MINEURS.

La soixantiesme nouvelle par Poncelet, de trois damoiselles de Malines qui accointées s'estoient de trois cordeliers qui leur firent faire couronnes et vestir l'habit de religion, affin qu'elles ne fussent apperceues, et comment il fut sceu [3].

LXI. — LE COCU DUPÉ.

La soixante et uniesme nouvelle par Poncelet, d'ung marchant qui enferma en sa huche l'amoureux de sa femme ; et elle y mist une asne secretement, dont le mary eut depuis bien à souffrir et se trouva confus [4].

LXII. — L'ANNEAU PERDU.

La soixante et deuxiesme nouvelle par Monseigneur de Commesuram, de deux compaignons dont l'ung d'eulx laissa ung dyamant au lit de son ostesse et l'aultre le trouva, dont il sourdit entre eulx ung grant debat que le mary de ladicte ostesse appaisa par très bonne façon [5].

---

[1] Imité par Malespini, nov. XLII.

[2] Imité par Malespini, nov. XXXV.

[3] Tiré d'un ancien fabliau, *Frère Denise, cordelier;* voy. le recueil de Legrand d'Aussy, t. III, p. 595. Imité depuis par la Reine de Navarre, *Heptaméron,* nouv. XXXI; par Henry Estienne, *Apologie pour Hérodote,* t. I, p. 499; par Malespini *Ducento Novelle,* nov. LXXV.

[4] D'après un fabliau intitulé les *Cheveux coupés;* voy. le recueil de Legrand d'Aussy, t. II, p. 540. Imité depuis dans les *Novelle de Domenichi;* les *Ducento Novelle* de Malespini, nov. LXXV; les *Sermones convivales,* t. II, p. 99; les *Jocorum atque seriorum libri duo,* Oth. Melandro, part. II, p. 41.

[5] Imité par Malespini, nov. II.

LXIII. — MONTBLERU, OU LE LARRON.

La soixante et troisiesme nouvelle, d'ung nommé Montbleru, lequel à une foire d'Envers desroba à ses compaignons leurs chemises et couvrechiefz qu'ilz avoient baillées à blanchir à la chamberiere de leur ostesse; et comme depuis ilz pardonnerent au larron; et puis ledit Montbleru leur compta le cas tout au long [1].

LXIV. — LE CURÉ RASÉ.

La soixante et quatriesme nouvelle par messire Michault de Changy, d'ung curé qui se vouloit railler d'ung chastreur nommé Trenchecouille; mais il eut ses genitoires coupez par le consentement de l'oste [2].

LXV. — L'INDISCRETION MORTIFIÉE ET NON PUNIE.

La soixante et cinquiesme nouvelle par Monseigneur le Prevost de Vuatenes, de la femme qui ouyt compter à son mary que ung ostelier du mont Sainct-Michiel faisoit raige de ronciner; si y alla, cuidant l'esprouver, mais son mary l'en garda trop bien, dont elle fut trop mal contente, comme vous orrez cy après [3].

LXVI. — LA FEMME AU BAIN.

La soixante et sixiesme nouvelle par Phelippe de Laon, d'ung tavernier de Sainct-Omer qui fist une question à son petit filz, dont il se repentit après qu'il eut ouy la response, de laquelle sa femme en fut très honteuse, comme vous orrez plus à plain cy après [4].

LXVII. — LA DAME A TROIS MARYS.

La soixante et septiesme nouvelle racomptée par Philippe de Laon,

---

[1] Imité par Malespini, nov. xci.

[2] Cette Nouvelle, dont le sujet est emprunté à un fabliau (voy. le recueil de Legrand d'Aussy, t. IV, p. 100), avait déjà été mise en œuvre par Sacchetti; on en trouve des imitations plus ou moins fidèles dans les *Facétieuses nuits* de Straparole; les *Contes et joyeux devis* de Bonav. Des Periers, nouv. cxiii; l'*Apologie pour Hérodote*, de Henry Estienne, chap. xv; les *Ducento Novelle* de Malespini, nov. xcxiii; l'*Enfant sans souci*, 1680, in-12, p. 274.

[3] Imité par Malespini, nov. xliii, et par l'auteur des *Joyeuses adventures et nouvelles récréations*, devis lxxxvii.

[4] Imité par Malespini, nov. lxxv, part. II.

d'ung chapperon fourré de Paris, qui une courdouennière cuida tromper, mais il se trompa luy mesmes bien lourdement, car il la maria à ung barbier; et, cuidant d'elle estre despesché, se voulut marier ailleurs, mais elle l'en garda bien, comme vous pourrez veoir cy dessoubz, plus à plain [1].

LXVIII. — LA GARCE DESPOUILLÉE.

La soixante et huitièsme nouvelle, d'ung homme marié qui sa femme trouva avec ung aultre, et puis trouva maniere d'avoir d'elle son argent, ses bagues, ses joyaux et tout jusques à la chemise; et puis l'envoya paistre en ce point, comme cy après vous sera recordé [2].

LXIX. — L'HONNESTE FEMME A DEUX MARYS.

La soixante et neufviesme nouvelle racomptée par Monseigneur, d'ung gentil chevalier de la conté de Flandres, marié à une très belle et gente dame, lequel fut prisonnier en Turquie par longue espace, durant laquelle sa bonne et loyale femme, par l'amonestement de ses amys, se remaria à ung aultre chevalier; et, tantost après qu'elle fut remariée, elle ouyt nouvelles que son premier mary revenoit de Turquie, dont par desplaisance se laissa mourir, pource qu'elle avoit fait nouvelle aliance [3].

LXX. — LA CORNE DU DIABLE.

La septanticsme nouvelle racomptée par Monseigneur, d'ung gentil chevalier d'Alemaigne, grant voyaigier en son temps, lequel après ung certain voyaige par luy fait, fist veu de jamais faire le signe de la croix, par la très ferme foy et credence qu'il avoit au sainct sacrement de baptesme, en laquelle credence il combatit le dyable, comme vous orrez [4].

LXXI. — LE COUNARD DEBONNAIRE.

La septante et uniesme nouvelle racomptée par Monseigneur, d'ung chevalier de Picardie qui en la ville de Saint-Omer se logea en une

---

[1] Imité par Malespini, nov. xxxv, part. II.
[2] Imité par Malespini, nov. viii.
[3] Imité par Malespini, nov. ix. M. Leroux de Lincy pense que Lesage a pu tirer de cette nouvelle l'histoire de dona Mencia, qu'il a intercalée dans son *Gil Blas*.
[4] Imité par Malespini, nov. xiii, part. II.

ostellerie où il fut amoureux de l'ostesse de leans, avec laquelle il fut très amoureusement, mais, en faisant ce que scavez, le mary de ladicte ostesse les trouva, lequel tint maniere telle que cy après pourrez ouyr [1]

LXXII. — LA NECESSITÉ EST INGENIEUSE.

La septante et deuxiesme nouvelle par Monseigneur de Commesuram, d'ung gentil homme de Picardie qui fut amoureux de la femme d'ung chevalier son voisin, lequel gentil homme trouva façon par bons moyens d'avoir la grace de sa dame, avec laquelle il fut assiegé, dont à grant peine trouva maniere d'en yssir, comme vous orrez cy après [2].

LXXIII. — L'OISEAU EN LA CAGE.

La septante et troisiesme nouvelle par maistre Jehan Lambin, d'ung curé qui fut amoureux d'une sienne paroissienne, avec laquelle ledit curé fut trouvé par ledit mary de la gouge, par l'advertissement de ses voisins; et de la maniere comment ledit curé eschappa, comme vous orrez cy après [3].

LXXIV. — LE CURÉ TROP RESPECTUEUX.

La septante et quatriesme nouvelle par Phelippe de Laon, d'ung prestre Boulenois qui leva par deux fois le corps de nostre Seigneur, en chantant une messe, pource qu'il cuidoit que Monseigneur le seneschal de Boulongne fut venu tard à la messe; et aussy comment il refusa de prendre la paix devant Monseigneur le seneschal, comme vous pourrez ouyr cy après.

LXXV. — LA MUSETTE.

La septante et cinquiesme nouvelle racomptée par Monseigneur de Thalemas, d'ung gentil galant demy fol et non gueres saige, qui en grant aventure se mist de mourir et estre pendu au gibet, pour nuyre et faire desplaisir au bailly, à la justice et aultres plusieurs de la ville de

---

[1] Imité par Malespini, nov. xciv; par Bonav. Des Periers, conte vi; par L. Guicciardini, *Heures de récréations*, 1594, p. 56; et par l'auteur des *Joyeuses adventures et nouvelles récréations*, devis xxxviii.

[2] Imité par Malespini, nov. lxxxvi, et par l'auteur des *Joyeuses adventures et nouvelles récréations*, devis xxxviii.

[3] Imité par Malespini, nov. xix.

Troyes en Champaigne, desquelz il estoit hay mortellement, comme plus à plain pourrez ouyr cy après [1].

LXXVI. — LE LAQS D'AMOUR.

La septante et sixiesme nouvelle racomptée par Phelippe de Laon, d'ung prestre chapellain à ung chevalier de Bourgoigne, lequel fut amoureux de la gouge dudit chevalier; et de l'adventure qui lui advint à cause de ses dictes amours, comme cy dessoubz vous orrez [2].

LXXVII. — LA ROBBE SANS MANCHES.

La septante et septiesme nouvelle racomptée par Alardin, d'ung gentil homme des marches de Flandres, lequel faisoit sa residence en France; mais, durant le temps que en France residoit, sa mere fut malade ès dites marches de Flandres, lequel la venoit très souvent visiter, cuidant qu'elle mourust; et des parolles qu'il disoit et de la maniere qu'il tenoit, comme vous orrez cy dessoubz [3].

LXXVIII. — LE MARY CONFESSEUR.

La septante et huitiesme nouvelle par Jean Martin, d'ung gentil homme marié, lequel s'avoulenta de faire plusieurs et loingtains voyaiges, durant lesquelz sa bonne et loyale preude femme de trois gentilz compaignons s'accointa, que cy après pourrez ouyr; et comment elle confessa son cas à son mary, quant desditz voyaiges fut retourné, cuidant le confesser à son curé; et de la maniere comment elle se saulva, comme cy après orrez [4].

LXXIX. — L'ASNE RETROUVÉ.

La septante et neufviesme nouvelle par messire Michault de Changy,

---

[1] Imité par Bonav. Des Periers, nouv. XLI; par Malespini, nov. LXVII; par Agrippa d'Aubigné, *Aventures du baron de Fœneste*, liv. I, ch. XII.

[2] Tiré des *Facetiæ* de Poggio (*Priapus in laqueo*). Imité depuis par Malespini, nov. LXXIX, part. II, et par Beroulde de Verville, *Moyen de parvenir*, t. II, p. 108, édit. sans date, in-12 de 617 pag.

[3] Imité de Malespini, nov. XXXIX.

[4] Le sujet de cette Nouvelle, imitée du *Decamerone* de Boccace, giorn. VII nov. V, se trouve dans un ancien fabliau, le *Chevalier qui fist sa femme confesser*. Voy. le recueil de Legrand d'Aussy, t. IV, p. 90. Elle a été imitée depuis par Malespini, nov. XCXII; par Bandello, nov. IX, part. I; et par La Fontaine, liv. I, conte IV, le *Mari confesseur*.

d'ung bon homme de Bourbonnois, lequel alla au conseil à ung saige homme dudit lieu, pour son asne qu'il avoit perdu, et comment il croioit que miraculeusement il retrouva sondit asne, comme cy après pourrez ouyr [1].

LXXX. — LA BONNE MESURE.

La huitantiesme nouvelle par messire Michault de Changy, d'une jeune fille d'Alemaigne, qui, de l'aage de XV à XVI ans, ou environ, se maria à ung gentil galant, laquelle se complaignit de ce que son mary avoit trop petit instrument à son gré, pource qu'elle veoit ung petit asne. qui n'avoit que demy an, et avoit plus grand oustil que son mary qui avoit XXIIII ou XXVI ans [2].

LXXXI. — LE MALEUREUX.

La huitante et uniesme nouvelle racomptée par Monseigneur de Vaulvrain, d'ung gentil chevalier qui fut amoureux d'une très belle jeune dame mariée, lequel cuida bien parvenir à la grace d'icelle et aussi d'une aultre sienne voisine, niais il faillit à toutes deux, comme cy après vous sera recordé [3].

LXXXII. — LA MARQUE.

La huitante et deusiesme nouvelle par Monseigneur de Lannoy, d'ung bergier qui fit marchié avec une bergiere qu'il monteroit sur elle affin qu'il veist plus loing, par tel si qu'il ne l'embrocheroit non plus avant que le signe qu'elle mesmes fist de sa main sur l'instrument dudit bergier, comme cy après plus à plain pourrez ouyr [4].

LXXXIII. — LE CARME GLOUTON.

La huitante et troisiesme nouvelle par Monseigneur de Vaulvrain, d'ung carme qui en ung vilaige prescha : et comment après son pres-

---

[1] Tiré des *Facetiæ* du Poggio (*Circulator*). Imité depuis par Bonav. Des Periers, nouv. LVIII; par Bouchet, *Serées*, X; par l'auteur des *Joyeuses adventures et nouvelles récréations*, devis XLII; par Malespini, nov. LXXXI; et par de Théis, dans son recueil, intitulé : Le *Singe de La Fontaine*, 1775, p. 66.
[2] Tiré des *Facetiæ* du Poggio (*Aselli Priapus*). Imité par l'auteur des *Joyeuses adventures et nouvelles récréations*, devis XLIII, et par Malespini, nov. LXXIV part. II.
[3] Imité par Malespini, nov. XXXII.
[4] Imité par Malespini, nov. LXXIII, part. II.

chement, il fut prié de disner avec une damoiselle; et comment, en disnant, il mist grant peine de fournir et emplir son prepoint, comme vous orrez cy après [1].

LXXXIV. — LA PART AU DIABLE.

La huitante et quatriesme nouvelle par Monseigneur le marquis de Rothelin, d'ung sien mareschal qui se maria à la plus douce et amoureuse femme qui fust en tout le pays d'Alemaigne. S'il est vray ce que je dis, sans en faire grant serment, affin que par mon escript menteur ne soye reputé, vous le pourrez veoir cy dessoubz plus à plain [2].

LXXXV. — LE CURÉ CLOUÉ.

La huitante et cinquiesme nouvelle d'ung orfevre marié à une très belle, doulce et gracieuse femme et avec ce très amoureuse, par especial de son curé leur prochain voisin, avec lequel son mary la trouva couchée par l'advertissement d'ung sien serviteur, et ce, par jalousie, comme vous pourrez ouyr [3].

LXXXVI. — LA TERREUR PANIQUE, ET L'OFFICIAL JUGE.

La huitante et sixiesme nouvelle racompte et parle d'ung jeune homme de Rouen, qui print en mariaige une belle gente et jeune fille, de l'aage de quinze ans ou environ, lesquelz la mere de ladicte fille cuida bien faire desmarier par Monseigneur l'official de Rouen; et de la sentence que ledit official en donna, après les parties par luy ouyes, comme vous pourrez veoir cy dessoubz plus à plain, en ladicte nouvelle [4].

LXXXVII. — LE CURÉ DES DEUX.

La huitante et septiesme nouvelle racompte et parle d'ung gentil chevalier, lequel s'enamoura d'une très belle, jeune et gente fille, et aussy comment il luy print une moult grande maladie en ung œil;

---

[1] Imité par Bonav. Des Periers, devis LXXV, et par Malespini, nov. LXXXII.

[2] Imité par Malespini, nov. VII, part. II, et par l'auteur des *Joyeuses adventures et nouvelles récréations*, devis XL.

[3] Cette Nouvelle, prise d'un ancien fabliau, le *Forgeron de Creil* (voy. le recueil de Legrand d'Aussy. t. IV, p. 160), que Sacchetti avait déjà mis à contribution dans ses *Novelle*, a été imitée depuis par Bonav. Des Periers, nouv. LXII; par Malespini, nov. XCIII; et par l'auteur anonyme de l'*Enfant sans souci*, 1680. in-12, p. 274.

[4] Imité par Malespini, nov. LXXXI, part. II.

pour laquelle cause lui convint avoir ung medecin, lequel pareillement devint amoureux de ladicte fille, comme vous orrez; et des paroltes qui en furent entre le chevalier et le medecin, pour l'emplastre qu'il luy mist sur son bon oeil [1].

LXXXVIII. — LE COCU SAUVÉ.

La huitante et huictiesme nouvelle, d'ung bon simple homme paysant, marié à une plaisante et gente femme, laquelle laissoit bien le boire et le mengier pour aymer par amours; et, de fait, pour plus asseurement estre avec son amoureux, enferma son mary au coulombier par la maniere que vous orrez [2].

LXXXIX. — LES PERDRIX CHANGÉES EN POISSON.

La huitante et neufviesme nouvelle, d'ung curé qui oublia, par negligence, ou faulte de sens, à annoncer le karesme à ses parroissiens, jusques à la vigile de Pasques fleuries, comme cy après pourrez ouyr; et de la maniere comment il s'excusa devers ses parroissiens [3].

XC. — LA BONNE MALADE.

La nonantiesme nouvelle, d'ung bon marchant du pays de Braibant, qui avoit sa femme très fort malade, doubtant qu'elle ne mourut, après plusieurs remonstrances et exortacions qu'il lui fist pour le salut de son ame, luy crya mercy, laquelle luy pardonna tout ce qu'il povoit luy avoir meffait, excepté tant seulement ce qu'il avoit si peu besongné en son ouvrouer, comme en ladicte nouvelle pourrez ouyr plus à plain [4].

XCI. — LA FEMME OBEISSANTE.

La nonante et uniesme nouvelle parle d'ung homme qui fut marié

---

[1] Imité par Malespini, nov. XLVI.

[2] Cette Nouvelle est prise de Boccace, *Decamerone*, giorn. VIII, nov. VII; ou de Poggio, *Fraus mulieris*, dans les *Facetiæ*. Le même sujet avait été auparavant traité par les troubadours et les trouvères. Voy. le fabliau de la *Bourgeoise d'Orléans*, dans le recueil de Legrand d'Aussy, t. IV, p. 287, et le récit de Raimond Vidal, dans le *Choix des poésies des troubadours*, publ. par Raynouard, t. III, p. 398.

[3] Imité par Malespini, nov. LXII, part. II.

[4] Tiré des *Facetiæ* de Poggio (*Venia rité negata*); imité depuis par Malespini, nov. XC, part. II, et dans les *Addimenta Phil. Hermolimi ad Bebelii facetias*, p. 285.

à une femme, laquelle estoit tant luxurieuse et tant chaulde sur potaige, que je cuide qu'elle fut née ès estuves ou à demye lieue près du soleil de midy, car il n'estoit nul, tant bon ouvrier fust-il, qui la peust refroidir; et comment il la cuida chastier, et de la response qu'elle luy bailla [1].

XCII. — LE CHARIVARI.

La nonante et deuxiesme nouvelle, d'une bourgeoise mariée qui estoit amoureuse d'ung chanoine, laquelle, pour plus couvertement aller vers ledit chanoine, s'accointa d'une sienne voisine; et de la noyse et debat, qui entre elles sourdit pour l'amour du mestier dont elles estoient, comme vous orrez cy après [2].

XCIII. — LA POSTILLONE SUR LE DOS.

La nonante et troisiesme nouvelle, d'une gente femme mariée qui faignoit à son mary d'aller en pellerinaige pour soy trouver avec le clerc de la ville son amoureux, avec lequel son mari la trouva; et de la maniere qu'il tint, quant ensemble les vit faire le mestier que vous scavez [3].

XCIV. — LE CURÉ DOUBLE.

La nonante et quatriesme nouvelle, d'ung curé qui portoit courte robbe comme font ces galans à marier : pour laquelle cause il fut cité devant son juge ordinaire; et de la sentence qui en fut donnée; aussi, la deffense qui luy fut faicte, et des aultres tromperies qu'il fist après, comme vous orrez plus à plain [4].

XCV. — LE DOIGT DU MOINE GUERI.

La nonante et cinquiesme nouvelle, d'ung moyne qui faignit estre

---

[1] Tiré des *Facetiæ* de Poggio (*Novum supplicii genus*). Imité ensuite par Bouchet, *Serées*, V⁵ serée; par Beroalde de Verville, *Moyen de parvenir*, t. II, p. 29, édit. de 1781; par de Théis, le *Singe de La Fontaine*, t. I, p. 156; par Sedaine, la *Femme incorrigible*, conte en vers.

[2] Imité par Malespini, nov. LXV.

[3] Tiré des *Facetiæ* de Poggio (*Quomodo calceis parcitur*). Imité depuis dans le *Cabinet satyrique*, t. I, p. 126; le *Facétieux réveil-matin*, édit. de 1654, p. 184; *Roger Bontemps en belle humeur*, p. 30. Cette nouvelle reproduit à peu près le sujet de la nouvelle XLIII, les *Cornes marchandes*.

[4] Imité par Malespini, nov. CI.

très fort malade et en dangier de mort, pour parvenir à l'amour d'une sienne voisine par la maniere qui cy après s'ensuit [1].

XCVI. — LE TESTAMENT CYNIQUE.

La nonante et sixiesme nouvelle, d'ung simple et riche curé de villaige, qui par sa simplesse avoit enterré son chien ou cymitiere : pour laquelle cause il fut cité par devant son evesque; et comme il bailla la somme de cinquante escuz d'or audit evesque; et de ce que l'evesque luy en dit, comme pourrez ouyr cy dessoubz [2].

XCXVII. — LE HAUSSEUR.

La nonante et septiesme nouvelle, d'une assemblée de bons compaignons faisans bonne chiere à la taverne et beuvans d'autant et d'autel, dont l'ung d'iceulx se combatit à sa femme, quant à son ostel fut retourné, comme vous orrez cy dessoubz [3].

XCVIII. — LES AMANS INFORTUNÉS.

La nonante et huitiesme nouvelle, d'ung chevalier de ce royaulme, lequel avoit de sa femme une belle fille et très gente damoiselle aagée de xv à xvj ans, ou environ; mais, pource que son pere la voulut marier à ung riche chevalier ancien, lequel estoit son voisin, elle s'en alla avecques ung aultre jeune chevalier son serviteur en amours, en tout bien et en tout honneur. Et comment par merveilleuse fortune ilz finirent leurs jours tous deux piteusement, sans jamais en nulle maniere avoir habitacion l'ung avecques l'aultre, comme vous orrez cy après [4].

XCIX. — LA METAMORPHOSE.

La nonante et neufviesme nouvelle racompte d'ung evesque d'Espai-

---

[1] Tiré des *Facetiæ* de Poggio (*Digiti tumor*). Imité depuis par Malespini, nov. LXXXVIII, part. II, et par Grécourt, le *Mal d'aventure*, conte.

[2] Cette Nouvelle, dont le sujet se trouve dans un fabliau de Rutebeuf (voy. le recueil de Legrand d'Aussy, t. III, p. 107), est tirée des *Facetiæ* de Poggio (*Canis testamentum*). Elle a été depuis imitée dans les *Ducento Novelle* de Malespini, nov. LIX, part. II; dans les *Facetiæ* de Frischlinus; dans les *Sermones convivales*, t. I, p. 154; dans l'*Arcadia di Brenta*, 1667, in-12, p. 325; dans les *Facéties et mots subtils*, en françois et en italien, par L. Dominichi, 1597, in-12, p. 17; dans le *Dictionnaire d'anecdotes*, t. II, p. 451.

[3] Imité par Malespini, nov. VI.

[4] Imité par Malespini, nov. LVIII.

gne, qui par deffaulte de poisson mengea deux perdris en ung vendredy; et comment il dist à ses gens qu'il les avoit converties, par parolles, de chair en poissons, comme cy dessoubz plus à plain vous sera recordé et compté [1].

C. — LE SAGE NICAISE OU L'AMANT VERTUEUX.

La centiesme et derreniere de ces presentes nouvelles, d'ung riche marchant de la cité de Gennes, qui se maria à une belle et gente fille, laquelle, par la longue absence de son mary, et par son mesme advertissement, manda querir ung saige clerc, jeune et royde, pour la secourir de ce dont elle avoit mestier; et de la jeusne qu'il luy fist faire, comme vous orrez cy après plus à plain [2].

---

[1] Tiré des *Facetiæ* de Poggio (*Sacerdotii virtus*). Imité par Bonav. Des Periers, *Contes et joyeux devis*; par H. Estienne, *Apologie pour Hérodote*, ch. xxxix; par Malespini, nov. xxvii, part. II; et par Béroalde de Verville, *Moyen de parvenir*, ch. xxvi. Quoique ce conte soit bien ancien, on le retrouve à l'état de légende dans la vie de plusieurs saints, et, en l'an de grâce 1840, on a béatifié à Rome saint Jean de la Croix, qui, entre autres miracles, changea des perdrix en brochets, pour ne pas faire gras un vendredi.

[2] Imité par Malespini, nov. xii.

LES
CENT NOUVELLES
NOUVELLES

LA PREMIERE NOUVELLE

En la ville de Valenciennes eut nagueres ung notable bourgeois, en son temps receveur de Henault, lequel entre les autres fut renommé de large et discrete prudence. Et, entre ses louables vertuz, celle de liberalité ne fut pas la moindre, car par icelle vint en la grace des princes, seigneurs, et aultres gens de tous estaz. En ceste eureuse felicité, Fortune le maintint et soustint jusques en la fin de ses jours. Devant et après ce que Mort l'eust destachié de la chaine qui à mariaige l'accouploit, le bon bourgeois, cause de ceste histoire, n'estoit pas si mal logié en ladicte ville, que ung bien grant maistre ne s'en tint pour content et honnouré d'avoir ung tel logis. Et entre les desirez et louez edifices, sa maison descouvroit sur plusieurs rues; et là avoit une petite poterne vis à vis près de là, en laquelle demouroit ung moult bon compaignon [1], qui très belle femme et gente avoit et encores en meilleur point. Et, comme il est de coustume, les yeulx d'elle, archiers de cœur, descoicherent tant de fleches en la personne dudit bourgeois, que, sans prochain remede, son cas n'estoit pas moindre

---

[1] Ce mot, par opposition à *bourgeois*, doit signifier un artisan du corps des métiers.

que mortel. Pour laquelle chose seurement obvier, trouva par plusieurs et subtiles façons, que le compaignon, mary de ladicte gouge [1], fut son amy très privé et familier ; et tant, que peu de diners, de souppers, de bancquetz, de bains, d'estuves, et aultres passetemps en son ostel et ailleurs ne se feissent jamais sans sa compaignie. Et, à ceste occasion, se tenoit ledit compaignon bien fier et encores autant eureux. Quant nostre bourgeois, plus subtil que ung regnart, eust gaignié la grace du compaignon, bien peu se soussia de parvenir à l'amour de sa femme ; et, en peu de jours, tant et si très bien laboura [2], que la vaillant femme fut contente d'ouyr et entendre son cas, pour y bailler remede convenable. Ne restoit plus que temps et lieu [3] ; et fut à ce menée, qu'elle luy promist, tantost que son mary iroit quelque part dehors pour sejourner une nuyt, elle incontinent l'en avertiroit. A chief de piece [4], ce desiré jour fut assigné, et dit le compaignon à sa femme, qu'il s'en alloit à ung chasteau loingtain de Valenciennes environ troys lieues. Et la chargea bien de soy tenir à l'ostel et garder la maison, pource que ses affaires ne povoient souffrir que celle nuyt il retournast. S'elle en fut bien joyeuse, sans en faire semblant ne maniere en parolles ne aultrement, il ne le fault jà demander, car il n'avoit pas encore cheminé une lieue d'assez [5], quant le bourgeois sceust ceste adventure de pieça [6] desirée. Il fist tantost tirer les bains, chauffer les estuves, faire pastez, tartes, ypocras, et le surplus des biens de Dieu, si largement que l'appareil sembloit ung droit desroy [7]. Quant vint sur le soir, la poterne fut desserrée [8], et celle, qui pour la nuyt y devoit le guet, saillit dedans [9] ; et Dieu scait qu'elle fut doulcement receue. Je m'en passe en brief, et espoire plus, qu'ilz firent plusieurs devises [10] d'aucunes choses qu'ilz n'avoient pas en ceste eureuse journée à leur

---

[1] Femme galante, débauchée ; du bas latin, *guvia*, qui signifie *ventouse*, et qui représente l'action d'une prostituée épuisant la vie et l'argent des hommes. Le savant Huet veut que ce soit le mot hébreu *goja*, qui veut dire la même chose.

[2] Travailla : de *laborare*.

[3] Il faut sous-entendre : à trouver, à choisir.

[4] Cette locution, qui revient souvent dans les *Cent Nouvelles nouvelles*, signifie : enfin, bientôt après, etc. Le mot *pièce* se prend ici dans l'acception de *temps*, qu'on sous-entendait comme dans l'adverbe *pieça* (pièce a).

[5] C'est-à-dire en avant. On peut lire *d'accès*, dans le sens d'*accessus*.

[6] Depuis longtemps, depuis une pièce de temps, déjà.

[7] Un véritable *désarroi*, désordre. On pourrait écrire aussi *droit des roys*, par allusion aux apprêts d'une réception royale.

[8] Ouverte.

[9] Allusion à la garde urbaine qui était tenue de faire le guet.

[10] *Devis*, entretiens.

premiere voulenté. Après ce que en la chambre furent descenduz, tantost se bouterent au bain, devant lequel beau souper fut en haste couvert et servy. Et Dieu scait qu'on y beut d'autant largement et souvent. De vins et viandes parler, n'en seroit que redicte; et pour faire le compte brief, faulte n'y avoit que du trop. En ce très gracieux estat se passa la pluspart de ceste doulce et courte nuyt : baisiers donnez, baisiers renduz, tant et si longuement que chascun ne desiroit que le lit. Tandiz que ceste grande chiere se faisoit, vecy bon mary, jà retourné de son voyaige, non querant ceste sa bonne adventure, qui heurte bien fort à l'uys de sa chambre. Et, pour la compaignie qui y estoit, l'entrée de prinsault[1] luy fut refusée jusques à ce qu'il nommast son parrain. Adonc se nomma haut et clair ; et très bien l'entendirent et recongneurent sa bonne femme et le bourgeois. La gouge fut tant fort effrayée à la voix de son mary, que à peu que son loyal cueur ne failloit[2]; et ne scavoit jà plus sa contenance, se[3] le bon bourgeois et ses gens ne l'eussent reconfortée. Mais le bon bourgeois, tant asseuré, et de son fait très advisé, la fist bien en haste coucher ; et au plus près d'elle se bouta, et luy charga qu'elle se joingnist près de luy et caichast le visaige, qu'on n'en peult rien appercevoir. Et cela fait au plus brief que on peult, sans soy trop haster, il commanda ouvrir la porte. Et le bon compaignon sault[4] dedans la chambre, pensant en soy que aucun mistere y avoit, quant devant l'uys l'avoient retenu si longuement. Et quand il vit la table tant chargée de vins et de grans viandes, ensemble le beau bain très bien paré, et le bourgeois ou très beau lit encourtiné[5] avec sa seconde personne, Dieu scait s'il parla hault et blasonna les armes de son bon voisin : lors l'appela *ribault, loudier*[6], après *putier*, après *yvrongne*, et tant bien le baptiza, que tous ceulx à la chambre, et luy avecques, s'en rioient bien fort. Mais sa femme, à ceste heure, n'avoit pas ce loisir, tant estoient ses levres empeschées de soy joindre près de son amy nouvel : « Ha! ha! dist-il, maistre houllier[7], vous m'avez bien celée ceste

---

[1] Pour *prime sault*, tout d'abord. Faut-il lire : *de plein sault ?*
[2] C'est-à-dire : peu s'en fallut que le cœur ne vînt à lui manquer. Le mot *loyal* est mis là par antiphrase.
[3] On écrivait *se* pour distinguer la conjonction de l'adverbe, qu'on employait dans le sens de : *ainsi, aussi, néanmoins*, etc.
[4] Du verbe *saillir* : s'élance.
[5] Entouré de courtines, de rideaux.
[6] Fainéant, libertin; de *ludarius*, histrion.
[7] Ribaud, paillard; du bas latin, *hullarius*.

bonne chiere; mais, par ma foy, si je n'ay esté à la grant feste, si fault-il bien que l'en me monstre l'espousée. » Et, à ce coup, tenant la chandelle en sa main, se tira près du lit : et jà se vouloit avancier de haulcier la couverture soubz laquelle faisoit grant penitance et silence sa très parfaite et bonne femme, quant le bourgeois et ses gens l'en garderent : dont le compaignon ne s'en contentoit pas trop ; et à force, maulgré chascun, tousjours avoit la main au lit. Mais il ne fut pas maistre pour lors, ne creu de faire son vouloir : et pour cause. Sur quoy ung appointement très gracieux et bien nouveau fut fait, de quoy assez se contenta, qui fut tel : le bon bourgeois fut content que on luy monstrast à descouvert le derriere de sa femme, les rains et les cuisses, qui blanches et grosses estoient, et le surplus bel et honneste, sans riens descouvrir ne veöir le visaige. Le bon compaignon, toujours la chandelle en sa main, fut assez longuement sans dire mot. Et quant il parla, ce fut en louant beaucoup la très grande beaulté de ceste femme; et afferma, par ung bien grant serment, que jamais n'avoit veu chose si bien ressembler au cul de sa femme ; et s'il ne feust bien seur qu'elle feust en son ostel, à ceste heure, il diroit que ce seroit elle ! Mais elle fut tantost recouverte, et adonc se tira arriere, assez pensif. Et Dieu scait se on luy disoit bien, puis l'ung, puis l'autre, que c'estoient de luy mal congneu, et à sa femme peu d'honneur porter ; et que c'estoit bien aultre chose, que cy après assez il pourroit veoir. Pour reffaire les yeulx abusez de ce povre martir, le bourgeois commanda qu'on le feist seoir à la table, où il reprint nouvelle ymaginacion par boire et mengier largement du soupper de ceulx, qui entretemps [1] au lit se devisoient [2] à son grant prejudice. Puis, l'heure vint de partir, et donna la bonne nuyt au bourgeois et à sa compaignie; et pria moult doulcement qu'on le boutast hors de leans [3] par la poterne, pour plus tost trouver sa maison. Mais le bourgeois luy respondit qu'il ne scauroit à ceste heure trouver la clef ; pensoit aussy que la serreure feust tant enrouillie qu'on ne la pourroit ouvrir, pource que nulle fois ou peu souvent s'ouvroit. Il fut, au fort [4], contraint de saillir par la porte de devant et d'aller le grant tour à sa maison. Tandis que les gens au bourgeois le conduisoient vers la porte, tenant le bec en l'eaue par devises ; et la bonne femme fut inconti-

---

[1] Cependant; en ce temps-là.
[2] S'entretenaient.
[3] Hors de ce lieu.
[4] Enfin.

nent mise sur piez, et en peu de heure habillée et lacée sa cotte
simple [1], son corset en son bras, et venue à la poterne ; puis, ne fist
que ung sault en sa maison où elle attendoit son mary qui le long tour
venoit, très advisée de son fait, et des manieres qu'elle avoit à tenir.
Vecy [2] nostre homme, voyant encore la lumiere et la clarté en sa maison, heurte assez rudement. Et sa bonne femme qui mesnaigeoit [3] par
leans, en sa main tenant ung ramon [4], demande ce qu'elle bien scait :
« Qui est-ce là ? » Et il respondit : « C'est vostre mary. — Mon mary ?
dist-elle ; mon mary, n'est-ce pas ; il n'est pas en la ville. » Et il
heurte de rechief et dit : « Ouvrez, ouvrez, je suis vostre mary. — Je
congnois bien mon mary, dist-elle ; ce n'est pas sa coutume de soy enclorre [5] si tart, quant il seroit en la ville ; allez ailleurs, vous n'estes pas
bien arrivé : ce n'est point ceans, qu'on doit heurter à ceste heure. »
Et il heurte pour la tierce fois et l'appella par son nom, une fois,
deux fois. Adonc fist-elle aucunement semblant de le congnoistre, en
demandant dont il venoit à ceste heure ? Et pour response ne bailloit
aultre chose que : « Ouvrez ! ouvrez ! — Ouvrez ! dit-elle ; encores,
n'y estes-vous pas, meschant houillier ? Par la force saincte Marie, j'aymeroie mieulx vous veoir noyer, que ceans vous bouter ! Allez coucher
en mal repos [6], dont vous venez ! » Et lors le bon mary de soy courroucer ; et fiert [7] tant qu'il peut de son pié contre la porte, et semble qu'il
doyve tout abatre : et menassa sa bonne femme de la tant batre que
c'est raige, dont elle n'a gueres grant paour ; mais, au fort, pour
apaisier la noyse et à son aise mieulx dire sa pensée, elle ouvrit l'uys [8].
Et à l'entrée qu'il fist, Dieu scait qu'il fut servy d'une chiere [9] bien
rechignée, et d'ung agu [10] et enflambé visaige. Et quant la langue
d'elle eut povoir sur le cueur chargié très fort d'yre et de courroux,
par semblant, les parolles qu'elle descocha ne furent pas moins tranchantes que rasoirs de Guingant bien affillez. Et entre aultres choses,

---

[1] On appelait ainsi le jupon de dessous, qui se fermait par devant, sur la poitrine, avec un lacet.

[2] Pour *voici*, en dialecte champenois; *vecz ci*, pour *voyez ci*.

[3] Vaquait aux soins du ménage.

[4] Balai de bouleau, du latin *ramus*.

[5] Se retirer, s'enfermer, rentrer.

[6] Mauvais lieu, taverne.

[7] Frappe; du verbe *férir*; en latin, *ferire*.

[8] La porte; ce mot est encore usité dans les dialectes provinciaux de la langue d'Oïl. Nous n'avons conservé que *huis-clos*, dans la langue académique.

[9] Mine, visage; de l'italien *ciara*, formé du bas latin *cara*.

[10] Malin, rusé; dans le sens du latin *acutus*.

fort luy reprouchoit qu'il avoit par malice conclut ceste saincte allée pour l'esprouver ; et que c'estoit fait d'ung lasche et recreu couraige [1], indigne d'estre alié à si preude femme comme elle. Le bon compaignon, jà soit ce que [2] feust fort courroucé et mal meu par avant, toutesfois pource qu'il veoit son tort à l'oeil et le rebours de sa pensée, refraint son yre [3] : et le courroux qu'en son cueur avoit conceu, quant à sa porte tant heurtoit, fut tout à coup en courtois parler converty. Car il dist, pour soy excuser, et pour sa femme contenter, qu'il estoit retourné de son chemin, pource qu'il avoit oublié la lettre principale qui touchoit plus le fait de son voyaige. Sans faire semblant de le croire, elle recommence sa legende dorée [4], luy mettant sus [5] qu'il venoit de la taverne et de lieux deshonnestes et dissoluz ; et qu'il se gouvernoit mal en homme de bien, mauldissant l'heure que oncques elle eut son accointance et sa très mauldicte aliance. Le povre desolé, congnoissant son cas, voyant sa bonne femme trop plus qu'il ne voulsist [6] troublée, helas ! et à sa cause ne scavoit que dire. Si se prent à penser, et à chief de pensée ou meditation, se tire près d'elle, ployant ses genoulz tout en bas sur la terre, et dit les beaulx motz qu'ilz s'ensuyvent : « Ma chiere compaigne, et très loyale espouse, je vous prie, ostez vostre cueur de tous ces courroux que avez vers moy conceuz, et me pardonnez au surplus ce que vous puis avoir meffait ne mesdit. Je congnois mon cas, et viens nagueres d'une place où l'en faisoit bien bonne chiere. Si vous ose bien dire que congnoistre vous y cuiday [7], dont j'estoie très desplaisant. Et, pour ce que à tort et sans cause, je le confesse, vous ay suspeçonnée d'estre aultre que bonne, dont me repens amerement, je vous supplie, et de rechief, que, tous aultres passez courroux et cestuy-cy oubliez, vostre grace me soit donnée, et me pardonnez ma folie. » Le mautalant [8] de nostre bonne gouge, voyant son mary en bon ploy [9] et à son droit, ne se monstra

---

[1] Faible cœur : *courage*, qui dérive du latin *cor*, avait alors le même sens que ce mot.

[2] On écrivait aussi *jaçoit ce que*; pour exprimer : *malgré que, quoique*, etc.

[3] C'est le mot latin *ira*, colère.

[4] Sa litanie. On dit aussi familièrement *languedorée*, par corruption. Allusions à la *Legenda aurea* de Jacq. de Voragine, recueil des vies de saints, célèbre par les fables qu'il raconte avec une pieuse naïveté.

[5] Lui imputant, le chargeant, l'accusant.

[6] Pour *voulût*.

[7] Pensai, crus ; du latin, *cogitare*, qu'on prononçait *coditare* et *quiditare* dan la basse latinité.

[8] Méchanceté, malice.

[9] Pour *pli*.

meshuy [1] si aspre ne si venimeuse: « Comme, dit-elle, villain putier, se vous venez de vos tres deshonnestes lieux et infames, est-il dit pourtant que vous devez oser penser, ne en quelque façon croire, que vostre bonne preude femme les daignast regarder? Nenny, par Dieu. — Hélas! ce scay-je bien, ma mye; n'en parlons plus, pour Dieu! » dist le bon homme. Et, de plus belle, vers elle s'encline, faisant la requeste jà pieça que trop dicte. Elle, jà soit ce que encores marrye [2] et presque enraigée de cette suspection, voyant la parfonde [3] contrition du bon homme, cessa son parler, et petit à petit son troublé cueur se remist à nature; et luy pardonna, combien que à grant regret, après cent mille sermons et autant de promesses, que [4] celuy qui tant l'avoit grevée. Et par ce point, à moins de crainte et de regret, elle passa maintesfois depuis la poterne, sans que l'embusche feust jamais descouverte à celui à qui plus touchoit. Et ce souffise quant à la premiere histoire.

LA IIe NOUVELLE

PAR MONSEIGNEUR

EN la maistresse ville du royaume d'Angleterre, nommée Londres, assez hantée et congneue de plusieurs gens, n'a pas long temps, demouroit ung riche et puissant homme, qui marchant et bourgois estoit, qui, entre ses riches bagues [5] et innumerables tresors, s'esjoyssoit et se tenoit plus enrichy d'une belle fille que Dieu lui avoit envoyée, que du bien grant surplus de sa chevance [6], car, de bonté, beaulté, et genteté, passoit toutes les filles, d'elle plus aagées. Et ou

[1] Maintenant, désormais.
[2] Quoique encore chagrine, offensée.
[3] Pour *profonde;* dans le bas latin, *perfunda* et *parfunda*.
[4] Il faut sous-entendre ici pour le sens : *que lui fit celui*.
[5] Biens, joyaux, meubles. Ce mot ne vient pas de *bacca*, perle, comme le dit Ménage, mais du celtique *bagat*, qui signifiait un amas d'hommes et de bestiaux; en bas latin, *bagauda*. Nous avons retenu *bagage*, qui a mieux conservé son cachet étymologique.
[6] Fortune, richesse; *chevancia*. dans la basse latinité.

temps que ce très eureux bruit et vertueuse renommée d'elle sourdoit[1], en son quinziesme an ou environ, Dieu scait se plusieurs gens de bien desiroient et pourchassoient sa grace par plusieurs et toutes façons en amours accoustumées; qui n'estoit pas ung plaisir petit au pere et à la mere. Et, à ceste occasion, de plus en plus croissoit en eulx l'ardante et paternelle amour, que à leur très aymée fille portoient. Advint toutesfois, ou que Dieu le permist, ou que fortune le voulsist et commandast, envieuse et mal contente de la prosperité de celle belle fille, de ses parens, ou de tous deux ensemble, ou espoir de une secrette cause et raison naturelle, dont je laisse l'inquisition aux philosophes et medecins, qu'elle cheut en une dangereuse et desplaisante maladie que communement on appelle *broches*. La doulce maison fut très largement troublée, quant en la garenne que plus chiere tenoient lesditz parens, avoient osé laschier ses levriers et limiers ce desplaisant mal, et, qui plus est, touchier sa proye en dangereux et dommageable lieu. La povre fille, de ce grand mal toute affolée, ne scait sa contenance que de plourer et souspirer. Sa très dolente mere est si très fort troublée, que d'elle il n'est rien plus desplaisant; et son très ennuyé pere detort ses mains et detire ses cheveux, pour la raige de ce nouveau courroux. Que vous diray-je? Toute la grant triumphe qu'en cest ostel souloit tant comblement[2] abonder est par ce cas flappie[3] et ternie, et en amere et subite tristesse à la male heure convertie. Or viennent les parens, amys, et voisins de ce doulent ostel visiter et conforter la compaignie, mais peu ou rien prouffitoit, car de plus en plus est aggressée[4] et oppressée, la bonne fille, de ce mal. Adoncques vient une matrone qui moult et trop enquiert de ceste maladie; et fait virer et revirer, puis çà, puis là, la très dolente et povre paciente, à grant regret, Dieu le scait, et puis luy baille medecines de cent mille façons d'erbes, mais riens; plus vient avant, et plus empire: si est force que les medecins de la ville et du pays environ soient mandez, et que la povre fille descouvre et monstre son très piteux cas. Or sont venuz maistre Pierre, maistre Jehan, maistre cy, maistre là, tant de physiciens[5] que vous vouldrez, qui veulent bien veoir la paciente, en-

---

[1] Sortait, comme l'eau qu'on voit *sourdre* (*surgere*) de terre. Ce mot ne s'emploie plus au figuré.

[2] A comble, au comble.

[3] Flétrie, fanée.

[4] Attaquée.

[5] Médecins, parce que la médecine était comprise alors dans ce qu'on nommait la *physique*.

semble et les parties du corps à descouvert où ce mauldit mal de broches s'estoit, helas! longuement embusché. Ceste povre fille fut plus surprinse et esbahie que se à la mort feust adjugée; et ne se vouloit accorder qu'on la mist en façon que son mal feust apperceu, mesmes aymoit plus chier mourir que ung tel secret feust à ung homme descouvert. Ceste obstinée voulenté ne dura pas gramment[1], quant pere et mere vindrent, qui plusieurs remonstrances luy firent, comme de dire qu'elle pourroit estre cause de sa mort, qui n'est pas ung petit peché, et plusieurs aultres y eut trop longs à racompter. Finablement, trop plus pour pere et mere que pour crainte de mort vaincue, la povre fille se laissa ferrer[2]; et fut mise sur une couche, les dens dessoubz, et son corps tant et si très avant descouvert, que les medicins virent apertement le grant meschief[3] qui fort la tourmentoit. Ilz ordonnerent son regime faire aux appotiquaires: clysteres, pouldres, oygnemens et le surplus que bon sembla, elle print, et fist tout ce que on voulut, pour recouvrer santé. Mais tout rien n'y vault, car il n'est tour ne engin[4] que les dictz medicins saichent pour allegier quelque peu de ce destresseux[5] mal, ne en leurs livres n'ont veu ne accoustumé que riens, si très fort, que la povre fille empire, mais que[6] l'ennuy qu'elle s'en donne, car autant semble estre morte que vive. En ceste aspre langueur et douleur forte se passerent beaucoup de jours. Et comme le pere et la mere, parens et voisins s'enqueroient partout pour l'alegance de la fille, si rencontrerent ung très ancien cordelier, qui borgne estoit; et en son temps avoit veu moult de choses, et de sa principale science se mesloit fort de medicine. Dont sa presence fut plus agreable aux parens de la paciente, laquelle, helas! à tel regret que dessus, regarda tout à son beau loisir, et se fist fort de la guarir. Pensez qu'il fut très voulentiers ouy, et tant que la dolente assemblée, qui de lyesse[7] pieça banie estoit, fut à ce point quelque peu consolée, esperant le fait sortir tel que sa parolle le touchoit. Adonc maistre cordelier se partit de leans; et print jour à demain de

---

[1] Pour *grandement*, par ellipse.

[2] Se livra aux opérateurs, comme une mule rétive qu'il faut dompter pour la ferrer.

[3] Mal, incommodité, accident.

[4] Artifice, invention; du latin, *ingenium*.

[5] Désastreux, fâcheux.

[6] Autant que, ainsi que.

[7] Joie; de *lætitia*, qui s'est corrompu dans le bas latin, pour se transformer en *lyesse*.

retourner, fourny et pourveu de medicine si très vertueuse, qu'elle en peu d'heure effacera la grant douleur qui tant martire [1] et desbrise la povre paciente. La nuyt fut beaucoup longue, attendant le jour desiré; neantmoins passerent tant d'heures à quelque peine que ce fut, que nostre bon cordelier fut acquitté de sa promesse pour soy rendre devers la paciente à l'heure assignée. S'il fut joyeusement receu, pensez que ouy. Et quant vint l'heure qu'il voulut besorigner et la paciente mediciner, on la print comme l'aultre fois, et sur la couche, tout au plus bel qu'on peust, fut à bougons [2] couchée, et son derriere descouvert assez avant, lequel fut incontinent, des matrones, d'ung très beau blanc drap linge garny, tapissé et armé; et, à l'endroit du secret mal, fut fait ung beau pertuis [3], par lequel maistre cordelier povoit appertement [4] le choisir. Et il regarde ce mal, puis d'ung cousté, puis d'aultre; maintenant le touche du doy tout doulcement, une autre fois prent la pouldre dont mediciner la vouloit. Ores regarde le tuyau dont il veult souffler icelle pouldre par sus et dedans le mal; ores retourne arriere et jecte l'oeil de rechief sur cedit mal, et ne se scait saouler d'assez le regarder. A chief de piece [5], il prend sa pouldre à la main gauche, mise en ung beau petit vaisseau plat, et de l'aultre son tuyau qu'il vouloit emplir de ladicte pouldre; et comme il regardoit très ententivement et de très près par ce pertuis et à l'environ le destresseux mal de la povre fille; et elle ne se peut contenir, voyant l'estrange façon de regarder, à-tout [6] ung oeil, de nostre cordelier, que force de rire ne la surprist, qu'elle cuida bien longuement retenir, mais si mal, helas! lui advint que ce riz, à force retenu, fut converty en ung sonnet [7], dont le vent retourna si très à point la pouldre, que la pluspart il fit voler contre le visaige et seul bon oeil de ce bon cordelier, lequel, sentant ceste douleur, abandonna tantost et vaisseau et tuyau; et à peu qu'il ne cheut à la reverse, tant fut fort effrayé. Et quant il eut son sang [8], il met tost en haste la main à son oeil, soy plaignant durement, disant qu'il estoit homme deffait [9], et en dangier de

---

[1] Pour *martyrise*.
[2] A l'envers. Nous croyons qu'il faut lire *à bougrons*, parce que *bougeronner* signifiait : commettre le crime de sodomie; *bougeron* et *bougron*, sodomite.
[3] Trou; du participe latin *pertusus*, percé.
[4] Ouvertement, du latin *aperte*.
[5] Enfin, après une *pièce* de temps.
[6] Avec; *cum*.
[7] Pet bruyant; se dit encore en langage familier.
[8] Pour *sang-froid*. C'est-à-dire : quand il fut un peu remis.
[9] Perdu.

perdre ung seul bon oeil qu'il avoit. Il ne mentit pas, car en peu de jours la pouldre, qui corrosive estoit, luy gasta et mengea trestout l'oeil, et par ce point, l'aultre qui jà estoit perdu, aveugle fut, et ainsi demoura ledit cordelier. Si se fist guider et mener, ung certain jour après ce, jusques à l'ostel où il conquist ce beau butin; et parla au maistre de leans, auquel il remonstra son piteux cas, priant et requerant, ainsi que droit le porte, qu'il lui baille et assigne, ainsi qu'à son estat appartient, sa vie honnorablement. Le bourgois respondit que de ceste son adventure beaucoup luy desplaisoit, combien qu'en riens il n'en soit cause, ne [1], en quelque façon que ce soit, chargié ne s'en tient. Trop bien est-il content luy faire quelque gracieux ayde d'argent, pource qu'il avoit emprins de garir sa fille, ce qu'il n'avoit pas fait, et que à luy ne veult estre tenu en riens; lui veult bailler autant en somme, que s'il luy eust sa fille en santé rendue, non pas, comme dit est, qu'il soit tenu de ce faire. Maistre cordelier, non content de ceste offre, demande qu'il luy assignast sa vie, remonstrant comment sa fille l'avoit aveuglé en sa presence, et, à ceste occasion, privé estoit de la digne et très saincte consecracion du precieux corps de Jesus, du sainct service de l'Eglise, et de la glorieuse inquisicion [2] des docteurs qui ont escript sur la saincte theologie; et, par ce point, de predicacion, plus ne povoit servir le peuple: qui estoit sa totale destruction, car il est mendiant et non fondé [3], sinon sur aumosnes que plus conquerre ne povoit. Quelque chose qu'il allegue ne remonstre, il ne peut finer d'autre response que ceste precedente. Si se tira par devers la justice du parlement dudit Londres, devant lequel fist bailler jour à nostre homme dessusdit. Et quant il vint heure de plaider sa cause par ung bon advocat bien informé de ce qu'il devoit dire, Dieu scait que plusieurs se rendirent au consistoire, pour ouyr ce nouveau procès, qui beaucoup pleust aux seigneurs dudit parlement, tant pour la nouvelleté [4] du cas, que pour les allegacions et argumens des parties devant eulx debatans, qui non acoustumées, mais plaisantes estoient Ce procès tant plaisant et nouvel, affin qu'il feust de plusieurs gens congneu, fut tenu et maintenu assez et longuement, non pas qu'à son tour de roule [5] ne fut bien renvoyé et mis en jeu; mais le juge

---

[1] Pour *ni*.
[2] Recherche, étude, lecture.
[3] Moine mendiant et non renté, n'ayant pas de biens-fonds ni de bénéfices.
[4] Pour *nouveaulté*.
[5] Pour *rôle*, roulement.

le fist differer jusques à la façon de cestes [1]. Et par ce point, celle qui auparavant, par sa beaulté, bonté et genteté, congneue estoit de plusieurs gens, devint notoire à tout le monde par ce mauldit mal de broches, dont en la fin fut garie, ainsi que depuis me fut compté.

LA IIIe NOUVELLE

PAR MONSEIGNEUR DE LA ROCHE

En la duchié de Bourgoigne eust nagueres ung gentil chevalier, dont l'histoire passe le nom, qui marié estoit à une belle et gente dame. Et assez près du chasteau où ledit chevalier faisoit residence, demouroit ung musnier, pareillement à une belle, gente et jeune femme marié. Advint, une fois entre les aultres, que comme le chevalier, pour passer temps et prendre son esbatement, se pourmenast entour son ostel, et, du long de la riviere sur laquelle estoit assise la maison et moulin dudit musnier, qui à ce coup n'estoit pas à son ostel, mais à Dijon ou à Beaune, ledit chevalier apperceut la femme dudit musnier, portant deux cruches et retournant de la riviere querir de l'eaue. Si se avança vers elle et doulcement la salua; et, elle, comme saige et bien aprinse, luy fist l'onneur et reverence qui luy appartenoit. Nostre bon chevalier, voyant ceste musniere tres-belle et en bon point, mais de sens assez escharssement bourdée [2], se pensa de bonnes [3], et luy dit : « Certes, m'amie, j'apperçoy bien que vous estes malade et en grant peril? » A ces parolles, la musniere s'approcha de luy et luy dist : « Helas ! Monseigneur, et que me fault-il? — Vrayement, m'amie, j'apperçoy bien, se vous cheminez gueres avant, que vostre devant est en très grant dangier de cheoir ; et vous ose bien dire que vous ne le porterez gueres longuement, qu'il ne vous chée,

---

[1] Il faut lire : *de ceste cause*, pour trouver un sens dans la phrase, qui est inintelligible.

[2] Assez pauvrement bâtie; expression figurée, prise du langage technique des maçons.

[3] C'est-à-dire : eut une joyeuse idée. On disait d'un homme en bonne humeur et bien dispos : *il est dans ses bonnes.*

tant m'y cognois-je. » La simple musniere, ouyant les parolles de Monseigneur, devint tres esbahie et courroucée : esbahie comment Monseigneur povoit scavoir ne veoir ce meschief advenir, et courroucée d'ouyr la perte du meilleur membre de son corps, et dont elle se servoit mieulx et son mary aussi. Si respondist : « Helas! Monseigneur, et à quoy congnoissez-vous que mon devant est en dangier de cheoir? Il me semble qu'il tient tant bien. — Dea, m'amie, souffise-vous à tant[1], et soyez seure que je vous dy la verité; et ne seriez pas la premiere à qui le cas est advenu. — Helas! dist-elle, Monseigneur, or suis-je femme deffaicte, deshonorée et perdue! Et que dira mon mary, Nostre Dame! quant il scaura ce meschief? Il ne tiendra plus compte de moy. — Ne vous desconfortez que bien à point, m'amie, dist Monseigneur; encores n'est pas le cas advenu, aussi, y a-il bon remede. » Quant la jeune musniere ouyt que on trouveroit bien remede en son fait, le sang luy commença à revenir : et ainsi qu'elle sceut, pria Monseigneur, pour Dieu, que de sa grace luy voulsist enseigner qu'elle doit faire pour garder ce povre devant de cheoir. Monseigneur, qui très courtois et gracieux estoit, mesmement[2] tousjours vers les dames, luy dit : « M'amie, pource vous estes belle et bonne, et que j'ayme bien vostre mary, il me prent pitié et compassion de vostre fait : si vous enseigneray comment vous garderez vostre devant de cheoir. — Helas! Monseigneur, je vous en mercie, et certes vous ferez une oeuvre bien meritoire, car autant me vauldroit non estre, que de vivre sans mon devant. Et que dois-je donc faire, Monseigneur? — M'amie, dist-il, affin de garder vostre devant de cheoir, le remede si est que, au plus tost que pourrez, le fort et souvent faire recoingnier. — Recoingnier, Monseigneur! Et qui le scauroit faire? A qui me fauldroit-il parler, pour bien faire cette besoingne? — Je vous diray, m'amie, dist Monseigneur, pource que je vous ay advertie de vostre meschief, qui très prouchain et grief estoit, ensemble aussi et du remede necessaire pour obvier aux inconveniens qui sourdre en pourroient, je suis content, affin de plus en mieulx nourrir amour entre nous deux, vous recoingnier votre devant; et le vous rendray en tel estat, que partout le pourrez tout seurement porter, sans avoir crainte ne doubte que jamais il puisse cheoir; et de ce me fais-je bien fort. » Se nostre musniere fut bien joyeuse, il ne le fault pas demander, qui

---

[1] C'est-à-dire : qu'il vous suffise de savoir cela.
[2] Particulièrement, spécialement, surtout.

mettoit si très grant peine du peu du sens qu'elle avoit, de souffisamment remercier Monseigneur. Si marcherent tant, Monseigneur et elle, qu'ilz vindrent au moulin où ils ne furent gueres sans mettre la main à l'oeuvre, car Monseigneur, par sa courtoisie, d'ung oustil qu'il avoit, recoingna en peu d'heure, trois ou quatre fois, le devant de nostre musniere qui très joyeuse et lyée [1] en fut. Et, après que l'oeuvre fut ployée [2], et de devises [3] ung millier, et jour assigné d'encores ouvrer [4] à ce devant, Monseigneur part, et tout le beau pas s'en retourna vers son ostel. Et, au jour nommé, se rendit Monseigneur vers sa musniere, en la façon que dessus, et au mieulx qu'il peut il s'employa à recoingnier ce devant; et tant et si bien y ouvra, par continuacion de temps, que ce devant fut tout asseuré et tenoit ferme et bien. Pendant le temps que Monseigneur recoingnoit le devant de ceste musniere, le musnier retourna de sa marchandise et fit grand chiere, et aussi fist sa femme. Et comme ilz eurent devisé de leurs besoingnes [5], la très saige musniere va dire à son mary : « Par ma foy, sire, nous sommes bien obligez à Monseigneur de ceste ville ! — Voire, m'amie, dit le musnier, en quelle façon ? — C'est bien raison que le vous die, affin que l'en merciez, car vous y estes tenu. Il est vray que, tandis qu'avez esté dehors, Monseigneur passoit par cy droit à la court, ainsi que à-tout deux cruches je alloye à la riviere; il me salua : si fis-je luy, et, comme je marchoie, il apperceut que mon devant ne tenoit comme rien, et qu'il estoit en trop grant aventure de cheoir; et le me dist de sa grace, dont je fuz si très esbahie, voire, par dieu, autant courroucée que se tout le monde feust mort. Le bon seigneur, qui me voit en ce point lamenter, en eut pitié; et, de fait, m'enseigna ung beau remede pour me garder de ce mauldit dangier. Et encores me fist-il bien plus qu'il n'eust point fait à une aultre, car le remede dont il me advertit, qui estoit faire recoingnier et recheviller mon devant, affin de le garder de cheoir, lui-mesmes le mist à execution; qui lui fut très grant peine et en sua plusieurs fois, pource que mon cas requeroit d'estre souvent visité. Que vous diray-je plus ? il s'en est tant bien acquitté, que jamais ne luy scauriez desservir [6].

---

[1] Ou plutôt *lie*, joyeuse; de *læta*.
[2] Terminée.
[3] *Devis*, paroles.
[4] Travailler, ouvrager, *operare*.
[5] Affaires.
[6] Payer un service rendu.

Par ma foy, il m'a tel jour de ceste sepmaine recoingnié les trois, les quatre fois; ung aultre, deux; ung autre, trois; il ne m'a jà laissée, tant que j'aye esté toute guarie; et si m'a mis en tel estat, que mon devant tient à ceste heure, tout aussi bien et aussi fermement que celuy de femme de nostre ville. » Le musnier, oyant cette adventure, ne fist pas semblant par dehors, tel que son cueur au par-dedans portoit; mais, comme s'il feust bien joyeux, dit à sa femme : « Or ça, m'amie, je suis bien joyeux que Monseigneur nous a fait ce plaisir, et, se Dieu plaist, quant il sera possible, je feray autant pour luy. Mais, pource que vostre cas n'estoit pas honneste, gardez-vous bien d'en riens dire à personne, et aussi, puisque vous estes guarie, il n'est jà mestier que vous travaillez [1] plus Monseigneur. — Vous n'avez garde, dist la musniere, que j'en die jamais ung mot, car aussi le me deffendit bien Monseigneur. » Nostre musnier, qui estoit gentil compagnon, à qui les crignons [2] de sa teste ramentevoient [3] souvent et trop la courtoisie que Monseigneur lui avoit faicte, si saigement se conduisit, qu'oncques mondit seigneur ne s'apperceut qu'il se doubtast de la tromperie qu'il luy avoit faicte, et cuidoit en soy-mesmes qu'il n'en sceust rien. Mais helas! si faisoit et n'avoit ailleurs son cueur, son estudie, ne toutes ses pensées, que à soy vengier de luy, s'il scavoit, en façon telle ou semblable qu'il luy deceut sa femme. Et tant fist, par son engin [4], qui point oyseux n'estoit, qu'il advisa à une maniere par laquelle bien luy sembloit que s'il en povoit venir à chief [5], que Monseigneur auroit beurre pour oeufz. A chief de piece, pour aucuns affaires qui survindrent à Monseigneur, il monta à cheval, et print de Madame congié bien pour ung mois : dont le musnier ne fut pas peu joyeux. Un jour, entre les aultres, Madame eut volenté de soy baingnier, et fit tirer le baing et chauffer les estuves en son ostel, à part; ce que nostre musnier sceust très bien, pource que assez familier estoit de leans. Si s'advisa de prendre ung beau brochet qu'il avoit en sa fosse, et vint ou chasteau pour le presenter à ma dame. Aucunes des femmes de ma dame vouloient prendre le brochet, et de par le musnier en faire present, mais il dist que luy-mesmes il le pre-

---

[1] Fatiguiez.
[2] Pour *crins*, épis de cheveux qui se dressent, et, au figuré, démangeaisons. On dit encore dans la langue populaire qu'un homme est *crin*, pour dire qu'il est agacé, hargneux.
[3] Rappelaient, remémoraient; de l'italien *rammentare*.
[4] Esprit ingénieux, imaginative.
[5] A bout, à son but.

senteroit, ou vrayement il le remporteroit. Au fort, pource qu'il estoit comme de leans [1], et joyeux homme, ma dame le fist venir, qui dedans son bain estoit. Le gracieux musnier fist son present, dont ma dame le mercia, et fist porter en la cuisine le beau brochet, et mectre à point pour le soupper. Et, entretant que [2] ma dame au musnier devisoit, il apperceut sur le bord de la cuve ung très beau dyamant qu'elle avoit osté de son doy, doubtant de l'eaue le gaster. Si le croqua si soupplement, qu'il ne fut de ame aperceu; et quant il vit son point, il donna la bonne nuyt à ma dame et à sa compaignie, et s'en retourna en son moulin, pensant au surplus de son affaire. Ma dame, qui faisoit grant chiere avec ses femmes, voyant qu'il estoit jà bien tard et heure de souper, abandonna le bain, et en son lit se bouta. Et, comme elle regardoit ses bras et ses mains, elle ne vit point son dyamant : si appella ses femmes et leur demanda après ce dyamant, et à laquelle elle l'avoit baillé. Chascune dist : « Ce ne fust pas à moy! — N'à moy. — Ne à moy aussi. » On cherche hault et bas, dedans la cuve, sur la cuve, mais riens n'y vault : on ne le scait trouver. La queste de ce dyamant dura beaucoup, sans qu'on en sceust quelque nouvelle, dont ma dame s'en donnoit bien mauvais temps, pource qu'il estoit meschamment perdu, et en sa chambre. Et aussi Monseigneur son mari luy donna au jour de ses espousailles : si [3] l'en tenoit beaucoup plus cher. On ne scait qui mescroire [4], ne à qui le demander, dont grant dueil sourd [5] par leans. L'une des femmes s'advisa et dist : « Ame n'est ceans entré, que nous qui y sommes, et le musnier? Ce me sembleroit bon qu'il fut mandé. » On le manda, et il vint. Ma dame, si très courroucée et desplaisante estoit que plus ne povoit : demanda au musnier, s'il avoit point veu son dyamant? Et luy, asseuré autant en bourdes, que ung aultre à dire verité, s'en excusa très haultement. Et mesmes osa bien demander à ma dame, s'elle le tenoit pour larron : « Certes, musnier, dit-elle, nenny! Aussi, ce ne seroit pas larrecin, si vous l'aviez par esbatement emporté. — Ma dame, dist le musnier, je vous promectz que de vostre dyamant ne scay-je nouvelle. » Adonc fut la compaignie bien simple [6] et ma dame especialement, qui en est si très desplaisante, qu'elle n'en scait sa contenance, que de jetter larmes à

[1] Comme du logis, de la maison.
[2] Tandis que, pendant que.
[3] Ainsi, aussi.
[4] Soupçonner, accuser.
[5] Prend sa source, naît.
[6] Sotte, stupéfaite, étonnée.

grant abondance, tant à regret de ceste verge[1]. La triste compaignie se met à conseil pour sçavoir qu'il est de faire. L'une dist : « Il fault qu'il soit en la chambre? » L'aultre respond qu'elle a cherchié partout. Le musnier demande à ma dame, s'elle l'avoit à l'entrée du bain? Et elle dist que ouy. « S'ainsi est certainement, ma dame, veu la grant diligence qu'on a fait de le querir sans en scavoir nouvelle, la chose est bien estrange. Toutesfois, il me semble bien que s'il y avoit homme en ceste ville qui sceust donner conseil pour le recouvrer, que je seroye celluy; et pource que je ne vouldroye pas que ma science fust divulguée, il seroit bon que je parlasse à vous à part. — A cela ne tiendra pas, » dit ma dame. Si fist partir la compaignie, et, au partir que firent les femmes, disoient dames Jehanne, Ysabeau, et Catherine : « Helas! musnier, que vous seriez bon homme, se vous faisiez revenir ce dyamant? — Je ne m'en fais pas fort, dist le musnier, mais j'ose bien dire que s'il est possible de jamais le trouver, que j'en apprendray la maniere. » Quant il se vit à part avecques ma dame, il lui dist qu'il se doubtoit beaucoup et pensoit, puis que, en l'arriver du bain, elle avoit son dyamant, qu'il ne fust sailly de son doy et cheu en l'eaue; et dedans son corps s'est bouté, attendu qu'il n'y avoit ame qui le voulsist retenir. Et, la diligence faicte pour le trouver, se fist ma dame monter sur son lit : ce qu'elle eust voulentiers refusé, se n'eust esté pour mieulx faire. Et après qu'il l'eust assez descouverte, fist comme maniere de regarder çà et là, et dist : « Seurement, ma dame, le dyamant est entré en vostre corps. — Et dictes-vous, musnier, que vous l'avez apperceu? — Ouy, vrayement. — Helas! dist-elle, et comment l'en pourra l'en tirer? — Très bien, ma dame; je ne doubte pas que je n'en vienne bien à chief, s'il vous plaist. — Se m'aist Dieu[2], il n'est chose que je ne face pour le ravoir, dist ma dame; or, vous avancez, beau musnier. » Ma dame, encores sur le lit couchée, fut mise par le musnier tout en telle façon que Monseigneur mettoit sa femme, quant il lui recoingnoit son devant, et d'ung tel oustil la tente, pour querir et peschier le dyamant. Après les reposées de la premiere et seconde queste que le musnier fist du dyamant, ma dame demanda s'il ne l'avoit point sentu[3]? Et il dist que ouy; dont elle fut bien joyeuse et luy pria qu'il peschast encores, tant qu'il l'eust trouvé. Pour abregier, tant fist le bon musnier, qu'il rendit à ma

---

[1] Bague, du bas latin *virga*, qui vient de *virgo*, vierge.
[2] Si Dieu m'aide!
[3] Pour *senti*. On dit encore *féru*, *boulu*, etc.

dame son tres beau dyamant, dont la très grant joye vint par leans; et n'eust jamais musnier tant d'onneur et d'avancement, que ma dame et ses femmes luy donnerent. Ce bon musnier, en la très bonne grace de ma dame, part de leans, et vint à sa maison, sans soy vanter à sa femme de sa nouvelle adventure, dont il estoit plus joyeux que s'il eust tout le monde gaignié. La Dieu mercy, petit[1] de temps après, Monseigneur revint en sa maison, où il fut doulcement receu et de ma dame humblement bien venu, laquelle, après plusieurs devises qui au lit se font, luy compta la très merveilleuse adventure de son dyamant, et comment il fut par le musnier de son corps repeschié; pour abregier, tout du long lui compta le procès en la façon et maniere que tint ledit musnier en la queste dudit dyamant : dont il n'eut gueres grant joye, mais pensa que le musnier luy avoit baillé belle. A la premiere fois qu'il rencontra le musnier, il le salua haultement, et lui dist : « Dieu gard, Dieu gard ce bon pescheur de dyamans ! » A quoy le musnier respondit : « Dieu gard ce recongneur de c...! — Par nostre Dame, tu dis vray, dist le seigneur; tays-toy de moy et si feray-je de toy. » Le musnier fut content, et jamais plus n'en parla : non fist le seigneur, que je saiche.

LA IVe NOUVELLE

PAR MONSEIGNEUR

Le Roy[2] nagueres estant en sa ville de Tours, ung gentil compaignon Escossois[3], archier de son corps et de sa grant garde, s'enamoura très fort d'une belle et gente damoiselle mariée et merciere. Et quant il sceust trouver temps et lieu, le moins mal qu'il sceut compta son gracieux et piteux cas, dont il n'estoit pas trop content, ne joyeux,

[1] Pour *peu*.
[2] Charles VII.
[3] La compagnie des gardes écossaise fut créée par Charles VII ; elle se composa d'abord des Écossais que les grands seigneurs d'Écosse lui avaient amenés pour combattre les Anglais.

Neantmoins, car il avoit la chose trop à cueur, ne laissa pas à faire sa poursuite, mais de plus en plus très aigrement pourchassa, tant que la damoiselle le voulut enchassier, et donner total congié [1], et luy dist qu'elle advertiroit son mary, du pourchas [2] deshonneste et damnable qu'il s'efforçoit de achever : ce qu'elle fist tout au long. Le mary, bon et saige, preux et vaillant, comme après vous sera compté, se courrouça amerement encontre l'Escossois qui deshonnourer le vouloit et sa très bonne femme aussi. Et pour bien se vengier de luy à son aise et sans reprise, commanda à sa femme, que, s'il retournoit plus à sa queste [3], qu'elle luy baillast et assignast jour, et s'il estoit si fol que de y comparoir, le blasme qu'il pourchassoit luy seroit chier vendu. La bonne femme, pour obeyr au bon plaisir de son mary, dist que si feroit-elle. Il ne demoura gueres que le povre amoureux Escossois fist tant de tours, qu'il vit en place nostre merciere, qui fut par luy humblement saluée, et de rechief d'amours si doulcement priée, que les requestes du paravant devoient bien estre enterinées par la confusion de ceste piteuse et derreniere prière ; et qu'elle les voulsist ouyr, et jamais ne seroit femme plus loyalement obeye ne servie, qu'elle seroit, se de grace vouloit accepter sa très humble et raisonnable requeste. La belle merciere, soy recordant [4] de la leçon que son mary luy bailla, voyant aussi l'heure propice, entre aultres devises et plusieurs excusations servans à son propos, bailla journée à l'Escossois, à lendemain au soir, de comparoir personnellement en sa chambre, pour en ce lieu luy dire plus celement [5] le surplus de son intencion, et le grant bien qu'il luy vouloit. Pensez qu'elle fut haultement merciée, doulcement escoutée, et de bon cueur obeye de celuy, qui, après ces bonnes nouvelles, laissa sa dame, le plus joyeux que jamais il n'avoit esté. Quant le mary vint à l'ostel, il sceut comment l'Escossois fut leans, des parolles et des grants offres qu'il fist ; et comment il se rendra demain au soir devers elle, en sa chambre : « Or, le laissez venir, dist le mary ; il ne fist jamais si fole entreprise, que bien je luy cuide monstrer, avant qu'il parte, voire et faire son grant tort confesser, pour estre exemple aux aultres folz outrecuidez et enraigiez comme luy. » Le soir du lendemain approucha, très de-

[1] Renvoyer et congédier.
[2] Poursuite.
[3] Par comparaison de l'amant avec un chasseur qui se met en quête de la bête.
[4] Se souvenant; *recordari*.
[5] Secrètement.

siré du povre amoureux Escossois pour veoir et jouyr de sa dame; très désiré du bon mercier, pour accomplir la très criminelle vengeance qu'il veult executer en la personne de celuy Escossois, qui veult estre son lieutenant; très doubté [1] aussi de la bonne femme, qui, pour obeir à son mary, attend de veoir ung grant hutin [2]. Au fort, chascun s'appreste: le mercier se fait armer d'ung grant, lourt et vieil harnois, prent sa salade [3], ses gantelelz, et en sa main une grant haiche. Or est-il bien en point, Dieu le scait, et semble bien que autresfois il ait veu hutin. Comme ung vray champion venu sur les rens de bonne heure, et attendant son ennemy, en lieu de pavillon [4] se va mettre derriere ung tapis, en la ruelle de son lit, et si très bien se caicha, qu'il ne pourroit estre apperceu. L'amoureux malade, sentant l'heure très desirée, se met en chemin devers l'ostel a la merciere, mais il n'oublia pas sa grande, bonne et forte espée à deux mains. Et comme il fut venu leans, la dame monte en sa chambre sans faire effroy, et il la suit tout doulcement. Et quant il s'est trouvé leans, il demande à sa dame, s'en sa chambre y avoit ame qu'elle? A quoy elle respondit assez legierement, et estrangement, et comme non trop asseurée, que non: « Dictes verité, dist l'Escossois, vostre mary n'y est-il pas? — Nenny, dist-elle. — Or le laissez venir; par sainct Aignan! s'il vient, je luy fendray la teste jusques aux dens! Voire, par Dieu, s'ilz estoient trois, je ne les crains! J'en seray bien maistre. » Et après ces criminelles parolles, vous tire hors sa grande et bonne espée et si la fait brandir trois ou quatre fois; et auprès de luy, sur le lit la couche. Et se fait incontinent baiser et accoller, et le surplus qu'après s'ensuit tout à son bel aise et loisir acheva, sans ce que le povre coux [5] de la ruelle s'osast oncques monstrer, mais si grant paour avoit qu'à peu qu'il ne mouroit. Nostre Escossois, après ceste haulte adventure, prent de sa dame congié jusques à une aultre fois, et la mercie, comme il doit et scait, de sa grant courtoisie, et se met à chemin. Quant le vaillant homme d'armes sceut l'Escossois yssu hors de l'uys, ainsi effrayé qu'il estoit, sans à peine savoir parler, sault dehors de son pavillon, et commence à tencier sa femme de ce qu'elle avoit souffert le plaisir de l'archier. Et elle respondit que

---

[1] Pour *redouté*.

[2] Bruit, combat; du bas latin, *hutesium*, mot formé de l'onomatopée *hue!* ou *huz!* ou *hu!* qui est le cri ordinaire des gens qui se querellent et qui se battent.

[3] Casque sans visière; du bas latin *galata*, qui dérive de *cœlata*.

[4] Tente.

[5] Couard, cocu.

c’estoit sa faulte et sa coulpe, et que enchargié luy avoit de luy bailler
jour. « Je ne vous commanday pas, dist-il, que luy laississiez faire sa
voulenté ne son plaisir ? — Comment, dist-elle, le povois-je reffuser,
voyant sa grande espée dont il m’eust tuée en cas de reffuz ? » Et, à ce
coup, vecy bon Escossois qui retourne et monte arriere les degrez de
la chambre, et sault dedans et dit tout hault : « Qu’est-ce cy ! » Et le bon
homme de soy saulver, et dessoubz le lit se boute, pour estre plus
seurement, beaucoup plus esbahy que paravant. La dame fut reprinse
et de rechief enferrée à son beau loisir, et à la façon que dessus,
tousjours l’espée au plus près de luy. Après ceste rencharge et plusieurs longues devises [1] d’entre l’Escossois et la dame, l’heure vint de
partir : si luy donna la bonne nuyt, et picque [2], et s’en va. Le povre
martyr estant dessoubz le lit, à peu [3] s’il se osoit tirer de là, doubtant
le retour de son adversaire, ou, pour mieulx dire, son compaignon. A
chief de piece, il print couraige et, à l’ayde de sa femme, la Dieu
mercy, il fut remis sur piez. S’il avoit bien tensé sa femme auparavant, encores recommença-il plus dure legende ; car elle avoit consenty, après sa deffense, le deshonneur de luy et d’elle. « Helas !
dist-elle, et où est la femme si asseurée, qui osast desdire ung homme
ainsi eschauffé et enraigé comme cestuy estoit, quant vous, qui estes
armé, embastonné [4] et si vaillant, à qui il a trop plus meffait que à
moy, ne l’avez pas osé assaillir ne moy deffendre ? — Ce n’est pas
response ! dist-il ; dame, se vous n’eussiez voulu, jamais ne fust venu
à ses attainctes ; vous estes mauvaise et desleale. — Mais vous, dist-
elle, lasche, meschant, et reprouchié homme, pour qui je suis deshonnourée, car, pour vous obeyr, je assignay le mauldit jour à l’Escossois. Et encores n’avez eu en vous tant de couraige d’entreprendre
la deffense de celle en qui gist tout vostre bien et vostre honneur !
Et ne pensez pas que j’eusse trop mieulx aymé la mort, que d’avoir
de moy-mesmes consenty ne accordé ce meschief. Et Dieu scait le deuil
que j’en porte et porteray tant que je vivray, quant celuy de qui je
dois avoir et tout secours attendre, en sa presence m’a bien souffert
deshonneurer. » Il fait assez à croire et penser qu’elle ne souffrit pas
la voulenté de l’Escossois, pour plaisir qu’elle y print, mais elle fut
à ce contraincte et forcée par non resister, laissant la resistence en la

---

[1] *Devis*, entretiens, conversations.
[2] Part.
[3] A peine.
[4] Pourvu d’armes offensives.

prouesse de son mary qui s'en estoit très bien chargié. Donc, chascun d'eulx laissa son dire et sa querelle, après plusieurs argumens et repliques, d'ung costé et d'aultre. Mais en son cas evident fut le mary deceu, et demoura trompé de l'Escossois, en la façon qu'avez ouye.

LA Ve NOUVELLE

PAR PHELIPPE DE LAON

Monseigneur Thalebot, que Dieu pardoint, capitaine anglois si cureux, comme chascun scait, fist en sa vie deux jugemens, dignes d'estre recitez et en audience et memoire perpetuelle amenez. Et, affin que de chascun d'iceulx jugemens soit faicte mencion, j'en veuille racompter en briefz motz ma premiere nouvelle, et au renc des aultres la cinquiesme. J'en fourniray et diray ainsi. Pendant le temps que la mauldite et pestilencieuse guerre de France et d'Angleterre regnoit, et que encores n'a pas prins fin[1], comme souvent advient, ung François homme d'armes fut à ung autre Anglois prisonnier; et, puis qu'il fut mis à finance[2], soubz le saufconduit de Monseigneur Thalebot, devers son capitaine retournoit, pour faire finance de sa rançon, et à son maistre l'envoyer ou apporter. Et, comme il estoit en chemin, fut par ung Anglois sur les champs encontré, lequel, le voyant François, tantost lui demanda dont il venoit et où il alloit. L'aultre respondit la verité : « Et où est votre saufconduit? dist l'Anglois. — Il n'est pas loing, » dist le François. Lors, tire une petite boete, pendante à sa ceinture, où son saufconduit estoit, et à l'Anglois le tendit, qui de bout à aultre le leut. Et, comme il est de coustume mettre en toutes lettres de saufconduit : *Reservé tous vrais habillemens de guerre*, l'Anglois

---

[1] Depuis le recouvrement de la Guyenne, en 1453, la guerre des Anglais avait réellement cessé; ils ne possédaient plus qu'une seule ville, Calais, sur le territoire de France, mais ils ne renonçaient pas encore à leurs prétentions sur le royaume qu'ils avaient presque conquis naguère. On pouvait donc s'attendre à voir d'un jour à l'autre recommencer les hostilités.

[2] A rançon.

note sur ce mot, et voit encores les esguillettes à armer¹ pendantes au parpoint du François. Si va jugier en soy-mesmes qu'il avoit enfraint son saufconduit, et que esguillettes sont vrais habillemens de guerre; si lui dist: « Je vous fays prisonnier, car vous avez rompu votre saufconduit. — Par ma foy, non ay, dist le François, saulve vostre grace; vous voyez en quel estat je suis. — Nenny, nenny, dist l'Anglois, par sainct Jouen! vostre saufconduit est rompu. Rendez-vous, ou je vous tueray! » Le povre François, qui n'avoit que son paige, et qui estoit tout nud et de ses armeures desgarny, voyant l'aultre et de trois ou quatre archiers acompaigné, pour le mieulx faire, à lui se rendit. L'Anglois le mena en une place assez près de là, et en prison le boute. Le François, se voyant ainsi malmené, à grant haste à son capitaine le manda, lequel, ouyant le cas de son homme, fut trestoust à merveilles esbahy. Si fist tantost escripre lettres à Monseigneur Thalebot, et, par ung herault, les envoya bien et suffisamment informé de la matiere que l'homme d'armes prisonnier avoit au long au capitaine rescript: C'est assavoir comment ung tel de ses gens avoit prins un tel des siens soubz son saufconduit. Ledit herault, bien informé et aprins de ce qu'il devoit dire et faire, de son maistre partit et à Monseigneur Thalebot ses lettres presenta. Il les leut, et, par ung sien secretaire, en audience, devant plusieurs chevaliers et escuyers et aultres de sa route² de rechief les fist lire. Si devez scavoir que tantost il monta sur son chevalet³, car il avoit la teste chaulde et fumeuse, et n'estoit pas content, quant on faisoit aultrement qu'à point, et, par especial⁴, en matiere de guerre et d'enfraindre son saufconduit, il enraigeoit tout vif. Pour abregier le compte, il fist venir devant luy et l'Anglois et le François, et dist au François, qu'il comptast son cas. Il dist comment il avoit esté prisonnier d'ung tel de ses gens et s'estoit mis à finance: « Et soubz vostre saufconduit, Monseigneur, je m'en aloye devers ceulx de nostre party, pour querir ma rençon. Je rencontray ce gentilhomme icy, lequel est aussi de voz gens, qui me demanda où j'aloye, et se j'avoye saufconduit? Je luy dis que ouy, lequel je luy monstray. Et quant il l'eust leu, il me dist que je l'avoye rompu, et je luy respondis que non avoye et qu'il ne le scauroit monstrer. Brief, je ne peuz

¹ Ce sont les courroies avec lesquelles on laçait la cuirasse sur le pourpoint.
² Compagnie, du bas latin *rupta*; on appelait *routiers* (*ruptarii*) les gens de guerre assemblés en bandes.
³ On dit encore, dans la même acception proverbiale, *monter sur ses grands chevaux*.
⁴ Spécialement.

estre ouy et me fut force, se je ne me vouloye faire tuer sur la place, de me rendre. Et ne scay cause nulle parquoy il me doye avoir retenu : si vous en demande justice. » Monseigneur Thalebot, oyant le François, n'estoit pas bien à son aise; neantmoins, quant il ce eut dit, il dist à l'Anglois: « Que respons-tu à cecy ? — Monseigneur, dist-il, il est bien vray, comme il a dit, que je le rencontray et vouluz veoir son saufconduit, lequel de bout en bout et tout du long je leuz; et apperceuz tantost, qu'il l'avoit rompu et enfraint, et aultrement jamais je ne l'eusse arresté. — Comment l'a-il rompu ? dist Monseigneur Thalebot; dy tost ? — Monseigneur, pource que en son saufconduit sont reservez tous habillemens de guerre; et il avoit et ha encores vrayz habillemens de guerre, c'est assavoir à son parpoint ses esguillettes à armer, qui sont ungz vrais habillemens de guerre, car sans elles on ne se peut armer. — Voire ! dit Thalebot; et esguillettes sont-ce doncques vrais habillemens de guerre ? Et ne scais-tu aultre chose par quoy il puisse avoir enfraint son saufconduit ? — Vrayement, Monseigneur, nenny, respondit l'Anglois. — Voire, villain, de par vostre dyable, dist Monseigneur Thalebot, avez-vous retenu ung gentil homme, sur mon saufconduit, pour ses esguillettes ? Par sainct George ! je vous feray monstrer se ce sont habillemens de guerre ! » Alors, tout eschauffé et de courroux bien fort esmeu, vint au François, et de son parpoint deux esguillettes en tira, et à l'Anglois les bailla, et au François une bonne espée d'armes fut en la main livrée; et puis, la sienne belle et bonne hors du fourreau va tirer, et la tint en sa main, et à l'Anglois va dire : « Deffendez-vous de cest habillement de guerre que vous dictes, se vous scavez ! » Et puis, dist au François : « Frappez sur ce villain qui vous a retenu sans cause et sans raison; on verra comment il se deffendra de vostre habillement de guerre. Se vous l'espargnez, je frapperay sur vous, par sainct George ! » Alors le François, voulsist ou non[1], fut contraint de frapper sur l'Anglois, de l'espée toute nue qu'il tenoit, et le povre Anglois se couvroit le mieulx qu'il povoit, et couroit par la chambre, et Thalebot après, qui tousjours faisoit ferir par le François sur l'aultre, et luy disoit : « Deffendez-vous, villain, de vostre habillement de guerre ? » A la verité, l'Anglois fut tant batu, qu'il fut près jusques à la mort; et cria mercy à Thalebot et au François, lequel par ce moyen fut delivré de sa rançon et par Monseigneur Thalebot acquitté. Et, avecques ce, son che-

---

[1] Qu'il le voulût ou non.

val et son harnois et tout son bagaige qu'au jour de sa prinse avoit, lui fist rendre et bailler. Vela le premier jugement que fist Monseigneur Thalebot; reste à compter l'autre qui fut tel. Il sceust que l'ung de ses gens avoit desrobé en une eglise le tabernacle, où l'en met Corpus Domini et à bons deniers contans vendu, je ne scay pas la juste somme, mais il estoit grant et beau et d'argent doré très gentement esmaillé. Monseigneur Thalebot, quoy qu'il fust très cruel, et en la guerre très criminel, si avoit-il en grant reverence tousjours l'eglise, et ne vouloit que nul en monstier[1] ne eglise le feu boutast, ne desrobast quelque chose; et où il scavoit qu'on le fist, il en faisoit merveilleuse discipline de ceulx, qui en ce faisant trespassoient[2] son commandement. Or, fist-il devant luy amener et venir celuy qui ce tabernacle avoit en l'eglise robé[3]. Et quant il le vit, Dieu scait quelle chiere il luy fist; il le vouloit à toute force tuer, se n'eussent esté ceulx qui entour luy estoient, qui tant luy prierent que sa vie lui fust saulvée. Mais neantmoins, si le voulut-il pugnir et lui dist : « Traistre ribault, et comment avez-vous osé rober l'eglise, oultre mon commandement et ma deffense? — Ah! Monseigneur, pour Dieu, dist le povre larron, je vous crie mercy; jamais ne m'adviendra. — Venez, avant, villain! » dist-il. Et l'aultre, aussi voulentiers qu'on va au guet, devers Monseigneur Thalebot d'aller s'avance. Et ledit Monseigneur Thalebot de chargier sur ce pelerin, de son poing qui estoit gros et lourt, et pareillement frape sur sa teste, en lui disant : « Ha! larron, avez-vous robé l'eglise! » Et l'aultre de crier : « Monseigneur, je vous crie mercy; jamais je ne le feray. — Le ferez-vous? — Nenny, Monseigneur. — Or, jure doncques que jamais tu n'entreras en eglise nulle quelqu'elle soit; jure, villain! — Et bien, Monseigneur! » dist l'aultre. Lors, luy fist jurer que jamais en eglise pié ne mettroit, dont tous ceulx qui là estoient et qui l'ouyrent, eurent grant riz, quoy qu'ilz eussent pitié du larron, pource que Monseigneur Thalebot luy deffendoit l'eglise à tousjours, et luy faisoit jurer de non jamais y entrer. Et croyez qu'il cuidoit bien faire et à bonne intencion luy faisoit. Ainsi avez-vous ouy de Monseigneur Thalebot les deux jugemens qui furent telz comme comptez les vous ay.

[1] Monastère, couvent; *monasterium*. On disait aussi, sans se soucier de l'étymologie, *moustier* et *moutier*.
[2] Outrepassaient, enfreignaient.
[3] Pour *dérobé*.

LA VIe NOUVELLE

COMPTÉE PAR MONSEIGNEUR DE LANNOY

En une ville de Hollande, comme le prieur des Augustins nagueres se pourmenast, en disant ses heures, sur le serain, assez près de la chappelle de Sainct Anthoyne située au bois de ladicte ville, il fut rencontré d'ung grant lourt Hollandois, si très yvre qu'à merveilles, lequel demouroit en ung villaige nommé Stevelinghes, à deux lieux près d'illec [1]. Le prieur, de loing le voyant venir, congneut tantost son cas, par les lourdes desmarches et mal seures qu'il faisoit, tirant son chemin. Et quant ilz vindrent pour joindre l'ung à l'autre, l'yvroingne salua premier le prieur qui lui rendit son salut tantost, et puis passe oultre, continuant son service, sans en aultre propos l'arrester ne interroguer. Mais l'yvroingne, tant oultré [2] que plus ne povoit, se retourne et poursuit le prieur, et luy requist confession. « Confession? dist le prieur. Va-t-en, va-t-en, tu es bien confessé. — Helas, sire, respond l'yvroingne, pour Dieu, confessez-moy; j'ay assez très fresche memoire de tous mes pechiez, et si ay parfaicte contricion. » Le prieur, desplaisant d'estre empesché à ce coup par cest yvroingne, respond : « Va ton chemin! il ne te fault confesser, car tu es en très bon estat. — Ha dea, dist l'yvroingne, par la mort bieu, vous me confesserez, maistre prieur, car j'en ay à ceste heure devocion! » Et le saisit par la manche, et le voulut arrester. Ce prieur n'y vouloit entendre, mais avoit tant grant faim [3] que merveilles d'estre eschappé de l'aultre, mais rien n'y vault, car il est ferme en la devocion d'estre confessé, ce que le prieur tousjours reffuse; et si s'en cuide desarmer [4], mais il ne peut. La devocion de l'yvroingne de plus en plus s'efforce; et, quant il voit le prieur reffusant d'ouyr ses pe-

---

[1] De ce lieu, de là. Cette ville de Hollande doit être La Haye.
[2] Plein comme une outre.
[3] Grand désir, grand appétit.
[4] C'est-à-dire : ainsi pense-t-il se débarrasser de l'ivrogne.

chiez, il met sa main à sa grande coustille ¹ et de sa gayne la tire et dit au prieur qu'il le tuera, si bien il n'escoute sa confession. Le prieur, doubtant le cousteau et la main perilleuse qui le tenoit, si demanda à l'aultre : « Que veulx-tu dire ? — Je me vueil confesser, dit il. — Or avant ! dist le prieur, je le vueil; avance-toy? » Nostre yvroingne, plus saoul que une grive partant d'une vigne, commença, s'il vous plaist, sa devote confession, laquelle je passe, car le prieur point ne la revela, mais vous pouvez penser qu'elle fut bien nouvelle et estrange. Quant le prieur vit son point, il couppa le chemin aux longues et lourdes parolles de nostre yvroingne et l'absolucion luy donne; et, en congié luy donnant, lui dist : « Va-t-en ! Tu es bien confessé. — Dictes-vous, sire ? respond-il. — Ouy vrayement, dist le prieur, ta confession est très bonne. Va-t-en ! tu ne peuz mal avoir. — Et puis que je suis bien confessé et que j'ay l'absolucion receu, se à ceste heure je mouroye, n'yroye-je pas en paradis? ce dit l'yvroingne. — Tout droit, sans faillir, respond le prieur, n'en faiz nul doubte. — Puis qu'ainsi est, ce dit l'yvroingne, que maintenant je suis en bon estat et en chemin de paradis, et qu'il y fait tant bel et tant bon, je vueil mourir tout maintenant, affin que incontinent je y aille. » Si prent et baille son cousteau à ce prieur, en luy priant et requerant qu'il luy tranchast la teste, affin qu'il allast en paradis « Ha, dea, dist le prieur tout esbahy, il n'est jà mestier ² d'ainsi faire; tu yras bien en paradis par aultre voye. — Nenny, respond l'yvroingne, je y vueil aller tout maintenant et icy mourir par voz mains; avancez-vous et me tuez? — Non feray pas, dist le prieur; un prestre ne doit personne tuer. — Si ferez, sire, par la mort bieu ! et, se bientost ne me depeschiez et me mettez en paradis, moy-mesmes à mes deux mains vous occiray. » Et, à ces motz, brandit son grant cousteau, et en fait monstre aux yeulx du povre prieur tout espoventé et assimply ³. Au fort, après qu'il eut ung peu pensé, affin d'estre de son yvroingne despeschié, lequel de plus en plus l'aggresse et parforce qu'il luy oste la vie, il saisit et prent le cousteau, et si va dire : « Or ça, puisque tu veulx finer ⁴ par mes mains, affin d'aller en paradis, metz-toy à genoulz cy devant moy. » L'yvroingne ne s'en fist gueres preschier, mais tout à coup, du hault de luy, tomber ⁵ se laissa, et à chief de pechié, à quelque meschief que

¹ Coutelas.
² Besoin; de l'italien *mestiero*.
³ Stupéfait, hébété, assoté.
⁴ Finir, mourir.
⁵ On dit encore en style familier : Tomber de son haut.

ce fut, sur les genoulz se releva, et à mains joinctes, le coup de l'espée, cuidant mourir, attendoit. Le prieur, du doz du cousteau, fiert sur le col de l'yvroingne ung grant et pesant coup, et par terre le abat bien rudement. Mais vous n'avez garde qu'il se relieve, mesmes cuide vrayement estre mort et estre jà en paradis. En ce point, le laissa le prieur, qui pour sa seureté n'oublia pas le cousteau. Et, comme il fut ung peu avant, il rencontra ung chariót chargé de gens : au moins, de la pluspart, si bien advint que ceulx qui avoient esté presens où nostre yvroingne s'estoit chargié¹, y estoient, auxquelz il racompta bien au long le mistere dessusdit, en leur priant qu'ilz le levassent et qu'en son ostel le voulsissent rendre et conduire, et puis leur bailla son cousteau. Ilz promirent de l'emmener et chargier avec eulx, et le prieur s'en va. Ilz n'eurent gueres cheminé, qu'ilz apperceurent ce bon yvroingne couchié ainsi comme s'il feust mort, les dens contre terre. Et quant ilz furent près de luy, tous à une voix, par son nom l'appelerent, mais ilz ont beau huchier², il n'avoit garde de respondre; ilz recommencerent à crier, mais c'est pour neant. Adoncques descendirent aucuns de leur chariot, si le prindrent par la teste, par les piez et par les jambes, et tout en l'air le leverent, et tant hucherent, qu'il ouvrit ses yeulx, et incontinent parla et dist : « Laissez-moy, laissez-moy, je suis mort! — Non estes, non, dirent ses compaignons; il vous fault venir avec nous? — Non feray, dist l'yvroingne. Où yray-je? Je suis mort et desja en paradis. — Vous vous en viendrez, dirent les aultres; il nous fault aller boire. — Boire? dist-il. — Voire, dist l'aultre. — Jamais je ne boiray, dist-il, car je suis mort. » Quelque chose que ses compaignons luy dissent, ne fissent, il ne vouloit mettre hors de sa teste qu'il ne feust mort. Ces devises³ durerent beaucoup, et ne sçavoient trouver les compaignons façon ne maniere d'emmener ce fol yvroingne, car, quelque chose qu'ilz dissent, tousjours respondoit : « Je suis mort! » En la fin, ung entre les aultres se advisa et dist : « Puis que vous estes mort, vous ne voulez pas demourer icy, et, comme une beste, aux champs estre enfouy; venez avec nous : si vous porterons enterrer, sur nostre chariot, au cymitiere de nostre ville, ainsi qu'il appartient à ung crestien; aultrement, n'yrez pas en paradis. » Quand l'yvroingne entendit qu'il le falloit enterrer, ains qu'il montast en paradis, si fut content d'obeyr; si fut tantost troussé et mis dedans le cha-

---

¹ Avait bu, s'était chargé de boisson.
² Appeler à voix haute, crier.
³ Ou *devis*, propos, paroles.

riot, où gueres ne fut sans dormir. Le chariot estoit bien bastelé[1]; si furent tantost à Stevelinghes, où ce bon yvroingne fut descendu tout devant sa maison. Sa femme et ses enfans furent appelez, et leur fut ce bon corps saint rendu, qui si fort dormoit, que, pour le porter du chariot en sa maison et en son lit le jecter, jamais ne s'esveilla, et là fut-il ensevely entre deux linceulx[2] sans s'esveiller, bien deux jours après.

LA VIIe NOUVELLE

PAR MONSEIGNEUR

Ung orfevre de Paris, nagueres, pour despeschier plusieurs besongnes de sa marchandise, à l'encontre d'une foire du Lendit et d'Auvers[3], fit large et grant provision de charbon de saulx[4]. Advint, ung jour entre les aultres, que le charreton, qui ceste denrée livroit, pour la grant haste de l'orfevre, fist si grant diligence, qu'il amena deux voitures plus qu'il n'avoit fait ès jours par avant; mais il ne fust pas si tost en Paris, à sa derreniere charretée, que la porte à ses talons ne fust fermée[5]; toutesfois, il fust très bien venu, et bien de l'orfevre receu. Et, après que son charbon fut descendu et ses chevaux mis en l'estable, il voulut soupper tout à loisir, et firent très grant chiere, qui pas ne se passa sans boire d'autant et d'autel[6]. Quant la brigade fut

---

[1] Chargé de monde; on dit encore une *batelée*, en langage familier, pour désigner un amas de gens.
[2] Draps; du bas latin, *lincius*.
[3] Toutes les éditions portent *d'envers*, que M. Leroux de Lincy a écrit *d'Anvers*, dans la sienne. Mais il n'est pas probable qu'un orfèvre de Paris ait songé à la foire d'Anvers, en Hollande. Il s'agit certainement de la foire d'*Auvers*, *emprès Pontoise* (à six kilomètres de cette ville), d'autant mieux que cette foire était la continuation de la célèbre foire du *Landit*, qui se tenait à Saint-Denis le premier lundi après la Saint-Barnabé.
[4] De bois de saule.
[5] On fermait les portes de la ville après le couvre-feu sonné, à six heures du soir en hiver, et à huit en été.
[6] Jeu de mots. On disait *boire d'autant*, dans le sens de boire beaucoup.

bien repeue, la cloche va sonner douze heures, dont ilz se donnerent grant merveille, tant plaisamment s'estoit le temps passé à ce souper. Chascun rendit graces à Dieu, faisans très petiz yeulx, et ne demandoient que le lit; mais, pource qu'il estoit tant tart, l'orfevre retint au coucher son charreton, doubtant la rencontre du guet qui l'eust bouté en Chastelet[1], se à ceste heure l'eust trouvé. Pour celle heure[2], nostre orfevre avoit tant de gens, qui pour luy ouvroient[3], que force luy fut le charreton, avec luy et sa femme, en son lit hebergier; et, comme saige et non suspeçonneux, il fit sa femme entre luy et le charreton couchier. Or, vous fault-il dire que ce ne fut pas sans grant mistere[4], car le bon charreton refusoit de tous points ce logis, et, à toute force, vouloit dessus le banc ou dedans la grange couchier : force luy fut d'obeyr à l'orfevre. Et, après qu'il fut despouillé, dedans le lit se boute, ouquel estoient jà l'orfevre et sa femme en la façon que j'ay dicte. La femme, sentant le charreton à cause du froit et de la petitesse du lit d'elle approuchier, tost se vira devers son mary, et, en lieu d'oreiller, se mist sur la poitrine de son dit mary, et ou giron du charreton son derriere reposoit. Sans dormir ne se tindrent gueres l'orfevre, et sa femme, sans en faire le semblant; mais nostre charreton, jà soit qu'il fust lassé et travaillié, n'en avoit garde. Car, comme le poulain s'eschauffe, sentant la jument, et se dresse et demaine, aussi faisoit le sien poulain, levant la teste contremont[5] si très prouchain de ladicte femme. Et ne fut pas en la puissance dudit charreton, qu'à elle ne se joignit et de près. Et, en cest estat, fut longue espace, sans que la femme s'esveillast, voire ou au moins qu'elle en fist semblant. Aussi, n'eust pas fait le mary, se ce n'eust esté la teste de sa femme qui sur sa poitrine estoit reposant, qui, par l'assault et hurt de ce poulain, luy donnoit si grant branle, que assez tost il se resveilla. Il cuidoit bien que sa femme songeast, mais, pource que trop longuement duroit, et qu'il ouyoit le charreton soy remuer, et très fort souffler, tout doulcement leva la main en hault; et, si très bien à point en bas la rabatit, qu'en dommaige et en sa garenne le poulain au charreton trouva : dont il ne fut pas bien content, et ce, pour l'amour de

---

[1] Le grand Châtelet était la prison de la ville; le *chevalier du guet* y envoyait les vagabonds arrêtés la nuit dans les rues de Paris.
[2] En ce moment.
[3] Travaillaient.
[4] C'est-à-dire : sans beaucoup de façons, sans se faire prier.
[5] En haut, en l'air.

sa femme. Si l'en fist en haste saillir¹, et dist au charreton : « Que faictes-vous, meschant coquart²? Vous estes, par ma foy, bien enraigié, qui à ma femme vous prenez! N'en faictes plus. Je vous jure, par la mort bieu, que s'elle se fust à ce coup esveillée, quant vostre poulain ainsi la harioit³, je ne scay moy penser que vous eussiez fait; car je suis tout certain, tant la congnois, qu'elle vous eust tout le visaige esgratiné, et à⁴ ses mains les yeulx de vostre teste esrachez⁵. Vous ne savez pas comme elle est merveilleuse, depuis qu'elle entre en sa malice, et si n'est chose ou monde qui plustost luy boutast. Ostez-vous, je vous en supplie, pour vostre bien. » Le charreton, à peu de motz, s'excusa qu'il n'y pensoit pas; et comme le jour fut prochain tantost, il se leva, et, après le bon jour donné à son ostesse, part et s'en va, et à charrier se met. Vous devez penser que la bonne femme, s'elle eust pensé le fait du charreton, qu'elle l'eust beaucoup plus grevé que son mary ne disoit; combien que depuis il me fut dit que assez de fois le charreton la rencontra en la propre façon et maniere qu'il fut trouvé de l'orfevre, sinon qu'elle ne dormoit pas; non point que je le vueille croire, ne en riens ce raport faire bon.

LA VIIIᵉ NOUVELLE

PAR MONSEIGNEUR DE LA ROCHE

EN la ville de Brucelles, où maintes adventures sont en nostre temps advenues, demouroit, n'a pas long tems, ung jeune compaignon picart, qui servit très bien et loyaulment son maistre assez longue espace⁶. Et, entre aultres services à quoy il obligea sondit maistre vers luy, il fit tant, par son très gracieux parler, maintien et courtoisie, que si avant fut en la grace de sa fille, qu'il coucha avec elle, et par ses œu-

---

¹ Sortir.
² Petit coq, *coqueleur*.
³ La heurtait comme un bélier (*aries*). On disait dans le même sens : *arieter*.
⁴ C'est l'*a* privatif latin; de, avec, par.
⁵ Pour *arrachés*.
⁶ Assez longtemps.

vres meritoires elle devint grosse et ençainte. Nostre compaignon, voyant sa dame en cest estat, ne fut pas si fol que d'attendre l'heure que son maistre le pourroit savoir et appercevoir. Si print de bonne heure ung gracieux congié pour peu de jours, combien qu'il n'eust nulle envye d'y jamais retourner, faignant d'aller en Picardie visiter son pere et sa mere et aucuns de ses parens. Et quant il eut à son maistre et à sa maistresse dit adieu, le très piteux fut à la fille, sa dame, à laquelle il promist tantost retourner : ce qu'il ne fist point, et pour cause. Luy estant en Picardie, en l'ostel de son pere, la povre fille de son maistre devenoit si très grosse, que son piteux cas ne se pouvoit plus celer : dont, entre les autres, sa bonne mere, qui au mestier se congnoissoit, s'en donna garde la premiere. Si la tira à part et luy demanda, comme assez on peut penser, dont elle venoit en cest estat et qui luy avoit mise. S'elle se fist beaucoup presser et admonester avant qu'elle en voulsist rien dire ne congnoistre, il ne le fault jà demander : mais, en la fin, elle fut à ce menée, qu'elle fut contrainte de congnoistre et confesser son piteux fait, et dist que le picart varlet de son pere, lequel nagueres s'en estoit allé, l'avoit seduitte et en ce très piteux point laissée. Sa mere, toute enraigée, forcenée et tant marrie qu'on ne pourroit plus, la voyant ainsi deshonorée, se prent à la tenser et tant d'injures luy va dire, que la pacience qu'elle eut de tous coustez, sans mot sonner, ne riens respondre, estoit assez suffisante d'estaindre le crime qu'elle avoit commis par soy laissier engroissier du Picart. Mais, helas ! ceste pacience ne esmeut en riens sa mere à pitié, mais luy dist : « Va-t-en, va-t-en, arriere de moy, et fais tant que tu treuves le Picart qui t'a faicte grosse et luy dis qu'il te defface ce qu'il t'a fait ! Et ne retourne jamais vers moy, jusqu'à ce qu'il aura tout deffait ce que par son oultraige il t'a fait. » La povre fille, en l'estat que vous oyez, marrie et desolée par sa fumeuse[1] et cruelle mere, se met en la queste de ce Picart qui l'engroissa. Et croyez certainement que, avant qu'elle en peust avoir aucunes nouvelles, ce ne fut pas sans endurer grant peine et du malaise largement. En la parfin, comme Dieu le voulut, après maintes gistes qu'elle fist en Picardie, elle arriva, par ung jour de dimanche, en ung gros villaige, ou pays d'Artois. Et si très bien luy vint à ce propre jour, que son amy le Picart, lequel l'avoit engroissée, faisoit ses nopces, de laquelle chose elle fut merveilleusement joyeuse. Et ne fut pas si peu asseurée pour à sa mere obeyr,

---

[1] Colère, furieuse.

qu'elle ne se boutast par la presse des gens, ainsi grosse comme elle estoit; et fist tant, qu'elle trouva son amy et le salua, lequel tantost la congneut, et, en rougissant, son salut lui rendit, et luy dist : « Vous soyez la très bien venue ! Qui vous amaine à ceste heure, m'amie ? — Ma mere, dist-elle, m'envoye vers vous, et Dieu scait que vous m'avez bien fait tenser. Elle m'a chargié et commandé que je vous die que vous me deffaciez ce que vous m'avez fait; et, se ainsi ne le faictes, que jamais je ne retourne vers elle. » L'aultre entend tantost la folie, et, au plutost qu'il peut, il se deffist d'elle et luy dist par telle maniere : « M'amie, je feray voulentiers ce que me requerez et que vostre mere veult que je fasse, car c'est bien raison; mais, à ceste heure, vous voyez que je n'y puis pas bonnement entendre : si vous prie, tant comme je puis, que ayez patience pour mesbuy[1], et demain je besongneray à vous. » Elle fut contente, et alors il la fist guider et mettre en une belle chambre, et commanda qu'elle fut très bien pancée[2], car, aussi bien, elle en avoit bon mestier, à cause des grans labeurs et travaulx qu'elle avoit euz en son voyaige, faisant ceste queste. Or, vous devez scavoir que l'espousée ne tenoit pas ses yeulx en son sein, mais se donna très bien garde et apperceut son mary parler à nostre fille grosse, dont la puce luy entre en l'oreille; et n'estoit en riens contente, mais très troublée et marrie en estoit. Si garda son courroux, sans mot dire, jusques à ce que son mary se vint couchier. Et quant il la cuida acoller et baiser, et au surplus faire son devoir, et gaingner le chaudeau[3], elle se vire, puis d'un costé, puis d'aultre, tellement qu'il ne peut parvenir à ses attaintes, dont il est très esbahy et courroucé, et luy va dire : « M'amie, pourquoy faictes-vous cecy ? — J'ay bien cause, dist-elle, et aussi, quelque maniere que vous facez, il ne vous chault[4] gueres de moy : vous en avez bien d'autres, dont il vous est plus que de moy ! — Et non ay, par ma foy, ma dame, dist-il, ne, en ce monde, je n'ayme aultre femme que vous. — Helas ! dist-elle, et ne vous ay-je pas bien veu, après disner, tenir voz longues parolles à une femme en la sale ? Ouy, voyois trop bien que c'estoit vous, et ne vous en scauriez excuser. — Cela, dist-il, nostre dame, vous n'avez cause en rien de vous en jalouser ! » Et adonc luy va tout au

[1] A présent, aujourd'hui.
[2] Traitée, hébergée.
[3] On apportait aux époux, au milieu de la nuit des noces, le *chaudeau*, lait de poule, ou bouillon chaud, ou vin sucré.
[4] Il ne vous soucie; du verbe *chaloir*.

long compter comment c'estoit la fille à son maistre de Brucelles, et coucha avec elle et l'engroissa; et que à ceste cause il s'en vint par deçà; comment aussi, après son partement, elle devint si très grosse qu'on s'en apperceut; et comment elle se confessa à sa mere, qu'il l'avoit engroissée; et l'envoyoit vers luy, affin qu'il luy deffist ce qu'il luy avoit fait; aultrement, jamais vers elle ne s'en retournast. Quant nostre homme eut tout au long compté sa ratelée, sa femme ne reprint que l'ung de ses pointz et dist : « Comment, dist-elle, dictes-vous qu'elle dist à sa mere que vous aviez couchié avecques elle? — Ouy, par ma foy, dist-il, elle luy congneut tout. — Par mon serment, dist-elle, elle monstra bien qu'elle estoit beste; le charreton de nostre maison a couchié avecques moy plus de quarante nuytz, mais vous n'avez garde que j'en disse oncques ung seul mot à ma mere; je m'en suis bien gardée! — Voire, dist-il, de par le dyable, le gibet y ait part! Or, allez à vostre charreton, se vous voulez, car je n'ay cure[1] de vous. » Si se leva tout à coup et s'en vint rendre à celle qu'il engroissa, et abandonna l'aultre. Et quant lendemain on sceust ceste nouvelle, Dieu scait le grant riz d'aucuns, et le grant desplaisir de plusieurs, especialement du pere et de la mere de ceste espousée.

LA IXe NOUVELLE

PAR MONSEIGNEUR

Pour continuer le propoz des nouvelles histoires, comme les adventures adviennent en divers lieux et diversement, on ne doit pas taire comment ung gentil chevalier de Bourgoingne, faisant residence en ung sien chasteau, beau et fort, fourny de gens et d'artillerie, comme à son estat appartenoit, devint amoureux d'une belle damoiselle de son ostel, voire et la premiere après ma dame sa femme. Et par amours si fort la contraingnoit, que jamais ne scavoit sa maniere sans elle, et tousjours l'entretenoit et la requeroit, et brief, nul bien sans

[1] Souci, soin, du latin *cura*.

elle il ne povoit avoir, tant estoit au vif feru de l'amour d'elle. La
damoiselle, bonne et saige, voulant garder son honneur que aussi
chier elle tenoit que sa propre ame, voulant aussi garder la loyaulté
que à sa maistresse elle devoit, ne prestoit pas l'oreille à son seigneur, toutes fois qu'il l'eust bien voulu. Et se aucune force luy
estoit de l'escouter, Dieu scait la très dure responce dont il estoit
servy, luy remonstrant sa très fole entreprinse, et la grant lacheté de
son cueur. Et, au surplus, bien luy disoit que se ceste queste il continue plus, qu'à sa maistresse il seroit descouvert. Quelque maniere ou
menace qu'elle face, il ne veult laisser son entreprinse, mais de plus
en plus la pourchasse, et tant en fait, que force est à la bonne fille
d'en advertir bien au long sa maistresse, ce qu'elle fist. La dame, advertie des nouvelles amours de Monseigneur, sans en monstrer semblant, en est très mal contente, mais non pourtant [1], elle s'advisa d'ung
tour, ainçois que [2] rien luy en dire, qui fut tel. Elle enchargea à sa
damoiselle, que la premiere fois que Monseigneur viendroit pour la
prier d'amours, que, trestous reffuz mis arriere, elle lui baillast jour
à lendemain de soy trouver dedans sa chambre et en son lit : « Et s'il
accepte la journée, dist ma dame, je viendray tenir vostre place, et
du surplus laissez-moy faire. » Pour obeyr, comme elle doit, à sa
maistresse, elle est contente, et promet d'ainsi le faire. Si ne tarda
gueres après, que Monseigneur ne retournast à l'ouvraige, et, s'il
avoit auparavant bien fort menty, encores à ceste heure il s'en efforce beaucoup plus de l'affermer, disant que, se à ceste heure elle
n'entend à sa priere, trop mieulx luy vauldroit la mort, et que sans
prouchain remede vivre en ce monde plus ne povoit. Qu'en vauldroit
le long compte? La damoiselle, de sa maistresse bien conseillée, si
bien à point que mieulx on ne pourroit, baille à demain au bon seigneur
l'heure de besongnier : dont il est tant content, que son cueur tres-
sault tout de joye, et dit bien en soy-mesmes qu'il ne fauldroit pas
à sa journée. Le jour des armes assigné, survint, au soir, ung gentil
chevalier, voisin de Monseigneur et son très grant amy, qui le vint
veoir, auquel il fist très grande et bonne chiere, comme bien le scavoit faire ; si fist ma dame aussi, et le surplus de la maison s'efforc-
çoit fort de luy complaire, saichant estre le bon plaisir de Monseigneur et de ma dame. Après les très grandes chieres et du souppcr

---

[1] Néanmoins.

[2] Avant que, plutôt que.

et du bancquet, et qu'il fut heure de retraite, la bonne nuyt donnée à
ma dame et à ses femmes, les deux chevaliers se mettent en devises de
plusieurs et diverses matieres : et, entre aultres propos, le chevalier
estrange¹ demande à Monseigneur s'en son villaige avoit rien de beau
pour aler courir l'esguillette². Car la devocion³ luy en est prinse, après
ces bonnes chieres et le beau temps qu'il fait à ceste heure. Monseigneur, qui rien ne lui vouldroit celer, pour la très grant amour qu'il
luy porte, luy va dire comment il a jour assigné decouchier anuyt⁴
avec sa chamberiere. Et pour luy faire plaisir, quant il aura esté avec
elle une espace de temps, il se levera tout doulcement et le viendra
querir pour le surplus aller parfaire. Le compaignon estrange mercia
son compaignon, et Dieu scait qu'il luy tarde bien que l'heure soit
venue. L'oste prend congié de luy et se retrait⁵ dedans sa garderobe,
comme il avoit de coustume, pour soy deshabiller. Or, devez-vous
scavoir que, tandis que les chevaliers se devisoient⁶, ma dame s'en
alla mettre dedans le lit où Monseigneur devoit trouver sa chamberiere, et droit là attend ce que Dieu lui vouldra envoyer. Monseigneur
mist assez longue espace à soy deshabiller tout à propoz, pensant
que desja ma dame fust endormie, comme souvent faisoit, pource
que devant se couchoit. Monseigneur donne congié à son varlet de
chambre, et à-tout sa longue robe, s'en va ou lit où ma dame l'attendoit, cuydant y trouver autruy; et tout coyement⁷ de sa robe se dés-
arme, et puis dedans le lit se bouta. Et, pource que la chandelle estoit
estaincte et que ma dame mot ne sonnoit⁸, il cuide avoir sa chamberiere. Il n'y eut gueres esté sans faire son devoir, et si très bien s'en
acquitta, que les trois, les quatre fois gueres ne luy cousterent, que
ma dame print bien en gré, laquelle tost après, pensant que fust
tout, s'endormit. Monseigneur, trop plus legier que par avant, voyant
que ma dame dormoit, et se recordant de sa promesse, tout doulcement se lieve, et puis vient à son compaignon qui n'attendoit que

---

¹ Pour *étranger*.

² On dit encore dans le même sens : *courir le guilledou*. Cette locution vient sans doute de ce que, dans certaines villes du Midi, les filles publiques portaient sur l'épaule une aiguillette de couleur, qui les faisait reconnaître.

³ Ardeur amoureuse, fantaisie érotique.

⁴ Cette nuit.

⁵ Se retire. En renonçant au verbe *retraire*, nous avons gardé son substantif *retraite*.

⁶ S'entretenaient.

⁷ Silencieusement.

⁸ Ne disait mot.

l'heure d'aller aux armes, et luy dist qu'il allast tenir son lieu, mais qu'il ne sonnast mot, et que retournast, quand il auroit bien besongnié et tout son saoul. L'aultre, plus esveillié que ung rat, et viste comme ung levrier, part, et s'en va, et auprès de ma dame se loge, sans qu'elle en saiche rien. Et, quant il fut tout rasseuré se Monseigneur avoit bien besongnié, voire et en haste encores fist-il mieulx : dont ma dame n'est pas ung peu esmerveillée, laquelle, après ce beau passe temps qui aucunement travail luy estoit, arriere s'endormit. Et bon chevalier, de l'abandonner, et à Monseigneur s'en retourne, lequel comme paravant se vint relogier emprès ma dame, et de plus belle aux armes se rallie, tant luy plaist ce nouvel exercice. Tant d'heures se passerent, tant en dormant comme aultre chose faisant, que le jour s'apparut. Et, comme il se retournoit, cuidant virer l'oeil sur la chamberiere, il voit et congnoit que c'est ma dame, laquelle à ceste heure luy va dire : « N'estes-vous pas bien putier, recraint¹, lache et meschant, qui, cuidant avoir ma chamberiere, tant de fois et oultre mesure m'avez accollée pour accomplir votre desordonnée voulenté ! Vous estes, la Dieu mercy, bien deceu, car aultre que moy, pour ceste heure, n'aura ce qui doit estre mien. » Se le bon chevalier fut esbahy et courroucé, ce n'est pas merveilles. Et quant il parla, il dist : « M'amie, je ne vous puis celer ma folye, dont beaucoup il me poise² que jamais l'entreprins ; si vous prie que vous en soyez contente et n'y pensez plus, car jour de ma vie plus ne m'adviendra. Cela vous promets par ma foy. Et affin que vous n'ayez occasion d'y penser, je donneray congié à la chamberiere, qui me bailla le vouloir de faire ceste faulte. » Ma dame, plus contente d'avoir eu l'aventure de ceste nuyt que sa chamberiere, et ouyant la bonne repentance de Monseigneur, assez legierement se contenta, mais ce ne fut pas sans grans langaiges et remonstrances. Au fort trestout va bien, et Monseigneur, qui a des nouvelles³ en sa quenoille, après qu'il est levé, s'en vient devers son compaignon, auquel il compte tout du long son adventure, luy priant de deux choses : la premiere, ce fut qu'il celast très bien ce mistere, et sa très plaisante adventure ; l'autre, si est que jamais il ne retourne en lieu où sa femme sera. L'aultre, très desplaisant de ceste male⁴

¹ Méprisable, débauché. Ne faut-il pas lire plutôt *recréant*, qui se disait d'un homme déshonoré ?
² Pour *pèse*. On disait *poiser*, comme dérivant de *poids*.
³ Il faut sous-entendre : *estouppes*. Cette expression proverbiale revient plusieurs fois dans les *Cent Nouvelles nouvelles* ; voy. la LII*.
⁴ Mauvaise, malheureuse, maudite.

adventure, conforte le chevalier au mieulx qu'il peut, et promist d'accomplir sa très raisonnable requeste; et puis, monte à cheval et s'en va. La chamberiere, qui coulpe [1] n'avoit au meffait dessusdit, en porta la pugnicion par en avoir congié. Si vesquirent depuis long temps Monseigneur et ma dame ensemble, sans qu'elle sceust jamais avoir eu affaire au chevalier estrange.

LA Xe NOUVELLE

PAR MONSEIGNEUR DE LA ROCHE

Plusieurs haultes, diverses, dures, et merveilleuses adventures ont esté souvent menées et à fin conduittes ou royaulme d'Angleterre, dont la recitacion à present ne serviroit pas à la continuation de ceste presente histoire. Neantmoins, ceste presente histoire, pour ce propos continuer, et le nombre de ces histoires acroistre, fera mencion comment ung bien grant seigneur du royaulme d'Angleterre, entre les mieulx fortunez riche, puissant et conquerant, lequel entre les aultres de ses serviteurs avoit parfaicte confiance, confidence et amour à ung jeune, gracieux gentil homme de son ostel, pour plusieurs raisons, tant par sa loyaulté, diligence, subtilité et prudence; et, pour le bien que en luy avoit trouvé, ne luy celoit pas riens de ses amours. Mesmes, par succession de temps, tant fist ledit gracieux gentil homme, par son habileté envers ledit seigneur son maistre, qu'il fut tellement en sa grace, que tous les parfaiz secretz et adventures de ses amours, mesmement les affaires, ambassades et diligences, menoit et conduisoit; et ce, pour le temps que sondit maistre estoit encores à marier. Advint certaine espace après, que, par le conseil de plusieurs de ses parens, amis et bien vueillans, Monseigneur se maria à une très belle, noble, bonne et riche dame, dont plusieurs furent très joyeux; et, entre les aultres, nostre gentil homme, qui mignon [2] se peut bien

---

[1] Faute; du latin *culpa*.
[2] Ce mot était dès lors en usage dans le sens de *favori* et de *complaisant;* il fut em-

nommer, ne fut pas moins joyeux, disant en soy que c'estoit le bien et honneur de son maistre, et qu'il se retireroit, à ceste occasion, de plusieurs menues folies d'amour qu'il faisoit, auxquelles ledit mignon trop se donnoit d'espoir. Si dist ung jour à Monseigneur, qu'il estoit très joyeux de luy, pource qu'il avoit si très belle et bonne dame espousée, car, à ceste cause, plus ne seroit empeschié de faire queste çà ne là pour luy, comme il avoit coustume. A quoy Monseigneur respondit que, ce nonobstant, n'entendoit pas du tout amours abandonner : et jà soit ce qu'il fust marié, si n'estoit-il pas pourtant du gracieux service d'amours osté, mais de bien en mieulx s'y vouloit emploier. Son mignon, non content de ce vouloir, luy respondit que sa queste en amours devroit estre bien finée[1], quant Amours l'ont party[2] de la nonpareille, de la plus belle, de la plus saige, de la plus loyale et bonne par dessus toutes les aultres : « Faictes, dist-il, Monseigneur, tout ce qu'il vous plaira, car, de ma part, à aultre femme jamais parolle ne porteray, au prejudice de ma maistresse. — Je ne scay quel prejudice, dist le maistre; mais il vous fault trop bien remettre en train d'aller à telle et à telle. Et ne pensez pas que encores d'elles ne m'en soit autant, que quant vous en parlay premier. — Ha dea ! Monseigneur, dist le mignon, il faut dire que vous prenez plaisir d'abuser femmes, laquelle chose n'est pas bien fait : car vous scavez bien que toutes celles que m'avez icy nommées ne sont pas à comparer en beauté, ne aultrement à ma dame, à qui vous feriez mortel desplaisir, s'elle scavoit vostre deshonneste vouloir. Et, qui plus est, vous ne povez ignorer qu'en ce faisant vous ne damnez vostre ame. — Cesse ton preschier, dist Monseigneur, et va faire ce que je commande. — Pardonnez-moy, Monseigneur, dit le mignon; j'aymeroye mieulx mourir que par moy sourdist noise entre ma dame et vous; si vous prie que soyez content de moy, car certes je n'en feray plus. » Monseigneur, qui voit son mignon en son opinion aheurté[3], pour ce coup plus ne le pressa. Mais, certaine piece[4], comme de trois ou quatre jours, sans faire en rien semblant des parolles precedentes, entre aultres devises à son mignon, demanda quelle viande il mangoit plus voulentiers ? Et il luy respondit

ployé, avec la même acception, sous le règne de Henri III, pour désigner les compagnons de débauche de ce prince. Dans cette Nouvelle, *mignon* est synonyme de *courtier d'amour, maquereau*.

[1] Pour *finie*, terminée.
[2] Nanti, donné en partage.
[3] Obstiné, entêté.
[4] Certain temps après.

que nulle viande tant ne lui plaisoit que pastez d'anguille. « Saint Jehan! c'est bonne viande, dist le maistre; vous n'avez pas mal choisy. » Cela se passe, et Monseigneur se trait arriere[1] et mande vers luy venir ses maistres d'ostel, ausquelz il enchargea, si chier qu'ilz le vouloyent obeyr, que son mignon ne fust servy d'aultres choses que de pastez d'anguilles, pour riens qu'il die[2]. Et ilz respondirent, promettans d'acomplir son commandement. Ce qu'ilz firent très bien, car, comme ledit mignon fut assis à table pour mangier en sa chambre, le propre jour du commandement, ses gens luy apporterent largement de beaulx et gros pastez d'anguilles, qu'on leur delivra en la cuisine; dont il fut bien joyeux. Si en mangea tout son saoul. A lendemain, pareillement; cinq ou six jours ensuivans, tousjours ramenoient des pastez en jeu, dont il estoit desja tout ennuyé. Si demanda ledit mignon à ses gens, se on ne servoit leans que ces pastez? « Ma foy, Monseigneur, dirent-ilz, on ne vous baille aultre chose. Trop bien voyons-nous servir en sale et ailleurs aultre viande, mais, pour vous, il n'est memoire que de pastez. » Le mignon, saige et prudent, qui jamais sans grant cause pour sa bouche ne faisoit plainte, passa encores plusieurs jours, usant de ces ennuyeux pastez, dont il n'estoit pas bien content. Si s'advisa, un jour entre les aultres, d'aller disner avec les maistres d'ostel, qui le firent servir comme paravant de pastez d'anguilles. Et quant il vit ce, il ne se peut plus tenir de demander la cause pourquoy on le servoit plus de pastez d'anguilles, que les aultres, et s'il estoit pasté: « Par la mort bieu, dist-il, j'en suis si bourdé[3] que plus n'en puis; il me semble que je ne vois que pastez. Et, pour vous dire, il n'y a point de raison, vous la m'avez faicte trop longue[4]; il y a jà plus d'ung mois que vous me faictes ce tour, dont je suis tant maigre, que je n'ay force ne puissance; si ne scauroie estre content d'estre ainsi gouverné. » Les maistres d'ostel luy dirent que vrayement ilz ne faisoient chose que Monseigneur n'eust commandé, et que ce n'estoit pas eulx. Nostre mignon, plain de pastez, ne porta gueres sa pensée, sans la descouvrir à Monseigneur; et luy demanda à quel propos il l'avoit fait servir si longuement de pastez d'anguille, et deffendu, comme disoient les maistres d'ostel, que on ne luy baillast aultre chose? Et Monseigneur, pour response, lui dist: « Ne m'as-tu pas dit que la viande que en ce

---

[1] S'en va, se retire.
[2] Quoi qu'il pût dire.
[3] Bourré.
[4] Locution proverbiale qui équivaut à celle-ci: Vous abusez de la permission.

monde tu plus aymes, ce sont pastez d'anguilles? — Par saint Jehan!
ouy, Monseigneur, dist le mignon. — Et pourquoy doncques te plains-tu
maintenant, dist Monseigneur, si je te fais bailler ce que tu aymes? —
Ce que j'ayme, dit le mignon, il y a maniere : J'ayme voirement très
bien pastez d'anguilles pour une fois, ou pour deux, ou pour trois,
ou de fois à aultre; et n'est viande que devant je prinse. Mais de dire
que tousjours les voulsisse avoir, sans mangier aultre chose, par Nostre Dame! non feroye. Il n'est homme qui n'en feust rompu et rebouté; mon estomac en est si travaillé, que, tantost qu'il les sent, il
a assez disné. Pour Dieu! Monseigneur, commandez qu'on me baille
aultre viande, pour recouvrer mon appetit; aultrement, je suis homme
perdu. — Ha dea, dist Monseigneur, et te semble-il que je ne soye[1],
qui veulx que je ne me passe de la chair de ma femme? Tu peuz
penser, par ma foy, que j'en suis aussi saoul[2], que tu es de pastez, et
que aussi voulentiers me renouvelleroye, jà soit ce que point tant ne
l'aymasse, que tu ferois d'aultre viande, qui pourtant n'aymes que pastez. Et, pour tout abreger, tu ne mengeras jamais d'aultre viande jusques à ce que me serves ainsi que soulois[3]; et me feras avoir des
unes et des aultres, pour moy renouveler, comme tu veulx changier de
viandes. » Le mignon, quant il entent le mistere et la subtille comparaison que son maistre luy baille, fut tout confuz et se rendit, promettant à son maistre de faire tout ce qu'il vouldra pour estre quitte
de ses pastez, voire ambassades et diligences comme par avant. Et, par
ce point, Monseigneur, voire et pour Madame espargnier, ainsi que
povons penser, au pourchas[4] du mignon, passa le temps avec les belles
et bonnes filles; et nostre mignon fut delivré de ses pastez, et à son
premier mestier reattelé et restably.

---

[1] C'est-à-dire : que je ne sois perdu comme toi.
[2] Rassasié.
[3] Ainsi que tu avais coutume. *Souler*, c'est le verbe latin *solere*.
[4] Par l'entremise, grâce aux bons offices de son mignon.

LA XIᵉ NOUVELLE

PAR MONSEIGNEUR

Ung lache paillart, recraint [1], jaloux, je ne dis pas coux [2], vivant à l'aise ainsi que Dieu scait que les entaichiez de ce mal peuvent sentir, et les aultres peuvent percevoir et ouyr dire, ne scavoit à qui recourre et soy rendre pour trouver garison de sa douleur miserable et bien peu plainte maladie. Il faisoit huy [3] ung pellerinage, demain ung aultre, et aussi le plus souvent par ses gens ses devocions et offrendes faisoit faire, tant estoit assoté de sa maison, voire au moins du regart de sa femme, laquelle miserablement son temps passoit avec son très mauldit mary, le plus suspeconneux hongnart [4] que jamais femme accointast [5]. Ung jour, comme il pensoit qu'il avoit fait et fait faire plusieurs offrendes à divers saints de paradis, et entre aultres à monseigneur sainct Michel, il s'advisa qu'il en feroit une à l'image qui est soubz les piez dudit sainct Michel. Et, de fait, commanda à l'ung de ses gens qu'il luy alumast et fist offre d'une grosse chandelle de cire, en le priant pour son intencion. Tantost son commandement fut acomply et luy fut fait son rapport. « Or ça, dist-il en soy-mesmes, je verray se Dieu ou Diable me pourroit guarir. » En son accoustumé desplaisir, s'en va coucher auprès de sa bonne et preude femme; et jà soit ce qu'il eust en sa teste des fantaisies et pensées largement, si le contraingnit Nature, qu'elle eust ses droiz de repos. Et, de fait, bien fermement s'endormit; et ainsi qu'il estoit au plus parfont [6] de son somme, celluy à qui ce jour la chandelle avoit esté offerte, par vision à luy s'apparut, qui le remercia de l'offrende que nagueres luy avoit envoyée, affermant que pieça telle offrende ne luy fut donnée. Dist, au surplus, qu'il n'avoit pas

[1] Poltron.
[2] Cocu.
[3] Aujourd'hui.
[4] Grondeur, *hogneur*.
[5] Épousât.
[6] Profond.

perdu sa peine, et qu'il obtiendroit ce dont il avoit requis. Et comme l'aultre tousjours perseveroit à son somme, luy sembla que, à ung doy de sa main ung anneau luy fut bouté, en luy disant que tant que cest anneau en son doy seroit, jamais jaloux il ne seroit, ne cause aussi venir luy en pourroit, qui de ce le tentast. Après l'evanouyssement de ceste vision, nostre jaloux se resveilla, et cuida à l'ung de ses doys ledit anneau trouver, ainsi que semblé luy avoit, mais au derriere de sa femme bien avant bouté l'un de sesditz doys se trouva : de quoy luy et elle furent très esbahis. Mais, du surplus de la vie au jaloux, de ses affaires et maintiens, ceste histoire se taist.

LA XIIe NOUVELLE

PAR MONSEIGNEUR DE LA ROCHE

Es mectes[1] du pays de Hollande, ung fol nagueres s'advisa de faire du pis qu'il pourroit, c'est assavoir soy marier. Et tantost qu'il fut affublé du doulx manteau de mariaige, jà soit ce que alors il fust yver, il fut si très fort eschauffé, qu'on ne le scavoit tenir de nuyt, encores veu que les nuytz, qui pour ceste saison duroient neuf ou dix heures, n'estoient point assez souffisanies ne d'assez longue durée pour estaindre le très ardent desir qu'il avoit de faire lignée. Et, de fait, quelque part qu'il rencontrast sa femme, il l'abatoit : feust en la chambre, feust en l'estable, ou en quelque lieu que ce feust, tousjours avoit ung assault. Et ne dura ceste maniere ung mois ou deux seulement, mais si très longuement que pas ne le vouldroye escripre, pour l'inconvenient qui sourdre en pourroit, se la folie de ce grant ouvrier venoit à la congnoissance de plusieurs femmes. Que vous en diray-je plus ? Il en fist tant, que la memoire jamais estaincte n'en sera audit pays. Et, à la verité, la femme qui nagueres au bailly d'Amiens se complaignit, n'avoit pas si bien matiere de soy complaindre que ceste-cy. Mais, quoy qu'il feust, nonobstant que de ceste plaisante peine se feust très bien

[1] Frontières, confins; *metæ*.

aucune fois passée, pour obeyr comme elle devoit à son mary, jamais ne fut rebourse[1] à l'esperon.

 Advint, ung jour, après disner, que très beau temps faisoit, et que le soleil ses raies[2] envoioit et departoit dessus la terre paincte et broudée de belles fleurs, si leur print voulenté d'aller jouer au bois eulx deux tant seulement, et si se misrent au chemin. Or ne vous fault-il pas celer ce qui sert à l'histoire : A l'heure droictement[3] que noz bonnes gens avoient ceste devocion d'aller jouer au bois, advint que ung laboureur avoit perdu son veau qu'il avoit mis paistre dedans ung pré, en ung pastiz oudit bois; lequel le vint cherchier, mais il ne le trouva pas, dont il ne fut point trop joyeux. Si se mist en la queste, tant par le boiz comme ès prez, terres et places voisines de l'environ, pour trouver sondit veau, mais il n'en scet avoir nouvelles. Il s'advisa que par adventure il se seroit bouté en quelque buisson pour paistre, ou dedans aulcune fosse herbue, dont il pourroit bien saillir, quant il auroit le ventre plain. Et à celle fin qu'il puisse mieulx veoir et à son aise, sans aller courir çà ne là, se son veau estoit ainsi comme il pensoit, il choisist le plus hault arbre et mieulx houchié[4] de bois qu'il peut trouver, et monte sus. Et quant il se treuve au plus hault de cest arbre, qui toute la terre d'environ couvroit, il luy fut bien advis que son veau estoit à moityé trouvé. Tandis que ce bon laboureur gettoit ses yeulx de tous costez après son veau, voicy nostre homme et sa femme, qui se boutent ou bois, chantans, jouans, devisans et faisans feste, comme font les cueurs gaiz, quant ilz se trouvent ès plaisans lieux. Et n'est pas merveilles se vouloir luy creust et se desir l'enhorta d'accoller sa femme en ce lieu si plaisant et propice. Pour executer ce vouloir à sa plaisance et à son beau loisir, tant regarda un coup à dextre, l'aultre à senestre, qu'il apperceut le très bel arbre dessus lequel estoit le laboureur, dont il ne scavoit riens; et soubz cest arbre, se disposa et conclud ses gracieuses plaisances acomplir. Et quant il fut au lieu, il ne demoura gueres après la semonce[5] de sondit desir, mais tantost mist la main à la besoigne et vous commença à assaillir sa femme : et la gette par terre, car à l'heure il estoit bien en ses gogues[6]; et sa femme aussi, d'autre part. Si la voulut veoir par devant

---

 [1] Rétive.
 [2] Pour *rais*, rayons.
 [3] Précisément.
 [4] Pour *houssé*, couvert.
 [5] Invitation, excitation.
 [6] Pour *goguettes*, gaietés.

et par derriere: et, de fait, prent sa robe et la luy osta, et en cote simple la met. Après, il la haulsa bien hault, maulgré d'elle, ainsi comme efforcée, et ne fut pas content de ce; mais encores, pour le bien veoir à son aise et sa beaulté regarder, la tourne et revire, et, à la fin, sur son gros derriere sa rude main par trois ou quatre fois il fait descendre; puis, d'aultre part, la retourne; et comme il eut son derriere regardé, aussi fait-il son devant; ce que la bonne simple femme ne veult pour rien consentir: mesmes avec la grant resistence qu'elle fait, Dieu scait que sa langue n'estoit pas oiseuse. Or, l'appelle *maulgracieux*, maintenant *fol* et *enragié*, l'aultre fois *deshonneste*, et tant luy dist que c'est merveille, mais riens n'y vault: il est trop plus fort qu'elle, et si a conclud de faire inventoire de ce qu'elle porte, si est force qu'elle obeisse, mieulx aymant, comme saige, le bon plaisir de son mary, que par reffus le desplaisir. Toute defense du costé d'elle mis arriere, ce vaillant homme va passer temps à son devant regarder, et, se sans honneur on le peust dire, il ne fust pas content se ses mains ne descouvrirent à ses yeulx les secretz dont il se devoit bien passer d'enquerre [1]. Et comme il estoit en ceste parfonde estude, il disoit maintenant: « Je voy cecy! Je voy cela! encores cecy! encores cela! » et qui l'oyoit, il veoit tout le monde et beaucoup plus. Et, après une grande et longue pose, estant en ceste gracieuse contemplacion, dist de rechief: « Saincte Marie, que je voy de choses! — Helas! dist lors le laboureur sur l'arbre, bonnes gens, ne veez-vous point mon veau? Sire, il me semble que j'en voy la queue. » L'aultre, jà soit qu'il fust bien esbahy, subitement fist la response et dist: « Cette queue n'est pas de ce veau. » Et à tant part et s'en va, et sa femme après. Et qui me demanderoit qui le laboureur mouvoit de faire cette question? Le secretaire de cette histoire respond que la barbe du devant de ceste femme estoit assez et beaucoup longue, comme il est de coutume à celles de Hollande, si cuidoit bien que ce feust la queue de son veau, attendu aussi que le mary d'elle disoit qu'il veoit tant de choses, voire à peu près tout le monde; si pensoit en soy-mesmes que le veau ne povoit gueres estre eslongné, et que avec d'aultres choses leans pourroit estre embuschié [2].

[1] Enquérir, faire enquête.
[2] Embusqué, caché.

LA XIIIᵉ NOUVELLE

PAR MONSEIGNEUR L'AMANT DE BRUCELLES

A Londres en Angleterre, avoit nagueres ung procureur de Parlement, qui, entre les aultres de ses serviteurs, avoit ung clerc habille et diligent et bien escripvant, qui très beau filz estoit; et que on ne doit pas oublier, pour ung homme de son aage il n'estoit point des plus soubtils. Ce gentil clerc et vigoureux fust tantost picqué de sa maistresse, qui très belle, gente et gracieuse estoit; et si très bien luy vint que, ainçois qu'il luy osast oncques dire son cas, le dieu d'amours l'avoit à ce menée, qu'il estoit le seul homme ou monde qui plus luy plaisoit. Advint qu'il se trouva en place ramonnée[1]; et, de fait, toute crainte mise arriere, à sadicte maistresse, son très gracieux et doulx mal racompta, laquelle, pour la grant courtoisie que Dieu en elle n'avoit pas oubliée, desja ainsi attaincte comme dessus est dit, ne le fist gueres languir : car, après plusieurs excusations et remonstrances qu'en brief elle luy toucha, que elle eust à aultre plus aigrement et plus longuement demenées, elle fut contente qu'il sceust qu'il luy plaisoit bien. L'aultre, qui entendoit son latin, plus joyeux que jamais il n'avoit esté, s'advisa de batre le fer, tandis qu'il estoit chault, et si très fort sa besoigne poursuyvit, qu'en peu de temps jouyst de ses amours. L'amour de la maistresse au clerc, et du clerc à elle, estoit et fut long temps si très ardant, que jamais gens ne furent plus esprins, car, en effect, le plus souvent en perdoient le boire et le mengier; et n'estoit pas en la puissance de Malebouche, de Dangier[2], ne d'aultres telles mauldictes gens, de leur bailler ne donner destourbier[3]. A ce très joyeux estat et plaisant passetemps se passerent plusieurs jours, qui gueres aux amans ne durerent, qui tant donnez l'ung à l'aultre s'estoient, qu'à

---

[1] Préparée, propre à. Il y a *commode* dans plusieurs éditions.
[2] *Malebouche* ou la médisance, *Dangier* ou la jalousie, sont des personnages allégoriques du roman de la Rose.
[3] Trouble, embarras, échec : *deturbatio*.

peu ilz eussent quitté à Dieu leur part de paradis, pour vivre au monde leur terme en ceste façon. Et, comme ung jour advint que ensemble estoient, et, des très haultz biens qu'amour leur souffrit prendre, se devisoient entre eulx, en eulx pourmenant [1] par une sale, comment ceste leur joye nonpareille continuer seurement pourroient, sans que l'embusche de leur dangereuse entreprinse fust descouverte au mary d'elle, qui du renc des jaloux se tiroit très près et du hault bout. Pensez que plus d'ung advis leur vint au devant, que je passe sans plus au long le descripre. La finale conclusion et derreniere resolution que le bon clerc print, fut de très bien conduire et à seure fin mener son entreprinse : à quoy point ne faillit. Vecy comment. Vous devez scavoir l'accointance et aliance, que le clerc eust à sa maistresse, laquelle diligemment servoit et luy complaisoit; qui aussi n'estoit pas moins diligent de servir et complaire à son maistre, et tout pour tousjours mieulx son fait couvrir, et aveugler les jaloux yeulx, qui pas tant ne se doubtoient que on luy enforgeoit bien la matiere. Ung certain jour après, nostre bon clerc, voiant son maistre assez content de luy, entreprint de parler et tout seul très humblement, doulcement et en grande reverence à luy; et luy dist qu'il avoit en son cueur ung secret que voulentiers luy declarast, s'il osoit. Et ne vous fault celer que, tout ainsi comme plusieurs femmes ont larmes à commandement qu'elles espandent au moins aussi souvent qu'elles vueillent, si eust à ce coup, nostre bon clerc, que grosses larmes, en parlant, des yeulx luy descendoient en très grant abondance; et n'est homme qui ne cuidast qu'elles ne fussent de contricion, de pitié, ou de très bonne intencion. Le povre maistre, abusé, ouyant son clerc, ne fut pas ung peu esbahy, ne esmerveillé, mais cuidoit bien qu'il y eust autre chose que ce que après il sceust; si dist : « Et que vous fault-il, mon filz, et que avez-vous à plorer maintenant ? — Helas ! sire, et j'ay bien cause plus que nul aultre de me douloir, mais, helas ! mon cas est tant estrange, et non pas moins piteux ne moins sur tous requis d'estre celé, que, nonobstant que j'aye eu vouloir de le vous dire, si m'en deboute [2] crainte, quant j'ay au long à mon maleur pensé. — Ne plorez plus, mon filz, respond le maistre, et si me dictes qu'il vous fault, et je vous asseure, s'en moy est possible de vous aydier, je m'y emploieray voulentiers comme je doy. — Mon maistre, dist le regnart clerc, je

---

[1] Promenant.
[2] Il y a dans toutes les éditions *reboute*, ce qui est un contresens.

vous mercie, mais, quant j'ay bien tout regardé, je ne pense pas que
ma langue eust la puissance de descouvrir la très grant infortune que
j'ay si longuement portée. — Ostez-moy ces propos et toutes ces doleances, respond le maistre : je suis celuy à qui riens ne devez celer;
je vueil scavoir que vous avez? Avancez-vous et le me dictes. » Le
clerc, saichant le tour de son baston, s'en fist beaucoup prier et à
très grant crainte, par semblant, et à très grant abondance de larmes,
et à voulenté se laisse ferrer[1]; et dist qu'il luy dira, mais qu'il luy
vueille promettre que par luy jamais personne n'en scaura nouvelle,
car il aimeroit autant ou plus chier mourir, que son maleureux cas
feust cogneu. Ceste promesse par le maistre accordée, le clerc, mut[2]
et descouloré comme ung homme jugié à pendre, si va dire son cas :
« Mon très bon maistre, il est vray que, jà soit ce que plusieurs gens
et vous aussi pourroient penser que je feusse homme naturel comme
ung autre, ayant puissance d'avoir compaignie avec femme, et de faire
lignée, vous oseray bien dire et monstrer que point je ne suis tel, dont
helas! trop je me deul[3]. » Et, à ces parolles, trop asseurement tira son
membre à perche[4] et lui fist monstre de la peau où les coulons se logent, lesquelz il avoit par industrie fait monter en hault, vers son petit ventre, et si bien les avoit cachiez, qu'il sembloit qu'il n'en eust
nulz. Or, luy va dire : « Mon maistre, vous voyez bien mon infortune, dont je vous prie de rechief que elle soit celée; et, oultre plus,
très humblement vous requiers, pour tous les services que jamais
vous feis, qui ne sont pas telz que j'en eusse eu la voulenté, se
Dieu m'eust donné le povoir, que me faciez avoir mon pain en quelque monastere devot, où je puisse le surplus de mon temps ou service de Dieu passer, car au monde ne puis de riens servir. » Le abusé
et deceu maistre remonstra à son clerc l'aspreté de religion, le peu
de merite qui luy en viendroit, quant il se veult rendre moyne par
desplaisir de son infortune, et foison d'aultres raisons luy amena, trop
longues à compter, tendans à fin de l'oster de son propos. Scavoir
vous fault aussi que pour riens ne l'eust voulu abandonner, tant pour

---

[1] Expression proverbiale que nous avons déjà vue, et qui signifie : cède, se
soumet.

[2] Muet; du latin *mutus*.

[3] Je m'afflige; du verbe *douloir*.

[4] Nous ne savons trop quel est le sens de cette qualification. Veut-elle dire :
long comme une perche? Est-ce une plaisanterie dans le goût italien : membre
à *perche*? Il y a un poëme licencieux du cavalier Marin (J.-B. Marini) : *Il libro del
perche*.

son bien escripre et diligence, que pour la fiance que doresenavant à luy adjoustera. Que vous diray-je plus? Tant luy remonstra, que ce clerc, au fort, pour une espace, en son estat et en son service demourer luy promect. Et, comme bien ouvert luy avoit son secret le clerc, aussi le maistre le sien luy voulut desceler, et dist : « Mon filz, de vostre infortune ne suis-je point joyeux, mais, au fort, Dieu, qui fait tout pour le mieulx, scait ce qui nous duyt[1] et vault mieulx : vous me pourrez doresenavant très bien servir, et à mon povoir, vous le meriteray : j'ay jeune femme assez legiere et volaige, et suis, ainsi comme vous veez[2], desja ancien et sur aage : qui aucunement peut estre occasion à plusieurs de la requerre de deshonneur; et à elle aussi, s'elle estoit autre que bonne, me bailler matiere de jalousie, et plusieurs aultres choses. Je la vous baille et donne en garde, et si vous en prie que tenez à ce la main, que je n'aye cause d'en elle trouver nulle matiere de jalousie. » Par grande deliberacion fit le clerc sa response; et, quand il parla, Dieu scait si loua bien sa très belle et bonne maistresse, disant que sur tous aultres il l'avoit belle et bonne et qu'il s'en devoit tenir seur. Neantmoins qu'en ce service et d'aultres il est celuy qui s'y veult de tout son cueur employer; et ne la laissera, pour riens qu'il y puisse advenir, qu'il ne le advertisse de tout ce que loyal serviteur doit faire à son maistre. Le maistre, lye[3] et joyeux de la nouvelle garde de sa femme, laisse l'ostel, et en la ville à ses affaires va entendre. Et bon clerc incontinent sault à sa garde, et, le plus longuement que luy et sa dame bien oserent, n'espargnerent pas les membres qui en terre pourriront; et ne firent jamais plus grant feste, depuis que l'adventure fut advenue de la façon subtille que bon mary abuseroient. Assez et longue espace durant le joly passetemps de ceulx qui tant bien s'entraymoient. Et, se aucunes fois le bon mary alloit dehors, il n'avoit garde d'emmener son clerc; plustost eust emprunté ung serviteur à ses voisins, que l'aultre n'eust gardé l'ostel; et, se la dame avoit congié d'aller en aucun pellerinage, plustost alast sans chamberiere, que sans le très gracieux clerc. Et faictes vostre compte : jamais clerc vanter ne se peut d'avoir eu meilleur adventure, qui point ne vint à congnoissance, voire au moins que je saiche, à celuy qui bien s'en feust desesperé, s'il en eust sceu le demaine[4].

---

[1] Convient; du bas latin *duere*, plutôt que du latin *decere*.

[2] Pour *voyez*.

[3] Gai, allègre. Les étymologistes, comme nous l'avons dit, tirent ce mot de *lætus*; ne peut-on pas le faire venir plutôt de *Lyæus*, surnom de Bacchus.

[4] La manière, la menée.

LA XIIIIe NOUVELLE

PAR MONSEIGNEUR DE CREQUY

La grande et large marche[1] de Bourgoigne n'est pas si despourveue de plusieurs adventures dignes de memoire et d'escripre, que, à fournir les histoires qui à present courent, n'en puisse et doive faire sa part en renc des aultres. Je ne ose avant mettre ne en bruit ce que nagueres y advint assez près d'ung gros et bon villaige seant sur la riviere d'Ousche. Là avoit, et encores a une montaigne où ung hermite, tel que Dieu scait, faisoit sa residence, lequel soubz umbre du doulx manteau d'ypochrisie faisoit des choses merveilleuses, qui pas ne vindrent à congnoissance en la voix publique du peuple, jusques ad ce que Dieu plus ne voulut son très damnable abus permettre ne souffrir. Ce sainct hermite, qui de son coup à la mort se tiroit, n'estoit pas moins luxurieux, ne malicieux, que seroit ung vieil cinge; mais la maniere du conduire estoit si subtille, qu'il fault dire qu'elle passoit les autres cautelles[2] communes. Vecy qu'il fist. Il regarda, entre les aultres femmes et belles filles, la plus digne de estre aymée et desirée : si se pensa que ce estoit la fille à une simple femme vefve, très devote et bien aulmoniere; et va conclure en soy-mesmes que, se son sens ne luy fault, il en chevira[3] bien. Ung soir, environ la mynuyt, qu'il faisoit fort et rude temps, il descendit de sa montaigne, et vint à ce villaige, et tant passa de voyes et sentiers, que, à l'environ de la mere et la fille, sans estre oyseux, se trouva. L'ostel n'estoit pas si grant, ne si peu de luy hanté tout en devocion, qu'il ne sceust bien les engins[4]. Si va faire ung pertuis en une paroy non gueres espesse, à l'endroit de laquelle estoit le lit de ceste simple femme vefve; et prent un long bas-

---

[1] Frontière; du bas latin, *marchia*. Nous avons conservé le composé : *démarcation*.
[2] Ruses, finesses; du latin *cautela*.
[3] Il en fera son butin; il en jouira.
[4] Les êtres de la maison.

ton percé et creux, dont il estoit hourdé ¹, et, sans la vefve esveiller, auprès de son oreille le mist, et dist en assez basse voix, par trois fois : « Escoute-moy, femme de Dieu; je suis ung ange du Createur, qui devers toy m'envoye te annoncier et commander que, pour les haultz biens qu'il a voulu en toy entrer, qu'il veult, par ung hoir de ta chair, c'est assavoir ta fille, l'Eglise son espouse reunir, refformer et en son estat deu remettre. Et vecy la façon : Tu t'en yras en la montaigne devers le sainct hermite, et ta fille luy meneras, et bien au long luy compteras ce qu'à present Dieu par moy te mande. Il congnoistra ta fille, et de eulx viendra ung filz esleu de Dieu et destiné au sainct Siege de Romme, qui tant de biens fera, que à sainct Pierre et à sainct Pol l'on le pourra bien comparer. A tant m'en voys. Obeys à Dieu! » La simple femme vefve, très esbahye, surprinse aussi et à demy ravye, cuida vrayement, et de fait, que Dieu luy envoyast ce messaiger. Si dist bien en soy-mesmes qu'elle ne desobeira pas; et puis, la bonne femme se rendort une grande piece après, non pas trop fermement, attendant et beaucoup desirant le jour. Et entretant, le bon hermite prend le chemin devers son hermitaige en la montaigne. Ce très desiré jour tantost se monstra et fut par les raiz du soleil, maulgré les verrieres des fenestres, à coup descendu emmy ² la chambre de ladicte vefve; et la mere et la fille se leverent à très grant haste. Quant elles furent prestes et sur piez mises, et leur peu de mesnage mis à point, la bonne mere si demande à sa fille s'elle avoit rien ouy en ceste nuyt? Et la fille luy respond : « Certes, mere, nenny. — Ce n'est pas à toy, dist-elle aussi, que de prinssault ³ ce doulx messaige s'adresse, combien qu'il te touche beaucoup. » Lors luy va dire et racompter tout au long l'angelicque nouvelle, que en ceste nuyt Dieu luy manda; demande aussi qu'elle en veult dire. La bonne fille, comme sa mere simple et devote, respond : « Dieu soit loué! Tout ce qu'il vous plaist, ma mere, soit fait! — C'est très bien dit, respond la mere. Or nous en allons en la montaigne, à la semonce du bon ange, devers le sainct preudhomme. » Le bon hermite, faisant le guet quant la deceue femme sa simple fille ameneroit, la voit venir. Si laisse son huys entreouvert, et en priere se va mettre emmy sa chambre, affin qu'en devotion feust trouvé. Et comme il desiroit il advint, car la bonne femme et sa fille aussi, voyans l'huys entreouvert, sans demander quoy ne comment,

---

¹ Pourvu, chargé.
² Parmi, au milieu de.
³ Pour *de prime-saut*.

dedans entrerent. Et comme elles aperceurent l'hermite en contemplacion, comme s'il feust Dieu, l'honnourerent. L'hermite, à voix humble, en cachant les yeulx et vers la terre enclinez, dist : « Dieu salve [1] la compaignie! » Et la povre vieillote, desirant qu'il sceut la chose qui l'amenoit, le tira à part et luy va dire, de chief en bout, tout le fait, qu'il scavoit trop mieulx qu'elle. Et comme en grande reverence faisoit son rapport, le bon hermite gettoit les yeulx en hault, joignoit les mains au ciel; et la bonne vieille plouroit, tant avoit de joye et de pitié. Et la povre fille aussi plouroit, quant elle veoit ce bon et sainct hermite en si grande devocion prier et ne scavoit pourquoy. Quant ce rapport fut tout au long achevé, dont la vieillote attendoit la response, celuy qui la doit faire ne se haste pas. Au fort, certaine piece après, quant il parla, ce fut en disant : « Dieu soit loué! Mais, m'amie, dist-il, vous semble-il, à la verité, et à vostre entendement, que ce que droit cy vous me dictes ne soit point fantasie ou illusion, que vous enjuge [2] le cueur? Saichez que la chose est grande. — Certainement, beau pere, j'entendis la voix, qui ceste joyeuse nouvelle me aporta, aussi plainement que je fais vous, et creez [3] que je ne dormoie pas. — Or bien, dist-il, non pas que je vueille contredire au vouloir de mon Createur, se me semble-il bon que vous et moy dormirons encores sur ce fait, et, si vous appert [4] de rechief, vous reviendrez icy vers moy, et Dieu nous donnera bon conseil et advis. On ne doit pas trop legierement croire, ma bonne mere; le Dyable, qui est aucunesfois envieux d'aultruy, treuve tant de cautelles, et se transforme en ange de lumiere. Creez, creez, ma mere, que ce n'est pas peu de chose de ce fait cy; et, se je y metz ung peu de reffus, ce n'est pas merveilles : n'ay-je pas à Dieu voué chasteté? Et vous m'apportez la rompeure [5] de par luy! Retournez en vostre maison, et priez Dieu, et au surplus demain nous verrons que ce sera, et à Dieu soyez! » Après ung grant tas de agyos [6], se part la compaignie, de l'hermite, et vindrent à l'ostel, tout devisant. Pour abregier, nostre hermite, à l'heure accoustumée et deue, fourny du baston creux, en lieu de potence [7], revient à l'oreille de la simple femme, disant les propres motz, ou en substance, de la nuyt prece-

---

[1] Pour *sauve*. Peut-être faut-il lire *salue*.
[2] Inspire.
[3] Pour *croyez*.
[4] Si l'ange vous apparaît.
[5] Rupture du vœu de chasteté.
[6] Actions de grâce, prières. C'est le mot grec francisé.
[7] Béquille.

dente; et ce fait, incontinent, sans aultre chose faire, retourne à son hermitaige. La bonne femme, emprinse [1] de joye, cuydant Dieu tenir par les piez, se lieve de haulte heure, et à sa fille racompte toutes ces nouvelles sans doubte, et confermant la vision de l'aultre nuyt passée. « Il n'est que d'abregier : Or allons devers le sainct homme! » Elles s'en vont, et il les regarde approucher; si va prendre son breviaire, faisant de l'ypocrite. Et pensez que il le faisoit en grant devocion, Dieu le scait. Et puis, après son service, print à recommencer, et en cest estat, devant l'huys de sa maisonnette, se fait des bonnes femmes saluer. Et pensez que se la vieille luy fist hyer ung grant prologue de sa vision, celuy de maintenant n'est de riens moindre : dont le preudhomme se signe du signe de la croix, faisant grans admiracions à merveilles, disant : « Mon Dieu, mon createur, qu'est cecy? Fais de moy tout ce qu'il te plaist, combien que, se n'estoit ta large grace, je ne suis pas digne d'escouter ung si grant oeuvre! — Or regardez, beau pere, dist alors la bonne femme abusée et follement deceue, vous voyez bien que c'est à certes [2], quant de rechief s'est apparu l'ange vers moy. — En verité, m'amie, ceste matiere est si haulte et si très difficile et non accoustumée, que je n'en scauroye bailler que doubteuse response; non mie [3], affin que vous entendez seurement que, en attendant la tierce apparicion, je veuille que vous tentez Dieu. Mais on dit de coustume : *A la tierce foys va la luyte* [4]. Si vous prie et requiers que encores se puisse passer ceste nuyt sans aultre chose faire, attendant sur ce fait la grace de Dieu; et se, par sa grande misericorde, il luy plaise nous demonstrer anuyt comme les aultres nuytz precedentes, nous ferons tant, qu'il en sera loué. » Ce ne fut pas du bon gré de la simple vieille qu'on tardast tant d'obeyr à Dieu, mais, au fort, l'hermite est creu comme le plus saige. Comme elle fut couchée, ou parfond des nouvelles qui en teste luy viennent, l'ypocrite pervers, de sa montaigne descendu, luy met son baston creux à l'oreille, ainsi comme il avoit de coustume, en luy commandant de par Dieu, comme son ange, une fois pour toutes, qu'elle maine sa fille à l'hermite pour la cause que dit est. Elle n'oublia pas, tantost qu'il fut jour, ceste charge, car, après les graces à Dieu de par elle et sa fille

---

[1] Saisie.
[2] Pour tout de bon.
[3] Non pas.
[4] Pour *lute*, enduit ou ciment qui sert à luter un vase. Expression proverbiale qui signifie qu'un vase doit être luté trois fois pour être bien bouché.

rendues, se mettent au chemin par devers l'hermitaige, où l'hermite leur vint au devant, qui de Dieu les salue et begnie. Et la bonne mere, trop plus que nulle aultre joyeuse, ne luy cela gueres sa nouvelle apparicion : dont l'hermite, qui par la main la tient, en sa chappelle la convoye [1], et la fille aussi va après. Et leans font leurs très devotes oraisons à Dieu le tout puissant, qui ce très hault mystere leur a daigné demonstrer. Après ung peu de sermon que fist l'hermite touchant songes, visions, apparicions et revelacions, qui souvent aux gens adviennent, et il chust en propos de touchier leur matiere, pour laquelle estoient assemblez. Et pensez que l'hermite les prescha bien et en bonne devocion, Dieu le scait. « Puis que Dieu veult et commande que je face lignée papale, et le daigne reveler non par une fois ou deux seulement, mais là tierce d'abondance [2], il faut dire, croire et conclure que c'est ung hault bien, qui de ce fait s'en ensuyvera. Si m'est advis que mieulx on ne peut faire que d'abregier l'execucion, en lieu de ce que trop j'ay differé de bailler foy à la saincte apparicion. — Vous dictes bien, beau pere. Comment vous plaist-il faire ? respond la vieille. — Vous laisserez ceans, dist l'hermite, vostre belle fille, et elle et moy en oraisons nous mettrons, et au surplus ferons ce que Dieu nous aprendra. » La bonne femme vefve en fut contente, et aussi fut sa fille, pour obeyr. Quant nostre hermite se treuve à part avecques la belle fille, comme s'il la voulsist rebaptiser, toute nue la fait despouiller; et pensez que l'hermite ne demoura pas vestu. Qu'en vauldroit le long compte ? Il la tint tant et si longuement avecques luy, en lieu d'aultre clerc, tant alla aussi et vint à l'ostel d'elle, pour la doubte [3] des gens, et aussi pour honte qu'elle n'osoit partir de la maison, car bientost après le ventre si luy commença à bourser [4] : dont elle fut si joyeuse qu'on ne vous le scauroit dire. Mais, se la fille s'esjouyssoit de sa portée [5], la mere d'elle en avoit à cent doubles joyes; et le mauldit bigot faignoit aussi s'en esjouyr, mais il en enrageoit tout vif. Ceste povre mere abusée, cuidant de vray que sa fille deust faire ung très beau filz, pour le temps advenir, de Dieu esleu pape de Romme, ne se peult tenir qu'à sa plus privée voisine ne le comptast; qui aussi esbahye en fut, comme se cornes luy venoient,

[1] L'accompagne, la conduit.
[2] De surplus, en outre.
[3] Crainte.
[4] Boursouffler, enfler.
[5] Grossesse, ventrée.

non pas toutesfois qu'elle ne se doubtast de tromperie. Elle ne cela pas longuement aux autres voisins et voisines comment la fille d'une telle estoit grosse, par les oeuvres du sainct hermite, d'ung filz qui doit estre pape de Romme. « Et ce que j'en scay, dist-elle, la mere d'elle le m'a dit, à qui Dieu l'a voulu reveler. » Ceste nouvelle fut tantost espandue par les villes voisines. Et, en ce temps pendant, la fille s'accoucha, qui à la bonne heure d'une belle fille se delivra : dont elle fut esmerveillée et courroucée, et sa très simple fille, et les voisines aussi, qui attendoient vraiement le saint Pere advenir recevoir. La nouvelle de ce cas ne fut pas moins tost sceue que celle precedente ; et, entre aultres, l'hermite en fut des premiers advertis : qui tantost s'en fouyt en ung autre pays, ne scay quel, une autre femme ou fille decepvoir, ou, ès desers d'Egipte, de cueur contrit, la penitence de son pechié satisfaire. Quoy que soit ou fut, la povre fille en fut deshonnorée, dont ce fut grant dommaige, car belle, bonne et gente estoit.

LA XVe NOUVELLE

PAR MONSEIGNEUR DE LA ROCHE

Au gentil pays de Braibant [1], près d'ung monastere de blancs moynes [2], est situé ung aultre monastere de nonnains, qui très devotes et charitables sont, dont l'histoire tait le nom et la marche [3] particuliere. Ces deux maisons, comme on dit de coustume, estoient voisines, la grange et les bateurs ; car, Dieu mercy, la charité de la maison aux nonnains estoit si très grande, que peu de gens estoient escondis [4] de l'amoureuse distribucion, voire se dignes estoient d'icelle recepvoir. Pour venir ou fait de ceste histoire, ou cloistre des blancs moines, avoit ung jeune et beau religieux, qui fut amoureux d'une des non-

[1] Dans la première édition, il y a *Breban*, prononcé à la flamande.
[2] On appelait *moines blancs* les Chartreux qui sont entièrement vêtus de blanc, et quelquefois aussi les Dominicains qui portent une robe de laine blanche avec un scapulaire noir par-dessus.
[3] Règle.
[4] Pour *éconduits*.

nains; et, de fait, eust bien le couraige, après les prémisses ¹, de luy demander à faire pour l'amour de Dieu. Et la nonnain, qui bien congnoissoit ses oustilz, jà soit qu'elle fust bien courtoise, luy bailla dure et aspre response. Il ne fut pas pourtant enchassé, mais tant continua sa très humble requeste, que force fut à la très belle nonnain, ou de perdre le bruit de sa très large courtoisie, ou d'accorder au moyne ce qu'elle avoit à plusieurs, sans gueres prier, accordé. Si luy va dire : « En verité, vous poursuyvez et faictes grant diligence d'obtenir ce que à droit ne scauriez fournir ; et pensez-vous que je ne saiche bien, par ouyr dire, quelz oustilz vous portez? Creez que si fais; il n'y a pas pour dire grand mercy ² ! — Je ne scay, moy, qu'on vous a dit, respond le moyne, mais je ne doubte point que vous ne soyez bien contente de moy, et que ne vous monstre que je suis homme comme ung aultre. — Homme, dit-elle, cela croy-je assez bien, mais vostre chose est tant petit, comme l'on dit, que, se vous l'apportez en quelque lieu, à peu s'on s'aperçoit qu'il y est. — Il va bien aultrement, dist le moyne, et, se j'estois en place, je feroye, et par vostre jugement, menteurs tous ceulx ou celles qui ceste renommée me donnent. » Au fort, après ce gracieux debat, la courtoise nonnain, affin d'estre quitte de l'ennuyante poursuyte que le moyne faisoit, affin aussi que elle saiche qu'il vault et qu'il scait faire, et aussi qu'elle n'oublie le mestier qui tant luy plaist, elle luy baille jour ³, à xij heures de nuyt, devers elle venir et heurter à sa traille ⁴; dont elle fut haultement merciée : « Toutesfois vous n'y entrerez pas, que je ne saiche, dist-elle, à la verité, quelz oustilz vous portez, et se je m'en scauroye ayder ou non? — Comme il vous plaira, » respond le moyne. A tant s'en va et laisse sa maistresse ; et vint tout droit devers frere Courard, l'ung de ses compaignons, qui estoit oustillé Dieu scait comment, et pour ceste cause avoit ung grant gouvernement ou cloistre des nonnains. Il luy compta son cas tout du long, comment il a prié une telle, la response et le reffus que elle fit, doubtant qu'il ne soit pas bien soulier à son pié ; et en la parfin, comment elle est contente qu'il entre vers elle, mais qu'elle sente et saiche premier ⁵ de quelle lance il vouldroit jouster contre son escu. « Or est ainsi, dist-il, que je suis mal

---

¹ Préliminaires, déclarations d'amour.
² C'est-à-dire : Il n'y a pas de quoi remercier la nature qui vous les a fournis.
³ Donne rendez-vous.
⁴ Treillis de fenêtre, grille de cellule.
⁵ D'abord, auparavant.

fourny d'une grosse lance telle que j'espoire et voy qu'elle desire d'estre rencontrée. Si vous emprie tant comme je puis, que anuyt vous venez avecques moy, à l'heure que je me dois vers elle rendre, et vous me ferez le plus grant plaisir que jamais homme fist à aultre. Je scay très bien qu'elle voudra, là moy venu, sentir et taster la lance, dont je attens à fournir mes armes ; et, en la fin, me fauldra ce faire : vous serez derriere moy, sans dire mot, et vous mettrez en ma place, et vostre gros bourdon en son poingt luy mettrez : elle ouvrera l'huys, je n'en doubte point, et puis, cela fait, vous vous en yrez et dedans j'entreray ; et puis, du surplus laissez-moy faire. » Frere Courard est en grant souley comment il pourra faire et complaire à son compaignon, mais toutesfois se meet à l'adventure, et tout ainsi que luy avoit dit, s'en va et luy accorde ce marchié. Et, à l'heure assignée, se met avec luy en chemin par devers la nonnain. Quant ilz sont à l'endroit de la fenestre, maistre moyne, plus eschauffé que ung estalon, de son baston ung coup heurta ; et la nonnain n'attendit pas l'autre heurt, mais ouvrist la fenestre et dist en basse voix : « Qui est-ce là ? — C'est moy, dist-il ; ouvrez tost l'huys, que on ne nous oye. — Ma foy, dist-elle, vous ne serez jà en mon livre enregistré, n'escript, que premierement ne passez à monstre [1], et que je ne saiche quel harnois vous portez. Approuchez-vous près et me monstrez que c'est. — Très voulentiers, » dist-il. Alors tire frere Courard, lequel s'avançoit pour faire son personnaige, qui en la main de ma dame la nonnain mist son bel et très puissant bourdon, qui gros, long et rond estoit. Et, tantost qu'elle le sentit, comme sa nature luy en baillast la congnoissance, elle dist : « Nenny, nenny, je congnois bien cestuy-cy, c'est le bourdon de frere Courard ; il n'y a nonnain ceans qui bien ne le congnoisse ; vous n'avez garde que j'en soye deceue, je le congnois trop. Allez querir vostre adventure ailleurs. » Et à tant sa fenestre referma, bien courroncée et mal contente, non pas sur frere Courard, mais sur l'aultre moyne, lesquelz, après ceste adventure, s'en retournerent vers leur ostel, tout devisant de ceste advenue.

[1] En revue. Les gens de guerre alors avaient leurs *monstres* ou revues.

LA XVIe NOUVELLE

PAR MONSEIGNEUR LE DUC

En la conté d'Artois nagueres vivoit ung gentil chevalier, riche et puissant, lyé par mariage avec une très belle dame et de hault lieu. Ces deux ensemble, par longue espace, passerent plusieurs jours paisiblement et doulcement. Et pource que alors le très puissant duc de Bourgoigne, conte d'Artois[1] et leur seigneur, estoit en paix avec tous les grans princes chrestiens, le chevalier, qui très devot estoit, delibera faire à Dieu sacrifice du corps qu'il luy avoit presté bel et puissant, assouvy[2] de taille, d'estre[3], autant et plus que personne de sa contrée, excepté que perdu avoit ung oeil en ung assault. Et pour faire son obligacion en lieu esleu et de luy desiré, après les congiez à ma dame sa femme prins et de plusieurs ses parens, s'en va devers les bons seigneurs de Prusse, vrais defenseurs de la très saincte foy chrestienne[4]. Tant fist et diligenta qu'en Prusse, après plusieurs adventures que je passe, sain et sauf se trouva, où il fist assez largement de grans proesses en armes, dont le grant bruit de sa vaillance fut tantost espandu en plusieurs marches[5], tant à la relacion de ceulx qui veu l'avoient, en leur pays retournez, que par lettres que les demeurez escripvoient à plusieurs qui très grant gré leur en scavoit. Or ne fault pas celer que ma dame, qui estoit demeurée, ne fut pas si rigoreuse qu'à la priere d'ung gentil escuier, qui d'amours la requist, elle ne feust tantost contente qu'il feust lieutenant de Monseigneur qui aux Sar-

---

[1] Ce doit être Philippe le Hardi, père de Jean-sans-Peur.
[2] Accompli.
[3] Apparence, extérieur.
[4] Il s'agit sans doute de la croisade de Jean-sans-Peur contre les Turcs, à la fin du quatorzième siècle. Le narrateur confond ici la Prusse avec la Hongrie, où les seigneurs bourguignons allèrent combattre contre le sultan Bajazet. Cette expédition chevaleresque, qui eut une fatale issue à la bataille de Nicopolis, en 1396, est admirablement racontée par Froissard.
[5] Pays. Il y a *marchies* ou *marchiés*, dans plusieurs éditions.

razins¹ se combatoit. Tandis que Monseigneur jeusne et fait penitence, ma dame fait bonne chiere avec l'escuier; le plus des fois² Monseigneur se disne et soupe de biscuit et de la belle fontaine, et ma dame a de tous les biens de Dieu si très largement que trop; Monseigneur, au mieulx venir³, se couche en la paillade⁴, et ma dame en ung très beau lit avec l'escuier se repose. Pour abregier, tandis que Monseigneur aux Sarrazins fait guerre, l'escuier à ma dame se combat, et si très bien s'y porte, que, se Monseigneur jamais ne retournoit, elle s'en passeroit très bien, et à peu de regret, voire qu'il ne face aultrement qu'il a commencé. Monseigneur voyant, la Dieu mercy, que l'effort des Sarrazins n'estoit pas si aspre que par cy devant a esté, sentant aussi que assez longue espace a laissé son ostel et sa très bonne femme qui moult le desire et regrete, comme par plusieurs de ses lettres elle luy a fait scavoir, dispose son partement, et, avec le peu de gens qu'il avoit, se mect en chemin. Et si bien exploita à l'ayde du grant desir qu'il a de soy trouver en sa maison, et ès bras de ma dame, qu'en peu de jours s'y trouva. Celuy à qui ceste haste plus touche que à nul de ses gens, est tousjours des premiers descouchiez⁵ et premier prest et le devant au chemin. Et, de fait, sa trop grande diligence le fait bien souvent chevauchier seul devant ses gens, aucune fois ung quart de lieue ou plus. Advint ung jour que Monseigneur, estant au giste, environ à six lieues de sa maison où il doit trouver ma dame, se leva bien matin et monta à cheval, que bien luy semble que son cheval le rendra à sa maison, avant que ma dame soit descouchée, qui riens de sa venue ne scait. Ainsi comme il le proposa il advint, et, comme il estoit en ce plaisant chemin, dist à ses gens : « Venez tout à vostre aise, et ne vous chaille⁶ jà de moy suyr⁷ ; je m'en iray tout mon beau train, pour trouver ma femme au lit. » Ses gens tout hodez⁸ et travaillez, et leurs chevaulx aussi, ne contredirent pas à Monseigneur, mais s'en viennent tout à leur aise après luy, sans eulx travailler aucune-

---

¹ On confondait tous les mahométans sous ce nom.
² Le plus souvent.
³ En attendant mieux.
⁴ Sur la paille.
⁵ Levés, debout.
⁶ Qu'il ne vous importe.
⁷ Suivre.
⁸ Las. Les étymologistes font venir ce mot du grec ὁδός, chemin; mais c'est une expression picarde, qui dérive de *hoed*, mesure de froment usitée autrefois dans les Flandres.

ment; mais pourtant si doubtoient-ilz[1] de mondit seigneur, lequel s'en alloit ainsi de nuyt tout seul et avoit si grant haste. Cil s'en va et fait tant, qu'il est en brief en la basse court de son ostel descendu, où il trouva ung varlet qui le desmonta de son cheval. Tout ainsi et housé[2] et esperonné, quant il fut descendu, s'en va tout droit, sans rencontrer personne, car encores matin estoit, devers sa chambre où ma dame encore dormoit, eu espoire faisoit ce qui tant a fait Monseigneur travailler[3]. Creez que l'huys n'estoit pas ouvert, à cause du lieutenant qui tout esbaby fut et ma dame aussi, quant Monseigneur heurta de son baston ung très lourt coup : « Qui est-ce là ? ce dist ma dame. — C'est moy, ce dist Monseigneur, ouvrez, ouvrez ! » Ma dame, qui tantost a cogneu Monseigneur à son parler, ne fut pas des plus asseurées ; neantmoins fait habiller incontinent son escuier, qui met peine de s'advancier le plus qu'il peut, pensant comment il pourra eschapper sans dangier. Ma dame, qui faint d'estre encores toute endormie et non recongnoistre Monseigneur, après le second heurt qu'il fait à l'huys, demande encores : « Qui est-ce là ? — C'est vostre mary, dame, ouvrez bien tost, ouvrez ! — Mon mary ? dist-elle. Helas ! il est bien loing de cy ; Dieu le ramaine à joie et brief ! — Par ma foy, dame, je suis vostre mary ; et ne me congnoissez-vous au parler ? Si tost que je vous ay ouy respondre, je congneuz bien que c'estiez vous. — Quant il viendra, je le scauray beaucoup devant, pour le recepvoir ainsi comme je dois, et aussi, pour mander messeigneurs ses parens et amis pour le festoier et convoier à sa bien venue. Allez, allez, et me laissez dormir ! — Saint Jehan, je vous en garderay bien ! ce dist Monseigneur. Il fault que vous ouvrez l'huys ; et ne voulez-vous congnoistre vostre mary ? » Alors l'appelle par son nom. Et elle, qui voit que son amy est jà tout prest, le fait mettre derriere l'huys. Et puis, va dire à Monseigneur : « Estes-vous ce ? Pour Dieu ! pardonnez-moy, et estes-vous en bon point ? — Ouy, Dieu mercy ; ce dist Monseigneur. — Or loué en soit Dieu ! ce dist ma dame, je viens incontinant vers vous et vous mettray dedans ; mais que je soye un peu habillée et que j'aye de la chandelle. — Tout à vostre aise, ce dist Monseigneur. — En verité, ce dist ma dame, tout à ce coup que vous avez heurté, Monseigneur, j'estoye bien empeschée d'ung songe qui est de vous. — Et quel est-il, m'a-

---

[1] Craignaient pour, étaient inquiets de.
[2] Botté, avec ses *houzeaux*.
[3] C'est-à-dire : faisait peut-être ce que son mari était lui-même impatient de faire.

mye? — Par ma foy! Monseigneur, il me sembloit à bon escient que vous estiez revenu, que vous parliez à moy, et si voyez tout aussi cler d'ung oeil comme de l'aultre. — Pleust ores à Dieu! ce dist Monseigneur. — Nostre Dame! ce dist ma dame, je croy que aussi faictes-vous [1]? — Par ma foy, ce dist Monseigneur, vous estes bien beste; et comment ce pourroit-il faire? — Je tiens, moy, dist-elle, qu'il est ainsy. — Il n'en est riens, non, dist Monseigneur. Estes-vous bien si fole de le penser? — Dea, Monseigneur, dist-elle, ne me creez jamais s'il n'est ainsi; et, pour la paix de mon cueur, je vous requier que nous l'esprouvons. » Et à ce coup, elle ouvra[2] l'huys, tenant la chandelle ardant en sa main. Et Monseigneur, qui est content de ceste espreuve, s'y accorde par les parolles de sa femme; et ainsi le povre homme endura bien, que ma dame luy bouchast son oeil d'une main; et de l'aultre, elle tenoit la chandelle devant l'oeil de Monseigneur, qui crevé estoit; et puis luy demanda : « Monseigneur, ne veez-vous pas bien, par vostre foy? — Par mon serment, non! » ce dist Monseigneur. Et entretant que ces devises se faisoient, le lieutenant de mondit seigneur sault de la chambre, sans qu'il fut apperceu de luy. « Or attendez, Monseigneur, ce dist-elle. Et maintenant vous me voiez bien? Ne faites pas? — Par Dieu! m'amye, nenny, respond Monseigneur. Comment vous verroye-je? Vous avez bouchié mon dextre oeil, et l'aultre est crevé, passé plus de dix ans! — Alors, dist-elle, or voy-je bien que c'estoit songe voyrement qui ce rapport me fist; mais, quoy que soit, Dieu soit loué et gracié, que vous estes cy! — Ainsi soit-il! » ce dit Monseigneur. Et à tant s'entracollèrent et baiserent par plusieurs fois, et firent grant feste. Et n'oublia pas Monseigneur à compter comment il avoit laissé ses gens derriere, et que, pour la trouver au lit, il avoit fait telle diligence : « Et vrayement, dist ma dame, encores estes-vous bon mary! » Et à tant vindrent femmes et serviteurs qui bienveignerent[3] Monseigneur, et le deshouserent, et de tous points deshabillerent. Et ce fait, se bouta ou lit avec ma dame, qui le repeust du demourant de l'escuier, qui s'en va son chemin, lye et joyeux d'estre ainsi eschappé. Comme vous avez ouy, fut le chevalier trompé, et n'ay point sceu, combien que plusieurs gens depuis le sceurent, qu'il en fut jamais adverty.

---

[1] C'est-à-dire : que vous avez réellement recouvré la vue.
[2] Pour *ouvrit*.
[3] Donnèrent la bienvenue. Dans les éditions gothiques, il y a : *bien ungnerent*.

LA XVIIe NOUVELLE

PAR MONSEIGNEUR LE DUC

N'A gueres qu'à Paris presidoit en la chambre des Comptes ung grant clerc, chevalier, assez sur aage; mais très joyeux et très plaisant estoit, tant en sa maniere d'estre, comme en devises, où qu'il les adreçast, feust aux hommes ou aux femmes. Ce bon seigneur avoit femme espousée desja ancienne et maladive, dont il avoit belle lignie[1]. Et entre les aultres damoiselles, chamberieres et servantes de son ostel, celle où Nature avoit mis son entente de la faire très belle, estoit meschine[2], faisante le mesnage commun, comme les litz, le pain, et autres telz affaires.

Monseigneur, qui ne jeusnoit jour de l'amoureux mestier, tant qu'il trouvast rencontre, ne cela gueres à la belle meschine le grant bien qu'il luy veult, et luy va faire ung grant prologue des amoureulx assaultz, que incessamment amours pour elle luy envoye; continue aussi ce propos, luy promettant tous les biens du monde, monstrant comment il est bien en luy de luy faire, tant en telle maniere, et tant en telle, et tant en telle. Et qui uyoit le chevalier, jamais tant d'heur n'advint à la meschine que de luy accorder son amour. La belle meschine, bonne et saige, ne fust pas si beste que aux gracieux motz de son maistre baillast response en riens à son advantaige, mais se excusa si gracieusement que Monseigneur en son courage[3] très bien l'en prisa, combien qu'il aymast mieulx qu'elle tinst aultre chemin. Motz rigoureux vindrent en jeu par la bouche de Monseigneur, quant il apperceust que par doulceur ne feroit rien; mais la très bonne fille, aymant plus chier mourir que perdre son honneur, ne s'en effroia gueres, ains asseurement respondit : « Die et face ce qu'il luy plaist,

---

[1] Pour *lignée*.
[2] Servante, du bas latin *mischina* ou *meskina*; de là dérive l'adjectif *mesquin, mesquine*.
[3] En son cœur, en son for intérieur.

mais, jour qu'elle vive, de plus près ne luy sera. » Monseigneur, qui la voit aheurtée en ceste opinion, après ung gracieux adieu, laissa, ne scay quants jours[1], ce gracieux pourchas, de bouche seullement, mais regars et aultres petis signes ne luy coustoient gueres, qui trop estoient à la fille ennuyeux. Et s'elle ne doubtast mettre male paix[2] entre Monseigneur et ma dame, elle ne lui celeroit guere la desloyauté de son seigneur; mais, au fort, elle conclud le desceler tout le plus tard qu'elle pourra. La devocion que Monseigneur avoit aux saincts de sa meschine, de jour en jour croissoit, et ne luy souffisoit pas de l'aymer et servir en cueur seulement, mais d'oraison, comme il a fait cy devant, la veult arriere resservir. Si vient à elle et de plus belle recommença sa harengue en la façon que dessus, laquelle il confermoit[3] par cent mille sermens et autant de promesses. Pour abregier, riens ne lui vault, et ne peust obtenir ung seul mot et encores moins de semblans qu'elle luy baille quelque peu d'espoir de jamais parvenir à ses attaintes. Et, en ce point, se partit, mais il n'oublia pas de dire que, s'il la rencontre en quelque lieu marchant[4], qu'elle l'obeyra ou elle fera pis. La meschine gueres ne s'en effroia, et, sans plus y penser, va besoigner en la cuisine ou aultre part. Ne scay quants jours après, ung lundi matin, la belle meschine, pour faire des pastez, buletoit de la farine. Or devez-vous scavoir que la chambre où se faisoit ce mestier n'estoit pas loing de la chambre de Monseigneur, et qu'il oyoit très bien le bruit et la noyse[5] qui s'y faisoit; et encores scavoit aussi très bien que c'estoit sa meschine qui du tamis jouoit. Si s'avisa qu'elle n'auroit pas seule ceste peine, mais luy viendra ayder, voire et fera au surplus ce qu'il luy a bien promis, car jamais mieulx ne la pourroit trouver. Dist aussy en soy-mesmes : « Quelques reffus que de la bouche elle m'ait fait, si en cheviray-je bien[6] se je la puis à gré tenir. » Il regarda que bien matin estoit et que ma dame n'estoit pas esveillée, dont il fut bien joyeux, et, affin qu'il ne l'esveille, il sault tout doulcement hors de son lit, à-tout son couvrechief, et prent sa robe longue et ses botines; et descend de sa chambre si celeement, qu'il fut dedans la chambrette où la meschine dormoit, sans qu'elle oncques en sceut riens jusques à tant qu'elle le vit tout dedans. Qui

[1] Je ne sais pendant combien de jours.
[2] Si elle n'eût craint de mettre la discorde.
[3] Pour *confirmait*.
[4] Propice.
[5] Remue-ménage; du latin *noxia*, bruit des noix qu'on remue.
[6] Cependant en viendrai-je bien à bout, à *chef*.

fut bien esbahye, ce fut la povre chamberiere, qui à peu trembloit, tant estoit effrée[1], doubtant que Monseigneur ne luy ostast ce que jamais rendre ne luy scauroit. Monseigneur, qui la voit effrée, sans plus parler, luy baille ung fier assault, et tant fist en peu d'heure, qu'il avoit la place emportée, s'il n'eust esté content de parlamenter. Si luy va dire la fille : « Helas! Monseigneur, je vous crye mercy, je me rens à vous; ma vie et mon honneur sont en vostre main, ayez pitié de moy! — Je ne scay quel honneur? dit Monseigneur, qui très eschauffé et esprins estoit. Vous passerez par là! » Et, à ce mot, recommence l'assault plus fier que devant. La fille, voyant que eschapper ne pouvoit, s'advisa d'ung bon tour et dist : « Monseigneur, j'ayme mieulx vous rendre ma place par amour que par force; donnez fin, s'il vous plaist, aux durs assaultz que me livrez, et je feray tout ce qu'il vous plaira. — J'en suis content, dist Monseigneur, mais creez que aultrement vous n'eschapperez. — D'une chose, je vous requier, dist lors la fille : Monseigneur, je doubte beaucoup que ma dame ne vous oye; et, se elle venoit d'aventure, et droict cy vous trouvast, je seroye femme perdue et deshonnourée, car elle me feroit du moins battre ou tuer. — Elle n'a garde de venir, non, dit Monseigneur; elle dort au plus fort. — Helas! Monseigneur, je doubte tant, que je n'en scay estre asseurée; si vous prie et requier, pour la paix de mon cueur et plus grande seureté de nostre besoigne, que vous me laissez aller veoir s'elle dort ou qu'elle fait? — Nostre Dame! tu ne retournerois pas? dist Monseigneur. — Si feray, dist-elle, par mon serment, trestout tantost. — Or je le vueil! dist-il. Advance-toy[2]! — Ha! Monseigneur, dist-elle, se vous vouliez bien faire, vous prendriez ce tamis et besoigneriez comme je faisoie, affin, d'aventure, se ma dame estoit esveillée, qu'elle oye la noyse que j'ay devant le jour encommencée? — Or, monstre ça : je feray bon devoir, et ne demeure gueres. — Nenny, non, Monseigneur. Tenez aussi ce buleteau sur vostre teste : vous semblerez tout à bon escient estre une femme. — Or ça, de par Dieu! » dist-il. Il fut affublé de ce buleteau, et puis commence à tamiser, tant que c'estoit belle chose que tant bien luy seoit. Et entretant la bonne chamberiere monta en la chambre et esveilla ma dame, et luy compta comment Monseigneur par cy devant d'amours l'avoit priée, qu'il l'avoit assaillie à ceste heure où elle tamisoit : « Et s'il vous plaist venir veoir comment j'en suis eschappée et en quel

---

[1] Pour *effrayée*.
[2] Dépêche-toi.

point il est, venez en bas, vous le verrez? » Ma dame tout à coup se lieve, et prent sa robe de nuyt; et fust tantost devant l'huys de la chambre où Monseigneur diligemment tamisoit. Et quant elle le voit en cest estat, et affublé du buleteau, elle luy va dire : « Ha! maistre, et qu'est cecy? Où sont voz lettres, voz grans honneurs, voz sciences et discrecions[1]? » Et Monseigneur, qui l'ouyt et deceu se voit, respondit tout subitement : « Au bout de mon v... dame, là ay-je tout amassé aujourd'huy. » Lors, très marry et courroucé, sur la meschine, se desarma de l'estamine et du buleteau, et en sa chambre remonte; et ma dame le suyt, qui son preschement recommence, dont Monseigneur ne tient gueres de compte. Quant il fut prest, il manda sa mule, et au palais s'en va, où il compta son adventure à plusieurs gens de bien, qui s'en rirent bien fort. Et me dit-on depuis, quelque courroux que le seigneur eust de prinsault à sa meschine, si l'ayda-il depuis, de sa parolle et de sa chevance[2] à marier.

LA XVIIIe NOUVELLE

PAR MONSEIGNEUR DE LA ROCHE

UNG gentilhomme de Bourgoigne, nagueres, pour aucuns de ses affaires, s'en alla à Paris, et se logea en ung très bon ostel : car telle estoit sa coustume de tousjours querir les meilleurs logis. Il n'eust gueres esté en son logis, luy qui bien congnoissoit mouche en lait, qu'il n'aperceut tantost que la chamberiere de leans estoit femme qui debvoit faire pour les gens[3]. Si ne luy cela gueres ce qu'il avoit sur le cueur, et, sans aller de deux en trois, il demanda l'aumosne amoureuse. Il fut de prinsault bien rechassé des meures[4] : « Voire,

[1] Vertus. On disait, en parlant d'un homme ou d'une femme de condition : *sage et discrète personne*.
[2] Fortune, patrimoine; du bas latin *chevancia*.
[3] C'est-à-dire : qui devait être humaine pour les galants.
[4] Expression proverbiale signifiant sans doute : « Repoussé comme par les épines d'une haie où l'on veut cueillir des mûres. »

dist-elle, est-ce à moy que vous devez adresser telles parolles? Je vueil bien que vous sachiez que je ne suis pas celle qui fera tel blasme à l'ostel où je demeure. » Et pour abreger, qui l'oyoit, elle ne le feroit pour aussi gros d'or. Le gentil homme tantost congneust que toutes ses excusations estoient erres [1] pour besoigner; si luy va dire. « M'amye, se j'eusse temps et lieu, je vous diroye telle chose que vous seriez bien contente; et ne doubtez point que ce ne feust grandement vostre bien, m'amye, pource que devant les gens ne vous vueil gueres araisonner [2], affin que ne soyez de moy souspeconné. Croyez mon homme [3] de ce que par moy vous dira; et se ainsi le faictes, vous en vauldrez mieulx. — Je n'ay, dist-elle, n'à vous n'à luy, que deviser! » Et, sur ce point, s'en va, et nostre gentil homme appela son varlet, qui estoit ung galant tout esveillé; puis luy compta son cas et le charge de poursuyr [4] sa besoigne sans espargner bourdes. Le varlet, duyt [5] à cela, dist qu'il fera bien son personnage. Il ne l'oublia pas, car, au plus tost qu'il la trouva, pensez qu'il joua bien du bec. Et se elle n'eust esté de Paris, et plus subtille que foison d'aultres, son gracieux langaige et les promesses qu'il faisoit pour son maistre l'eussent tout en haste abbatue. Mais aultrement alla, car, après plusieurs parolles et devises d'entre elle et luy, elle luy dist ung mot trenché [6] : « Je scay bien que vostre maistre veult, mais il n'y touchera jà, se je n'ay dix escus. » Le varlet fist son rapport à son maistre, qui n'estoit pas si large, voire au moins en tel cas, que donner dix escus pour jouyr d'une telle damoiselle. « Quoy que soit, elle n'en fera aultre chose, dist le varlet; encores, y a-il bien maniere de venir en sa chambre, car il fault passer par celle à l'oste. Regardez que vous vouldriez faire? — Par la mort bieu! dist-il, mes dix escus me font bien mal, d'en ce point les laisser aller, mais j'ay si grant devocion au sainct et en ay fait tant de poursuyte, qu'il fault que je besoigne; au Dyable soit chicheté [7] ! elle les aura. — Pourtant vous dis-je, dist le varlet, voulez-vous que je luy die qu'elle les aura? — Ouy, de par le Dyable, ouy! » dit-il. Le varlet trouva la bonne fille et luy dist qu'elle aura ces dix escus, voire et encores mieulx cy après. « Trop bien! » dit-elle. Pour abregier, l'heure

---

[1] Voies, moyens.
[2] Parler, entretenir.
[3] C'est à-dire: son valet, son homme de confiance.
[4] Poursuivre,
[5] Propre, dressé. Nous avons gardé le composé, *induit*.
[6] Décisif, bien net.
[7] Avarice.

fut prinse que l'escuier doit venir coucher avec elle, mais, avant que oncques elle le voulsist guyder par la chambre de son maistre en la sienne, il baille tous les dix escus contant. Qui fut bien mal content, ce fut nostre homme, qui se pensa, en passant par la chambre et cheminant aux nopces qui trop chier à son gré luy coustoient, qu'il jouera d'ung tour. Ilz sont venus si doulcement en la chambrette, que maistre ne dame rien n'en sceurent. Si se vont despouiller [1], et dist nostre escuier, qu'il emploiera son argent, s'il peut. Il se met à l'ouvrage et fait merveilles d'armes, et espoire plus que bon ne luy fut. Tant en devises que aultrement se passerent tant d'heures, que le jour estoit voisin et prouchain à celuy, qui plus voulentiers eust dormy que nulle autre chose fait, mais la très bonne chamberiere luy va dire : « Or ça, sire, pour le très grant bien, honneur et courtoisie que j'ay ouy et veu de vous, j'ay esté contente mettre en vostre obeissance et jouyssance la chose en ce monde que plus dois chier tenir. Je vous prie et requier que incontinent vous vueillez apprester habillier et de cy partir, car il est desja haulte heure, et, se d'avanture mon maistre ou ma maistresse venoient cy, comme assez est leur coustume au matin, et vous trouvassent, je seroye perdue et gastée [2]; et vous espoire ne serez pas le mieulx party [3] du jeu. — Je ne scay, moy, dit l'escuier, quel bien ou quel mal : mais je me reposeray et si dormiray tout à mon aise et à mon beau loisir, avant que j'en parte. Et aussi je vueil employer mon argent. Pensez-vous avoir si tost gaigné mes dix escus? Ils ne vous coustent gueres à prendre, mais, par la mort bieu! affin que je n'aye point paour, et que point je ne me espante [4], vous me ferez compaignie, s'il vous plaist. — Ha, Monseigneur, dist-elle, il ne se peut ainsi faire, par mon serment! Il vous convient partir : il sera jour trestout en haste [5]; et, se on vous trouvoit icy, que seroit-ce de moy? J'aymeroye mieulx estre morte, que ainsi en advenist. Et, se vous ne vous advancez, ce que trop je doubte en adviendra! — Il ne me chault, moy, qu'il adviengne, dit l'escuier, mais je vous dis bien que, se ne me rendez mes dix escus, jà ne m'en partiray. Advienne ce que advenir peut. — Vos dix escus? dist-elle? Et estes-vous tel, se vous m'avez donné aucune courtoisie ou gracieuseté, que vous me le

[1] Déshabiller.
[2] Déshonorée.
[3] Partagé.
[4] Le verbe *s'espanter*, qui n'est pas une contraction d'*épouvanter*, signifiait *s'effarer*, perdre haleine et contenance. Nous avons conservé son composé : *pantois*.
[5] Tout à l'heure.

voulez après retollir¹ par ceste façon? Sur ma foy! vous monstrez mal que vous soyez gentil homme! — Tel que je suis, dist-il, je suis celuy qui de cy ne partiray, ne vous aussi, tant que me ayez rendu mes dix escus; vous les auriez gaignez trop aise! — Ha! dist-elle, si m'ayt Dieu! Quoy que vous disiez, je ne pense pas que vous soyez si mal gracieux, attendu le bien qui est en vous, et le plaisir que je vous ay fait, que feussiez si peu courtois que vous ne aydissiez à garder mon honneur! Et pour ce, de rechief, vous supplie que ma requeste passez et accordez, et que de cy vous partez? » L'escuier dist qu'il n'en fera rien. Et pour abregier, force fut à la bonne gentil femme, à tel regret que Dieu scait, de desbourser les dix escus, affin que l'escuyer s'en alast. Quant les dix escus refurent en la main dont ilz estoient partis, celle qui les rendit cuida bien enrager, tant estoit mal contente, et celuy, qui les a, leur fait grant chiere : « Or avant, dist la courroucée et desplaisante qui se voit ainsi gouvernée², quant vous vous estes bien joué et farcé de moy, au moins advancez vous, et vous suffise que vous seul congnoissez ma folie, et que, par vostre tarder³, elle ne soit congneue de ceulx qui me deshonnoreront, s'ilz en voient l'aparence. — A vostre honneur, dist l'escuier, point je ne touche. Gardez-le autant que vous l'aymez ; vous m'avez fait venir icy, et si vous somme que vous me rendez et remettez ou lieu dont je partis, car ce n'est pas mon intencion d'avoir les deux peines de venir et retourner. » La chamberiere, voyant que riens n'avoit eu, sinon le courroucer, voyant aussi que le jour commençoit à apparoir, avec tout le desplaisir et crainte que son ennuyé cueur portoit dudit escuier, se hourde⁴ de cest escuier et à son col le charge. Et comme, à-tout ce fardeau, le plus souef⁵ qu'elle oncques peust, le courtois gentil homme portoit, tenant lieu de bahu, sur le dos de celle qui sur son ventre l'avoit soustenu, laissa couler ung gros sonnet, dont le ton et le bruit firent l'oste esveiller; et demanda assez effrement⁶ : « Qui est là? — C'est vostre chamberiere, sire, dist l'escuier, qui me porte rendre où elle m'avoit emprunté. » A ces motz, la povre gentil femme n'eust plus cueur, puissance, ne vouloir de soustenir son desplaisant fardeau : si s'en va d'ung cousté, et l'escuier de l'autre. Et l'oste, qui bien con-

¹ Reprendre, *retollere*.
² Menée, traitée.
³ Retard à partir de là.
⁴ Se garnit le dos, se charge.
⁵ Doucement; du latin *suave*.
⁶ Avec effroi.

gnoissoit que c'est, et aussi, avecques ce, s'en doubtoit bien, parla très bien à l'espousée qui toute demoura deceue et scandalisée, et tost après se partit de leans. Et l'escuier, en Bourgoigne, s'en retourna, qui, aux galans et compaignons, de la sorte, joyeusement et souvent racompta son adventure dessusdicte.

LA XIXe NOUVELLE

PAR PHELIPPE VIGNIER

Ardant desir de veoir pays, congnoistre et scavoir plusieurs experiences qui par le monde universel de jour en jour adviennent, nagueres si fort eschauffa l'attrempé[1] cueur et vertueux couraige d'ung bon et riche marchant de Londres en Angleterre, qu'il abandonna sa très belle et bonne femme, sa belle maignie[2] d'enfans, parens, amys, heritaiges, et la plupart de sa chevance, et se partit de ce royaulme, assez bien fourny d'argent contant et de très grande abondance de marchandises, dont ledit pays de Angleterre peut d'aultres pays servir, comme d'estain, deris, et foison d'aultres choses, que pour cause de briefveté je passe. En ce premier voyage, vacqua le bon marchant l'espace de cinq ans, pendant lequel temps sa très bonne femme garda très bien son corps, fist son prouffit de plusieurs marchandises, et tant si très bien le fist, que son mary, au bout desditz cinq ans retourné, beaucoup la loua et plus que paravant ayma. Le cueur audit marchant, non encores content d'avoir veu et congneu plusieurs choses estranges et merveilleuses, comme d'avoir gaigné largement d'argent, le fist arriere sur la mer bouter, cinq ou six mois puis son retour, et s'en reva à l'adventure, en estrange[3] terre, tant de Chrestiens comme de Sarrasins; et ne demoura pas si peu, que les dix ans ne feussent passez, ains que sa femme le revist. Trop bien luy escrivoit et assez

---

[1] Modéré, doux.
[2] Famille, ménage; du bas latin *mainagium*.
[3] Étrangère.

souvent, et à celle fin qu'elle sceust qu'il estoit encores en vie. Elle, qui jeune estoit et en bon point, et qui faulte n'avoit de nulz biens de Dieu, fors seulement de la presence de son mary, fut contrainte, par son trop demeurer[1], de prendre ung lieutenant[2], qui en peu d'heure luy fist ung très beau filz. Ce filz fut nourry et conduit[3] avec les aultres, ses freres d'ung cousté; et, au retour du marchant, mary de sa mere, avoit ledit enfant environ sept ans. La feste fut grande, à ce retour, d'entre le mary et la femme; et, comme ils furent en joyeuses devises et plaisans propos, la bonne femme, à la semonce de son mary, fait venir devant eulx tous leurs enfans, sans oublier celuy qui fut gaignié en l'absence de celuy qui en avoit le nom. Le bon marchant, voyant la belle compaignie de ses enfans, recordant très bien du nombre d'eulx à son partement, le voit creu d'ung : dont il est esbahy et moult esmerveillé. Si va demander à sa femme, qui estoit ce beau filz, le derrenier ou renc de leurs enfans : « Qui il est? dist-elle. Par ma foy ! sire, il est nostre filz; et qui seroit-il ? — Je ne scay, dist-il, mais, pour ce que plus ne l'avoye veu, avez-vous merveille se je le demande ? — Saint Jehan ! nenny, dist-elle, mais il est nostre filz. — Et comment se peut-il faire, dist le mary, vous n'estiez pas grosse à mon partement ? — Non, vraiement, dist-elle, que je sceusse, mais je vous ose bien dire à la verité que l'enfant est vostre et que aultre que vous à moy n'a touchié. — Je ne le dis pas aussi, dist-il; mais, toutesfois, il a dix ans que je partis, et cest enfant se monstre de sept : comment doncques pourroit-il estre mien ? L'auriez-vous plus porté que ung aultre ? — Par mon serment, dist-elle, je ne scay, mais tout ce que je dis est vray; se je l'ay plus porté que ung aultre, il n'est chose que j'en saiche, et, se vous ne me le feistes au partir, je ne scay moy penser dont il peut estre venu, sinon que, assez tost après vostre departement, ung jour j'estoye par ung matin en nostre grant jardin, où tout à coup me vint ung soudain desir et appetit de menger une feuille d'oselle, qui pour icelle heure estoit couverte et soubz la neige tapie. J'en choisis une, entre les aultres, belle et large, que je cuiday avaller, mais ce n'estoit que ung peu de neige blanche et dure. Et ne l'eus pas si tost avallée, que ne me sentisse en trestout tel estat que je me suis trouvée quant mes aultres enfans ay portez. Ce fait, à certaine piece depuis, je vous ay fait ce très beau filz. » Le marchant congneut

---

[1] Trop longue absence.
[2] Un amant qui tient le lieu du mari.
[3] Élevé.

tantost qu'il en estoit nozamys[1], et n'en voulut faire aucun semblant, ainçois[2] s'en vint adjoindre par parolles à confermer la belle bourde que sa femme luy bailloit, et dist : « M'amye, vous ne dictes chose qui ne soit possible, et qu'à aultre que vous ne soit advenu; loué soit Dieu de ce qu'il nous a envoyé! S'il nous a donné ung enfant par miracle, ou par aucune secrete façon dont nous ignorons la maniere, il ne nous a pas oublié d'envoyer chevance pour l'entretenir. » Quant la bonne femme vit que son mary vouloit condescendre à croire ce qu'elle luy dist, elle n'est pas moyennement joyeuse. Le marchant, saige et prudent, en dix ans qu'il fut depuis à l'ostel sans faire ses lointains voyages, ne tint oncques maniere envers sa femme en parolles ne aultrement, par quoy elle peust penser qu'il entendist rien de son fait, tant estoit vertueux et pacient. Il n'estoit pas encore saoul de voyager; si voulut recommencer et le dist à sa femme qui fist semblant d'en estre très marrie et mal contente : « Appaisez-vous, dist-il; s'il plaist à Dieu et à Monseigneur sainct George, je reviendray brief. Et pource que nostre filz que feistes en mon aultre voyaige est desja grant, habile et en bon point de veoir et d'aprendre, se bon vous semble, je l'emmeneray avec moy. — Et par ma foy, dist-elle, vous ferez bien et je vous en prie. — Il sera fait, » dist-il. A tant se part, et avec luy emmaine le filz, dont il n'estoit pas pere, à qui il a pieça gardé une bonne pensée. Ils eurent si bon vent, qu'ilz sont venus au port d'Alexandrie, où le bon marchant très bien se deffist de la pluspart de ses marchandises; et ne fut pas si beste, affin qu'il n'eust plus de charge de l'enfant de sa femme et d'ung aultre, et que après sa mort ne suscedast à ses biens, comme ung de ses aultres enfans, qu'il ne le vendist à bons deniers contens, pour en faire ung esclave. Et pource qu'il estoit jeune et puissant, il en eust près de cent ducas. Quant ce fut fait, il s'en revint à Londres, sain et sauf, Dieu mercy. Et n'est pas à dire la chiere que sa femme luy fist, quant elle le vit en bon point, mais elle ne voit point son filz : dont ne scait que penser. Elle ne se peust gueres tenir, qu'elle ne demandast à son mary, qu'il avoit fait de leur filz : « Ha ! m'amye, dist-il, il ne le vous fault ja celer : il luy est très mal prins. — Helas ! comment! dist-elle, est-il noyé ? — Nenny, certes, mais il est

---

[1] Cette expression singulière, qui équivaut ici à *benêt*, vient sans doute de ce qu'on qualifiait de *nosamis* les gens qu'on regardait comme des sots, par opposition à *nosseigneurs*, qui se disait des personnes auxquelles on devait obéissance et respect.

[2] Mais.

vray que fortune de mer nous mena par force en un païs où il faisoit si chault, que nous cuidions tous mourir par la grant ardeur du soleil qui sur nous ses rais espandoit. Et, comme ung jour nous estions saillis de nostre nave[1], pour faire ung chascun une fosse à soy tapir pour le soleil, nostre bon filz, qui de neige, comme vous scavez, estoit, en nostre presence sur le gravier, par la grant force du soleil, il fut tout à coup fondu et en eaue ressolu. Et n'eussiez pas dit une sept pseaume[2], que nous ne trouvasmes rien de lui : tout ainsi en haste que au monde il vint, tout aussi soudain en est party. Et pensez que j'en fus et suis bien desplaisant, et ne vis jamais chose, entre les merveilles que j'ay veues, dont je feusse plus esbahy. — Or avant, dist-elle, puis qu'il plaist à Dieu le nous oster comme il le nous avoit donné, loué en soit-il ! » S'elle se doubtast que la chose alast aultrement, l'histoire s'en taist et n'en fait mencion, fors que son mary luy rendit telle comme elle luy bailla, combien qu'il en demoura toujours le cousin[3].

LA XXe NOUVELLE

PAR PHELIPPE DE LAON

CE n'est pas chose nouvelle que en la conté de Champaigne on a tousjours eu bon à recouvrer de gens lourds en la taille, combien qu'il sembleroit assez estrange à plusieurs, pour tant qu'ilz sont si près à ceulx du pays du Mal-Engin[4]. Assez et largement d'histoires à ce propos pourroit-on mettre confermant la bestise des Champenois, mais, quant à present, celle qui s'ensuit pourra souffire. En ladicte conté, avoit ung jeune homme orphelin, qui bien riche et puissant demoura, puis le trespas de ses pere et mere. Jà soit ce qu'il feust lourt, très peu saichant, et encores aussi mal plaisant, si avoit une industrie de bien

---

[1] Navire; du latin *navis*.
[2] Une fois les sept Psaumes de la Pénitence.
[3] Cette expression proverbiale équivaut à celle-ci, qui est encore usitée dans le langage familier : « en être le mauvais marchand. »
[4] Le pays de la malice ou du mauvais esprit. Serait-ce la Picardie ou la Lorraine?

garder le sien et conduire sa marchandise. Et, à ceste cause, assez de
gens, voire de gens de bien, luy eussent bien voulu donner en mariage leur fille. Une, entre les aultres, pleut aux parens et amis de
nostre Champenois, tant pour sa beaulté, bonté, et chevance, etc. Et
luy dirent qu'il estoit temps qu'il se mariast, et que bonnement il
ne povoit conduire son fait : « Vous avez aussi, dirent-ilz, desja xxiiij
ans, si ne pourriez en meilleur aage prendre cest estat. Et se vous y
voulez entendre, nous avons regardé et choisy pour vous une belle
fille et bonne, qui nous semble très bien vostre fait. C'est une telle,
vous la congnoissez bien ? » Lors la luy nommerent. Et nostre homme,
à qui n'en challoit qu'il fist [1], feust marié ou non, mais qu'il ne
tirast point d'argent, respondit qu'il feroit ce qu'ilz vouldroient :
« Puis qu'il vous semble que c'est mon bien, conduisez la chose au
mieulx que vous scaurez; car je vueil faire par vostre conseil et ordonnance. — Vous dictes bien, dirent ces bonnes gens; nous regarde-
rons et penserons comme pour nous-mesmes, ou pour l'ung de noz enfans. » Pour abreger, certaine piece après [2], nostre Champenois fut
marié. De par Dieu ce fut; mais, tantost qu'il fut auprès de sa femme
couchié, la premiere nuyt, luy, qui oncques sur beste chrestienne n'a-
voit monté, tantost luy tourna le dos. Qui estoit mal contente, c'estoit
nostre espousée, nonobstant qu'elle n'en fist nul semblant. Ceste mauldicte maniere dura plus de dix jours, et encore durast, se-la bonne
mere à l'espousée n'y eust pourveu du remede. Il ne vous fault pas
celer que nostre homme, neuf en façon et en mariage, du temps de ses
feu pere et mere, avoit esté bien court tenu; et, sur toutes choses, luy
estoit et fut deffendu le mestier de la beste aux deux dos, doubtant
que, s'il s'y esbatoit, qu'il y despendroit [3] toute sa chevance. Et bien
leur sembloit, et à bonne cause, qu'il n'estoit pas homme qu'on deust
aimer pour ses beaulx yeulx. Luy, qui pour riens ne courrouçast pere
et mere et qui n'estoit pas trop chault sur potaige, avoit toujours gardé
son pucellaige, que sa femme eust voulentiers desrobé, s'elle eust sceu
par quelque honneste façon. Ung jour, se trouva la mere de nostre espousée devers sa fille, et lui demanda de son mary, de son estat, de
ses condicions, de son mariage, et cent mille choses que femmes scaivent dire. A toutes choses bailla et rendit nostre espousée à sa mere
response, et dit que son mary estoit très bon homme et qu'elle ne

---

[1] C'est-à-dire : peu lui importait qu'il fit ceci ou cela.
[2] On disait *pièce* ou *espace*, pour *pièce de temps, espace de temps*.
[3] Pour *depenseroit*.

doubtoit point qu'elle ne se conduisist bien avec luy. Et, pource qu'elle scavoit bien par elle-mesmes qu'il fault en mariage autre chose que boire et mangier, elle dist à sa fille : « Or viens ça et me dis par ta foy, et de ces choses de nuyt, comment t'en est-il ? » Quant la povre fille ouyt parler de ces choses de nuyt, à peu que le cueur ne luy faillit, tant fut marrie et desplaisante; et ce que sa langue n'osoit respondre, monstrerent ses yeulx, dont saillirent larmes en très grande abondance. Si entendist tantost sa mere, que ses larmes vouloient dire; si dist : « Ma fille, ne plorez plus ! Dictes-moy hardiment ? Je suis vostre mere à qui ne devez riens celer, et de qui ne devez estre honteuse; vous a-il encores riens fait ? » La povre fille, revenue de pamoison, et ung peu rasseurée, et de sa mere confortée, cessa la grant flote de ses larmes, mais n'avoit encores force ne sens de respondre. Si l'interrogua arriere sa mere et luy dist : « Dis-moy hardiment et oste tes larmes; t'a-il riens fait ? » A voix basse et de pleurs entremeslée, respondit la fille et dist : « Par ma foy, mere, il ne me toucha oncques, mais, du surplus, qu'il ne soit bon homme et doulx, par ma foy, si est. — Or dis-moy, dist la mere, et scez-tu point s'il est fourny de tous ses membres ? Dy hardiment, se tu le scez. — Saint-Jehan ! si est très-bien, dist-elle. J'ay plusieurs fois sentu ses denrées d'aventure, ainsi que je me tourne et retourne en nostre lit, quant je ne puis dormir. — Il souffit, dit la mere, laisse-moy faire du surplus. Vecy que tu feras : Au matin, il te convient faindre d'estre malade très fort, et monstrer semblant d'estre oppressée, qu'il semble que l'ame s'en parte. Ton mary me viendra ou mandera querir, je n'en doubte point, et je feray si bien mon personnaige, que tu scauras tantost comment tu fus gaignie [1], car je porteray ton urine à ung tel medecin qui donnera tel conseil que je vouldray. » Comme il fut dit, il fut fait; car lendemain, si tost qu'on vit le jour, nostre gouge, auprès de son mary couchée, se commença à plaindre et faire la malade, que il sembloit que une fievre continue luy rongast corps et ame. Nozamys [2] son mary estoit bien esbahy et desplaisant; si ne scavoit que faire, ne que dire. Si manda tantost querir sa belle mere qui ne se fist gueres attendre. Tantost qu'il la vit : « Helas ! mere, dist-il, vostre fille se meurt ! — Ma fille, dist-elle, et que luy faut-il ? » Lors, tout en parlant, marcherent jus-

---

[1] Les éditions modernes mettent *gaignée* : ce qui pourrait signifier *dépucelée*. Mais nous avons laissé *gaignie*, qui doit venir de *gaine*, qu'on écrivait *gaigne*, étui, fourreau.

[2] Le nigaud. Voyez ci-dessus, p. 101, la note sur ce mot.

ques en la chambre de la paciente. Si tost que la mere voit sa fille, elle luy demande qu'elle faisoit? Et elle, comme bien aprinse, ne respondit pas la premiere fois, mais, à petit de piece après¹, dist : « Mere, je me meurs! — Non faictes, fille, se Dieu plaist! Prenez couraige! Mais dont vous vient ce mal si en haste? — Je ne scay, je ne scay, dist la fille; vous me peraffolez² à me faire parler. » Sa mere la prent par la main; si lui taste son poulx et son chief, et puis dit à son beau filz : « Par ma foy, croyez qu'elle est bien malade! Elle est pleine de feu; si y fault pourveoir de remede; y a-il point icy de son urine? — Celle de la minuyt y est, dist une des meschines. — Baillez-la-moy, » dist-elle. Quant elle eust ceste urine, fist tant qu'elle eust ung urinal et dedans la bouta, et dist à son beau filz, qu'il la portast monstrer à un tel medecin, pour scavoir qu'on pourra faire à sa fille, et se on luy peut ayder. « Pour Dieu, n'y espargnons riens! dist-elle. J'ay encores de l'argent, que je n'ayme pas tant que je fais ma fille. — Espargnier! dit nozamys³, croyez, s'on luy peut aider pour argent, que je ne luy fauldray pas. — Or vous advancez, dist-elle, et tandis qu'elle se reposera ung peu, je m'en iray jusques au mesnage. Toujours reviendray-je bien, s'on a mestier de moy. » Or devez-vous scavoir que nostre bonne mere avoit, le jour de devant, au partir de sa fille, forgié⁴ le medecin, qui estoit bien adverty de la response qu'il devoit faire. Vecy nostre gueux, qui arrive devers le medecin à-tout l'urine de sa femme. Et, quant il y eust fait la reverence, il luy va compter comment sa femme estoit deshaitée⁵ et merveilleusement malade : « Et vecy son urine que vous aporte, affin que mieulx vous informez de son cas, et que plus seurement me puissiez conseiller. » Le medecin prent l'urinal et contremont⁶ le lieve, et tourne et retourne l'urine, et puis va dire : « Vostre femme est fort agravée de chaulde maladie et en dangier de mort, s'elle n'est prestement secourue. Vecy son urine qui le monstre. — Ha! maistre, pour Dieu mercy, veuillez-moy dire, et je vous paieray bien, que on y pourra faire pour recouvrer santé, et s'il vous semble qu'elle n'ait garde de mort? — Elle n'a garde, se vous luy faictes ce que je vous diray, dist le medecin; mais, si vous tardez gueres, tout l'or du monde ne la garderoit de

---

¹ Peu de temps après.
² Vous me rendez folle.
³ C'est-à-dire : le sot mari.
⁴ Stylé, préparé.
⁵ Affligée, sans *hait*, sans joie.
⁶ En haut, en l'air.

la mort. — Dictes, pour Dieu, dist l'autre, et on le fera! — Il faut, dist le medecin, qu'elle ait compagnie à homme, ou elle est morte. — Compaignie d'homme? dist l'aultre. Et qu'est-ce à dire, cela? — C'est à dire, dist le medecin, qu'il fault que vous montez sur elle, et que vous la ronchinez très bien trois ou quatre fois tout en haste; et le plus, à ce premier, que vous en pourrez faire, sera le meilleur : aultrement, ne sera point estaincte la grande ardeur qui la seiche et tire à fin. — Voire, dist-il, et seroit-ce bon? — Elle est morte, et n'y a point de respit, dist le medecin, se ainsi ne le faictes, voire et bien tost encore. — Saint Jehan! dist l'autre, j'essaieray comment je pourray faire. » Il se part de là, et vient à l'ostel et treuve sa femme qui se plaignoit et doulousoit[1] très fort. « Comment va, dist-il, m'amye? — Je me meurs, mon amy, dist-elle. — Vous n'avez garde, se Dieu plaist, dist-il; j'ay parlé au medecin qui m'a enseigné une medicine dont vous serez guarie. » Et durant ces devises, il se despoille, et au plus près de sa femme se boute. Et comme il approuchoit, pour excecuter le conseil du medecin tout en lourdois[2] : « Que faictes-vous! dist-elle; me voulez-vous pas tuer? — Mais je vous gariray, dist-il; le medecin l'a dit. » Et si fit ainsi que Nature lui monstra, et à l'aide de la paciente, il besoigna très bien deux ou trois fois. Et comme il se reposoit, tout esbahy de ce que advenu luy estoit, il demande à sa femme comment elle se porte. « Je suis ung peu mieulx, dist-elle, que par cy devant n'ay esté. — Loué soit Dieu! dist-il. J'espoire que vous n'avez garde, et que le medecin aura dit vray. » Alors recommence de plus belle. Et, pour abregier, tant et si bien le fist, que sa femme revint en santé dedans peu de jours, dont il fut très-joyeux; si fut la mere, quant elle le sceut. Nostre Champenois, après ces armes dessusdictes, devient ung peu plus gentil compaignon, qu'il n'estoit paravant; et luy vint en couraige, puis que sa femme restoit en santé, qu'il semondroit[3] ung jour au disner ses parens et amys, et les pere et mere d'elle, ce qu'il fist. Et les servoit grandement en son patois[4]; à ce disner, faisoit très bonne et joyeuse chiere. On beuvoit à luy, il beuvoit aux aultres, c'estoit merveilles qu'il estoit gentil compaignon. Or escoutez qui lui advint : au fort de la meilleure chiere de ce disner, il commença très fort à plorer, et sembloit que tous ses amys, voire tout le monde,

---

[1] S'affligeait, se lamentait.
[2] Tout brusquement.
[3] Inviterait.
[4] A sa façon.

feussent morts; dont n'y eust celuy de la table qui ne s'en donnast grant merveille, dont ces soubdaines larmes procedoient : les ungs et les autres lui demandent qu'il avoit, mais à peu s'il povoit ou scavoit respondre, tant le contraignoient ses foles larmes. Il parla au fort, en la fin, et dist : « J'ay bien cause de plorer! — Et, par ma foy, non avez, se dist sa belle mere : que vous fault-il? Vous estes riche et puissant et bien logié, et si avez de bons amis; et, qui ne fait pas à oublier, vous avez belle et bonne femme que Dieu vous a ramenée en santé, qui nagueres fut sur le bort de sa fosse; si m'est advis que vous devez estre lye et joyeux. — Helas! non fais, dist-il. C'est, par moy [1], que mon pere et ma mere qui tant m'aymoient, et me ont assemblez et laissiez tant de biens, qu'ilz ne sont encores en vie, car ilz ne sont morts tous deux, que de chaulde maladie; et se je les eusse aussi bien ronchinez, quant ilz furent malades, que j'ay fait ma femme, ilz fussent maintenant sur piez. » Il n'y eust celuy de la table, qui après ces motz à peu se peut tenir de rire, mais non pourtant il s'en garda qui peut. Les tables furent ostées, chascun s'en ala, et le bon Champenois demeura avec sa femme, laquelle, affin qu'elle demourast en santé, fut souvent de luy racolée.

LA XXIe NOUVELLE

PAR PHELIPPE DE LAON

Sur les metes de Normandie, y a une bonne abbaye de dames, dont l'abbesse, qui, belle et jeune et en bon point lors estoit, nagueres s'acoucha [2] malade. Ses bonnes seurs, devotes et charitables, tantost la vindrent visiter, en la confortant et administrant, à leur leal povoir, de tout ce qu'elles sentoient que bon luy fut. Et, quand elles apperceurent qu'elle se disposoit à garison, elles ordonnerent que l'une d'elles yroit à Rouen porter son urine, et compteroit son cas à ung medecin

---

[1] Exclamation. C'est le *per mi!* des Italiens.
[2] S'alita; se mit au lit.

de grant renommée. Pour faire ceste ambassade, à lendemain, l'une d'elles se mist en chemin; et fist tant, qu'elle se trouva devers ledit medecin, auquel, après qu'il eust visité l'urine de ma dame l'abbesse, elle conta tout au long la façon et maniere de sa maladie, comme de son dormir, d'aler en chambre[1], de boire et de menger. Le saige medecin, vraiment du cas de ma dame informé, tant par son urine comme par la relacion de la religieuse, voulut ordonner le regime. Et, jà soit ce qu'il eust de coustume de bailler à plusieurs ung recipe[2] par escript, toutesfois il se fia bien de tant en la religieuse, que de bouche lui diroit ce qu'avoit à faire, et luy dist: « Belle seur, pour recouvrer la santé de ma dame l'abbesse, il luy est mestier et de necessité, qu'elle ait compaignie d'homme, et brief; aultrement, elle se trouvera en peu d'espace si de mal entechée[3] et surprinse, que la mort luy sera le derrain[4] remede. » Qui fut bien esbahye d'ouyr si très dures nouvelles, ce fut nostre religieuse, qui va dire : « Helas! maistre Jehan, ne voyez-vous aultre façon, pour la recouvrance de santé de ma dame? — Certes, nenny, dist-il, il n'en y a point d'aultre, et si vueil bien que vous saichez qu'il se fault advancer de faire ce que j'ay dit, car, se la maladie, par faulte d'ayde, peut prendre son cours, comme elle s'efforce, jamais homme à temps n'y viendra. » La bonne religieuse à peu s'elle osa disner à son aise, tant avoit grant haste d'anoncer à ma dame ces nouvelles. Et, à l'ayde de sa bonne haquenée, et du grant desir qu'elle a d'estre à l'ostel, s'advança si très bien, que ma dame l'abbesse fut tout esbaye de si tost la revoir : « Que dist le medecin, belle? ce dist l'abbesse; ay-je garde de mort? — Vous serez tantost en bon point, se Dieu plaist, ma dame, dist la religieuse messagiere; faictes bonne chiere et prenez cueur. — Comment? Ne m'a le medecin point ordonné de regime? dist ma dame. — Si a, » dist-elle. Lors luy va dire tout au long comment le medecin avoit veu son urine, et les demandes qu'il fist de son aage, de son mengier, de son dormir, etc. « Et puis, pour conclusion, il a dit et ordonné qu'il fault que vous ayez, comment qu'il soit[5], compaignie charnelle à quelque homme, ou brief; aultrement, vous estes morte, car à vostre maladie n'a point d'aultre remede. — Compaignie d'homme? dist ma dame; j'aymeroye

---

[1] C'est-à-dire : aller à la selle.
[2] Ordonnance. Les prescriptions de la Faculté commençaient toujours par ce mot latin : *Recipe*, prends.
[3] Pour *entachée*, gâtée.
[4] Pour *dernier*.
[5] De quelque façon que ce soit.

plus chier mourir mille fois, s'il m'estoit possible. » Et alors va dire : « Puis que ainsi est que mon mal est incurable et mortel, se je n'y pourvois de tel remede, loué soit Dieu ! je prens bien la mort en gré. Appellez bien tost tout mon couvent. » Le tymbre fut sonné; si vindrent à ma dame toutes ses religieuses. Et, quant elles furent en la chambre, ma dame, qui avoit encores toute la langue à commandement, quelque mal qu'elle eust, commença une grande et longue harengue devant ses seurs, remonstrant le fait et estat de son eglise, en quel point elle la trouva et en quel estat elle est aujourd'huy; et vint descendre ses parolles, à parler de sa maladie qui estoit mortelle et incurable, comme elle bien sentoit et congnoissoit, et au jugement aussi d'ung tel medecin, elle s'arrestoit, qui morte l'avoit jugée : « Et pour tant mes bonnes seurs, je vous recommande nostre eglise, et, en voz plus devotes prieres, ma povre ame. » Et à ces parolles, larmes en grant abondance saillirent de ses yeulx qui furent accompaignées d'aultres sans nombre, sourdans de la fontaine du cueur de son bon couvent. Ceste plorerie dura assez longuement, et fut là le mesnaige[1] long temps sans parler. Assez grant piece après, ma dame la prieure, qui saige et bonne estoit, print la parolle pour tout le couvent et dist : « Ma dame, de vostre mal (quel il est, Dieu le scait, à qui nul ne peut rien sceler), il nous desplaist beaucoup, et n'y a celle de nous, qui ne se vouldroit emploier autant que possible est et seroit à personne vivant, pour la recouvrance de vostre santé. Si vous prions toutes ensemble que vous ne nous espargnez en rien, ne chose, qui soit des biens de vostre eglise, car mieulx nous vauldroit, et plus chier l'aurions, de perdre la plus part de nos biens temporelz, que le proffit espirituel que vostre presence nous donne. — Ma bonne seur, dist ma dame, je n'ay pas tant desservi[2] que vous me offrez, mais je vous en mercie tant que je puis, en vous advisant et priant de rechief, que vous pensez comme je vous ay dit aux affaires de nostre eglise qui me touchent près du cueur, Dieu le scait, en acompaignant, aux prieres que ferez, ma povre ame qui grant mestier en a. — Helas ! ma dame, dit la prieure, et n'est-il possible, par bon gouvernement ou par soigneuse diligence de medecine, que vous puissez repasser[3] ? — Nenny, certes, ma bonne seur, dist-elle. Il me fault mettre ou reng des trespassez, car je ne vaulx gueres mieulx, quelque langaige que

---

[1] La communauté
[2] Mérité.
[3] Revenir en santé.

encore je prononce. » Adonc saillit avant[1] la religieuse qui porta son urine à Rouen, et dist : « Ma dame, il y a bien remede, s'il vous plaisoit? — Croez qu'il ne me plaist pas, dist-elle; vecy seur Jehanne, qui revient de Rouen, et a monstré mon urine et compté mon cas à ung tel medecin qui m'a jugée morte, voire se je ne me vouloye abandonner à aulcun homme et estre en sa compaignie! Et par ce point esperoit-il, comme il trouvoit par ses livres, que je n'auroye garde de mort, mais, se ainsi ne le faisoye, il n'y a point de ressource en moy. Et quant à moy, j'en loue Dieu qui me daigne appeller, ainçois que j'aye fait plus de pechez à luy me rends, et à la mort je presente mon corps : viengne quant elle veult! — Comment, ma dame, dist l'enfermiere[2], vous estes de vous-mesmes homicide! Il est en vous de vous saulver et ne fault que tendre la main et requerre ayde, et vous la trouverez preste : ce n'est pas bien fait et vous ose bien dire que vostre ame ne partiroit point seurement, s'en cest estat vous mouriez. — Ha! ma belle seur, dist ma dame, quantes fois[3] avez-vous ouy preschier que mieux vauldroit à une personne s'abandonner à la mort que commettre ung seul peché mortel? Et vous scavez que je ne puis ma mort fuyr ne eslongier, sans faire et commettre pechié mortel! Et qui bien autant au cueur me touche, s'en ce faisant, ma vie eslongeroye[4], n'en seroye-je pas deshonnourée et à tousjours, mais reprouchée, et diroit-on : *Vela la dame*, etc...? Mesmes, vous toutes, quelque conseil que me donnez, m'en auriez en irreverence et en moins d'amour; et vous sembleroit, et à bonne cause, que indigne seroye d'entre vous presider et gouverner. — Ne dictes et ne pensez jamais cela, dist ma dame la tresoriere; il n'est chose qu'on ne doibve entreprendre pour eschever[5] la mort. Et ne dist pas nostre bon pere saint Augustin, qu'il ne loisible à personne de soy oster la vie, ne tollir ung sien membre? Et ne yriez-vous pas directement encontre sa sentence, se vous laissez à escient ce qu'il vous peut de mal garder? — Elle dist bien! respondit le couvent en general. Ma dame, pour Dieu, obeissez au medecin, et ne soyez en vostre opinion si aheurtée, que, par faulte de soustenance, vous perdez corps et ame, et laissez vostre povre couvent, qui tant vous ayme, desolé et despourveu de pastoure[6]. — Mes

[1] Sortit des rangs et s'avança.
[2] Pour *infirmière*.
[3] Combien de fois.
[4] Si, en faisant cela, je prolongeais ma vie.
[5] *Esquiver*, éviter, fuir; du bas latin *eschirare*
[6] C'est le féminin de *pasteur*.

bonnes seurs, dist ma dame, j'ayme mieux voulentairement à la mort tendre les mains, submettre mon col, et honnorablement l'embrasser, que pour la fuyr je vive deshonnourée. Et ne diroit-on pas : *Vela la dame qui fist ainsi et ainsi?* — Ne vous chaille qu'on dye, ma dame : vous ne serez jà reprouchée de gens de bien. — Si seroye, si, » dist ma dame. Le couvent se alla esmouvoir, et firent les bonnes religieuses entre elles ung consistoire, dont la conclusion s'ensuyt; et porta les parolles d'icelle, la prieure : « Madame, vecy vostre desolé couvent, si très desplaisant que jamais maison ne fut plus troublée qu'elle est, dont vous estes cause ; et creez [1], se vous estes si mal conseillée de vous abandonner à la mort, que fuyr vous povez, j'en suis bien seure. Et affin que vous entendez que nous vous aymons d'entiere et leal amour, nous sommes contentes et avons conclud et deliberé meurement, toutes ensemble generalement, en saulvant vous et nous, avoir compaignie secretement d'aucun homme de bien; nous pareillement le ferons, affin que vous n'ayez pensée ne ymaginacion, que ou temps advenir vous en sourdit reproche de nulle de nous. N'est-ce pas ainsi, mes seurs? — Ouy, » dirent-elles toutes de très bon cueur. Ma dame l'abbesse, ouyant ce que dit est, et portant au cueur ung grant fardeau d'ennuy, pour l'amour de ses seurs, se laissa ferir [2] et s'accorda, combien qu'à grant regret, que le conseil du medecin seroit mis en oeuvre. Adonc furent mandez moynes, prestres et clercs, qui trouverent bien à besoigner. Et là ouvrerent si très bien, que ma dame l'abbesse fut en peu d'heure rapaisée : dont son couvent fut très joyeux, qui par honneur faisoit ce que par honte oncques puis ne laissa.

LA XXIIe NOUVELLE

PAR CARON.

N'a gueres que ung gentil homme, demourant à Bruges, tant et si longuement se trouva en la compaignie d'une belle fille, qu'il luy

[1] On disait également *crées* et *croyez*, comme on dit encore *croyance* et *créance*.
[2] Toucher, émouvoir.

fist le ventre lever [1]. Et droit au coup [2] qu'elle s'en apparceust et donna garde, Monseigneur [3] fist une assemblée de gens d'armes ; si fut force à nostre gentilhomme de l'abandonner et avec les aultres aller ou service de mondit seigneur, ce que de bon cueur et bien il fist. Mais, avant son partement, il fist garnison et pourveance [4] de parrains et marraines et de nourrice, pour son enfant advenir, logea la mere avecques de bonnes gens, luy laissa de l'argent et leur recommanda. Et quant au mieulx qu'il sceust et le plus brief qu'il peust, ces choses furent bien disposées, il ordonna son partement et print congié de sa dame, et, au plaisir de Dieu, promist de tantost retourner. Pensez que s'elle n'eust jamais ploré, ne s'en tenist-elle pas à ceste heure, puis qu'elle veoit d'elle eslongier celuy, en ce monde, dont la presence plus luy plaist. Pour abregier, tant luy despleust ce dolent departir, que oncques mot ne sceust dire, tant empeschoient sa doulce langue les larmes sourdandes du parfond de son cueur. Au fort, elle s'appaisa, quant elle vist qu'aultre chose estre n'en povoit. Et quant vint environ ung mois après le partement de son amy, desir luy eschauffa le cueur et si luy vint ramentevoir les plaisans passetemps qu'elle souloit avoir, dont la très dure et très mauldicte absence de son amy, helas ! l'avoit privé. Le Dieu d'amours, qui n'est jamais oyseux, luy mist en bouche et en temps les haultz biens, les nobles vertus, et la très grande beaulté d'ung marchant, son voisin, qui plusieurs fois, avant et depuis le departement de son amy, luy avoit presenté la bataille [5] ; et conclure luy fist, que s'il retourne plus à sa queste, qu'il ne s'en yra pas escondit ; mesmes, si la voyoit es rues, elle tiendra telles et si bonnes manieres, qu'il entendra bien qu'elle en veult à luy. Or vint-il si bien, qu'à lendemain de ceste conclusion, à la premiere oeuvre [6], Amours envoya nostre marchant devers la paciente, et luy presenta, comme aultrefois, chiens et oyseaulx, son corps, ses biens, et cent mille choses, que ces abateurs de femmes scaivent tout courant et par cueur. Il ne fut pas escondit, car s'il avoit bonne voulenté de combatre et faire armes, elle n'avoit pas moins de desir de luy fournir de tout ce qu'il vouldra. Et durant que nostre gentil homme fournit et acomplist au

[1] Qu'il l'engrossa.
[2] Tout aussitôt.
[3] Philippe le Bon, duc de Bourgogne, ou bien son fils, Charles le Téméraire, qui était un des conteurs de la cour de Genappe.
[4] Provision.
[5] L'avait sollicitée d'amour.
[6] On pourrait lire *heure*.

bon marchant tout ce dont la requist ; et se plus eust osé demander, elle estoit preste de l'acomplir, et trouva en luy tant de bonne chevalerie, de proesse et de vertu, qu'elle oublia de tous pointz son amy par amours, qui à ceste heure gueres ne s'en doubtoit. Beaucoup pleust au bon marchant la courtoisie de sa nouvelle dame ; et tant furent conjoinctes les voulentez, desirs, et pensées de luy et d'elle, qu'ilz n'avoient pour eulx deux que un seul cueur. Si se penserent que, pour se bien logier et à leur aise, il souffiroit bien d'ung ostel pour leurs deux : si troussa ung soir nostre gouge ses bagues avec elle [1], et en l'ostel du marchant s'en alla, en abandonnant le premier son amy, son oste, son ostesse, et foison d'aultres gens de bien, auxquelz il l'avoit recommandée. Et elle ne fut pas si folle, quant elle se vit bien logée, qu'elle ne dist incontinent à son marchant, qu'elle se sentoit grosse, qui en fut très joyeux, cuidant bien que ce fut de ses oeuvres. Au chief de sept mois, ou environ, nostre gouge fist ung beau filz, dont le pere adoptif s'acointa [2] grandement et de la mere aussi. Advint certaine espace après, que le bon gentil homme retourna de la guerre et vint à Bruges, et au plus tost qu'il peust honnestement, print son chemin vers le logis où il laissa sa dame. Et luy, venu leans, la demanda à ceulx qui en prindrent la charge de la penser [3], garder et ayder en sa gesine [4]. « Comment ? dirent-ilz. Esse-ce que vous en scavez ? Et n'avez-vous pas eu les lettres qui vous furent escriptes ? — Nenny, par ma foy, dist-il. Et quelle chose y a-il ? — Quelle chose ! saincte Marie ! dirent-ilz. Nostre Dame ! c'est bien raison que on le vous die. Vous ne feustes pas party d'ung mois après, qu'elle ne troussast pignes et miroirs [5]; et s'en alla bouter cy devant en l'ostel d'ung tel marchant, qui la tient à fer et à clou. Et, de fait, elle a porté un beau filz et a geu [6] leans. Et l'a fait le marchant chrestienner [7]; et si le tient à sien. — Saint Jehan ! vecy aultre chose de nouveau ! dist le bon gentil homme; mais, au fort, puis qu'elle est telle, au dyable soit-elle ! Je suis content que le marchant l'ayt et la tienne ; mais, quant est de l'enfant, je suis seur qu'il est mien, si le vueil ravoir. » Et sur ce mot, part et s'en va heurter bien rudement à l'huys

---

[1] Emporta avec elle tout ce qu'elle possédait.
[2] Se passionna, s'attacha.
[3] Héberger, soigner, traiter.
[4] En ses couches.
[5] Enlevât, emportât ses peignes et ses miroirs.
[6] Est accouchée; *geu* est le participe de *gesir*.
[7] Baptiser.

du marchant. De bonne adventure, sa dame, qui fut, vint à ce heurt, qui ouvre l'huys, comme toute de leans qu'elle estoit. Quant elle vit son amy oublié et qu'il congneust aussi, chascun fust esbahy. Non pourtant; luy demanda, dont elle venoit en ce lieu? Et elle respondit que Fortune l'y avoit amenée. « Fortune? dist-il, et Fortune vous y tienne; mais je vueil ravoir mon enfant; vostre maistre aura la vache, mais j'auray le veau. Or le me rendez bien tost, car je le vueil ravoir, quoy qu'il en advienne. — Helas! ce dist la gouge, que diroit mon homme? Je seroye desfaicte [1], car il cuide certainement qu'il soit sien. — Il ne m'en chault, dist l'autre, die ce qu'il vouldra, mais il n'aura pas ce qui est mien. — Ha! mon amy, je vous requier que vous laissiez et baillez cest enfant icy à mon marchant, et vous me ferez grant plaisir et à luy aussi. Et par Dieu, se vous l'aviez veu, vous ne seriez jà pressé de l'avoir : c'est ung lait et ort garson tout rongneux et contrefait. — Dea, dist l'autre, tel qu'il est, il est mien, et si le vueil reavoir. — Et parlez bas, pour Dieu, ce dit la gouge, et vous appaisez, je vous en supplie, et vous plaise ceans laisser cest enfant, et je vous prometz, se ainsi le faictes, de vous donner le premier enfant que jamais j'auray. » Le gentil homme, à ces motz, jà soit qu'il fust courroucé, ne se peut tenir de soubrire, et, sans plus dire, de sa bonne dame se partit, ne jamais ne redemanda ledit enfant. Et encores le nourrist celuy, qui la mere engranga [2] en l'absence de nostredit gentil homme.

LA XXIIIe NOUVELLE

PAR MONSEIGNEUR DE COMMESURAN

N'A gueres qu'en la ville de Mons, en Haynault, un procureur de la Cour dudit Mons, assez sur aage et jà ancien, entre ses aultres clercz avoit ung très beau filz et gentil compaignon, duquel sa femme,

---

[1] Perdue.
[2] Mit en grange, recueillit.

à certaine espace de temps, s'enamoura très fort; et très bien luy sembloit qu'il estoit mieulx taillé de faire la besoigne, que n'estoit son mary. Et, affin qu'elle esprouvast se son cuider[1] estoit vray, elle conclud en soy-mesmes qu'elle tiendra telz termes, que, s'il n'est plus beste que ung asne, il se donra[2] tantost garde qu'elle en veult à luy. Pour executer ce desir, ceste vaillant femme, jeune et fresche, et en bon point, venoit souvent et menu coustre[3] et filer auprès de ce clerc: et devisoit à luy de cent mille besoignes, dont la pluspart tousjours en fin sur amours retournoient. Et, devant ces devises, elle n'oublia pas de le servir d'aubades[4] assez largement : une fois le butoit du coude en escripvant; une autre fois, luy gettoit des pierrettes, tant qu'il broulloit ce qu'il faisoit, et luy failloit recommencer. Ung aultre jour, recommençoit ceste feste et luy ostoit papier et parchemin, tant qu'il failloit qu'il cessast l'oeuvre, dont il estoit très mal content, doubtant le courroux de son maistre. Quelque semblant que la maistresse long temps luy eust monstré, qui tiroit fort au train de derriere, si luy avoient jeunesse et crainte les yeulx si bandez qu'en rien il ne s'apercevoit du bien qu'on luy vouloit; neantmoins, en la fin, il apperceut qu'il estoit bien en grace. Et ne demoura gueres après ceste deliberacion, que, le procureur estant hors de l'ostel, sa femme vint au clerc bailler l'assault qu'elle avoit de coustume, voire trop plus aigre et plus fort que nulles fois de devant, tant de ruer, tant de bouter, de parler : mesmes, pour le plus empeschier et bailler destourbier[5], elle respandit, sur buffet, sur papier, sur robe, son cornet à l'encre. Et nostre clerc, plus congnoissant et mieulx voyant que cy dessus, saillit sur piez et assault sa maistresse et la reboute arriere de luy, priant qu'elle le laissast escripre. Et elle, qui demandoit estre assaillie et combatre, ne laissa pas pourtant l'emprinse[6] encommencée. « Scavez-vous, que luy a dit le clerc, ma damoiselle[7], c'est force que je acheve l'escript que j'ay encommencé? Si vous requier que vous me

---

[1] Sa pensée, sa croyance.
[2] Pour *donnera*, par contraction.
[3] Pour *coudre*.
[4] Agaceries.
[5] Lui donner de l'embarras, le troubler.
[6] Entreprise.
[7] Les bourgeoises mariées ne recevaient jamais la qualification de *madame*, qui appartenait aux femmes nobles, mais seulement celle de *madamoiselle*. Cet usage a continué jusqu'à la fin du règne de Louis XIV, comme on le voit par la *Satire* du chevalier de Nisart, *sur les femmes bourgeoises qui se font appeler Madame* (La Haye, 1712, in-8°).

laissez paisible, ou, par la mort bieu, je vous livreray castille [1]. — Et que me feriez-vous, beau sire? dist-elle: la moe [2]? — Nenny, par Dieu! — Et quoy donc? — Quoy? — Voire quoy? — Pour ce, dist-il, que vous avez respandu mon cornet à l'encre, et avez broullié mon escripture, je vous pourray bien broullier vostre parchemin; et, affin que faulte d'encre ne m'empesche d'escripre, j'en pourray bien pescher en vostre cornet. — Par ma foy, dist-elle, vous en estes bien l'homme, et croiez que j'en ay grant paour! — Je ne say quel homme, dist le clerc, mais je suis tel que, se vous vous y esbatez plus, vous passerez par là. Et, de fait, vecy une roye [3] que je vous fais, et par Dieu, se vous la passez, tant peu que ce soit, se je vous faulx [4], je vueil qu'on me tue! — Et par ma foy, dist-elle, je ne vous en crains, et si passeray la roye, et puis verray que vous ferez. » Et disant ces parolles, marcha là dru [5], faisant le petit sault, oultre la roye, bien avant. Et le bon clerc la prent aux grifz [6], sans plus enquerre, et sur son banc la rue. Et creez qu'il la pugnit bien, car, s'elle l'avoit broullié, il ne luy en fist pas moins, mais ce fut en aultre façon, car elle le broullia par dehors et à descouvert, et il la broullia à couvert et par dedans. Or est-il vray que là present y estoit ung jeune enfant de environ deux ans, filz de Jeans. Il ne fault pas demander s'après ces premieres armes de la maistresse et du clerc, il y eut plusieurs secretz remonstrez à moins de parolles que les premieres. Il ne vous fault pas celer aussi que, peu de jours après ceste adventure, ledit petit enfant ou comptoir estant où nostre clerc escripvoit, le procureur et maistre de Jeans survint; et marche avant, pour tirer vers son clerc, pour regarder qu'il escripvoit, ou pour espoir d'aultre chose; et, comme il approucha la roye, que son clerc avoit faicte pour sa femme, qui encores n'estoit pas effacée, son filz lui crye et dit : « Mon pere, gardez bien que vous ne passez ceste roye, car nostre clerc vous abatroit et houspilleroit ainsi qu'il fist nagueres ma mere. » Le procureur, ouyant son filz, et regardant la roye, si ne sceust que penser, car il se souvint que folz, yvres et enfans ont de coustume de verité dire, mais non pourtant il n'en fist pour ceste heure nul sem-

---

[1] Bataille, assaut.
[2] Pour *moue*.
[3] Pour *raie*.
[4] Si je vous manque.
[5] Aussitôt: Les éditions gothiques portent *la dureau*, que nous avons changé comme inintelligible. Peut-être faudrait-il lire : *la drue*, la gaillarde.
[6] Pour *griffes*.

blant; et n'est encores point venu à ma congnoissance, se il differa la chose ou par ignorance ou par doubte d'esclandre, etc.

LA XXIVe NOUVELLE

PAR MONSEIGNEUR DE FIENNES

JA soit ce que ès nouvelles dessusdictes les noms de ceulx et celles à qui elles ont touchié ou touchent, ne soient mis et escripts, si me donne appetit [1] grant vouloir de nommer, en ma petite ratelée [2], le conte Vualeran, en son temps, conte de saint Pol, et appelé *le beau conte* [3]. Entre autres seigneuries, il estoit seigneur d'ung villaige en la chastellenie de Lisle, nommée Vrelenchem, près dudit Lisle environ d'une lieue [4]. Ce gentil conte, de sa bonne et doulce nature, estoit et fut tout son temps amoureux. Oultre l'enseigne, il sceust, au rapport d'aucuns ses serviteurs, qui en ce cas le servoient, que audit Vrelenchem avoit une très belle fille, gente de corps et en bon point. Il ne fut pas si paresseux, que, assez tost après cette nouvelle, il ne se trouvast en ce villaige. Et firent tant lesditz serviteurs, que les yeulx de leur maistre confermerent de tous pointz leur rapport touchant la dicte fille : « Or ça qu'est-il de faire? dist lors le gentil conte ; c'est que je parle à elle entre nous deux seulement, et ne me chault qu'il me couste. » L'ung de ses serviteurs, docteur en son mestier, luy dist : « Monseigneur, pour vostre honneur et celuy de la fille aussi, il me semble que mieulx vault que je luy descouvre l'embusche de vostre voulenté ; et selon la response, j'auray advis de parler et poursuyvre. » Comme l'aultre dit, il fut fait ; car il vint devers la belle fille et très courtoisement la salua. Et elle, qui n'estoit pas moins saige, ne bonne que belle, courtoisement luy rendit son salut. Pour

---

[1] Désir.
[2] Narration.
[3] Valeran de Luxembourg, IIIe du nom, comte de Saint-Pol ou Saint-Paul, connétable de France, un des plus célèbres partisans du duc de Bourgogne, Jean-sans-Peur ; il mourut en 1415.
[4] Aujourd'hui Verlinghem, à six kilomètres de Lille.

abregier, après plusieurs parolles d'acointances, le bon macquereau va faire une grant premisse ¹ touchant les biens et les honneurs que son maistre lui vouloit : et, de fait, se à elle ne tenoit, elle seroit cause d'enrichir et honnourer tout son lignage. La bonne fille entendit tantost quelle heure il estoit ². Si fist sa response telle qu'elle estoit, c'est assavoir belle et bonne; car, au regard de monseigneur le conte, elle estoit celle, son honneur saulve, qui luy vouldroit obeyr, craindre et servir en toutes choses; mais qui la vouldroit requerir contre son honneur qu'elle tenoit aussi chier que sa vie, elle estoit celle qui ne le congnoissoit et pour qui elle feroit non plus que le cinge pour les mauvais ³. Qui fut esbahy et courroucé, cette response ouye, ce fut nostre va-luy-dire ⁴ qui s'en revient devers son maistre, à-tout ce qu'il avoit de poisson ⁵, car à chair avoit-il failly. Il ne faut pas demander se le conte fut mal content, quant il sceust la très fiere et dure response de celle dont il desiroit l'acointance et joyssance, et autant ou plus que nulle du monde. Tantost après si va dire : « Or avant laissons-la là pour ceste fois; il m'en souviendra, quant elle cuidera qu'il soit oublié. » Il se partit de là tantost après, et n'y retourna que les six sepmaines ne fussent passées; et quant il revint, ce fut si très secretement, que nulle nouvelle n'en fut, tant simplement et en tapinaige ⁶ s'y trouva. Il fit tant par ses espies ⁷, qu'il sceust que nostre belle fille soyoit ⁸ de l'erbe au coing d'ung bois, asseulée ⁹ de toutes gens; il fut bien joyeux, et, tout housé encores qu'il estoit, se met au chemin devers elle, en la compaignie de ses espies. Et quant il fut près de ce qu'il queroit, il leur donna congié, et fist tant, qu'il se trouva auprès de sa dame, sans ce qu'elle en sceust nouvelle, sinon quant elle le vit. S'elle fut esprinse et esbahye de se veoir saisie et tenue de monseigneur le conte, ce ne fut pas merveilles; mesmes elle en changea couleur, mua semblant ¹⁰, et à bien peu en perdit la parolle, car elle scavoit par renommée, qu'il

---

¹ Prélude, exorde.
² Expression proverbiale : comprit ce dont il s'agissait.
³ Cette phrase est tout à fait incompréhensible; nous la croyons altérée.
⁴ Maquereau, messager.
⁵ Locution proverbiale signifiant *désappointé*.
⁶ En tapinois, en cachette.
⁷ Pour *espions*.
⁸ Coupait, sciait.
⁹ Éloignée, séparée.
¹⁰ Changea de visage.

estoit perilleux et noyseux[1] entre femmes. « Ha dea! ma damoiselle, dist lors le gentil conte, qui se trouva saisy, vous estes à merveilles fiere! On ne vous peut avoir sans siege. Or pensez bien de vous defendre, car vous estes venue à la bataille ; et, avant que de moy partez, vous en ferez, à mon vouloir et tout à ma devise[2], des peines et travaulx que j'ay soufferts et endurez tout pour l'amour de vous. — Helas, Monseigneur, ce dit la jeune fille toute esbahye et surprinse qu'elle estoit, je vous crye mercy! Se j'ay dit ou fait chose qui vous desplaise, vueillez-le-moy pardonner, combien que je ne pense avoir dit ne fait chose dont me doyez[3] scavoir mal gré. Je ne scay, moy, qu'on vous a raporté : on m'a requise, en vostre nom, de deshonneur; je n'y ay point adjousté de foy, car je vous tien si vertueux, que pour riens ne vouldriez deshonnourer une vostre simple subgecte, comme je suis, mais la vouldriez bien garder. — Ostez ce procès, dist Monseigneur, et soyez seure que vous ne m'eschapperez. Je vous ay fait monstrer le bien que je vous vueil et ce pourquoy je envoyay devers vous. » Et, sans plus dire, la trousse et prent entre ses bras, et dessus ung peu d'herbe mise en ung tas qu'elle avoit assemblée, soudainement la coucha et fort roide l'acolla. Et vistement faisoient toutes ses preparatoires d'accomplir le desir qu'il avoit de pieça. La jeune fille, qui se veoit en ce dangier et sur le point de perdre ce qu'en ce monde plus chier tenoit, s'advisa d'ung bon tour et dist : « Ha! Monseigneur, je me rens à vous! Je feray ce qu'il vous plaira, sans nul reffus ne contredit ; soyez plus content de prendre de moy ce qu'en vouldriez, par mon accord et voulenté, que par force et malgré moy; voz parolles et vostre vouloir desordonné soient accomplis! — Ha dea, dist Monseigneur, que vous m'eschappiez, non ferez. Que voulez-vous dire? — Je vous requier, dist-elle, puis qu'il faut que vous obeisse, que vous me faictes ceste honneur, que je ne soye souillie[4] de vos houseaulx, qui sont gras et ors, et vous suffise du surplus. — Et comment en pourroye-je faire? ce dist Monseigneur? — Je les vous osteray, ce dist-elle, très bien, s'il vous plaist, car, par ma foy, je n'auroye cueur ne couraige de vous faire bonne chiere avec ces paillars[5] houseaulx. — C'est peu de chose des houseaulx,

---

[1] Dangereux et entreprenant.
[2] A ma volonté.
[3] Deviez.
[4] Pour *souillée*, salie.
[5] Pleins de fumier et de poussière.

ce dist Monseigneur ; mais non pourtant, puisqu'il vous plaist, ilz seront ostez. » Et alors il abandonna sa prinse, et s'assit dessus l'herbe, et tend sa jambe ; et la belle fille luy osta l'esperon et puis luy tire l'ung de ses houseaulx, qui bien estrois estoient. Et quant il fut environ à moityé, à quoy faire elle eust moult de peine, pour ce que tout à propos le tira de mauvais biays, elle part et s'en va tant que piez la peuvent porter, aidez et soutenus de bon vouloir ; et là laissa le gentil conte, et ne fina [1] de courre, tant qu'elle fut en l'ostel de son pere. Le bon seigneur, qui se trouva ainsi deceu, si enrageoit et plus n'en povoit ; et qui à ceste heure l'eust veu rire, jamais n'eust eu les fiebvres [2]. A quelque meschief que ce fut, se mist sur piez, cuidant, par marchier sur son houseau, l'oster de sa jambe, mais c'est pour neant : il estoit trop estroit ; si n'y trouva aultre remede, que de retourner vers ses gens, de sa bonne adventure. Il ne fut pas loing allé, que tost ne trouvast ses bons disciples, sur le bord d'ung fossé qui l'attendoient ; qu'ilz ne sceurent que penser, quant ilz le veirent ainsi atourné [3]. Il leur conta tout son cas et se fist rehouser [4]. Et qui l'oyoit, celle qui l'a trompé ne seroit pas seurement en ce monde, tant luy cuide et veult bien faire de desplaisir. Mais, quelque vouloir qu'il eust pour lors et tant mal content qu'il feust pour ung temps, toutesfois quant il fut ung peu refroidy, tout son courroux fut converti en cordiale amour. Et qu'il soit vray, depuis, à son pourchas et à ses chiers coustz et despens, il la fit marier très richement et bien, à la contemplacion seulement de la franchise et loyaulté qu'en elle avoit trouvé, dont il eut la vraye congnoissance par le reffus icy dessus compté.

---

[1] Ne cessa.
[2] C'est-à-dire : qu'il n'avait garde de rire en ce moment là
[3] Arrangé.
[4] Rebotter.

LA XXVe NOUVELLE

PAR PHELIPPE DE SAINT YON

La chose est si fresche et si nouvellement advenue, dont je vueil fournir ma nouvelle, que je n'y puis ne tailler, ne rongnier, ne mettre, ne oster. Il est vray que au Quesnoy vint une belle fille, nagueres, au prevost, soy complaindre de force et violence, en elle perpetrée et commise par le vouloir desordonné d'ung jeune compaignon. Ceste complainte au prevost faicte, le compaignon, encusé[1] dé ce crime, fut en heure prins et saisy; et, au dit du commun peuple, ne valoit gueres mieulx que pendu au gibet, ou sans teste sur une roe mis emmy[2] les champs. La fille, voyant et sentant celuy dont elle se douloit[3] emprisonné, poursuyvoit roidement le prevost, qu'il luy en fist justice, disant que, oultre son gré et vouloir, violentement et par force l'avoit deshonnourée. Et le prevost, homme discret et saige et en justice très expert, fist assembler les hommes[4], et puis manda le prisonnier. Et, ainçois qu'il le fist venir devant les hommes desjà tous pretz pour le jugier, s'il confessoit par gehaine[5] ou aultrement l'horrible cas dont il estoit chargié, parla à luy à part, et si l'adjura de dire la verité. « Vecy telle femme, dist-il, qui de vous se complaint très fort de force : est-il ainsi? L'avez-vous efforcée? Gardez que vous dictes verité, car, se vous faillez, vous estes mort, mais se vous dictes verité, on vous fera grace. — Par ma foy, Monseigneur le prevost, dist le prisonnier, je ne vueil pas nyer ne celer que je ne l'aie pieça requise de son amour. Et, de fait, devant hyer, après plusieurs parolles, je la ruay sur ung lit pour faire ce que vous scavez, et luy levay robe, pourpoint et chemise. Et mon furon[6], qui n'avoit ja-

---

[1] Pour *accusé.*
[2] Parmi, au milieu.
[3] Se plaignait.
[4] Prud'hommes, notables, juges.
[5] Question, torture, *gêne.*
[6] Pour *furet.*

mais hanté levrier, ne scavoit trouver la duyere de son connil [1]; et ne faisoit que aller çà et là, mais elle par sa courtoisie luy dressa le chemin, et à ses propres mains, le bouta tout dedans. Je croy trop bien qu'il ne partit pas sans proye, mais qu'il y eust aultre force, par mon serment, non eust. — Est-il ainsi? dist le prevost. — Ouy, par mon serment, dist le bon compaignon. — Or bien, dist-il, nous en ferons très bien. » Après ces parolles, le prevost se vient mettre en siege pontifical, à dextre, environné de ses hommes. Et le bon compaignon fut mis et assis sur le petit banc, ou parquet, ce voyant tout le peuple et celle qui l'accusoit aussi : « Or ça, m'amye, dist le prevost, que demandez-vous à ce prisonnier? — Monseigneur le prevost, dist-elle, je me plains à vous de la force que il m'a faicte, car il m'a violée, oultre mon gré et voulenté, et malgré moy: dont je vous demande justice. — Que respondez-vous, mon amy? dist le prevost au prisonnier? — Monseigneur, se dist-il, vous ay jà dit comment il en va, et je ne pense pas qu'elle die au contraire. — M'amye, dist le prevost, regardez bien que vous dictes et que vous faictes de vous plaindre de force? C'est grant chose! Vecy qui dist qu'il ne vous fist oncques force, mesmes avez esté consentante, et à peu près requerante de ce qu'il a fait. Et qu'il soit vray, vous mesmes adressastes et mistes son furon, qui s'esbatoit à l'entour de vostre terrier ; et à voz deux mains ou à-tout l'une, tout dedans vostredit terrier le mistes. Laquelle chose il n'eust peu faire sans vostre ayde ; et se vous y eussiez tant peu soit resisté, jamais n'en fust venu à chief. Se son furon a fouraigé l'ostel, il n'en peut mais [2], car, dès lors qu'il est au terrier ou duyere, il est hors de son chastoy [3]. — Ha, Monseigneur le prevost, dist la fille plaintive, comment l'entendez-vous? Il est vray, je ne vueil pas nier que voirement j'adressay son furon et le boutay en mon terrier, mais pour quoy fut-ce? Par mon serment, Monseigneur, il avoit la teste roide et le museau tant dur, que je scay tout vray qu'il m'eust fait ung grant pertuis, ou deux, ou trois, au ventre, se je ne l'eusse bien en haste bouté en celuy qui y estoit d'avantage [4]; et vela pourquoy je le fis. » Pensez qu'il y eust grande risée, après la conclusion de ce procès, de ceulx de la justice et de tous les assistans. Et fut le compaignon delivré, promettant de retourner à ses journées [5], quant

---

[1] La retraite de son lapin (*cuniculus*, connil', équivoque obscène.
[2] Ce n'est pas sa faute, il n'est pas répréhensible.
[3] Châtiment, punition.
[4] Par bonheur, à propos.
[5] C'est-à-dire : à la chasse au furet.

sommé en seroit. Et la fille s'en alla bien courroucée, qu'on ne pendoit très bien hault, en haste, celuy qui avoit pendu à ses basses fourches¹. Mais ce courroux, ne sa rude poursuite ne dura gueres, car, à ce qu'on me dit, tantost après, par bons moyens, la paix entre eulx si fut trouvée; et fut abandonnée au bon compaignon garenne, conniniere et terrier, toutes fois que chasser y vouldroit.

LA XXVIᵉ NOUVELLE

PAR MONSEIGNEUR DE FOQUESSOLES

En la duchié de Braibant, n'a pas long temps que la memoire n'en soit fresche et presente à ceste heure, advint ung cas digne de reciter; et, pour fournir une nouvelle, ne doit pas estre rebouté. Et, affin qu'il soit enregistré et en appert² congneu et declaré, il fut tel. A l'ostel d'ung grant baron dudit païs, demouroit et residoit ung jeune, gent et gracieux gentil homme, nommé Girard, qui s'enamoura très fort d'une damoiselle de leans, nommée Katherine³. Et quant il vit son coup, il luy osa bien dire son gracieux et piteux cas. La response qu'il eut de prinssault, plusieurs la peuvent scavoir et penser, laquelle, pour abreger, je trespasse. Et viens à ce que Girard et Katherine, par succession de temps, s'entreaymerent tant fort et si leallement, que ilz n'avoient que ung seul cueur et ung mesme vouloir. Ceste entiere, lealle et parfaicte amour ne dura pas si peu, que les deux ans ne furent acomplis et passés; puis après certaine piece, Amours, qui bande les yeulx de ses serviteurs, les boucha si très bien, que là où ilz cuidoient le plus secretement de leurs amoureux affaires conclure et deviser, chascun s'en apparcevoit; et n'y avoit homme ne

---

¹ Jeu de mots sur les fourches patibulaires, prises ici dans l'acception figurée de cuisses.

² Ouvertement, publiquement.

³ Les enfants des gentilshommes étaient placés de bonne heure, comme pages et comme filles d'honneur, dans la maison des princes et des grands seigneurs, pour y faire leur éducation selon les lois et règles de la chevalerie.

femme à l'ostel, qui très bien ne s'en donnast garde; mesmes fut la chose tant escriée [1], que on ne parloit par leans, que des amours Girard et Katherine. Mais helas! les povres aveugles cuidoient bien seulz estre empeschez [2] de leurs besoignes, et ne se doubtoient gueres qu'on en tenist conseil ailleurs qu'en leur presence, où le troisiesme, de leur gré, n'eust pas esté repceu, sans leur propos changier et transmuer. Tant au pourchas d'aucuns maulditz et detestables envieux, que, pour la continuelle noyse de ce qui rien ou peu ne leur touche, vint ceste matiere à la congnoissance du maistre et de la maistresse de ceux amans, et d'iceulx s'espandit et saillit en audience [3] du pere et de la mere de Katherine. Si luy en cheust si très bien, que, par une damoiselle de leans, sa très bonne compaigne et amye, elle fut advertie et informée du long et du large de la descouverture [4] des amours de Girard et d'elle, tant à monseigneur son pere et ma dame sa mere, que à Monseigneur et à ma dame de leans: « Helas! qu'est-il de faire, ma bonne seur et m'amye? dit Katherine. Je suis femme destruicte [5], puis que mon cas est si manifeste, que tant de gens le scavent et en devisent! Conseillez-moy, ou je suis femme perdue et plus que ung aultre desolée et mal fortunée! » Et à ces motz, larmes à grans tas saillirent de ses yeulx et descendirent au long de sa belle et clere face, jusques bien bas sur sa robbe. Sa bonne compaigne, ce voyant, fut très marrie et desplaisante de son ennuy, et, pour la conforter, luy dist: « Ma seur, c'est follie de mener tel deul et si grant; car on ne vous peut, Dieu mercy, reprocher de chose qui touche vostre honneur, ne celuy de voz amys. Se vous avez entretenu ung gentil homme en cas d'amours, ce n'est pas chose defendue en la Court d'honneur; mesmes est la sente [6] et vraye adresse [7] de y parvenir; et, pour ce, vous n'avez cause de douloir, et n'est ame vivant qui à la verité vous en puisse ou doibve chargier. Mais, toutesfoys, il me sembleroit bon, pour estaindre la noise [8] de plusieurs parolles qui courent aujourd'huy, à l'occasion de vosdictes amours, que Girard, vostre serviteur, sans faire semblant de riens, print ung gracieux congié de Monsei-

---

[1] Ébruitée, publiée.
[2] Occupés.
[3] Alla aux oreilles.
[4] Découverte, révélation.
[5] Perdue, déshonorée.
[6] Sentier.
[7] Véritable chemin.
[8] Bruit fâcheux, *nuisant*.

gneur et de ma dame, coulourant son cas, ou d'aller en ung loingtain voyage, ou en quelque guerre apparente ; et, soubz ceste umbre, s'en alast quelque part soy rendre en ung bon ostel, attendant que Dieu et Amours auront disposé sur voz besoignes; et, luy arresté, vous face scavoir de son estat; et par son mesmes messaige, luy ferez scavoir de voz nouvelles. Et, par ce point, s'appaisera le bruit qui court à present, et vous entraymerez et entretiendrez l'ung l'aultre par liens [1], en attendant que mieulx vous vienne. Et ne pensez point que vostre amour pourtant doibve cesser ; mesmes de bien en mieulx se maintiendra, car, par longue espace, vous n'avez eu rapport ne nouvelle, chascun de sa partie, que par la relacion de voz yeulx qui ne sont pas les plus heureux de faire les plus seurs jugemens, mesmes à ceulx qui sont tenus en l'amoureux servaige. » Le gracieux et bon conseil de ceste gentil femme fut mis en oeuvre et à effect, car, au plus tost que Katherine sceust trouver la façon de parler à Girard son serviteur, elle en brief luy compta comment l'embusche de leurs amours estoit descouverte et venue desjà à la congnoissance de Monseigneur son père et de ma dame sa mere, et de Monseigneur et ma dame de leans : « Et creez, dist-elle, avant qu'il soit venu si avant, ce n'a pas esté sans passer grans langaiges, au pourchas des rapporteurs, devant tous ceulx de ceans et de plusieurs voisins. Et, pource que Fortune ne nous est pas si amye de nous avoir permis longuement vivre si glorieusement en nostre estat encommencé, et si nous menace, advise, forge et prepare encores plus grans destourbiers [2], se ne pourvoyons à l'encontre ; il nous est mestier utile et necessité d'avoir advis bon et hastif. Et, pource que le cas beaucoup me touche et plus que à vous, quant au dangier qui sourdre en pourroit, sans vous desdire je vous diray mon opinion. « Lors luy va compter, de rechief en bout, l'advertissement et conseil de sa bonne compaigne. Girard, desjà ung peu adverty de ceste mauldicte adventure, plus desplaisant que se tout le monde feust mort, mis hors de sa dame, respondit en telle maniere : « Ma leale et bonne maistresse, vecy vostre humble et obeissant serviteur, qui après Dieu n'ayme riens en ce monde si loyaulment que vous. Et suis celuy à qui vous povez ordonner et commander tout ce que bon vous semble, et qui vous vient à plaisir, pour estre lyement [3] et de bon cueur sans contredit obeye. Mais pensez qu'en ce monde ne me pourra

---

[1] Il faut sans doute lire : *lettres*.
[2] Embarras, troubles.
[3] Joyeusement.

pis advenir, quant il fauldra que je esloigne vostre très desiré presence. Helas! s'il fault que je vous laisse, il m'est advis que les premieres nouvelles que vous aurez de moy, ce sera ma doulente et piteuse mort adjugée et executée à cause de vostre eslongier [1]; mais, quoy que soit, vous estes celle et seule vivante que je vueil obeyr, et ayme trop plus chier la mort en vous obeyssant, que en ce monde vivre, voire et estre perpetuel, non accomplissant vostre noble commandement! Vecy le corps de celuy qui est tout vostre: Taillez, rongnez, prenez, ostez et faictes tout ce qu'il vous plaist. » Se Katherine estoit marrie et desplaisante, oyant son serviteur qu'elle aymoit plus loyaulment que nul autre, le voyant aussi plus troublé que dire on ne le vous pourroit, il ne le fault que penser et non enquerre. Et se ne feust pour la grant vertu que Dieu en elle n'avoit pas oubliée de mettre largement et à comble, elle se feust offerte de luy faire compaignie en son voyage; mais, esperant de quelque jour recouvrer à ce que très heureusement faillit [2], le retira de ce propos: et certainè piece après, si luy dist: « Mon amy, c'est force que vous en allez: si vous prie que vous n'oubliez pas celle qui vous a fait le don de son cueur. Et, affin que vous ayez couraige de mieulx soustenir la très joyeuse et horrible bataille que Raison vous livre et amaine à vostre douloureux partement, encontre vostre vouloir et desir, je vous prometz et asseure, sur ma foy, que, tant que je vive, autre homme n'auray à espousé, de ma voulenté et bon gré, que vous, voire tant que vous me soyez leal et entier, comme j'espoire que vous serez. Et, en approbacion de ce, je vous donne ceste verge [3] qui est d'or esmaillié de larmes noires. Et, se d'adventure on me vouloit ailleurs marier, je me defendray tellement et tiendray telz termes, que vous deverez estre de moy content, et vous monstreray que je vous vueil tenir, sans faulcer, ma promesse. Or, je vous prie que tantost que vous serez arresté où que ce soit, que m'escripvez de voz nouvelles, et je vous rescripray des miennes. — Ha! ma bonne maistresse, dist Girard, or voy-je bien qu'il fault que je vous abandonne, pour une espace! Je prie à Dieu

---

[1] Éloignement.

[2] C'est-à-dire, si nous comprenons bien le sens de cette phrase peu intelligible, dans laquelle il faut lire *saillit* au lieu de *faillit*: « Espérant se retrouver un jour dans des circonstances plus heureuses; » ou: « Espérant qu'un jour ou l'autre les choses auraient une heureuse issue. »

[3] Anneau; ce mot, qui se dit encore dans les campagnes, vient du latin *virgo*, parce que c'était l'anneau que l'époux ou le fiancé donnait à son épouse ou à sa fiancée, en signe d'alliance. De là le vieux dicton: *verge à verge*.

qu'il vous doint ¹ plus de bien et plus de joye, qu'il ne m'appert ² en
avoir. Vous m'avez fait, de vostre grace, non pas que j'en soye digne,
une si haulte et honnorable promesse, que n'est pas en moy de vous
en scavoir seulement et suffisamment mercier. Et encores ay-je le
pouvoir de le desservir ³, mais pourtant ne demeure pas que je n'en
aye la congnoissance ; et si vous ose bien faire la pareille promesse,
vous suppliant très humblement, et de tout mon cueur, que mon bon
et leal vouloir me soit reputé de tel et aussi grant merite, que s'il
partoit de plus homme de bien que moy. Et adieu, ma dame, ! Mes
yeulx demandent à leur tour audience, qui coupent à ma langue son
parler. » Et, à ces motz, la baisa, et elle luy très serrement ⁴ ; et
puis, s'en allerent chascun en sa chambre plaindre ses douleurs. Dieu
scait s'ilz ploroient des yeulx, du cueur et de la teste ! Au fort, à
l'heure qu'il se convint monstrer, chascun s'efforça faire aultre chiere
de semblant et de bouche ⁵, que le desolé cueur ne faisoit. Et, pour
abregier, Girard fist tant en peu de jours, qu'il obtint congié de son
maistre, qui ne fut pas trop difficile à impetrer ⁶ ; non pas pour faulte
qu'il eust fait, mais à l'occasion des amours de luy et de Katherine,
dont les amys d'elle estoient mal contens, pour tant que Girard n'estoit pas de si grand lieu ne de si grant richesse comme elle estoit ; et,
pour ce, doubtoient qu'il ne la fiançast. Ainsi n'en advint pas, et si se
partit Girard, et fist tant par ses journées, qu'il vint ou pays de Barrois
et trouva retenance ⁷ à l'ostel d'ung grant baron du pays. Et, luy arresté, tantost manda et fist savoir à sa dame de ses nouvelles, qui en
fut très joyeuse, et par son messaigier mesmes, luy rescripvit de son
estat et du bon vouloir qu'elle avoit et auroit vers luy, tant qu'il vouldroit estre loyal. Or, vous faut-il scavoir que, tantost que Girard fut
party de Braibant, plusieurs gentilz hommes, escuyers et chevaliers se
vindrent accointer de Katherine, desirans, sur toutes autres, sa bien-
veillance et sa grace ; qui, durant le temps que Girard servoit et estoit
present, ne se monstroient, n'apparoient ⁸, saichans de vray qu'il al-

---

¹ Pour *donne* ; c'était un reste de l'ancienne forme du verbe *doigner*, qui a
précédé *donner*.
² M'apparaît, me semble. On peut lire : *m'appartient*.
³ Mériter.
⁴ Étroitement.
⁵ Semblant, démonstration de visage et de parole.
⁶ Obtenir.
⁷ Hospitalité, condition, résidence.
⁸ Ni apparaissaient.

loit devant eulx à l'offrande [1]. Et, de fait, plusieurs la requirent à Monseigneur son pere de l'avoir en mariage ; et, entre aultres, luy en vint ung, qui luy fut agreable. Si manda plusieurs ses amys et sa belle fille aussi; et leur remonstra comment il estoit desja ancien, et que ung des grans plaisirs qu'il pourroit en ce monde avoir, ce seroit de veoir sa fille en son vivant bien alliée. Leur dist au surplus : « Ung tel gentil homme m'a fait demander ma fille ; ce me semble très bien son fait, et, se vous le me conseillez et ma fille me vueille obeyr, il ne sera pas escondit en sa très honnorable requeste. » Tous ses amys et parens louerent et accorderent beaucoup ceste aliance, tant pour les vertus et richesses que aultres biens dudit gentil homme. Et quant vint à scavoir la voulenté de la bonne Katherine, elle se cuida excuser de non soy marier, remonstrant et alleguant plusieurs choses, dont elle le cuidoit desarmer [2] et eslongier [3] ce mariage ; mais, en la parfin, elle fut à ce menée, que s'elle ne vouloit estre en la male grace de pere, de mere, de parens, d'amys, de maistre et de maistresse, qu'elle ne tiendroit pas la promesse qu'elle a fait à Girard son serviteur. Si s'advisa d'un très bon tour pour contenter tous ses parens, sans enfreindre la loyaulté qu'elle veult à son serviteur, et dist: « Mon très redoubté seigneur et pere, je ne suis pas celle qui vous vouldroye en nulle maniere du monde desobeyr, voire sans la promesse que j'auroye faicte à Dieu mon createur, de qui je tiens plus que de vous. Or est-il ainsi que je m'estoye resolute [4] en Dieu, et proposé et promis en mon cueur avoye, non pas de jamais moy marier, mais de le non faire encores, ne encores, attendant que par sa grace me voulsist enseigner cest estat, ou aultre plus seur, pour saulver ma povre ame. Neantmoins, pour ce que je suis celle qui pas ne vous vueil troubler, où je puisse bonnement à l'encontre, je suis contente d'emprendre [5] l'estat de mariage, ou aultre tel qu'il vous plaira, moyennant qu'il vous plaise moy donner congié de aincois [6] faire un pellerinage à Sainct-Nycolas de Varengeville [7] lequel j'ay voué et promis,

---

[1] Expression proverbiale signifiant, qu'il avait pris les devants, qu'il était le préféré.

[2] Le faire changer d'avis.

[3] Pour *éloigner*.

[4] Pour *résolue*. La formation étymologique du mot (*resolutus, resoluta*) voulait *résolut, résolute*.

[5] Entreprendre, accepter.

[6] Auparavant.

[7] Bourg de Lorraine, sur la Meurthe, à deux lieues de Nancy. Les reliques de

avant que jamais je change l'estat où je suis. » Et ce, dist-elle, affin qu'elle peust veoir son serviteur en chemin et luy dire comment elle estoit forcée et menée contre son veu. Le pere ne fut pas moyennement joyeux de ouyr le bon vouloir et la saige response de sa fille. Si luy accorda sa requeste et prestement voulut disposer de son partement; et disoit desjà à ma dame sa femme, sa fille presente : « Nous luy baillerons ung tel gentil homme, ung tel et ung tel; Ysabeau, Marguerite et Jehanneton, c'est assez pour son estat. — Ah! Monseigneur, dit Katherine, nous ferons aultrement, s'il vous plaist. Vous scavez que le chemin de cy à Sainct-Nycolas n'est pas bien seur, mesmement pour gens qui menent et conduisent femmes, et à quoy on doit bien prendre garde. Je n'y pourroye aussi aller sans grosse despence; et aussi, c'est une grant voie, et, s'il nous advenoit meschief d'estre prins ou destroussez de biens ou de nostre honneur (que jà Dieu ne vueille!), ce seroit ung merveilleux desplaisir. Si me sembleroit bon, saulve toutesfois vostre bon plaisir, que me fissiez faire ung habillement d'homme et me baillassiez en la conduite de mon oncle le bastard[1], chascun monté sur un petit cheval. Nous yrions plus tost, plus seurement, et à moins de despens; et s'ainsi le vous plaist, je l'entreprendray plus hardiment que d'y aller en estat[2]. » Ce bon seigneur pensa ung peu sur l'advis de sa fille, en parla à ma dame; si leur sembla que l'ouverture qu'elle faisoit luy partoit d'ung grant sens et d'ung très bon vouloir. Si furent ses choses prestes et ordonnées tantost pour partir. Et ainsi se meirent au chemin la belle Katherine et son oncle le bastard, sans aultre compaignie. Habillez à la façon d'Allemaigne bien et gentement estoient Katherine, le maistre, l'oncle et le varlet. Ilz firent tant par leurs journées, que leur pellerinage voire de Sainct-Nycolas fut acomply. Et comme ilz se mettoient au retour, louant Dieu qu'ilz n'avoient encores eu que tout bien, et devisant d'aultres plusieurs choses, Katherine à son oncle va dire : « Mon oncle, mon amy, vous scavez qu'il est en moy, la mercy Dieu, qui suis seule, heritiere de Monseigneur mon pere, de vous faire beaucoup de biens; laquelle chose je feray voulentiers quant en moy sera, se vous me

---

saint Nicolas, évêque de Mire, y attiraient de nombreux pèlerins qui venaient de tous côtés accomplir un vœu et apporter une offrande.

[1] Il y avait, dans toutes les maisons nobles, des bâtards qui se qualifiaient ainsi, et dont la naissance illégitime n'était alors ni un scandale ni une honte, puisqu'ils portaient la *barre* de la bâtardise sur l'écusson de leurs armes de famille.

[2] C'est-à-dire : avec une suite, un grand train.

voulez servir en une menue queste ¹ que j'ay entreprinse : c'est d'aller à l'ostel d'un seigneur de Barrois (qu'elle luy nomma) veoir Girard, que vous scavez? Et, affin que, quant nous reviendrons, puisse compter quelque chose de nouveau, nous demanderons leans retenance ² ; et se nous le povons obtenir, nous y serons par aulcuns jours et verrons le pays ; et ne faictes nulle doubte que je n'y garde mon honneur, comme une bonne fille doit faire. » L'oncle, esperant que mieulx luy en sera cy après, et qu'elle est si bonne ³, qu'il n'y fault jà guet sur elle, fut content de la servir, et de l'accompaigner en tout ce qu'elle vouldra. Il fut beaucoup mercyé ⁴, n'en doubtez ; et dès lors conclurent qu'il appelleroit sa niepce Conrard. Ilz vindrent assez tost, comme on leur enseigna, ou lieu desiré ; et s'adresserent au maistre d'ostel du seigneur, qui estoit ung ancien escuyer, qui les receust comme estrangiers très lyement et honnorablement. Conrard luy demanda se Monseigneur son maistre ne voudroit pas le service d'ung jeune gentil homme qui queroit adventure et demandoit à veoir pays ? Le maistre d'ostel demanda dont il estoit, et il dist que il estoit de Braibant : « Or bien, dist-il, vous viendrez disner ceans, et après disner, j'en parleray à Monseigneur. » Il les fist tantost conduire en une belle chambre, et envoya couvrir la table, et faire ung très beau feu et apporter la soupe, et la piece de mouton, et le vin blanc, attendant le disner. Et s'en alla devers son maistre et luy compta la venue d'ung jeune gentil homme de Braibant, qui le vouldroit bien servir, se le seigneur estoit content, et si luy semble que ce soit son fait. Pour abregier, tantost qu'il eut servy son maistre, il s'en vint devers Conrard pour luy tenir compaignie au disner, et avec luy amena, pour ce qu'il estoit de Braibant, le bon Girard dessus nommé, et dist à Conrard : « Vecy ung gentil homme de vostre pays ? — Il soit le très bien trouvé ! ce dist Conrard. — Et vous le très bien venu ! » ce dist Girard. Mais creez qu'il ne recongneust pas sa dame ; mais elle, luy, très bien. Durant que ces accointances se faisoient, la viande fut apportée et assise emprès le maistre d'ostel, chascun en sa place. Ce disner dura beaucoup à

---

¹ Recherche, poursuite.
² C'était l'usage alors de s'arrêter, en voyageant, dans les châteaux des seigneurs, où l'on donnait l'hospitalité à tous ceux qui la demandaient ; cette hospitalité devenait une splendide réception, quand le nouveau venu se faisait connaitre pour un gentilhomme de bon lieu.
³ Sage, vertueuse.
⁴ Pour *remercié*.

Conrard, esperant après, d'avoir de bonnes devises [1] avec son serviteur, pensant aussi qu'il la recongnoistra tantost, tant à sa parolle comme aux responses qu'il luy fera de son pays de Braibant, mais il alla tout aultrement; car oncques, durant le disner, le bon Girard ne demandoit après homme ne femme de Braibant: dont Conrard ne scavoit que penser. Ce disner fut passé, et, après disner, Monseigneur retint Conrard en son service. Et le maistre d'ostel, très scient [2] homme, ordonna que Girard et Conrard, pour ce qu'ilz sont tous d'ung pays, auroyent chambre ensemble. Et, après ceste retenue, Girard et Conrard, se prindrent à bras, et s'en vont veoir leurs chevaulx; mais, au regard de Girard [3], s'il parla oncques, ne demanda rien de Braibant. Si se print à doubter le povre Conrard, c'est assavoir la belle Katherine, qu'elle estoit mise avec les pechiez oubliez, et que, s'il en estoit riens à Girard, il ne se pourroit tenir qu'il n'en demandast, ou au moins du seigneur ou de la dame où elle demouroit. La povrete estoit, sans gueres le monstrer, en grant destresse de cueur; et ne scavoit lequel faire, ou de soy encores celer, et de l'esprouver par subtilles parolles, ou de soy prestement faire congnoistre. Au fort, elle s'arresta que encores demourera Conrard, et ne demandera pas Katherine, se Girard ne tient aultre maniere. Ce soir se passe comme le disner. Et vindrent en leur chambre Girard et Conrard, parlans de beaucoup de choses, mais il ne venoit nulz propos en termes que gueres pleussent audit Conrard. Quant il vit qu'il ne diroit rien se on ne luy met en bouche, elle luy demanda de quelz gens il estoit de Braibant, ne comment il estoit là venu; et comment on se portoit audit pays de Braibant, depuis qu'elle n'y avoit esté, et il en respondit tout ce que bon luy sembla : « Et congnoissez-vous pas, dist-elle, ung tel seigneur et ung tel? — Saint Jehan! ouy, » dist-il. Et, au derrenier, elle luy nomma le Seigneur. Et il dist qu'il le congnoissoit bien, sans dire qu'il y eust demouré, ne aussi que jamais en sa vie y eut esté. « On dit, ce dist-elle, qu'il y a de belles filles leans? En congnoissez-vous nulles ? — Bien peu, dist-il, et aussi, il ne m'en chault! Laissez-moy dormir, je meurs de sommeil. — Comment, dist-elle, povez-vous dormir, puisque on parle de belles filles? Ce n'est pas signe que vous soyez amoureux ! » Il ne respondit mot, mais s'endormit comme ung pourceau ; et la povre Katherine se doubta tantost de ce qui estoit, mais elle

---

[1] *Devis*, causeries.
[2] Très-bien appris, sachant vivre.
[3] Quant à ce qui regarde Girard, quant à Girard.

conclud qu'elle l'esprouvera plus avant. Quant vint à lendemain, chascun s'habilla, parlant et devisant de ce que plus luy estoit, Girard de chiens et d'oiseaulx, et Conrard, des belles filles de Icans et de Braibant. Quant vint après disner, Conrard fist tant, qu'il destourna Girard des aultres, et luy va dire que le pays de Barrois desjà luy desplaisoit, et que vrayement Braibant est toute aultre marche [1], et en son langaige luy donna assez à congnoistre que le cueur luy tiroit fort devers Braibant. « A quel propos ? ce dist Girard. Que voyez vous en Braibant, qui n'est icy ? Et n'avez-vous pas icy les belles foretz pour la chasse, les belles rivieres et les plaines tant plaisantes qu'à souhaitier, pour le deduit des oyseaulx [2] en tant de gibier, et aultre ? — Encore n'est-ce rien ! ce dist Conrard. Les femmes de Braibant sont bien aultres, qui me plaisent bien autant et plus que vos chasses et voliers [3] ! — Sainct Jehan ! c'est aultre chose ! ce dist Girard. Vous y seriez hardiment amoureux en vostre Braibant, je l'oz [4] bien ! — Par ma foy, ce dist Conrard, il n'est jà mestier qu'il soit celé, car je suis amoureux voirement. Et, à ceste cause, me y tire le cueur tant rudement et si fort, que je fais doubte que force me sera d'abandonner ung jour vostre Barrois, car il ne me sera pas possible à la longue de longuement vivre sans veoir ma dame. — C'est follie donc, ce dist Girard, de l'avoir laissie [5], se vous vous sentiez si inconstant ? — Inconstant, mon amy ? Et où est celuy qui peult mestrier [6] loyaulx amoureux ? Il n'est si saige ne si advisé, qui s'y saiche seurement conduire. Amours bannist souvent, de ses servans, et sens et raison. » Ce propos, sans plus avant le desduire, se passa, et fut heure de souper : et ne se ratelerent au deviser [7], tant qu'ilz furent au lict couchiez. Et creez que de par Girard jamais n'estoit nouvelles, que de dormir, se Conrard ne l'eust assailly de procès [8] : qui commença une piteuse, longue, et douloureuse plainte après sa dame (que je passe, pour abregier). Et si dist, en la fin : « Helas, Girard, et comment povez-vous avoir envie ne faim de dormir auprès de moy, qui suis tant esveillée, qui n'ay esperit qui

---

[1] Contrée, du bas latin *marca*.
[2] Plaisir de la chasse au vol, de la fauconnerie.
[3] Il vaut mieux lire : *voleries*, chasses au vol.
[4] Je l'entends.
[5] Pour *laissée*, dans le patois brabançon.
[6] Connaître, trouver, *maîtriser*, car *mestrie* était synonyme de *maîtrise* et métier.
[7] Entretien, conversation.
[8] Questions, discussions.

ne soit plain de regretz, d'ennuy et de soulcy? C'est merveilles, que vous n'en estes ung peu touchié; et croyez, se c'estoit maladie contagieuse, vous ne seriez pas seurement si près, sans avoir des esclabotures [1]. Helas! je vous prie, se vous n'en sentez nulles, ayez au moins pitié et compassion de moy, qui meurs surtout, se je ne vois brief ma dame par amours! — Je ne veis jamais si fol amoureux ! ce dist Girard. Et pensez-vous que je n'aye point esté amoureux? Certes, je scay bien que c'est, car j'ay passé par là comme vous ; certes si ay ! Mais je ne fus oncques si enraigé, que d'en perdre le dormir ne la contenance, comme vous faictes maintenant. Vous estes beste, et ne prise point vostre amour ung blanc [2]. Et pensez-vous qu'il en soit autant à vostre dame ? Nenny, nenny. — Je suis tout seur que si, ce dist Conrard ; elle est trop leale. — Ha dea, vous direz ce que vous vouldrez, ce dist Girard, mais je ne croiray jà que femmes soient si leales, que pour tenir telz termes [3], et ceulx qui le cuident sont parfaits coquars [4]. J'ay aymé comme vous, et encores en ayme-je bien une. Et, pour vous dire mon fait, je partis de Braibant à l'occasion d'amours; et, à l'heure que je partis, j'estoye bien en la grace d'une très belle, bonne et noble fille, que je laissay à très grand regret ; et me despleust beaucoup, par aucuns peu de jours, d'avoir perdu sa presence, non pas que j'en laissasse le dormir, ne boire, ne manger, comme vous. Quant je me veis ainsi d'elle eslongié, je voulus user pour remede du conseil de Ovide [5], car je n'eus pas si tost accointance et entrée ceans, que je ne priasse une des belles qui y soit ; et ay tant fait, la Dieu mercy ! qu'elle me veult beaucoup de bien, et je l'ayme beaucoup aussi. Et, par ce point, me suis-je deschargié de celle que par avant aymoye, et ne m'en est à present non plus que de celle que oncques ne veis; tant m'en a rebouté [6] ma dame de present ! — Et comment, ce dist Conrard, est-il possible, se vous aymiez bien l'aultre, que vous la puissiez si tost oublier ne abandonner? Je ne le scay entendre, moy, ne concepvoir, comment il se peut faire ! — Il s'est fait toutesfoys ; entendez-le, se vous scavez. — Ce n'est pas bien gardé

---

[1] Éclaboussures.
[2] Petite monnaie de billon qui valait six deniers ; on dit encore *six blancs*, pour deux sous et demi.
[3] C'est-à-dire : pour rester longtemps fidèles à leur parole.
[4] Nigauds. Le *coquart* est un mauvais coq qui se laisse battre par ses poules.
[5] C'est-à-dire : suivre les conseils qu'Ovide donne aux amants, dans son poëme intitulé : *Remedium amoris*.
[6] Distrait, détourné.

loyaulté, ce dist Conrard ; quant à moy, j'aymeroye plus chier mourir mille fois, se possible m'estoit, que d'avoir fait à ma dame si grant faulseté. Et jà Dieu ne me laisse tant vivre, que j'aye non pas le vouloir seulement, mais une seule pensée de jamais aymer ne prier aultre qu'elle ! — Tant estes-vous plus beste, ce dist Girard, et se vous maintenez ceste follie, jamais vous n'aurez bien et ne ferez que songier et muser ; et secherez sur terre comme la belle herbe dedans le four, et serez homicide de vous-mesmes ; et si n'en aurez jà gré, mesmes vostre dame n'en fera que rire, se vous estes si heureux qu'il vienne jusques à sa congnoissance. — Comment? ce dist Conrard ; vous scavez d'amours bien avant ! Je vous requier donc que veuillez estre mon moyen[1] ceans ou autre part, que je face dame par amours, assavoir se je pourroye garir comme vous ! — Je vous diray, ce dist Girard, je vous feray demain deviser à ma dame, et aussi je lui diray que nous sommes compaignons et qu'elle fasse vostre besoigne à sa compaigne ; et je ne doubte point, se vous voulez, que encores n'ayons du bon temps, et que bien brief se passera la resverie qui vous affole, voire se à vous ne tient. — Se ce n'estoit pour faulcer mon serment à ma dame, je le desireroye beaucoup, ce dist Conrard, mais, au fort, j'essaieray comment il m'en prendra. » Et, à ces motz, se retourna Girard et s'endormit. Et Katherine estoit de mal tant oppressée, voyant et oyant la desloyaulté de celuy qu'elle aymoit plus que tout le monde, qu'elle se souhaitoit morte et plus que morte. Non pourtant ; elle adossa la tendreur féminine[2], et s'adouba[3] de virile vertu. Car elle eust bien la constance de lendemain longuement et largement deviser avec celle qui par amours aymoit celuy au monde que plus chier tenoit ; mesmes força son cueur, et ses yeulx fist estre notaires[4] de plusieurs entretenances, à son très grant et mortel prejudice. Et, comme elle estoit en parolles avec sa compaigne, elle apperceust la verge, que au partir donna à son desloyal serviteur : qui luy parcreust ses douleurs ; mais elle ne fut pas si folle, non pas par convoitise de la verge, qu'elle ne trouvast une gracieuse façon de la regarder et bouter en son doy. Et, sur ce point, comme non y pensant, se part et s'en va. Et, tantost que le souper fut passé, elle vint à son oncle et lui dist : « Nous avons assez esté en Barrois ! Il est temps de partir. Soyez demain

---

[1] Intermédiaire, entremetteur.
[2] Chassa la faiblesse de son sexe. *Adosser*, c'est : mettre à dos, derrière soi.
[3] Se cuirassa, s'arma. On dit encore *rad uber*, dans la langue maritime.
[4] C'est-à-dire : témoins qui prennent *note*, qui dressent acte.

prest au point du jour, et aussi seray-je. Et gardez que tout nostre bagaige soit bien attinté [1]. Venez si matin, qu'il vous plaist? — Il ne vous fauldra que monstrer, » respondit l'oncle. Or devez-vous scavoir que tandis, puis souper, que Girard devisoit avec sa dame, celle, qui la fut, s'en vint en sa chambre et se met à escripre unes lettres [2] qui narroient tout du long et du large les amours d'elle et Girard : « comme les promesses que s'entrefirent au partir; comment on l'avoit voulu marier, le refus qu'elle en fist, et le pellerinaige qu'elle entreprinst pour sauver son serment, et se rendre à luy ; la desloyaulté dont elle l'a trouvé garny, tant de bouche comme de oeuvre et de fait : Et, pour les causes dessus dictes, elle se tient pour acquittée et desobligée [3] de la promesse qu'elle jadis luy fist : Et s'en va vers son pays, et ne le quiert jamais ne veoir, ne rencontrer, comme le plus desleal qu'il est, qui jamais priast femme : Et si emporte la verge qu'elle luy donna, qu'il avoit desjà mise en main sequestre [4] : Et si se peut vanter qu'il a couchié par trois nuytz au plus près d'elle ; s'il y a que bien, si le dye, car elle ne le craint. » *Escript de la main de celle dont il peut bien congnoistre la lettre*, et au dessoubz : *Katherine*, etc., *surnommée Conrard*; et sur le dos : *Au desleal Girard*, etc. Elle ne dormist gueres la nuyt, et aussitost que on vit du jour, elle se leva tout doulcement, et s'habilla, sans ce que oncques Girard s'esveillast. Et prent sa lettre, qu'elle avoit bien close et fermée, et la boute en la manche du pourpoint de Girard ; et à Dieu le commanda, tout en basset [5], en plourant tendrement, pour le grant deul qu'elle avoit du très faulx et mauvais tour qu'il luy avoit joué. Girard dormoit, qui mot ne respondit. Elle s'en vient devers son oncle qui luy bailla son cheval, et elle monte, et puis tirent pays, tant qu'ilz vindrent en Braibant, où ilz furent receuz joyeusement, Dieu le scait.

Et pensez que leur fust bien demandé des nouvelles et adventures de leurs voyaiges : comment ilz s'y estoient gouvernez; mais, quoy qu'ilz respondissent, ilz ne se vanterent pas de la principale. Pour parler comment il advint à Girard : quant vint le jour du partement de la bonne Katherine, environ dix heures, il s'esveilla ; et regarda que

---

[1] Préparé.

[2] On employait le pluriel, pour dire *une lettre*, comme dans le atin *litteræ*.

[3] Dégagée.

[4] Main tierce; Conrard était, pour ainsi dire. *sequestre* de la bague que Girard lui avait remise en dépôt.

[5] A voix basse.

son compaignon Conrard estoit jà levé; si se pensa qu'il estoit tard, et sault[1] tout en haste, et chercha son pourpoint : et comme il boutoit son bras dedans l'une des manches, il en saillit unes lettres, dont il fut assez esbahy ; car il ne luy souvenoit pas que nulles y en eust boutées. Il les releva toutesfois, et voit qu'elles sont fermées : et avoit au dos escript : *Au desleal Girard*, etc. Se paravant avoit esté esbahy, encores le fut-il beaucoup plus. A certaine piece après, il les ouvrit et voit la subscription qui disoit : *Katherine surnommée Conrard*, etc. Si ne scait que penser : il les list neantmoins, et, en lisant, le sang luy monte et le cueur luy fremist, et devint tout alteré de maniere et de couleur. A quelque meschief que ce feust, il acheva de lire sa lettre, par laquelle il congneut que sa desloyaulté estoit venue à la congnoissance de celle qui luy vouloit tant de bien ; non qu'elle le sceust estre tel, au rapport d'aultruy, mais elle-mesmes, en personne, en a faicte la vraye informacion ; et, qui plus près du cueur luy touche, il a couché trois nuytz avec elle, sans l'avoir guerdonnée[2] de la peine qu'elle a prinse que de si très loing le venir esprouver. Il ronge son frain, et enraige tout vif, quant il se voit en celle peleterie[3]. Et après beaucoup d'avis, il ne scait autre remede, que de la suyr[4] ; et bien luy semble qu'il la rataindra. Si prent congié de son maistre, et se met à la voye, suyvant le froye[5] des chevaulx de ceulx que oncques ne rataignit, tant qu'ilz feussent en Braibant, où il vint si à point, que c'estoit le jour des nopces de celle qui l'a esprouvé : laquelle il cuida bien aller baiser et saluer, et faire une orde[6] excusance de ses faultes, mais il ne luy fut pas souffert, car elle luy tourna l'espaule, et ne sceust, tout ce jour ne oncques puis après, trouver maniere ne façon de deviser avecques elle. Mesmes il s'advança une fois pour la mener dancer, mais elle le reffusa plainement devant tout le monde : dont plusieurs à ce prindrent garde. Ne demoura gueres après, que ung aultre gentil homme entra dedans, qui fist corner[7] les menestriers ; et s'advança par devant elle, et elle descendist, ce voyant Girard, et

---

[1] Se lève, saute du lit.
[2] Récompensée.
[3] Mystification. Ce mot vient de ce qu'on se couvrait de peaux de bêtes pour se déguiser en carnaval et dans les mascarades. On dit encore proverbialement : « Je ne voudrais pas être dans la peau de quelqu'un. »
[4] Pour *suivre*.
[5] Les traces.
[6] Vile, vilaine, honteuse.
[7] Jouer de la corne ou du cor.

s'en alla dancer. Ainsi donc, comme avez ouy, perdit le desleal sa dame. S'il en est encores d'aultres telz, ilz se doibvent mirer en cest exemple, qui est notoire et vray, et advenu depuis nagueres.

LA XXVIIe NOUVELLE

PAR MONSEIGNEUR DE BEAUVOIR

Ce n'est pas chose peu accoustumée, especialement en ce royaulme, que les belles dames et damoiselles se trouvent voulentiers et souvent en la compaignie des gentilz compaignons. Et, à l'occasion des bons et joyeux passetemps qu'elles ont avec eulx, les gracieuses et doulces requestes, qu'ilz leurs font, ne sont pas si difficiles à impetrer. A ce propos, n'a pas long temps que ung très gentil seigneur, que on peut bien mettre au renc et du cousté des princes, dont je laisse le nom en la plume, se trouva tant en grace d'une très belle damoiselle, qui mariée estoit, dont le bruit d'elle n'estoit pas si peu congneu, que le plus grant maistre de ce royaulme ne se tenist[1] pour très heureux d'en estre retenu serviteur. Laquelle luy voulut de fait monstrer le bien qu'elle luy vouloit. Mais ce ne fut pas à sa premiere voulenté, tant l'empeschoient les anciens adversaires et ennemis d'amour. Et, par especial, plus luy nuysoit son bon mary, tenant le lieu, en ce cas, du très mauldit Dangier[2]; car, se ce ne feust-il, son gentil serviteur n'eust pas encores à luy tollir[3] ce que bonnement et par honneur donner ne luy povoit. Et pensez que ce serviteur n'estoit pas moiennement mal content de ceste longue attente, car l'achevement de sa gente chasse luy estoit plus grand heur, et trop plus desiré, que nul aultre bien quelconque que advenir jamais luy povoit. Et, à ceste cause, tant continua son pourchas, que sa dame luy dist : « Je ne suis pas

---

[1] Pour tint, qui se dit par contraction, au lieu de tenit.
[2] C'est toujours le personnage allégorique du roman de la *Rose*, ce vilain jaloux qui n'a pas d'autre affaire que de nuire aux dames, en leur tendant des pièges et en les faisant tomber dans de mauvais pas.
[3] Oter, enlever; du latin *tollere*.

moins desplaisante que vous, par ma foy, que je ne vous puis faire aultre chiere : mais vous scavez, tant que mon mary soit ceans, force est qu'il soit entretenu. — Helas! dist-il, et n'est-il moyen qui se puisse trouver d'abreger mon dur et cruel martyre? » Elle, qui, comme dessus est dit, n'estoit pas en moindre desir de soy trouver à part avec son serviteur, que luy-mesmes, si luy dist : « Venez anuyt [1], à telle heure, heurter à ma chambre : je vous feray mettre dedans; et trouveray façon d'estre delivré de mon mary, se Fortune ne destourne mon entreprinse. » Le serviteur ne ouyt jamais chose qui mieulx luy pleust; et après les remercimens gracieux et deuz en ce cas, dont il estoit bon maistre et ouvrier, se part d'elle, attendant et desirant son heure assignée. Or devez-vous scavoir que environ une bonne heure, ou plus ou moins, devant l'heure assignée dessusdicte, nostre gentille damoiselle, avec ses femmes et son mary qui va derriere, pour ceste heure estoit en sa chambre retraicte [2] puis [3] le souper; et n'estoit pas, croyez, son engin [4] oyseux, mais labouroit [5] à toute force pour fournir la promesse à son serviteur; maintenant pensoit d'ung, puis maintenant d'ung autre, mais riens ne luy venoit à son entendement, qui peust eslongier ce mauldit mary; et toutesfoys approchoit fort l'heure très desirée. Comme elle estoit en ce parfond penser, Fortune luy fut si très amye, que mesmes son mary donna le très doulx advertissement de sa dure chance et mal adventure, convertie, en la personne de son adversaire, c'est assavoir du serviteur dessusdit, en joie non pareille de deduit, soulas et liesse [6]. Regardant par la chambre, tant regarda qu'il apperceut d'adventure aux piedz de la couchette ung bahu qui estoit à sa femme. Et, affin de la faire parler et l'oster de son penser, demanda de quoy servoit ce bahu en la chambre, et à quel propos on ne le portoit point à la garderobe ou en quelque autre lieu, sans en faire leans parement [7]? « Il n'y a point de peril, Monseigneur, ce dist ma damoiselle; ame ne vient icy que nous; aussi, je l'y ay fait laissier tout à propos, pource que encores sont aucunes de mes robes dedans; mais n'en soyez jà mal content, mon amy; ces femmes l'osteront tantost. — Mal content? dist-il. Nenny, par ma foy; je l'ayme autant icy que ailleurs,

---

[1] Cette nuit.
[2] Retirée.
[3] Depuis, après.
[4] Esprit, imaginative.
[5] Travaillait, *élaborait*.
[6] Plaisir, récréation et joie; en latin, *deductio, solatium* et *lætitia*.
[7] Parade; comme d'un meuble de *parement*.

puis qu'il vous plaist, mais il me semble bien petit pour y mettre vos robes bien à l'aise, sans les froisser, attendu les grandes et longues traynées[1] qu'on fait aujourd'huy. — Par ma foy, Monseigneur, dist-elle; il est assez grant. — Il ne le me peut sembler, dist-il; vraiement, et le regarde bien? — Or ça, Monseigneur, dist-elle, voulez-vous faire un gaige[2] à moy? — Ouy, vraiement, dist-il : quel seroit-il? — Je gaigeray, s'il vous plaist, pour demye douzaine de bien fines chemises encontre le satin d'une cote simple, que nous vous bouterons bien dedans tout ainsy que vous estes? — Par ma foy, dist-il, je gaige que non. — Et je gaige que si. — Or avant! ce dirent les femmes : nous verrons qui le gaignera. — A l'esprouver le scaura-t-on, » dist Monseigneur. Et lors s'avance et fist tirer du bahu les robes qui estoient dedans; et, quant il fut vuide, ma damoiselle et ses femmes, à quelque meschief que ce feust, firent tant, que Monseigneur fut dedans tout à son aise. Et à cest coup fut grande la noise[3], et autant joyeuse, et ma damoiselle alla dire : « Or, Monseigneur, vous avez perdu la gaigeure? Vous le congnoissez bien, faictes pas? — Ouy, dist-il, c'est raison. » Et, en disant ces parolles, le bahu fut fermé, et tout jouant, riant et esbatant, prinrent toutes ensemble et homme et bahu, et l'emporterent en une petite garderobe assez loing de la chambre. Et il crie et se demaine, faisant grant bruit et grant noise, mais c'est pour neant, car il fut là laissé toute la belle nuit. Pense, dorme, face du mieulx qu'il peut! car il est ordonné, par ma damoiselle et son estroit conseil[4], qu'il n'en partiroit meshuy[5], pource qu'il a tant empesché le lieu[6]. Pour retourner à la matiere de nostre propos encommencé, nous laisserons nostre homme et nostre bahu, et dirons de ma damoiselle, qui attendoit son serviteur avec ses femmes, qui estoient telles et si bonnes et si secretes, que riens ne leurs estoit celé de ses affaires. Lesquelles scavoient bien que le bien aymé serviteur, se à luy ne tenoit, tiendroit, la nuyt, le lieu de celuy qui au bahu fait sa penitence. Ne demoura gueres que le bon serviteur, sans faire effroy ne bruit, vint heurter à la porte; et, au heurter qu'il fist, on le congneut tantost, et

---

[1] Queues traînantes, qui avaient plus d'une demi-aune.

[2] Pari, gageure avec moi.

[3] Querelle, débat, discussion.

[4] Conseil privé, secret. Ce sont ces femmes, ces confidentes intimes, que l'on nommait *belles cousines;* de là, le surnom de l'héroïne du roman ou de l'*Histoire du petit Jehan de Saintré.*

[5] Aujourd'hui, ce jour-là.

[6] C'est-à-dire : pour le punir d'avoir été si longtemps gênant et importun.

là estoit celle qui le bouta dedans. Il fut receu joyeusement et lyement, et entretenu doulcement de ma damoiselle et de sa compaignie. Et ne se donna garde qu'il se trouva tout seul avecques sa dame, qui luy compta bien au long la bonne fortune que Dieu leur a donnée, c'est assavoir comment elle fist la gaigeure à son mary d'entrer au bahu, comment il y entra, et comment elle et ses femmes l'ont porté en une garderobe : « Comment! ce dist le serviteur, je ne cuidoye point qu'il fust ceans? Par ma foy, je pensoye, moy, que vous eussiez trouvé aucune façon de l'envoyer ou faire aller dehors, et que j'eusse icy tenu meshuy son lieu. — Vous n'en yrez pas pourtant, dist-elle; il n'a garde de yssir [1] dont il est, et si a beau crier, il n'est ame de nulz sens [2] qui le puist ouyr, et croyez qu'il demourra meshuy par moy ; se vous le voulez desprisonner, je m'en rapporte à vous? — Nostre Dame! dist-il, s'il n'en sailloit tant que je l'en fisse oster, il auroit bel attendre ! — Or faisons donc bonne chiere, dist-elle, et n'y pensons plus. » Pour abregier, chascun se depouilla, et se coucherent les amans dedans le beau lit, ensemble, bras à bras, et firent ce pourquoy ilz estoient assemblez, que mieulx vault estre pensé des lisans qu'estre noté de l'escripvant. Quant vint au point du jour, le gentil serviteur se partit de la dame le plus secretement qu'il peut, et vint à son logis dormir, comme j'espoire, ou desjeuner, car de tous deux avoit besoin. Ma damoiselle, qui n'estoit pas moins subtille que saige et bonne, quant il fut heure, se leva et dist à ses femmes : « Il seroit desormais heure de oster nostre prisonnier; je voys veoir qu'il dira et s'il se vouldra mettre à finance [3]. — Mettez tout sur nous, dirent-elles : nous l'appaiserons bien. — Croiez que si feray-je, » dist-elle. Et, à ces motz, se seigne [4] et s'en va; et, comme non pensant à ce qu'elle faisoit, tout d'aguet [5] et à propos, entra dedans en la garderobe où son mary encores estoit dedans le bahu clos. Et quant il ouyt, il commença à faire grant noise et crier à la volée : « Qu'est-ce cy? Me laissera-on cy dedans? » Et sa bonne femme, qui l'ouyt ainsi demener, respondit effreement [6], et comme craintivement, faisant l'ignorante : « Hemy [7]! qui est ce là que j'ay ouy crier? — C'est moy, de par Dieu, c'est moy !

[1] Sortir, du latin *exire*.
[2] Nous croyons qu'il faut plutôt lire : *léans*.
[3] C'est-à-dire : à rançon.
[4] Pour *se signe*, fait un signe de croix.
[5] C'est-à-dire : en prêtant l'oreille, comme si elle était aux aguets.
[6] Avec effroi, d'un air effrayé.
[7] Exclamation, *à moi!*

dist le mary.—C'est vous? dist-elle. Et dont venez-vous à ceste heure?
— Dont je viens? dist-il; et vous le scavez bien, ma damoiselle! Il ne
fault jà qu'on le vous dye; mais se vous faictes de moy, au fort, je feray
quelque jour de vous! » Et, s'il eust enduré ou osé, il se feust voulentiers courroucé et eust dit vilennie à sa bonne femme. Et, elle, qui le
congnoissoit, luy coupa la parolle et dist :. « Monseigneur, pour Dieu,
je vous crie mercy! Par mon serment, je vous asseure que je ne vous
cuidoie pas icy à ceste heure : et croiez que je ne vous y eusse pas
quis [1], et ne me scay assez esmerveiller dont vous venez à y estre encores, car je chargay hier au soir à ces femmes, qu'elles vous missent
dehors, tandis que je disoye mes heures, et elles me dirent que si feroient-elles. Et, de fait, l'une me vint dire que vous estiez dehors et
desjà allé en la ville, et que ne reviendriez meshuy. Et, à ceste cause,
je me couchay assez tost après, sans vous attendre. — Sainct Jehan!
dist-il, vous voyez que c'est! Or vous advancez de moy tirer d'icy, car
je suis tant las, que je n'en puis plus. — Cela feroye bien, Monseigneur, dist-elle, mais ce ne sera pas, devant que vous n'ayez promis
de moy payer de la gaigeure que avez perdue; et pardonnez-moy
toutesfoys, car aultrement ne le puis faire. — Et advancez-vous, de par
Dieu! je le paieray vraiement. — Et ainsi vous le promettez? — Ouy,
par ma foy. » Et ce procès finé, ma damoiselle defferma [2] le bahu, et
Monseigneur yssit dehors, lassé, froissé et travaillé [3]. Et elle le prent
à bras, et baise, et accolle tant doulcement, que on ne pourroit plus,
en luy priant pour Dieu qu'il ne soit point mal content. Adonc le povre
coquart dist que non estoit-il, puisqu'elle n'en scavoit riens, mais il
punira trop bien ses femmes, s'il y scait advenir. « Par ma foy, Monseigneur, dist-elle, elles s'en sont ores bien vengées de vous; je ne
doubte point que vous ne leur ayez fait quelque chose. — Non ay,
certes, que je saiche, mais croiez que le tour qu'elles m'ont joué leur
sera chier vendu. » Il n'eut pas finé ce propos, que toutes ses femmes
entrerent dedans, qui si très fort rioient, et de si grant cueur, qu'elles
ne sceurent mot dire, grant piece après. Et Monseigneur qui devoit
faire merveilles, quant il les vit rire en ce point, ne se peust tenir
de les contrefaire. Et ma damoiselle, pour luy faire compaignie, ne
s'y faignit point [4]. Là veissiez-vous une merveilleuse risée, et d'ung costé

---

[1] Cherché, du verbe *querir*. On a conservé seulement le composé : *requis*.
[2] Ouvrit.
[3] Fatigué.
[4] Ne s'en fit pas faute, ne se priva pas de rire.

et d'autre, mais celuy, qui en avoit le moins cause, ne s'en pouvoit ravoir[1]. Après certaine piece, ce passetemps cessa, et dist Monseigneur : « Ma damoiselle, je vous mercye beaucoup de la courtoisie que m'avez anuyt fait ! — A vostre commandement, Monseigneur, respondit l'une ; encores, n'estes-vous pas quitte : vous nous avez faict et faictes toujours tant de peine et de meschief, que nous vous avons gardé ceste pensée ; et n'avons aultre regret, que plus vous n'y avez esté. Et se n'eussions sceu de vray, qu'il n'eust pas bien pleu à ma damoiselle, encores y fussiez-vous, et prenez-en gré. — Est-ce là ? dist-il. Or bien, bien : vous verrez comment il vous en prendra ; et par ma foy, je suis bien gouverné, quant, avec tout le mal que j'ay eu, on ne me fait que farcer, et encores, qui pis est, il me faut payer la cote simple de satin ! Et vraiment, je ne puis, à moins que d'avoir les chemises de la gaigeure, en recompensacion de la peine qu'on m'a faicte. — Il n'y a, par Dieu, que raison, dirent les damoiselles : nous voulons à ceste heure estre pour vous, Monseigneur, et vous les aurez ; n'aura pas, ma damoiselle ? — Et à quel propos ? dist-elle. Il a perdu la gageure. — Dea, nous scavons trop bien cela, il ne les peut avoir de droit ; aussi ne les demande-il pas à ceste intencion, mais il les a bien desservies[2] en aultre maniere. — A cela ne tiendra-il pas, dist-elle ; je feray voulentiers finance de la toille, pour l'amour de vous, mes damoiselles, qui tant bien procurez[3] pour luy, et vous prendrez bien la paine de les coustre[4]. — Ouy, vraiment, ma damoiselle. » Comme celuy qui ne fait que escourre[5] la teste, au matin, quant il se lieve, qu'il ne soit prest, ainsi estoit Monseigneur, car il ne luy faillit que une secousse de verges à nettoyer sa robe et ses chausses, qu'il ne fut prest. Et ainsi à la messe s'en va, et ma damoiselle et ses femmes le suyvent : qu'ilz faisoient de luy, je vous asseure, grans risées. Et croyez que la messe ne se passa pas sans foison de ris soudains, quant il leur souvient du giste que Monseigneur a fait au bahu, lequel ne le scait encores, qui fut celle nuyt enregistré ou livre qui n'a point de nom[6]. Et se n'est que d'adventure ceste ystoire vienne entre ses mains, jamais n'en aura, se Dieu plaist, congnoissance : ce que pour riens je ne voudroye. Si

---

[1] C'est-à-dire : Celui qui avait le moins sujet de rire ne pouvait reprendre son sérieux.

[2] Méritées, gagnées.

[3] Plaidez.

[4] Pour *coudre*.

[5] Secouer.

[6] C'est-à-dire : dans la liste des maris trompés par leurs femmes.

prie aux lisans qui les congnoissent, que bien se gardent de luy monstrer.

LA XXVIIIe NOUVELLE

PAR MESSIRE MICHAULT DE CHANGY

Se au temps du très renommé et eloquent Boccace l'adventure, dont je vueil fournir ma nouvelle, fut advenue à son audience[1], et congnoissance parvenue, je ne doubte point qu'il ne l'eust adjoustée et mise ou renc des Nobles hommes mal fortunez[2]. Car je ne pense pas que noble homme, jamais, pour ung coup, eust gueres fortune plus dure à porter, que le bon seigneur, que Dieu pardoint[3], dont je vous compteray l'adventure. Et se sa male fortune n'est digne d'estre oudit livre de Bocace, j'en fais juge tous ceulx qui l'orront[4] racompter. Le bon seigneur, dont je vous parle, en son temps estoit ung des beaulx princes de ce royaulme, garny et adressié[5] de tout ce qu'on scauroit louer et priser en ung noble homme. Et, entre aultres ses proprietez, il estoit tel destiné, qu'entre les dames jamais homme ne le passa de gracieuseté. Or, luy advint que, au temps que ceste renommée et destinée florissoit, et qu'il n'estoit bruit que de luy, Amours, qui seme ses vertus où mieulx luy plaist et bon luy semble, fist aliance à une belle fille, jeune, gente, gracieuse et en bon point en sa façon, ayant bruit autant et plus que nulle de son temps, tant par sa grant

---

[1] A ses oreilles.

[2] C'est le traité, écrit en latin : *de Casibus virorum illustrium*. Ce traité, qui n'était pas moins célèbre que le *Decamerone* de Boccace, fut traduit en français par Laurent de Premierfait, secrétaire du duc de Berri, fils du roi Jean et frère de Charles V. Cette translation, achevée le 15 avril 1409, parut, imprimée pour la première fois, à Paris, chez J. Dupré, en 1483, sous ce titre : *Les livres de J. Boccace, des cas des nobles hommes et femmes infortunez*; elle se trouvait alors en manuscrit dans toutes les bibliothèques princières.

[3] C'était la formule ordinaire qu'on employait pour recommander à Dieu l'âme d'une personne morte.

[4] L'entendront.

[5] Orné, paré.

et non pareille beauté, comme par ses très belles meurs et vertus : et, qui pas ne nuysoit au jeu, tant estoit en la grace de la royne du pays, qu'elle estoit son demy lit [1], les nuytz que ladicte royne point ne couchoit avec le roy. Ces amours, que je vous dis, furent si avant conduictes, qu'il ne restoit que temps et lieu pour dire et faire, chascun à sa partie, la chose au monde que plus luy pourroit plaire. Ilz ne furent pas peu de jours, pour adviser lieu et place convenable à ce faire ; mais, en la fin, celle qui ne desiroit pas moins le bien de son serviteur que la salvacion [2] de son ame, s'advisa d'ung bon tour, dont tantost l'avertit, disant ce qui s'ensuit : « Mon très loyal amy, vous scavez comment je couche avec la royne, et que nullement ne m'est possible, se je ne vouloye tout gaster, d'abandonner cest honneur et advancement, dont la plus femme de bien de ce royaulme se tiendroit pour bien heureuse et honnorée ; combien que, par ma foy, je vous vouldroye complaire, et faire vostre plaisir et d'aussi bon cueur comme à elle. Et qu'il soit vray, je le vous monstreray de fait, sans abandonner toutesfoys celle qui me fait et peut faire tout le bien et l'honneur du monde. Je ne pense pas aussi, que vous voulsissiez que aultrement je fisse ? — Non, par ma foy, m'amye, respondit le bon seigneur ; mais toutesfoys, je vous prie qu'en servant vostre maistresse vostre leal serviteur ne soit point arriere du bien que faire luy povez, qui ne luy est pas moindre chose de à vostre grace et amour parvenir, que de gaigner le surplus du monde. — Vecy que je vous feray, Monseigneur, dist-elle : la royne a une levriere, comme vous scavez, dont elle est beaucoup assotée [3], et la fait couchier en sa chambre ; je trouveray façon anuyt de l'enclore hors de la chambre, sans qu'elle en saiche rien ; et quant chascun sera retrait, je feray ung sault jusques en la chambre de parement [4], et deffermeray l'huys et le laisseray entreouvert. Et quant vous penserez que la royne pourra estre au lit, vous viendrez tout secretement, et entrerez en ladicte chambre et fermerez l'huys ; vous y trouverez la levriere, qui vous congnoist assez : si se laissera bien approuchier de vous ; vous la prendrez par les oreilles et la ferez bien hault crier ; et quant la royne l'orra [5], elle la congnoistra tantost : je ne doubte point qu'elle ne me face lever

---

[1] Compagne de lit.
[2] Salut ; du latin *salvatio*.
[3] C'est-à-dire : dont elle raffole.
[4] Salle d'honneur, de réception, qu'on appelle aujourd'hui *salon*.
[5] L'entendra.

incontinent pour la mettre dedans. Et, en ce point, viendray-je vers vous. Et ne faillez point, se jamais vous voulez parler à moy. — Ha! ma très chiere et loyale amye, dist Monseigneur, je vous mercye tant que je puis! Pensez que je n'y fauldray pas. » Et à tant se part et s'en va, et sa dame aussi, chascun pensant et desirant d'achever ce qui est proposé. Qu'en vauldroit le long compte? La levriere se cuida rendre, quand il fut heure, en la chambre de sa maistresse, comme elle avoit accoustumé; mais celle, qui l'avoit condamnée, dehors la fist retraire en la chambre, au plus près. Et la royne se coucha, sans qu'elle s'en donnast de garde; et, assez tost après, luy vint faire compaignie la bonne damoiselle, qui n'attendoit que l'heure d'ouyr crier la levriere et la semonce de bataille [1]. Ne demoura gueres que le gentil seigneur se mist sur les rens, et tant fit, qu'il se trouva en la chambre où la levriere se dormoit; il la quist [2] tant, au pié que à la main, qu'il la trouva, et puis la print par les oreilles, et la fist hault crier deux ou trois fois. Et la royne, qui l'oyoit, congneust tantost que c'estoit sa levriere, et pensoit qu'elle vouloit estre dedans. Si appella sa damoiselle et luy dist : « M'amye, vela ma levriere, qui se plaint là dehors? Levez-vous; si la mettez dedans. — Voulentiers, ma dame, » dist la damoiselle. Et, jà soit qu'elle attendit la bataille dont elle-mesmes avoit l'heure et le jour assigné, si ne s'arma-elle que de sa chemise; et en ce point, en vint à l'huys et l'ouvrit, où tantost luy vint à l'encontre celuy qui l'attendoit. Il fut tant joyeux et tant surprins, quant il vit sa dame si belle et en si bon point, qu'il perdit force, sens et advis; et ne fut en sa puissance adoncques tirer sa dague, pour esprouver s'elle pourroit prendre sur ses cuyrasses [3]. Trop bien de baiser, d'accoler, de manier le tetin, et du surplus, il faisoit assez diligence, mais du parfait, *nichil*. Si fut force à la gente damoiselle, qu'elle retournast, sans luy laisser ce qu'avoir ne povoit, se par force d'armes ne le conqueroit. Et, ainsi qu'elle se voulut partir, il la cuidoit retenir par force et par doulces parolles, mais elle n'osoit demourer: si luy ferma l'huys au visaige et s'en revint par devers la royne, qui luy demanda s'elle avoit mis sa levriere dedans. Et elle dist que non, car oncques puis ne l'avoit sceu trouver, et si avoit beaucoup regardé. « Or bien, dist la royne, couchez-vous? Tousjours l'aura-on bien. » Le

---

[1] Le signal du combat amoureux.
[2] Chercha.
[3] Image tirée d'un combat à outrance, dans lequel l'assaillant tirait sa dague, pour en frapper son adversaire au défaut de la cuirasse.

povre amoureux estoit à celle heure bien mal content, qui se veoit ainsi deshonnorer et aneantir : et si cuidoit auparavant, et bien tant en sa force se fioit, qu'en moins d'heure qu'il n'avoit esté avec sa dame, il en eust bien combatu, telles trois, et venu au-dessus d'elles à son honneur. Au fort, il reprint couraige et dist bien en soy-mesmes : S'il est jamais si heureux que de trouver sa dame en si belle [1], elle ne partira pas comme elle a fait l'aultre fois. Ainsi animé et esguillonné de honte et de desir, il reprent la levriere par les oreilles, et la tira si rudement, tout courroucé qu'il estoit, qu'il la fist crier beaucoup plus hault qu'elle n'avoit devant. Si hucha arriere [2], à ce cry, la royne sa demoiselle, qui revint ouvrir l'huys, comme devant, mais elle s'en retourna devers sa maistresse, sans conquester [3], ne plus ne moins qu'elle fit à l'aultre fois. Or revint la tierce fois que ce povre gentil homme faisoit tout son pouvoir de besoigner comme il avoit le desir, mais au Dyable de l'homme, s'il peust oncques trouver maniere de fournir une povre lance à celle qui ne demandoit aultre chose, et qui l'attendoit tout de pié quoy! Et quant elle vit qu'elle n'auroit pas son panier percié, et qu'il n'estoit pas en l'aultre mettre [4] seulement sa lance en son arrest, quelque advantaige qu'elle luy fist, tantost congneut qu'elle avoit à la jouste failly, dont elle tint beaucoup moins de compte du jousteur. Elle ne voulut là plus demourer, pour conqueste qu'elle y fist. Si voulut rentrer en la chambre, et son amy la retiroit à force et disoit : « Helas! m'amye, demeurez encores ung peu, je vous en prie! — Je ne puis, dist-elle, laissez moy aller; je n'ay que trop demouré, pour chose que j'aye prouffité! » Et à tant se tourne vers la chambre, et l'aultre la suyvoit, qui la cuidoit retenir. Et, quant elle vit ce, pour le bien payer, et la royne contenter, alla dire tout en hault : « Passez, passez, orde caigne [5] que vous estes! Par Dieu, vous n'y entrerez meshuy, meschante beste que vous estes! » Et, en ce disant, ferma l'huys. Et la royne, qui l'ouyt, demanda : « A qui parlez-vous, m'amye? — C'est à ce paillart chien, ma dame, qui m'a fait tant de peine de le querir; il s'estoit bouté soubz ung banc là dedans et cachié tout de plat le museau sur la terre, si ne le scavoye trouver. Et quant je l'ay eu trouvé, il ne s'est oncques dain-

---

[1] *Occasion* est sous-entendu.
[2] Appela de loin.
[3] C'est-à-dire : sans avoir fait l'amour.
[4] C'est-à-dire : qu'il n'était pas capable de mettre...
[5] Vilaine chienne; de l'italien, *cayna*.

gné lever, pour quelque chose que je luy aye fait. Je l'eusse très voulentiers bouté dedans, mais il n'a oncques daigné lever la teste : si l'ay laissé là dehors, et, à son visaige, tout par despit, ay fermé l'huys. — C'est très bien fait, m'amye, dist la royne, couchez-vous; si dormirons. » Ainsi que vous avez ouy, fut mal fortuné ce gentil seigneur; et, pource qu'il ne peust, quant sa dame voulut, je tien moy, quant il eust bien depuis la puissance à commandement, le vouloir de sa dame fust hors de la ville.

LA XXIXe NOUVELLE

PAR MONSEIGNEUR

N'A pas cent ans du jour d'huy, que ung gentil homme de ce royaulme voulut scavoir et esprouver l'aise qu'on a en mariage; et, pour abregier, fist tant, que le très desiré jour de ses nopces fut venu. Après les très bonnes chieres et aultres passetemps accoustumez, l'espousée fut couchée, et une certaine piece après, la suyvit et se coucha au plus près d'elle, et sans delay incontinent bailla l'assault à sa forteresse. A quelque meschief que ce feust, il entra dedans et la gaigna ; mais vous devez entendre qu'il ne fist pas ceste conqueste, sans faire foison d'armes qui longues seroient à racompter; car, ainçois qu'il venist [1] au donjon du chasteau, force luy fut de gaigner et emporter bellevres [2], baublieres [3] et plusieurs aultres forts dont la place estoit bien garnie, comme celle qui jamais n'avoit esté prinse, au moins dont fut encores grant nouvelle, et que la nature avoit mis à deffence. Quant il fut maistre de la place, il rompit sa lance, et lors cessa

---

[1] C'est le mot latin *veniat*, dont l'*a* ne se prononçait pas, et qui a fait *vint*, par contraction.

[2] Ou *balèvre*, la lèvre d'en bas, les fausses lèvres. C'était aussi, au figuré, un terme d'architecture militaire.

[3] Les éditions modernes portent *baubeliers*, ce qui n'est pas plus intelligible. Nous ne savons s'il faut lire *baublieres* ou *haublières*, et nous avions proposé *banlieues*; mais cette correction ne représente pas, sans doute, le sens du texte, qui doit donner plutôt un terme de fortification employé à double sens.

l'assault et ploya l'oeuvre. Or, ne fait pas à oublier que la bonne damoiselle qui se vit en la mercy de ce gentil homme son mary, qui desja avoit fourraigé la pluspart de son manoir, luy voulut monstrer ung prisonnier qu'elle tenoit en ung secret lieu encloz et enfermé : et, pour parler plain, elle se delivra, cy prins cy mis [1], après ceste premiere course, d'ung très beau filz, dont son mary se trouva si très honteux et tant esbahy, qu'il ne sçavoit sa maniere, sinon de soy taire. Et, pour honnesteté et pitié qu'il eut de ce cas, il servit la mere et l'enfant de ce qu'il sçavoit faire. Mais creez que la povre gentil femme, à cest coup, getta un bien hault et dur cry, qui de plusieurs fut clerement ouy et entendu, qu'ilz cuidoient, à la verité, qu'elle gettast ce cry à la despuceller, comme c'est la coustume en ce royaulme [2]. Pendant ce temps, les gentilz hommes de l'ostel, où ce nouveau marié demouroit, vindrent heurter à l'huys de ceste chambre et apportoient le chaudeau; ils heurterent beaucoup, sans ce que ame respondist. L'espousée en estoit bien excusée, et l'espousé n'avoit pas cause de trop caqueter : « Et qu'est-ce cy? dirent-ilz. N'ouvrirez-vous pas l'huys? Se vous ne vous hastez, nous le romprons; le chaudeau, que nous vous apportons, sera tantost tout froid. » Et lors recommencerent à heurter de plus belle. Mais le nouveau marié ne eust pas dit ung mot pour cent frans, dont ceulx du dehors ne sçavoient que penser, car il n'estoit pas muet de coustume. Au fort, il se leva, et print une longue robe qu'il avoit, et laissa ses compaignons entrer dedans, qui tantost demanderent se le chaudeau estoit gaigné et qu'ilz l'apportoient à l'adventure. Et lors ung d'entre eulx couvrit la table et mist le banquet dessus, car ilz estoient en lieu, pour ce faire, et où rien n'estoit espargné en telz cas et aultres semblables. Ilz s'assirent tous au mengier [3], et bon mary print sa place en une chaire à doz, assez près de son lit, tant simple et tant piteux, qu'on ne le vous sçauroit dire. Et, quelque chose que les aultres dissent, il ne sonnoit pas ung mot, mais se tenoit comme une droite statue ou une ydole entaillie : « Et qu'est-ce cy? dist l'ung. Ne prenez-vous point garde à la bonne chiere que nous fait nostre oste? Encores a-il à dire ung seul

---

[1] Locution proverbiale, qui équivaut à *tant bien que mal*.

[2] Cette singulière coutume, qui obligeait une épousée à proclamer elle-même sa défaite par un grand cri, auquel les garçons de la noce répondaient, en pénétrant dans la chambre nuptiale, et en apportant le chaudeau, existait même à la cour de France, comme on le voit dans un Chant nuptial de Clément Marot, en l'honneur du mariage de madame Renée de France avec le duc de Ferrare.

[3] C'est-à-dire : pour prendre part à la collation.

mot. — Ha dea, dist l'aultre, ses bourdes¹ sont rabaissiez. — Par ma
foy, dist le tiers, mariage est chose de grant vertu : regardez quant à
une heure qu'il a esté marié, il a jà perdu la force de sa langue. S'il
est jamais longuement, je ne donneroye pas maille de tout le surplus! » Et, à la verité dire, il estoit auparavant ung très gracieux far-
seur, et tant bien luy seoit que merveilles; et ne disoit jamais une
parolle, puis qu'il estoit en gogues², qu'elle n'apportast avec elle son
ris. Mais il en estoit pour l'heure bien rebouté. Ces gentilz hommes
et ces gentilz compaignons beuvoient d'autant et d'autel, et à l'espousé
et à l'espousée, mais au Dyable des deux, s'ilz avoient faim de boire :
l'ung enraigeoit tout vif, et l'aultre n'estoit pas moins malaisé³ : « Je
ne me congnois en ceste maniere, dist ung gentil homme; il nous
fault festoier de nous-mesmes. Je ne vis jamais homme, de si hault
esternu⁴, si tost rassis pour une femme : j'ay veu que on n'eust
ouy pas Dieu tonner en une compaignie où il feust; et il se tient plus
quoy que ung feu couvert! Ha dea! ses haultes parolles sont bien bas
entonnées maintenant! — Je boy à vous, espousé! » disoit l'aultre.
Mais il n'estoit pas plegié⁵, car il jeunoit de boire, de mengier, de
bonne chiere faire, et de parler. Non pourtant; assez bonne piece
après, quand il eust bien esté reprouvé et rigolé⁶ de ses compaignons,
et, comme un sanglier mis aux abois de tous coustez, il dist : « Messeigneurs, quant je vous ay bien entendus, qui me sermonnez si très
fort de parler? Je veuil bien que vous saichiez que j'ay bien cause de
beaucoup penser, et de moy taire tout quoy; et si suis seur qu'il n'y
a nul qui n'en fist autant, s'il en avoit le pourquoy comme j'ay. Et, par
la mort bieu, se j'estoye aussi riche que le Roy, que Monseigneur⁷,
et que tous les princes chrestiens, si ne scauroye-je fournir ce qui m'est
apparent d'avoir à entretenir. Vecy, pour ung povre coup, que j'ay

¹ Gaietés, goguettes, feux de joie. Ce mot ne vient pas de l'italien, *burla*, comme
le dit Menage, mais de *bordæ*, brandons de paille allumée, que les paysans agi-
taient, en courant, le premier dimanche de Carême.

² En goguette, en train de rire.

³ Pour : *mal à l'aise*.

⁴ Il faut peut-être lire : *de si haut estrenne*, ce qui signifierait : *de si bonne mine*.
Nous proposons encore de voir, dans le mot *esternu*, la traduction du latin *stre-
nuus*, vigoureux, vaillant.

⁵ On ne lui tenait pas tête. *Pleige*, du bas latin *plegius*, signifiait *caution*, garant;
pleiger, cautionner, se faire garant, et, par analogie, répondre à un toast, faire
raison d'une santé qu'on porte à table.

⁶ Raillé plaisamment.

⁷ Le *Roi*, c'est le roi de France; *Monseigneur*, le duc de Bourgogne.

accollé ma femme, elle m'a fait ung enfant! Or regardez, se à chascune fois que je recommenceray, elle en fait autant, de quoy je pourray nourrir le mesnage? — Comment, ung enfant? dirent ses compaignons. — Voire, voire, vraiement, ung enfant! Vecy de quoy, regardez! » Et lors se tourne vers son lit et lieve la couverture et leur monstre : « Tenez, dist-il, vela la vache et le veau! Suis-je pas bien party [1]? » Plusieurs de la compaignie furent bien esbahys et pardonnerent à leur oste sa simple chiere [2], et s'en allerent chascun en sa chascune [3]. Et le povre nouveau marié abandonna, ceste premiere nuyt, la nouvelle accouchée, et, doubtant que elle n'en fist une aultre fois autant, oncques puis ne s'y trouva.

LA XXXe NOUVELLE

PAR MONSEIGNEUR DE BEAUVOIR

Il est vray, comme l'Evangile, que trois bons marchans de Savoye se misdrent au chemin avec leurs femmes, pour aller en pelerinaige à Sainct-Anthoine de Viennois [4]. Et pour y aller plus devotement rendre à Dieu et à monseigneur sainct Anthoine leur voyaige plus agreable, ilz conclurent avec leurs femmes, dès le partir de leurs maisons, que, tout le voyaige, ilz ne coucheroient pas avecques elles, mais en continence yront et viendront. Ilz arriverent, ung soir, en la ville, à ung très bon logis, et firent au souper très bonne chiere, comme ceulx qui avoient très bien de quoy, et qui très bien le sceurent faire ; et croy et tiens fermement, se ne feust la promesse du voyaige, que chascun eust couché avec sa chascune. Toutesfoys ainsi n'en advint pas, car, quant il fut heure de soy retraire, les

---

[1] Partagé, loti.
[2] Sa piteuse mine.
[3] En sa maison. Cette phrase est encore proverbiale ; mais, au lieu de *chacune*, on dit *chacunière*.
[4] C'est l'ancienne ville de la Mothe-Saint-Didier, en Dauphiné, qui avait pris le nom de Saint-Antoine, à cause des reliques de ce saint qu'on y apporta au onzième siècle.

femmes donnerent la bonne nuyt à leurs marys et les laisserent; et se bouterent en une chambre, au plus près, où elles avoient fait couvrir chascune son lit. Or devez-vous scavoir que, ce soir propre, arriverent leans trois cordeliers qui s'en alloient à Genesve, qui furent ordonnez à coucher en une chambre non pas trop loingtaine de la chambre aux marchandes. Lesquelles, puis qu'elles furent entre elles, commencerent à deviser de cent mille propos, et sembloit, pour trois qu'il y en avoit, qu'on en oyoit la noise [1] qu'il suffiroit ouyr d'un quarteron.

Ces bons cordeliers, oyans ce bruit de femmes, saillirent de leurs chambres, sans faire effroy ne bruyt, et tant approcherent de l'huys, sans estre ouys, qu'ilz apperceurent ces trois belles damoiselles qui estoient chascune à part elles, en ung beau lit assez grant et large pour le deuxiesme recepvoir d'aultre cousté; puis, se revirerent, et entendirent les marys qui se couchoient en l'aultre chambre, et puis dirent que fortune et honneur à ceste heure leur court sus [2], et qu'ilz ne sont pas dignes d'avoir jamais nulle bonne adventure, se ceste, qu'ilz n'ont pas à pourchasser, par lascheté leur eschapoit. « Si, dist l'ung, il ne fault aultre deliberation en nostre fait; nous sommes trois, et elles, trois : chascun prengne sa place, quant elles seront endormies. » S'il fut dit, aussi fut-il fait : et si bien vint à ces bons freres cordeliers, qu'ilz trouverent la clef de la chambre aux femmes dedans l'huys; si l'ouvrirent si très souefvement [3], qu'ilz ne furent d'ame ouys. Ilz ne furent pas si folz, quant ilz eurent gaigné ce premier fort, pour plus seurement assaillir l'aultre, qu'ilz ne tirassent la clef par devers eulx et resserrerent [4] très bien l'huys; et puis après, sans plus enquerre, chascun print son quartier et commencerent à besoignier chascun au mieulx qu'il peut. Mais le bon fut, que l'une, cuidant avoir son mary, parla, et dist : « Que voulez-vous faire? Ne vous souvient-il de vostre veu? » Et le bon cordelier ne disoit mot, mais faisoit ce pour quoy il estoit venu, de si grant cueur, qu'elle ne se peut tenir de luy ayder à parfournir [5]. Les aultres deux, d'aultre part, n'estoient pas oyseux; et ne scavoient ces bonnes femmes, qui menoit leurs marys de si tost rompre et casser leur promesse.

---

[1] Bruit de paroles.
[2] L'édition originale porte : *leur court seur.*
[3] Doucement.
[4] Refermèrent.
[5] Parfaire, compléter la chose.

Neantmoins, toutesfois, elles, qui doibvent obeyr, le prindrent bien en patience, sans dire mot, chascune doubtant d'estre ouye de sa compaignie, car n'y avoit celle qui, à la verité, ne cuidast avoir seule et emporter ce bien. Quant ces bons cordeliers eurent tant fait que plus ne povoyent, ilz se partirent sans dire mot, et retournerent en leur chambre, chascun comptant son adventure. L'ung avoit rompu trois lances; l'aultre, quatre; l'aultre, six. Ilz se leverent matin, pour toute seurté, et tirerent pays[1]. Et ces bonnes femmes, qui n'avoient pas toute la nuyt dormy, ne se leverent pas trop matin, car sur le jour sommeil les print, qui les fist lever tart. D'autre costé, leurs marys, qui avoient assez bien beu le soir, et qui se attendoient à l'appeau[2] de leurs femmes, dormoient au plus fort, à l'heure, car ès autres jours avoient jà cheminé deux lieues. Au fort, elles se leverent après le repos du matin, et s'habillerent le plus roide qu'elles peurent, non pas sans parler. Et, entre elles, celle qui avoit la langue plus preste, alla dire : « Entre vous, mes damoiselles, comment avez-vous passé la nuyt? Voz marys vous ont-ilz resveillées, comme a fait le mien? Il ne cessa annuyt de faire la besogne. — Saint Jehan! dirent-elles, si vostre mary a bien besoignié ceste nuyt, les nostres n'ont pas esté oyseux; ilz ont tantost oublié ce qu'ilz promirent au partir, et croyez que on ne leur oubliera pas à dire. — J'en advertis trop bien le mien, dist l'une, quant il commença, mais il n'en cessa pourtant oncques l'oeuvre; et comme homme affamé, pour deux nuytz qu'il a couchié sans moy, il a fait raige de diligence. » Quant elles furent prestes, elles vindrent trouver leurs marys qui desjà estoient tous prestz et en pourpoint : « Bon jour, bon jour à ces dormeurs! dirent-elles. — Vostre mercy, dirent-ilz, qui nous avez si bien huchiez[3]! — Ma foy, dist l'une, nous avions plus de regret de vous appeler matin, que vous n'avez fait annuyt de conscience de rompre et casser vostre veu. — Quel veu? dist l'ung. — Le veu, dist-elle, que vous fistes au partir : c'est de non couchier avec vostre femme. — Et qui y a couchié? dist-il. — Vous le scavez bien, dist-elle, et aussi fais-je. — Et moy aussi, dist sa compaigne. Vela mon mary, qui ne fut pieça si roide, qu'il fut la nuyt passée; et, s'il n'eust si bien fait son devoir, je ne seroye pas si conente de la rompeure de son veu; mais, au fort, je le passe, car il a fait

---

[1] S'enfuirent. Cette locution n'est pas tout à fait abandonnée.

[2] Pour *appel*.

[3] C'est-à-dire : nous vous disons merci de nous avoir si bien éveillés en nous appelant.

comme les jeunes enfans qui veulent emploier leur basture, quand ilz ont desservy le pugnir [1]. — Sainct-Jehan! si a fait le mien, dist la tierce; mais, au fort, je n'en feray jà procès; se mal y a-il, en est cause. — Et je tiens, par ma foy, dist l'ung, que vous resvez et que vous estes yvres de dormir. Quant est de moy, j'ay icy couchié tout seul et n'en partis annuyt. — Non ay-je moy, dist l'aultre. — Ne moy, par ma foy! dist le tiers; je ne vouldroye pour rien avoir enfraint mon veu. Et si cuide estre seur de mon compere, qui est cy, et de mon voisin, qu'ilz ne l'eussent pas promis pour si tost l'oublier. » Ces femmes commencerent à changier de couleur, et se doubterent de tromperie, dont l'ung des marys d'elle tantost se donna garde, et luy jugea le cueur, de la verité du fait. Si ne leur bailla pas induce [2] de respondre; ainçois, faisant signe à ses compaignons, dist en riant : « Par ma foy, ma damoiselle, le bon vin de ceans et la bonne chiere du soir passé nous ont fait oublier nostre promesse; si n'en soyez jà mal contentes à l'adventure; se Dieu plaist, nous avons fait annuyt, à vostre ayde, chascun ung bel enfant, qui est chose de si hault merite, qu'elle sera suffisante d'effacer la faulte du cassement de nostre veu. — Or, Dieu le vueille! dirent-elles. Mais ce que si affermeement disiez que n'aviez pas esté vers nous, nous a fait ung petit [3] doubter? — Nous l'avons fait tout à propos, dist l'aultre, affin d'ouyr que vous diriez. — Et vous aviez fait double peché, comme de faulcer vostre veu et de mentir à escient, et nous-mesmes aussi aviez beaucoup troublées. — Ne vous chaille non, dist-il, c'est peu de choses, mais allez à la messe et nous vous suyverons. » Elles se misdrent à chemin devers l'eglise. Et leurs marys demeurerent ung peu, sans les suyvir trop roide, puis dirent tous ensemble, sans en mentir de mot : « Nous sommes trompez! ces dyables de cordeliers nous ont deceuz; ilz se sont mis en nostre place et nous ont monstré nostre follie, car, se nous ne voulions pas coucher avec noz femmes, il n'estoit jà mestier de les faire coucher hors de nostre chambre, et, s'il y avoit danger de litz, la belle paillade est en saison [4]. — Dea, dist l'ung d'eulx, nous en sommes chastiez pour une aultre fois; et au fort, il vault

---

[1] C'est-à-dire : qui ne veulent pas être punis pour peu de chose, quand ils ont mérité d'être battus.

[2] Loisir, délai; du latin *inducia*, trêve.

[3] Un peu.

[4] Expression proverbiale; c'est-à-dire : s'il était dangereux de coucher dans les lits de nos femmes, nous n'avions qu'à dormir sur la paille.

mieulx que la tromperie soit seulement sceue de nous, que de nous et de elles, car le dangier est bien grant, s'il venoit à leur congnoissance. Vous oyez, par leur confession, que ces ribaulx moynes ont fait merveilles d'armes, et espoire plus et mieulx que nous ne scavons faire? Et se elles le scavoient, elles ne se passeroient pas pour cette fois seulement. C'en est mon conseil, que nous l'avalons sans macher[1]? — Ainsi me aist Dieu! ce dist le tiers; mon compere dist très bien; quant à moy, je rappelle[2] mon veu, car ce n'est pas mon entention de plus moy mettre en ce dangier. — Puis que vous le voulez, dirent les deux aultres, et nous vous ensuyvrons. » Ainsi coucherent tout le voyage et femmes et marys tout ensemble, dont ilz se garderent trop bien de dire la cause qui à ce les mouvoit. Et quant les femmes virent ce, si ne fut pas sans demander la cause de ceste reherse[3]. Et ilz respondirent, par couverture[4], puis qu'ilz avoient commencé de leur veu entrerompre, il ne restoit que du parfaire. Ainsi furent les trois bons marchans, des trois bons cordeliers trompez, sans qu'il venist jamais à la congnoissance de celles, qui bien en fussent mortes de deul, s'elles en eussent sceu la verité, comme on voit tous les jours mourir femmes de moindre cas et à moins d'occasion.

LA XXXIe NOUVELLE

RACOMPTÉE PAR MONSEIGNEUR DE LA BARDE.

Un gentil escuier de ce royaulme, bien renommé et de grant bruit[5], devint amoureux, à Rohan, d'une très belle damoiselle, et fist toutes ses diligences de parvenir à sa grace. Mais fortune luy fut si contraire, et sa dame si peu gracieuse, qu'enfin il abandonna sa queste

---

[1] C'est-à-dire: que nous prenions notre parti galamment.
[2] Je révoque.
[3] Retour, revirement; comme la herse qu'on fait repasser en sens contraire sur le champ labouré.
[4] Pour couvrir, cacher leur jeu.
[5] De grande réputation.

comme par desespoir. Il n'eut pas trop grant tort de ce faire, car elle estoit ailleurs pourveue, non pas qu'il en sceust rien, combien qu'il s'en doubtast. Toutesfoys, celuy qui en jouyssoit, qui chevalier et homme de grant auctorité estoit, n'estoit pas si peu privé de luy[1], qu'il n'estoit gueres chose au monde, dont il ne se feust bien à luy descouvert, sinon de ce cas. Trop bien luy disoit-il souvent : « Par ma foy, mon amy, je vueil bien que tu saiches que j'ay un retour[2] en cette ville, dont je suis beaucoup assoté; car, quant je n'y suis, je suis tant parforcé de travail et si rebouté[3], qu'on ne tireroit point de moy une lieuette de chemin; et, se je me treuve vers elle, je suis homme, pour en faire trois ou quatre, voire les deux tout d'une alaine. — Et n'est-il requeste, ne priere, disoit l'escuier, que je vous sceusse faire, que je sceusse tant seulement le nom de celle? — Nenny, par ma foy! dist l'aultre : tu n'en scauras plus avant. — Or bien, dist l'escuier, quant je seray si heureux que d'avoir riens de beau, je vous seray aussy peu privé, que vous m'estes estrange[4]. Advint, ce temps pendant, que ce bon chevalier le pria de souper au chasteau de Rohan, où il estoit logié. Et il y vint, et firent très bonne chiere. Et quant le souper fut passé et aucun peu de devises après, le gentil chevalier, qui avoit heure assignée d'aller vers sa dame, donna congé à l'escuier, et dist : « Vous scavez que nous avons demain beaucoup à besoigner, et qu'il nous fault lever matin pour telle matiere, et pour telle, qu'il faut expedier; c'est bon de nous coucher de bonne heure, et, pour ce, je vous donne la bonne nuyt. » L'escuier, qui estoit subtil, en ce voyant, doubta tantost que ce bon chevalier vouloit aller coucher, et qu'il se couvroit, pour luy donner congé, des besoignes de lendemain; mais il n'en fist quelque semblant; ainçoys dist, en prenant congié et donnant la bonne nuyt : « Monseigneur, vous dictes bien; levez-vous matin, et aussi feray-je. » Quant ce bon escuier fut en bas descendu, il trouva une petite mullette au pié du chasteau, et ne vit ame qui la gardast; si pensa tantost que le paige qu'il avoit rencontré, en descendant, alloit querir la housse de son maistre, et aussi faisoit-il : « Ha! dist-il en soy-mesmes, mon oste ne m'a pas donné congié de si haulte heure sans cause; vecy sa mullette qui n'attent aultre chose, que je

[1] Familier, intime avec lui.
[2] Nous croyons qu'il faut lire : *une retourne*, expression figurée prise du jeu de brelan ou de la triomphe. Il va sans dire que cette *retourne* est une femme. Dans notre édition de 1840, nous avions mis *amour* à la place de *retour*.
[3] Pour *rebuté*.
[4] Étranger.

soye en voye, pour aller où on ne veult pas que je soye. Ha! mullette, dist-il, se tu scavois parler, tu dirois de bonnes choses; je te prie que tu me maines où ton maistre veult estre? » Et, à ce coup, il se fist tenir l'estrief par son paige et monta dessus; et luy mist la resne sur le col, et la laissa aller où bon luy sembla, tout le beau pas. Et la bonne mullette le mena par rues et ruettes, deçà et delà, tant qu'elle vint arrester au devant d'ung petit guichet qui estoit en une rue oblique[1], où son maistre avoit accoustumé de venir. Et estoit l'huys du jardin de la damoiselle qu'il avoit tant aymée et par desespoir abandonnée. Il mist pié à terre et puis heurta ung petit coup au guichet, et une damoiselle, qui faisoit le guet par une faulce treille[2], cuidant que ce fust le chevalier, s'en vint en bas et ouvrit l'huys, et dist : « Monseigneur, vous soyez le très bien venu; vela ma damoiselle en sa chambre, qui vous attent. » Elle ne le congneut point, pource qu'il estoit tard, et avoit une cornette de veloux[3] devant son visaige. Adonc l'escuier respondit : « Je voys vers elle! » Et puis dist à son paige tout bas en l'oreille : « Va t'en bien à haste, et remaine la mullette où je l'ay prinse, et puis t'en va couchier. — Si feray-je, » dist-il. La damoiselle resserra le guichet, et s'en retourna en sa chambre. Et nostre bon escuier, très fort pensant à sa besoigne, marcha très serreement vers la chambre où sa dame estoit, laquelle il trouva desjà mise en sa cotte simple, la grosse chaîne d'or au col. Et comme il estoit gracieux, courtois et bien emparlé[4], la salua bien honnorablement. Et elle, qui fut tant esbahye que ses cornes luy fussent venues, de prinsault ne sceut que respondre, sinon à une piece après, qu'elle luy demanda qu'il queroit leans, et dont il venoit à ceste heure, et qui l'avoit bouté dedans : « Ma damoiselle, dist-il, vous povez assez penser que, se je n'eusse eu aultre ayde que moy-mesmes, que je ne fusse pas icy; mais, la Dieu mercy, ung qui a plus grant pitié de moy que vous n'avez encores eu, m'a fait cest avantaige. — Et qui vous a amené, sire? dist-elle. — Par ma foy, ma damoiselle, je ne le vous quiers jà celer; ung tel seigneur (c'est assavoir son oste du souper) m'y a envoié. — Ha! dist-

---

[1] De traverse, détournée.
[2] Fenêtre treillissée, grillée ; jalousie.
[3] Le chaperon avait une queue ou cornette, plus ou moins longue, en étoffe, qui descendait sur la poitrine et retombait ensuite derrière l'épaule : quelquefois aussi, cette cornette formait une espèce de crête flottante, qui se balançait sur le visage, et le cachait à demi.
[4] Bien usagé, bien élevé.

elle, le traistre et desloyal chevalier qu'il est, se trompe-il[1] en ce
point de moy? Or bien, bien, j'en seray vengée quelque jour! — Ha!
ma damoiselle, dist l'escuier, ce n'est pas bien dit à vous, car ce n'est
pas traïson de faire plaisir à son amy, et lui faire secours et service,
quant on le peut faire. Vous scavez bien la grant amitié qui est de pieça
entre luy et moy, et qu'il n'y a celuy qui ne die à son compaignon
tout ce qu'il a sur le cueur? Or est ainsi, qu'il n'y a pas long temps que
je luy comptay et confessay tout le long de la grant amour que je vous
porte, et que à ceste cause je n'avoye nul bien en ce monde; et, se par
aucune façon je ne parvenoye en vostre bonne grace, il ne m'estoit
pas possible de longuement vivre en ce douloureux martyre. Quant le
bon seigneur a congneu à la verité, que mes parolles n'estoient pas
faintes, doubtant le grant inconvenient qui en pourroit sourdre, a fait
bien de me dire ce qui est entre vous deux; et ayme mieulx vous
abandonner, en moy saulvant la vie, que, en moy perdant, maleureu-
sement vous entretenir. Et se vous eussiez esté telle que vous deveriez,
vous n'eussiez pas tant attendu de bailler confort[2] ou guerison à moy
vostre obeyssant serviteur : qui scavez certainement que je vous ay
loyaulment servie et obeye. — Je vous requiers, dist-elle, que vous ne
me parlez plus de cela, et vous en allez hors d'icy? Mauldit soit celuy
qui vous y fist venir! — Scavez-vous qu'il y a, ma damoiselle? Ce n'est,
dist-il, pas mon intencion de partir d'icy, qu'il ne soit demain. — Par
ma foy, dist-elle, si ferez, tout maintenant! — Par la mort bieu, non
feray, car je coucheray avecques vous. » Quant elle vit que c'estoit à
bon escient et qu'il n'estoit pas homme pour enchacier[3] par rudes
parolles, elle luy cuida donner congié par doulceur, et dist : « Je vous
prie tant que je puis, allez-vous-en pour meshuy; et par ma foy, je
feray une aultre fois ce que vous vouldrez. — Dea, dist-il, n'en parlez
plus, car je coucheray annuyt avecques vous. » Et lors commence à
soy despouiller, et prent la damoiselle et la maine banqueter. Et fist
tant, pour abregier, qu'elle se coucha et luy emprès elle. Ilz n'eurent
gueres esté couchiez, ne plus couru d'une lance, que vecy bon chevalier, qui va venir sur sa mullette, et vint heurter au guichet. Et le
bon escuier, qui l'ouyt, le congneut tantost; si commença à glappir,
contrefaisant le chien très fierement. Le chevalier, quant il ouyt, il

---

[1] Se joue-t-il, se moque-t-il.
[2] Donner assistance.
[3] Expulser, faire sortir de là.

fut bien esbahy et autant courroucé. Si reheurte de plus belle très rudement au guichet, et l'aultre, de recommencer à glappir plus fierement que devant : « Qui est-ce là qui grongne? dist celuy de dehors. Par la mort bieu, je le scauray! Ouvrez l'huys, ou je le porteray en la place! » Et la bonne gentil femme, qui enraigeoit toute vive, saillit à la fenestre, en sa cotte simple, et dist : « Estes-vous faulx et desloyal chevalier! Vous avez beau heurter, vous n'y entrerez pas! — Pourquoy n'y entreray-je pas? dist-il. — Pource, dist-elle, que vous estes le plus desloyal qui jamais femme accointast; et n'estes pas digne de vous trouver avecques gens de bien. — Ma damoiselle, dist-il, vous blasonnez très bien mes armes[1] ! Je ne scay qui vous meut, car je ne vous ay pas fait desloyauté, que je saiche. — Si avez, dist-elle, et la plus grande que jamais homme fist à femme. — Non ay, par ma foy! Mais dictes-moy qui est là dedans? — Vous le scavez bien, dist-elle, traistre mauvais que vous estes! » Et, à ceste foys, bon escuier, qui estoit ou lit, commença à glappir, contrefaisant le chien, comme par avant : « A dea! dist celuy de dehors, je n'entens point cecy; et ne scauray-je point qui est ce grongneur? — Sainct Jehan! si ferez, » dist l'escuier. Et il sault sus et vint à la fenestre d'emprès sa dame, et dist : « Que vous plaist-il, Monseigneur? Vous avez tort de nous ainsi resveiller. » Le bon chevalier, quant il congneut qu'il parloit à luy, fut tant esbahy que merveilles. Et quant il parla, il dist : « Et dont viens-tu cy? — Je viens de souper de vostre maison, pour coucher ceans. — — A male faulte[2] ! » dist-il. Et puis adreça sa parolle à la damoiselle et dist : « Ma damoiselle, hebergez-vous telz ostes ceans? — Nenny, Monseigneur, dist-elle; la vostre mercy, qui me l'avez envoyé. — Moy! dist-il, Sainct Jehan! non ay! Je suis mesmes venu pour y trouver ma place, mais c'est trop tart! Et, au moins, je vous prie, puis que je n'en puis avoir aucune chose, ouvrez moy l'huys? Si boiray une fois. — Vous n'y entrerez, par Dieu! jà! dist-elle. — Sainct Jehan! si fera, » dist l'escuier. Lors descendit et ouvrit l'huys, et s'en vint recouchier, et elle aussi, Dieu scait bien honteuse et bien mal contente. Quant le bon seigneur fut dedans, et il eut alumé de la chandelle, il regarde la belle compaignie dedans le lit, et dist : « Bon preu[3] vous fasse, ma damoiselle, et à vous aussi, mon escuier! — Bien grant mercy, Mon-

---

[1] Expression proverbiale empruntée à l'art héraldique, et signifiant : vous me dites bien mon fait!

[2] Maudite soit ma faute! Au diable la faute!

[3] *Prou*, profit, bien.

seigneur! » dist-il. Mais la damoiselle, qui plus ne povoit se le cueur ne luy sailloit dehors du ventre, ne peut oncques dire ung seul mot. Et cuidoit tout certainement que l'escuier fut leans arrivé par l'advertissement et conduicte du chevalier; si luy en vouloit tant de mal, que on ne vous le scauroit dire. « Et qui vous a enseigné la voye de ceans, mon escuier? dist le chevalier. — Vostre mullette, Monseigneur, dist-il, que je trouvay en bas, ou chasteau, quant j'eus soupé avec vous; elle estoit là, seule et esgarée : si luy demanday qu'elle attendoit, et elle me respont qu'elle n'attendoit que sa housse et vous. « Et pour « où aller? dis-je. — Où avons de coustume, dist-elle. — Je scay bien, « dis-je, que ton maistre ne ira mesbuy dehors, car il se va couchier; « mais maine-moy là où tu scais qu'il va de coustume et je t'en prie. » Elle en fut contente; si montay sur elle, et elle m'adreça ceans, la sienne bonne mercy! — Dieu mette en mal an l'orde beste, dist le bon seigneur, qui m'a encusé[1]! — Ha! que vous le valez loyaulment, monseigneur! dist la damoiselle, quant elle peut prendre la peine de parler. Je voy bien que vous trompez de moy, mais je vueil bien que vous saichez que vous n'y aurez gueres d'honneur. Il n'estoit jà mestier, se vous n'y vouliez plus venir, de y envoyer aultruy soubz umbre de vous. Mal vous congnoist, qui oncques ne vous vit! — Par la mort bieu! je ne luy ay pas envoyé, dist-il; mais, puis qu'il y est, je ne l'en chaceray pas; et aussi il y en a assez pour nous deux; n'a pas, mon compaignon? — Ouy, Monseigneur, dist-il, tout au butin, et je le vueil; si nous fault boire du marché. » Et lors se tourna vers le dressoir, et versa du vin en une grant tasse que y estoit, et dist : « Je boy à vous, mon compaignon! » et puis fist verser de l'aultre vin, et le bailla à la damoiselle qui ne vouloit nullement boire; mais, en la fin, voulsist ou non, elle baisa la tasse. « Or ça, dist le gentil chevalier, mon compaignon, je vous laisseray icy; besoignez bien vostre tour aujourd'huy, le mien sera demain, se Dieu plaist; si vous prie que vous me soyez aussi gracieux, quant vous m'y trouverez, que je vous suis maintenant. — Nostre Dame! mon compaignon, aussi seray-je, ne vous doubtez. » Ainsi s'en alla le bon chevalier et laissa l'escuier, qui fist au mieulx qu'il peut ceste premiere nuyt; et advertit la damoiselle de tous pointz de la verité de son adventure, dont elle fut ung peu plus contente que se l'aultre luy eust envoyé. Ainsi fut la belle damoiselle deceue par la mulette et contrainte d'obeyr et au chevalier et à l'es-

---

[1] Pour *accusé*, trahi.

cuier, chascun à son tour : dont en la fin elle s'accoustuma et très bien le print en patience. Mais tant de bien y eut, que, se le chevalier et l'escuier s'entraymoient bien par avant ceste adventure, l'amour d'entre eulx à ceste occasion fut redoublée, qui, entre aucuns mal conseilliez, eust engendré discort et mortelle haine.

LA XXXIIe NOUVELLE

PAR MONSEIGNEUR DE VILLIERS

Affin que je ne soye seclus [1] du très heureux et haut merite deu à ceux qui travaillent et labeurent à l'augmentation des histoires de ce present livre, je vous racompteray en brief une adventure nouvelle, par laquelle on me tiendra excusé d'avoir fourny la nouvelle dont j'ay nagueres esté sommé. Il est notoire verité qu'en la ville de Hostellerie [2], en Castelongne, arriverent plusieurs freres mineurs, qu'on dit de l'Observance [3], enchacés et deboutés par leur mauvais gouvernement et faincte devocion du royaulme d'Espaigne. Et trouverent façon d'avoir entrée devers le seigneur de la ville, qui desjà estoit ancien [4]; et tant firent, pour abregier, qu'il leur fonda une belle eglise et beau couvent, et les maintint et entretint toute sa vie le mieulx qu'il sceut. Et après regna son filz aisné, qui ne leur fist pas moins de bien que son bon pere. Et, de fait, ilz prospererent, en peu de ans, si bien, qu'ilz avoient suffisamment tout ce que on scauroit demander en ung couvent de mendians. Et, affin que vous saichiez qu'ilz ne furent pas oyseux, durant le temps qu'ilz acquirent ces biens, ilz se misrent au prescher, tant en la ville que par les villaiges voisins et gaignerent tout le peuple, et tant firent, qu'il n'estoit pas bon chrestien, qui ne s'estoit à eulx confessé, tant avoient grant bruit et bon

---

[1] Pour *exclus*.

[2] Hostalrich, ville de Catalogne, à quarante-deux kilomètres de Girone.

[3] Cordeliers observantins, qui formaient une des principales branches de l'ordre de Saint-François. Il y avait les cordeliers de la grande, de la petite et de l'étroite Observance.

[4] Agé, vieux.

los [1] de bien remonstrer aux pecheurs leurs defaultes. Mais qui les louast et eust bien en grace, les femmes estoient du tout données, tant les avoient trouvez sainctes gens, de grant charité et de parfonde devocion. Or entendez la mauvaistié, deception et horrible trayson, que ces faulx ypocrites pourchasserent à ceulx et celles qui tant de biens de jour en jour leur faisoient : ilz baillerent entendre generalement à toutes les femmes de la ville, qu'elles estoient tenues de rendre à Dieu la disme de tous leurs biens : « Comme au seigneur, de telle chose et de telle, à vostre paroisse et curé, de telle chose et telle ; et à nous, vous devez rendre et livrer la disme du nombre des fois que vous couchiez charnellement avec vostre mary. Nous ne prenons sur vous aultre disme, car, comme vous scavez, nous ne portons point d'argent ; car il ne nous est rien des biens temporelz et transitoires de ce monde. Nous querons et demandons seulement les biens espirituelz. Les dismes que nous demandons et que vous nous devez n'est pas des biens temporelz : c'est à cause du Sainct Sacrement que vous avez receu, qui est une chose divine et espirituelle ; et de celuy n'appartient à nul recepvoir la disme, que nous seulement, qui sommes religieux de l'Observance. » Les povres simples femmes, qui mieulx cuidoient ces bons freres estre anges que hommes terriens [2], ne refuserent pas ce disme [3] à payer. Il n'y eust celle qui ne la payast à son tour, de la plus haulte jusques à la moindre ; mesmes la femme du seigneur n'en fut pas excusée. Ainsi furent toutes les femmes de la ville appaties [4] à ces vaillans moynes ; et n'y avoit celuy d'eulx, qui n'eust à sa part de quinze à seize femmes la disme à recepvoir ; et, à ceste occasion, Dieu scait les presens qu'ilz avoient d'elles tout soubz umbre de devocion. Ceste maniere de faire dura longuement, sans ce qu'elle vint à la congnoissance de ceulx qui se fussent bien passez de ce nouveau disme. Il fut toutesfois descouvert en la façon qui s'ensuit : Ung jeune homme, nouvellement marié, fut prié de souper à l'ostel d'ung de ses parens, luy et sa femme ; et, comme ilz retournoient, en passant par devant l'eglise des bons cordeliers dessusditz, la cloche de l'*Ave Maria* sonna tout à ce coup, et le bon homme s'enclina sur la terre pour faire ses devocions. Sa femme luy dist : « Je

---

[1] Bonne renommée ; du latin *laus*, louange.
[2] Terrestres.
[3] Ce mot était, à volonté, masculin ou féminin, suivant qu'on le tirait de *decima* ou de *decimus*.
[4] Livrées en pâture.

entreroye voulentiers dedans ceste eglise? — Et que ferez-vous là dedans à ceste heure? dist le mary : vous y reviendrez bien, quant il sera jour demain ou une aultre fois ? — Je vous requiers, dist elle, que je y aille, et je reviendray tantost. — Nostre Dame! dist-il : vous n'y entrerez jà maintenant! — Par ma foy, dist-elle, c'est force; il m'y convient aller; je ne demourceray riens : si vous avez haste d'estre à l'ostel, allez toujours devant, je vous suivray tout à ceste heure. — Piquez, piquez devant, dist-il; vous n'y avez pas tant à faire. Si vous voulez dire vostre *Pater noster* ou vostre *Ave Maria*, il y a assez place à l'ostel, et vous vauldra autant là le dire, que en ce monastere, où l'on ne voit maintenant goutte. — Ha dea, dist-elle, vous direz ce qu'il vous plaira, mais, par ma foy, il fault necessairement que j'entre ung peu dedans. — Et pourquoy? dist-il. Voulez-vous aller couchier avec les freres de leans? » Elle, qui cuidoit, à la verité, que son mary sceust bien qu'elle payast la disme, luy respondit : « Nenny, je n'y vueil pas couchier; je vouloie aller payer. — Quoy payer? dist-il. — Vous le scavez bien? dist-elle : et si le demandez? — Que scay-je bien? dist-il; je ne me mesle pas de voz debtes. — Au moins, dist-elle, scavez-vous bien qu'il me fault payer la disme? — Quelle disme? — Ha hay, dist-elle, c'est ung jamais[1]; et la disme de nuyt de vous et de moy? Vous avez bon temps; il fault que je paye pour nous deux. — Et à qui le payez-vous? dist-il. — A frère Eustace, dist-elle. Allez tousjours à l'ostel! Si m'y laissez aler, que j'en soye quitte. C'est si grant pechié de ne la point payer, que je ne suis jamais aise, quant je luy dois riens[2]. — Il est meshuy trop tart, dist-il ; il est couchié passé à une heure. — Ma foy, dist-elle, je y ay esté ceste année beaucoup plus tart; puis que on veult payer, on y entre à toute heure. — Allons, allons, dist-il, une nuyt n'y fait rien. » Ainsi s'en retournerent le mary et la femme, mal contens tous deux, la femme, pource qu'on ne l'a pas laissée paier son disme, et le mary, pource qu'il se veoit ainsi deceu, estoit tout esprins d'yre et de mal talent[3] : qui encores redoubloit sa peine, qui ne l'osoit monstrer. A certaine piece après, toutesfoys, ilz se coucherent, et le mary, qui estoit assez subtil, interrogua sa femme de longue main, se les aultres femmes de la ville ne paient pas aussi ceste disme qu'elle fait? « Quoy, donc! dist-elle : par ma foy, si font : quel previlege auroient-elles plus que moy? Nous sommes encores

[1] C'est à perpétuité.
[2] Quelque chose.
[3] Désir de vengeance.

seize ou vingt, qui le paions à frere Eustace. Ha! il est tant devot!
Et croyez que ce luy est une grande pacience. Frere Berthelemieu[1] en
a autant ou plus, et, entre les aultres, ma Dame[2] est de son nombre.
Frere Jacques en a aussi beaucoup, frere Anthoine aussi : il n'y a celuy d'eulx qui n'ait son nombre. — Sainct Jehan ! dist le mary, ilz
n'ont pas oeuvre laissée[3] ! Or congnois-je bien qu'ilz sont beaucoup
plus devotz qu'il ne semble ; et vrayement je les vueil avoir ceans
tous l'ung apres l'autre, pour les festoier et ouyr leurs bonnes devises ! Et pource que frere Eustace reçoit la disme de ceans, ce sera
le premier. Faictes que nous ayons demain bien à disner, car je le
ameneray. — Très voulentiers, dist-elle ; au moins, ne me fauldra-il pas
aller en sa chambre, pour le payer : il le recepvera bien ceans. —
Vous dictes bien, dist-il ; or dormons. » Mais creez qu'il n'en avoit
garde ; et, en lieu de dormir, il pensa tout à son aise ce qu'il vouloit à
lendemain excecuter. Ce disner vint, et frere Eustace, qui ne sçavoit
pas l'intention de son oste, fist assez bonne chiere soubz son chaperon.
Et quant il veoit son point, il prestoit ses yeulx à l'ostesse, sans espargner par dessoubz la table le gracieux jeu des piez : de quoy
s'appercevoit bien l'oste sans en faire semblant, combien que ce feust
à son prejudice. Apres les graces, il apela frere Eustace, et luy dist
qu'il luy vouloit monstrer une ymaige de Nostre Dame, et une très
belle oraison qu'il avoit en sa chambre ; et il respondit qu'il le voir-
roit voulentiers. Adonc ilz entrerent dedans la chambre, et puis l'oste
ferma l'huys dessus eulx, que il ne peust sortir ; et puis empoigna une
grande hache, et dist à nostre cordelier : « Par la mort bieu, beau
pere, vous ne partirez jamais d'icy, sinon les piez devant, se vous ne
confessez verité ! — Helas ! mon oste, je vous crie mercy ! Que me
demandez-vous ? — Je vous demande, dist-il, le disme du disme que
vous avez prins sur ma femme. » Quant le cordelier ouyt parler de
ce disme, il pensoit bien que ses besoignes n'estoient pas bonnes ; si
ne sceust que respondre, sinon de crier mercy, et de soy excuser le
plus beau qu'il povoit : « Or me dictes, dist l'oste, quelle disme est-ce
que vous prenez sur ma femme et sur les aultres ? » Le povre cordelier estoit tant effroyé, qu'il ne povoit parler, et ne respondoit mot.
« Dictes-moy, dist l'oste, la chose comment elle va ; et, par ma foy, je
vous lairray aller, et ne vous feray jà mal, ou si non, je vous tueray

---

[1] Altération populaire du nom de Barthélemi, *Bartholomæus*.
[2] La femme du seigneur de la ville.
[3] Expression proverbiale signifiant : ils n'ont pas été paresseux.

tout roide. » Quant l'aultre se ouyt asseurer, il ayma mieulx confesser son peché et celuy de ses compaignons et eschapper, que le celer et tenir cloz et estre en dangier de perdre sa vie; si dist : « Mon oste je vous crie mercy! je vous diray verité. Il est vray que mes compaignons et moy avons fait accroire à toutes les femmes de ceste ville qu'elles doibvent la disme des foys que vous couchiez avec elles ; elles nous ont creu : si les payent et jeunes et vieilles, puis qu'elles sont mariées; il n'en y a pas une qui en soit excusée ; ma dame mesmes la paye comme les aultres, ses deux niepces aussi, et generalement nulle n'en est exemptée. — Ha dea, dist l'aultre, puis que Monseigneur et tant de gens de bien la payent, je n'en dois pas estre quitte, combien que je m'en passasse bien ! Or vous en allez, beau pere, par tel si [1] que vous me quitterez la disme [2] que ma femme vous doit. » L'aultre ne fut oncques si joyeux, quant il se fut saulvé dehors ; si dist que jamais n'en demanderoit rien : aussi ne fist-il, comme vous orrez. Quant l'oste du cordelier fut bien informé de sa femme et de ceste nouvelle disme, il s'en vint à son seigneur et luy compta tout du long le cas du disme, comme il est touché ci dessus. Pensez qu'il fut bien esbahy et dist : « Oncques ne me pleurent ces papelars, et me jugeoit bien le cueur qu'ilz n'estoient pas telz par dedans comme ilz se moustrent par dehors. Ha! mauldictes gens qu'ilz sont ! mauldicte soit l'heure qu'oncques Monseigneur mon pere, à qui Dieu pardoint, les accointa! Or sommes-nous par eulx gastez et deshonnourez! Et encores feront-ilz pis, s'ils durent longuement. Qu'est-il de faire? — Par ma foy, Monseigneur, dist l'aultre, s'il vous plaist et semble bon, vous assemblerez tous voz subjetz de ceste ville : la chose leur touche comme à vous : si leur declairez ceste adventure, et puis aurez advis avec eulx d'y pourveoir et remedier, avant qu'il soit plus tart. » Monseigneur le voulut ; si manda tous ses subjetz mariez tant seulement, et ilz vindrent vers luy; et en la grant sale de son ostel il leur declaira tout au long la cause pourquoy il les avoit assemblez. Se Monseigneur fut bien esbahy de prinsault, quant il sceust premier ces nouvelles, aussi furent toutes bonnes gens qui là estoient. Adoncques les ungs disoient : « Il les fault tuer! » les aultres : « Il les fault pendre! » les aultres : « Noyer! » Les aultres disoient qu'ilz ne pourroient croire que ce feust verité, et qu'ilz sont trop devotz et de trop saincte vie. Ainsi

---

[1] A cette condition.
[2] Tiendrez quitte de la dime.

dirent les ungs d'ung, et les aultres d'aultre. « Je vous diray, dist le seigneur : nous manderons icy noz femmes, et ung tel maistre Jehan, etc., fera une petite colacion [1], laquelle enfin cherra [2] de parler des dismes, et leur demandera, au nom de nous tous, s'elles s'en acquittent, car nous voulons qu'elles soyent payées : nous orrons leur response. » Et, après advis sur cela, ilz s'accorderent tous au conseil et à l'opinion de Monseigneur. Si furent toutes les femmes mariées de la ville mandées ; et vindrent en la salle où tous leurs marys estoient. Monseigneur mesmes fist venir madame, qui fust toute esbahye de veoir l'assemblée de ce peuple. Puis après, ung sergent commanda, de par Monseigneur, faire silence. Et maistre Jehan se mist un peu au dessus des aultres et commença sa petite colacion, comme il s'ensuit : « Mes dames et mes damoiselles, j'ay la charge de par Monseigneur qui cy est et ceulx de son Conseil, vous dire en brief, la cause pourquoy estes icy mandées : Il est vray que Monseigneur, et son Conseil, et son peuple qui cy est, ont tenu, à ceste heure, ung chapitre du fait de leurs consciences : la cause si est qu'ilz ont voulenté, devant Dieu, dedans brief temps, faire une belle procession et devote à la louenge de Nostre Seigneur Jesu Christ, et de sa glorieuse Mere, et, à iceluy jour, se mettre tous en bon estat, affin qu'ilz soyent mieulx exaulsez en leurs plus devotes prieres et que les oeuvres qu'ilz feront soyent à iceluy nostre Dieu plus agreables. Vous scavez que, la mercy Dieu, nous n'avons eu nulles guerres de nostre temps, et noz voisins en ont esté terriblement persecutez, et de pestillences et de famines. Quant les aultres en ont esté ainsi examinez [3], nous avons peu dire et encores faisons que Dieu nous a preservez. C'est bien raison que nous congnoissons que ce vient, non pas de noz propres vertuz, mais de la seule large et liberale grace de nostre benoist Createur et Redempteur, qui huche et appelle et invite au son des devotes prieres qui se font en nostre eglise, et où nous adjoustons tres grant foy et tenons en fermes devocions. Aussi, le devot couvent des cordeliers de ceste ville nous a beaucoup valu et vault à la conservacion des biens dessusditz. Au surplus, nous voulons scavoir se vous acquittez à faire ce à quoy vous estes tenues ; et, combien que nous tenons assez estre en vostre memoire l'obligacion qu'avez à l'eglise, il ne vous desplaira pas, se je

---

[1] Allocution, conférence ; en latin *collatio*.
[2] Aboutira, tombera au point de...
[3] Il faut plutôt lire *exanimés*, signifiant *inanimés*, affaiblis.

vous en touche aucuns des plus grans pointz : Quatre fois l'an, c'est assavoir aux quatre nataulx[1], vous vous devez confesser à vostre curé, ou à quelque religieux ayant sa puissance ; et se receviez vostre Createur à chaque fois, vous feriez bien ; à tout le moins le devez-vous faire une fois l'an. Allez à l'offrande tous les dimanches, et payez leaulment les dismes à Dieu, comme de fruitz, de poulailles, aigneaulx, et aultres telz usaiges acoustumez. Vous devez aussi une aultre disme aux devotz religieux du couvent de Sainct-François, que nous voulons expressement qu'elle soit payée : c'est celle qui plus nous touche au cueur, et dont nous desirons plus l'entretenance[2], et pourtant, s'il y a nulle de vous qui n'en ait fait son devoir aucunement, que ce soit par sa negligence ou par faulte de le demander, ou aultrement, si s'advance de le dire. Vous scavez que ces bons religieux ne peuvent venir aux ostelz querir leur disme : ce leur seroit trop grant peine et trop grant destourbier[3] ; il doit bien suffire s'ilz prennent la peine de le recepvoir en leur couvent. Vela partie de ce que je vous ay à dire : reste à scavoir celles qui ont payé et celles qui doibvent? » Maistre Jehan n'eust pas finé son dire, que plus de vingt femmes commencerent à crier toutes d'une voix : « J'ay payé, moy ! j'ay payé, moy ! je n'en dois rien ! Ne moy, ne moy ! » D'aultre cousté, dirent ung cent d'aultres, et generalement, qu'elles ne devoient rien ; mesmes saillirent avant quatre ou six belles jeunes femmes, qui dirent qu'elles avoient si bien payé, qu'on leur devoit sur le temps advenir, à l'une quatre fois, à l'aultre six fois, à l'aultre dix fois. Il y avoit aussi, d'aultre cousté, je ne scay quantes[4] vieilles qui ne disoient mot ; et maistre Jehan leur demanda s'elles avoient bien payé leur disme? Et elles respondirent qu'elles avoient faict traictié avec les cordeliers : « Comment ! dist-il : ne paiez-vous pas ! Vous devez semondre[5] et contraindre les aultres de ce faire, et vous-mesmes faictes la faulte ! — Dea, dist l'une, ce n'est pas moy ; je me suis presentée plusieurs fois de faire mon devoir, mais mon confesseur n'y veult jamais entendre ; il dit tousjours qu'il n'a loisir. — Sainct Jehan ! dirent les aultres vieilles ; nous composons, par traictié fait avecques eulx la disme que devons, en toille, en draps,

---

[1] Les quatre grandes fêtes *natales* ou de la vie du Christ : Noël, Pâques, la Pentecôte et l'Ascension.
[2] Entretien, observance.
[3] Embarras, gêne, trouble ; du latin *disturbatio*.
[4] Combien de.
[5] Engager, inviter, solliciter.

en coussins, en bancquiers[1], en orilliers, et en aultres telles bagues[2] ; et ce, par leur conseil et advertissement, car nous aymerions mieulx la payer comme les aultres. — Nostre Dame! dist maistre Jehan, il n'y a point de mal ; c'est très bien fait. — Elles s'en peuvent doncques bien aller? dist Monseigneur à maistre Jehan. — Ouy, dist-il, mais, quoy que ce soit, que ces dismes ne soyent pas oubliées. » Quant elles furent toutes hors de la salle, l'huys fut serré[3] ; si n'y eust celuy des demourez, qui ne regardast son compaignon : « Or ça, dist Monseigneur, qu'est-il de faire? Nous sommes acertez[4] de la trayson que ces ribaulx moynes nous ont fait, par la deposition de l'ung d'eulx et par noz femmes ; il ne nous fault plus de tesmoings. » Après plusieurs et diverses opinions, la finale et derniere resolucion si fut, qu'ilz yront bouter le feu ou couvent, et brusleront et moynes et moustier[5]. Si descendirent en bas en la ville, et vindrent au monastere ; et osterent hors le *Corpus Domini*, et aucun aultre reliquaire qui là estoit, et l'envoierent en la paroisse ; et puis, sans plus enquerir, bouterent le feu en divers lieux leans, et ne s'en partirent tant que tout fut consumé, et moynes, et couvent, et eglise, et dortoir, et le surplus des edifices, dont il y avoit foison leans. Ainsi acheterent bien chierement les povres cordeliers la disme non accoustumée qu'ilz midrent sus. Dieu, qui n'en povoit mais, en eut bien sa maison bruslée.

LA XXXIIIe NOUVELLE

PAR MONSEIGNEUR

Ung gentil chevalier des marches de Bourgoigne, saige, vaillant, et très bien adrecié, digne d'avoir bruit et los, comme il eust tout son temps entre les plus renommez, se trouva tant et si bien en la

---

[1] Housses, tapis de banc.
[2] Nippes, effets, meubles.
[3] La porte fut fermée.
[4] Ou plutôt *acertainés*, assurés.
[5] *Moustier* ou *monstier*, monastère ; de *monasterium*, qui s'était contracté en *monsterium*.

grace d'une si belle damoiselle, qu'il en fut retenu serviteur, et d'elle obtint, à petit de piece [1], tout ce que par honneur elle donner luy povoit; et, au surplus, par force d'armes, à ce la mena, que refuser ne luy peut nullement ce que par devant et après ne peust obtenir. Et de ce se print et très bien donna garde ung très grant et gentil seigneur, très clervoyant, dont je passe le nom et les vertus, lesquelles, se en moy estoit de les scavoir racompter, il n'y a celuy de vous, qui tantost ne congneust de quoy ce compte se feroit: ce que pas ne vouldroye. Ce gentil seigneur, que je vous dist, qui se apperceut des amours du vaillant homme dessusdit, quant il vit son point [2], si luy demanda s'il n'estoit point en grace d'une telle damoiselle, c'est assavoir de celle dessusdicte. Et il luy respondit que non; et l'aultre, qui bien scavoit le contraire, luy dist qu'il congnoissoit très bien que si : « Neantmoins, quelque chose qu'il luy dist ou remontrast, il ne luy devoit pas celer ung tel cas, et que se il luy en estoit advenu ung semblable, ou beaucoup plus grant, il ne luy celeroit jà. » Si ne luy voulut-il oncques dire ce qu'il scavoit certainement. Adonc se pensa, en lieu d'aultre chose faire, et pour passer temps, s'il scait trouver voye ne façon, que, en lieu de celuy qui luy est tant estrange, et prent si peu de fiance en luy, il s'acointera de sa dame et se fera privé d'elle. A quoy il ne faillit pas, car, en peu d'heure, il fut vers elle si très bien venu, comme celuy qui le valoit, qu'il se povoit vanter d'en avoir autant obtenu, sans faire gueres grant queste ne poursuite, que celuy qui mainte peine et foison de travaulx en avoit soustenu; et si avoit ung bon point, qu'il n'en estoit en rien feru [3]. Et l'aultre, qui ne pensoit point avoir compaignon, en avoit tout au long du bras et autant que on en pourroit entasser, à toute force, au cueur d'ung amoureux. Et ne vous fault pas penser qu'il ne fust entretenu, de la bonne gouge, autant et mieulx que par avant : qui luy faisoit plus avant bouter et entretenir en sa fole amour. Et, affin que vous saichiez que ceste vaillante gouge n'estoit pas oyseuse, qui en avoit à entretenir deux du moins, lesquelz elle eust à grant regret perduz, et especialement le dernier venu, car il estoit de plus hault estoffe et trop mieulx garny au pongnet [4], que le premier venu. Et elle leur

---

[1] En peu de temps, peu à peu.

[2] Le but où il visoit.

[3] C'est-à-dire : et il avoit cet avantage, qu'il n'en étoit pas épris le moins du monde.

[4] Faut-il lire *ponguet, pougnet, poignet, pougnie?* Ces mots présentent égale-

bailloit et assignoit tousjours heure de venir l'ung après l'aultre, comme l'ung aujourd'huy et l'aultre demain. Et, de ceste maniere de faire, scavoit bien le dernier venu, mais il n'en faisoit nul semblant, et aussi, à la verité, il ne luy en chailloit gueres [1], sinon que ung peu luy desplaisoit la follie du premier venu, qui trop fort, à son gré, se boutoit en chose de petite value [2]. Et, de fait, se pensa qu'il l'en advertiroit tout du long, ce qu'il fist. Or, scavoit-il bien que les jours que la gouge luy deffendoit de venir vers elle, dont il faisoit trop bien le mal content, estoient gardez pour son compaignon le premier venu. Si fist le guet par plusieurs nuytz; et le veoit entrer vers elle par le mesme lieu et à celle heure que ès autres jours faisoit. Si luy dist, ung jour entre les aultres : « Vous m'avez trop celé les amours d'une telle et de vous; et n'est serment que vous ne m'ayez fait au contraire, dont je m'esbahis bien, que vous prenez si peu de fiance en moy, voire quant je scay davantaige et veritablement ce qui est entre vous et elle. Et, affin que vous saichiez que je scay qu'il en est, je vous ay veu entrer vers elle à telle heure et à telle : et de fait, hier n'a pas plus loing, je tins l'oeil sur vous, et, d'ung lieu là où j'estoye, je vous y vis arriver; vous scavez bien se je dis vray? » Quant le premier venu ouyt si vives enseignes, il ne sceut que dire; si luy fut force de confesser ce qu'il eust voulentiers celé, et qu'il cuidoit que ame ne le sceust que luy. Et dist à son compaignon le dernier venu, que vraiement il ne luy peut plus, ne veult celer qu'il en soit bien amoureux, mais il luy prie qu'il n'en soit nouvelle. « Et que diriez-vous, dist l'aultre, se vous aviez compaignon? — Compaignon! dist-il; quel compaignon? En amours? Je ne le pense pas, dist-il. — Sainct Jehan! dist le dernier venu, et je le scay bien; il ne fault jà aller de deux en trois [3] : c'est moy. Et, pource que je vous voy plus feru que la chose ne vault, vous ay pieça voulu advertir, mais ne y avez voulu entendre; et, se je n'avoye plus grant pitié de vous que vous-mesmes n'avez, je vous lairroye en ceste follie, mais je ne pourroye souffrir que une telle gouge se trompast [4] et de vous et de moy si longuement. » Qui fut bien esbahy de ces nouvelles, ce fut le premier venu, car il cuidoit tant

ment un sens : *pougnie* veut dire *combat*; *pongnet* et *pouguet*, lance, pique de tauréador; *poignet* se prend dans une acception érotique.

[1] Il ne s'en souciait guère.
[2] Pour *valeur*.
[3] Expression proverbiale, qui équivaut à celle-ci : il ne faut pas vous faire languir.
[4] Se jouât, se moquât.

estre en grace que merveilles, voire et si croioit fermement que ladicte gouge n'aymoit aultre que luy. Si ne scavoit que dire ne penser, et fut longue espace sans mot dire. Au fort, quant il parla, il dist : « Par Nostre Dame! on m'a bien baillé de l'oignon[1], et si ne m'en doubtoye gueres! si en ay esté plus aisé à decepvoir; le Dyable emporte la gouge, quant elle est telle! — Je vous diray, dist le dernier venu, elle se cuide tromper de nous, et, de fait, elle a desjà très bien commencé, mais il la nous fault mesmes tromper. — Et je vous en prie, dist le premier venu. Le feu Sainct-Anthoine[2] l'arde, quant oncques je l'accointay! — Vous scavez, dist le dernier venu, que nous allons vers elle tour à tour? Il fault qu'à la premiere fois que vous yrez ou moy, que vous dictes que vous aviez bien congneu et apperceu que je suis amoureux d'elle, et que vous m'avez veu entrer vers elle, à telle heure, et ainsi habillé, et que, par la mort bieu, se vous m'y trouvez plus, que vous me tuerez tout roide, quelque chose qui vous en doye[3] advenir. Et je diray ainsi de vous, et nous verrons, sur ce, qu'elle fera et dira, et aurons advis du surplus. — C'est très bien dit, et je le vueil, » dist le premier venu. Comme il fut dit, il en fut fait, car, je ne scay quans jours après, le dernier venu eut son tour d'aller besoigner : si se mist au chemin et vint au lieu assigné. Quant il se trouva seul à seul avec la gouge qui le receut très doulcement et de grant cueur, comme il sembloit, il faindit[4], comme bien le savoit faire, une mathe chiere[5] et monstra semblant de couroux. Et celle qui l'avoit acoustumé de veoir tout aultrement, ne sceut que penser; si luy demanda qu'il avoit et que sa maniere monstroit que son cueur n'estoit pas à son aise. « Vrayement, ma damoiselle, dist-il, vous dictes vray, que j'ay bien cause d'estre mal content et desplaisant! La vostre mercy, toutesfoys, que le m'avez pourchassé[6]! — Moy! ce dist-elle. Helas! dist-elle, non ay, que je saiche; car vous estes le seul homme en ce monde à qui je vouldroye faire le plus de plaisir, et de qui plus près me toucheroye l'ennuy et le desplaisir. — Il n'est pas damné qui ne le croit,

---

[1] Expression proverbiale, qui signifie : on s'est beaucoup joué de moi.

[2] On a fait de savantes dissertations pour définir au juste ce que c'était que ce *feu Saint-Antoine* qui inspirait tant d'effroi à nos aïeux. C'était évidemment une espèce de lèpre vive, qui s'attachait à toutes les parties du corps, et qui causoit des chaleurs intolérables dans la partie malade.

[3] Pour *doive*.

[4] Pour *feignit*.

[5] Un air troublé, égaré, l'air d'un fou; en italien, *malta ciera*.

[6] Grand merci, toutefois, puisque c'est vous qui m'avez mis en cet état!

dist-il, et pensez-vous que je ne me soye bien apperceu que vous avez tenu ung tel (c'est assavoir le premier venu)? Si fait, par ma foy, je l'ay trop bien veu parler à vous à part; et, qui plus est, je l'ay espié et veu entrer ceans. Mais, par la mort bieu! se je l'y treuve jamais, son dernier jour sera venu, quelle chose qu'il en doye advenir. Que je souffre ne puisse veoir qu'il me fist ce desplaisir, j'aymeroye mieulx à mourir mille fois, s'il m'estoit possible! Et vous estes aussi bien desleale, qui scaviez certainement et de vray, que, après Dieu, je n'ayme riens que vous, qui à mon très grant prejudice le voulez entretenir! — Ha! Monseigneur, dist-elle, et qui vous a fait ce rapport? Par ma foy, je vueil bien que Dieu et vous saichez que la chose va tout aultrement, et de ce je le prens à tesmoing que oncques jour de ma vie je ne tins terme [1] à celuy dont vous parlez, ne à aultre, quel qu'il soit: par quoy vous ayez tant soit peu de cause d'en estre mal content de moy. Je ne vueil pas nyer que je n'aye parlé et parle à luy tous les jours, et à plusieurs aultres; mais qu'il y ait entretenance, riens; ains tiens que soit le moindre de ses pensées, et aussi, par Dieu, il se abuseroit. Jà Dieu ne me laisse tant vivre, que aultruy [2] que vous ait part ne demye en ce qui est entierement vostre! — Ma damoiselle, dist-il, vous le scavez très bien dire, mais je ne suis pas si beste que de le croire. » Quelque mal content qu'il y feust, il fist ce pour quoy il estoit venu, et, au partir, luy dist: « Je vous ay dit et de rechief vous fais scavoir que, se je me aperçois jamais que l'aultre vienne ceans, je le mettray ou feray mettre en tel point qu'il ne courroucera jamais, ne moy ne aultre. — Ha, Monseigneur, dist-elle, par Dieu, vous avez tort de prendre vostre ymaginacion sur luy, et croyez que je suis seure qu'il n'y pense pas. » Ainsi se partit nostre dernier venu. Et à lendemain, son compaignon le premier venu ne faillit pas à son lever, pour savoir des nouvelles; et il luy en compta largement et bien au long tout le demené [3], comment il fist le courroucé et comme il la menaça de tuer, et les responses de la gouge. « Par mon serment! c'est bien joué! dist-il. Or laissez-moy avoir mon tour : se je ne fais bien mon personnaige, je ne fus oncques si esbahy. » Une certaine piece après, son tour vint et se trouva vers la gouge, qui ne luy fist pas moins de chiere qu'elle avoit de coustume, et que le dernier venu en avoit emporté nagueres. Se l'aultre son compaignon le der-

---

[1] Je ne donnai rendez-vous. Peut-être faut-il lire *ferme*.
[2] Pour *autre*.
[3] Tout ce qui s'était passé; le manége.

nier venu avoit bien fait du mauvais cheval¹ et en maintien et en parolles, encores en fist-il plus, et dist en telle maniere : « Je dois bien mauldire l'heure et le jour qu'oncques j'euz vostre accointance; car il n'est pas possible au monde d'amasser plus de douleurs, regretz et d'amers plaisirs au cueur d'ung povre amoureux, que j'en treuve aujourd'huy, dont le mien est environné et assiégé. Helas, je vous avoye entre aultres choisie comme la non pareille de beaulté, genteté², et gracieuseté, et que je y trouveroye largement et à comble de loyaulté : et, à ceste cause, m'estoye de mon cueur deffait, et du tout³ mis l'avoye en vostre mercy, cuidant, à la verité, que plus noblement ne en meilleur lieu asseoir ne le pourroye; mesmes m'avez à ce mené, que j'estoye prest et deliberé d'attendre la mort ou plus, se possible eust esté, pour vostre honneur saulver. Et quant j'ay cuidé estre plus seur de vous, que je n'ay pas sceu seulement par estrange rapport, mais à mes yeulx aperceuz ung autre estre venu de costé, qui me toult⁴ et rompt tout l'espoir que j'avoye en vostre service d'estre de vous tout le plus chier tenu ! — Mon amy, dist la gouge, je ne scay qui vous a troublé, mais vostre maniere et voz parolles portent et jugent qu'il vous fault quelque chose, que je ne scauroye penser que ce peut estre, se vous n'en dictes plus avant, si non ung peu de jalousie qui vous tourmente, ce me semble, de laquelle, se vous estiez bien saige, n'auriez cause de vous accointer⁵. Et là où je le scauroye, je ne vous en vouldroye pas bailler l'occasion; toutesfoys, vous n'estes pas si peu accoint⁶ de moy, que je ne vous aye monstré la chose qui plus en peut baillier la cause d'asseurance : à quoy vous me feriez tantost avoir regret, pour me servir de telles paroles. — Je ne suis pas homme, dist le premier venu, que vous doyez contenter de parolles, car excusance n'y vault rien : vous ne povez nyer que ung tel (c'est assavoir le dernier venu) ne soit de vous entretenu ? Je le scay bien, car je m'en suis donné garde, et si ay bien fait le guet, car je le vis hier venir vers vous à telle heure et à telle, et ainsi habillé. Mais je voue à Dieu, qu'il en a prins ses caresmeaux⁷, car je tiendray sur luy; et fust-il plus

---

¹ C'est-à-dire : s'était emporté, cabré.
² Gentillesse.
³ Tout à fait entièrement.
⁴ Enlève, ravit; du latin *tollit*.
⁵ Préoccuper, tourmenter.
⁶ Lié, conjoint, intime.
⁷ Expression proverbiale, pour dire : qu'il a fait son *Carême-prenant*, son carnaval, ses jours gras, avec sa maîtresse.

grant maistre cent fois, se je le y puis rencontrer, je luy osteray la vie du corps, ou luy à moy : ce sera l'ung des deux; car je ne pourroye vivre, voyant ung autre jouyr de vous. Et vous estes bien faulse et desloyale, qui m'avez en ce point deceu; et, non sans cause, mauldis-je l'heure que oncques vous accointay, car je scay tout certainement que c'est ma mort, se l'aultre scait ma voulenté, comme j'espere que ouy. Et par vous je scay, de vray, que je suis mort; et, s'il me laisse vivre, il aguise le cousteau, qui sans mercy à ses derniers jours le menera. Et s'ainsi est, le monde n'est pas assez grant, pour me saulver, que mourir ne me faille. » La gouge n'avoit pas moyennement à penser pour trouver soudaine et suffisante excusance, pour contenter celuy qui est si mal content. Toutesfoys, ne demoura pas qu'elle ne se mist en ses devoirs pour l'oster hors de ceste melencolie, et, pour assiete en lieu de cresson [1], elle luy dist : « Mon amy, j'ay bien au long entendu vostre grant ratelée, qui, à la verité dire, me baille à congnoistre que je n'ay pas esté si saige comme je deusse, et que j'ay trop tost adjousté foy à voz semblans et decevantes parolles, car elles m'ont conclue et rendue en vostre obeissance; vous en tenez à ceste heure trop moins de biens de moy. Aultre raison aussi vous meut, car vous scavez assez que je suis prinse et que amours m'ont à ce menée que sans vostre presence je ne puis vivre ne durer. Et, à ceste cause et plusieurs aultres qu'il ne fault jà dire, vous me voulez tenir vostre subgette en esclave, sans avoir loy de parler ne deviser à nul aultre que à vous. Puis qu'il vous plaist, au fort, j'en suis contente, mais vous n'avez nulle cause de moy souspeçonner en rien de personne qui vive, et si ne fault aussi jà que je m'en excuse : Verité, qui tous vainct, en fin m'en deffendra, s'il luy plaist. — Par Dieu, m'amye, dist le premier venu, la verité est telle que je vous ay dicte; si vous en sera quelque jour prouvée et chier vendue pour aultruy et pour moy, se aultre provision de par vous n'y est mise. » Après ces parolles et aultres trop longues à racompter, se partit le premier venu, qui pas n'oublia lendemain tout au long raconter à son compaignon le dernier venu. Et Dieu scait les risées et joyeuses devises qu'ilz eurent entre eulx deux! Et la gouge, en ce lieu, avoit des estouppes en sa quenoille [2], qui veoit et scavoit très bien que ceulx qu'elle entretenoit

---

[1] C'est-à-dire : pour lui servir un bon plat au lieu de cresson; expression proverbiale qui signifie : pour lui donner pleine satisfaction.

[2] Proverbe emprunté à la langue technique des fileuses; pour dire qu'elle avait bien des ressources dans l'imaginative.

se doubtoient et apercevoient aucunement chascun de son compaignon, mais non pourtant ne laissa pas de leur baillier tousjours audience, chascun à sa foys, puis qu'ilz la requeroient, sans en donner à nul congié. Trop bien les advertissoit qu'ilz venissent bien secretement vers elle, affin qu'ilz ne fussent de nulz apperceuz. Mais vous devez scavoir, quant le premier venu avoit son tour, qu'il n'oublioit pas à faire sa plainte comme dessus; et n'estoit rien de la vie de son compaignon, s'il le povoit rencontrer. Pareillement, le dernier jour de son audience, s'efforcoit de monstrer semblant plus desplaisant que le cueur ne luy donnoit; et ne valoit son compaignon, qui oyoit son dire, gueres mieulx que mort, s'il le treuve en belles[2]. Et la subtille et double damoiselle les cuidoit abuser de parolles, qu'elle avoit tant à main et si prestes, que ses bourdes sembloient autant veritables que l'Evangile. Et si cuidoit bien que, quelque doubte ne suspicion qu'ilz eussent, jamais la chose ne seroit plus avant enfonsée, et qu'elle estoit femme pour les fournir tous deux trop mieulx que l'ung d'eulx à part n'estoit pour la seule servir à gré. La fin fut aultre, car le dernier venu qu'elle craignoit beaucoup à perdre, quelque chose que feust de l'autre, luy dit ung jour trop bien sa leçon. Et, de fait, luy dit qu'il n'y retourneroit plus; et aussi, ne fist-il, de grant piece après : dont elle fut très desplaisante et mal contente. Or, ne fait pas à oublier, affin qu'elle eust encores mieulx le feu[1], il envoya vers elle ung gentil homme de son estroit conseil, affin de luy remonstrer bien au long le desplaisir qu'il avoit d'avoir compaignon en son service; et brief et court, s'elle ne luy donne congié, qu'il n'y reviendra, jour qu'il vive. Comme vous avez ouy dessus, elle n'eust pas voulentiers perdu son accointance : si, n'estoit sainct ne saincte qu'elle ne parjurast, en soy excusant de l'entretenance du premier; et en fin, comme toute forcenée, dist à l'escuier : « Et je monstreray à vostre maistre que je l'aime; et me baillez vostre cousteau! » Adonc, quant elle eut le cousteau, elle se desatourna[3], et si couppa tous ses cheveulx, de ce cousteau, non pas bien uniment. Toutesfoys, l'aultre print ce present, qui bien scavoit la verité du cas, et se offrit du present faire devoir, ainsi qu'il fist tantost après. Le dernier venu receut ce beau

---

[1] En flagrant délit; s'il le prend sur le fait. On dit encore familièrement : *attendre sa belle*, pour : attendre une occasion favorable.

[2] Expression figurée, qui signifie : afin de la mettre encore plus dans l'embarras. On dit encore dans le même sens : mettre le feu aux jambes à quelqu'un.

[3] Se décoiffa, ôta son bonnet.

present qu'il destroussa et trouva les cheveulx de sa dame, qui beaux estoient et beaucoup longz; si ne fut puis gueres aise, tant qu'il trouvast son compaignon, à qui il ne cela pas l'ambassade que on lui a mise sus, et à luy envoyée, et les gros presens qu'on luy envoye, qui n'est pas peu de chose; et lors monstra les beaux cheveulx : « Je croy, dist-il, que je suis bien en grace; vous n'avez garde qu'on vous en face autant? — Sainct Jehan! dist l'aultre, vecy aultre nouvelle; or voy-je bien que je suis frit. C'est fait, vous avez bruit tout seul[1]; sur ma foy, je croy fermement qu'il n'en est pas encore une pareille! Je vous requiers, dist-il, pensons qu'il est de faire? Il lui fault monstrer à bon escient, que nous la congnoissons telle qu'elle est. — Et je le vueil! » dist l'aultre. Tant penserent et contrepenserent, qu'ilz s'arresterent de faire ce qui s'ensuit. Le jour ensuyvant, ou tost après, les deux compaignons se trouverent en une chambre ensemble, où leur loyale dame avec plusieurs autres estoit; chascun saisit sa place au mieulx qu'il luy pleut, le premier venu auprès de la bonne damoiselle, à laquelle, tantost après plusieurs devises, il monstra les cheveux qu'elle avoit envoyez à son compaignon. Quelque chose qu'elle en pensast, elle n'en monstra nul semblant, ne d'effroy; mesmes disoit qu'elle ne les congnoissoit, et qu'ilz ne venoient point d'elle. « Comment, dist-il, sont-ilz si tost changiez et descongneuz? — Je ne scay qu'ilz sont, dist-elle, mais je ne les congnois. » Et quant il vit ce, il se pensa qu'il estoit heure de jouer son jeu; et fist maniere de mettre son chaperon, qui sur son espaule estoit[2]; et, en faisant ce tour, à propos luy fist heurter si rudement à son atour[3], qu'il l'envoya par terre, dont elle fut bien honteuse et mal contente. Et ceulx qui là estoient apperceurent bien que ses cheveulx estoient couppez, et assez lourdement[4]. Elle faillit sus en haste et reprint son atour et s'en entra en une aultre chambre pour se ratourner, et il la suyvit. Si la trouva toute courroucée et marrye, voire bien fort pleurant de deul qu'elle avoit d'avoir esté desatournée. Si luy demanda qu'elle avoit à pleurer, et à quel jeu elle avoit perdu ses cheveulx? Elle ne scavoit que respondre, tant estoit à celle heure surprinse. Et, luy, qui ne se peut plus tenir de executer la conclusion prinse entre son compaignon et luy, dist : « Faulse

---

[1] C'est-à-dire : il n'est question que de vous.
[2] Le chaperon, du temps de Charles VII, était attaché sur l'épaule par une longue bande d'étoffe qui pouvait faire deux ou trois fois le tour du cou ; quand il n'était pas sur la tête, il pendait derrière le dos.
[3] Coiffure de femme, *henin*, haut bonnet.
[4] Maladroitement, grossièrement.

et desloyale que vous estes, il n'a pas tenu à vous que ung tel et moy ne nous sommes entretuez et deshonnourez. Et je tiens, moy, que vous l'eussiez bien voulu, à ce que vous avez monstré, pour en racointer deux aultres nouveaulx; mais, Dieu mercy! nous n'en avons garde. Et, affin que vous saichiez son cas et le mien, vecy vos cheveulx, que luy avez envoyez, dont il m'a fait present; et ne pensez pas que nous soyons si bestes, que nous avez tenuz jusques icy. » Lors appella son compaignon, et il vint; puis dist: « J'ay rendu à ceste bonne damoiselle ses cheveulx et luy ay commencé à dire comment, de sa grace, elle nous a bien tous deux entretenuz; et, combien que, à sa maniere de faire, elle a bien monstré qu'il ne luy challoit, se nous deshonnourions l'ung l'aultre, Dieu nous en a gardez.—Sainct Jehan! ça mon[1]! » dist-il. Et lors mesmes adreça sa parolle à la gouge; et Dieu scait s'il parla bien à elle, en luy remonstrant sa très grant lacheté et desloyaulté de cueur. Et ne pense pas que gueres oncques femme fut mieulx capitulée[2], qu'elle fut à l'heure, puis de l'ung, puis de l'aultre. A quoy elle ne scavoit en nulle maniere que dire ne respondre, comme surprinse en meffait evident, sinon de larmes qu'elle n'espargnoit pas. Et ne pense pas qu'elle eust gueres oncques plus de plaisir, en les entretenant tous deux, qu'elle avoit à ceste heure de desplaisir. La conclusion fut telle toutesfois, qu'ilz ne l'abandonneront point, mais par acort doresnavant chascun aura son tour; et, s'ilz y viennent tous deux ensemble, l'ung fera place à l'aultre et seront bons amys, comme par avant, sans plus jamais parler de tuer ne de batre. Ainsi en fut-il fait, et maintindrent assez longuement les deux compaignons ceste vie et plaisant passetemps, sans que la gouge les osast oncques desdire. Et, quant l'ung alloit à sa journée[3], il le disoit à l'aultre; et, quant d'adventure l'ung eslongeoit le marchié, le lieu à l'aultre demouroit. Très bon faisoit ouyr les recommandacions qu'ilz faisoient au departir; mesmement ilz firent de très bons rondeaux, et plusieurs chansonnettes, qu'ilz manderent et envoyerent l'ung à l'aultre, dont il est aujourd'huy grant bruit, servans au propos de leur matiere dessusdicte, dont je cesseray de parler, et si donneray fin au compte.

---

[1] Exclamation qui s'écrivait aussi : *c'est mon!* signifiant : *en vérité, vraiment!*

[2] Chapitrée, comme on dit encore dans la même acception ; c'étaient les religieux qu'on chapitrait, quand on leur adressait des remontrances en plein chapitre.

[3] C'est-à-dire : à ses amours.

LA XXXIVe NOUVELLE

PAR MONSEIGNEUR DE LA ROCHE

J'AY congneu en mon temps une notable femme et digne de memoire, car les vertuz ne doivent estre celées ne estainctes, mais en commune audience publiquement blasonnées. Vous orrez, s'il vous plaist, en ceste nouvelle, la chose de quoy j'entens parler : c'est d'acroistre sa très heureuse renommée. Ceste vaillant preude femme mariée à ung, tout oultre nozamys [1], avoit plusieurs serviteurs en amours, pourchassans, et desirans sa grace, qui n'estoit pas trop difficile de conquerre, tant estoit doulce et piteable [2] celle qui la povoit et vouloit departir largement par tout où bon et mieulx luy sembloit. Advint ung jour que les deux vindrent vers elle, comme ilz avoient de coustume, non saichans l'ung de l'aultre, demandans lieu de cuire [3] et leur tour d'audience. Elle, qui pour deux ne pour trois n'eust jà reculé ne desmarchié [4], leur bailla jour et heure de se rendre vers elle, comme à lendemain, l'ung à huit heures du matin, et l'aultre à neuf ensuyvant, chargeant à chascun par exprès et bien acertes [5] qu'il ne faille pas à son heure assignée. Ilz promirent sur leur foy et sur leur honneur, s'ilz n'ont mortel exsoine [6], qu'ilz se rendront au lieu et terme limité. Quant vient à lendemain, environ cinq heures du matin, le mary de ceste vaillante femme se lieve et se habille, et se met en point ; et puis la huche et appelle pour se lever, mais il ne luy fut pas accordé, ains reffusé tout plainement : « Ma foy, dist-elle, il m'est

---

[1] Mari bien trompé, triple cocu.
[2] Charitable, humaine.
[3] Expression proverbiale empruntée à l'usage des fours banaux, où chacun allait à tour de rôle faire cuire son pain.
[4] Pour *démarqué*, remis la partie ; expression tirée du jeu de billard et d'autres jeux, où le joueur pouvait recommencer une partie en abandonnant tous les points qu'il avait gagnés.
[5] Certain, assuré.
[6] Empêchement, excuse ; c'est-à-dire : s'ils ne sont pas morts.

prins un tel mal de teste, que je ne me scauroye tenir en piez; si ne me pourroye encores lever, pour mourir, tant suis foible et travaillée ; et que vous le saichiez, je ne dormis annuyt. Si vous prie que me laissiez icy, et j'espoire que, quant je seray seule, je prendray quelque peu de repos. » L'aultre, combien qu'il se doubtast, n'osa contredire ne repliquer, mais s'en alla, comme il avoit de coustume, besoignier en la ville. Tandiz sa femme ne fut pas oyseuse à l'ostel, car huit heures ne furent pas si tost sonnées, que vecy bon compaignon, du jour de devant en ce point assigné, qui vient heurter à l'ostel ; et elle le bouta dedans. Il eut tantost despouillié sa robbe longue, et le surplus de ses habillemens, et puis vint faire compaignie à ma damoiselle, affin qu'elle ne s'espoventast. Et furent eulx deux tant et si longuement bras à bras, qu'ilz ouyrent assez rudement heurter à l'huys. « Ha, dist-elle, par ma foy, vecy mon mary ! Advancez-vous, prenez vostre robbe ! — Vostre mary ? dist-il, et le congnoissez-vous à heurter ? — Ouy, dist-elle, je scay bien que c'est-il. Abregez-vous[1], qu'il ne vous treuve icy ! — Il le fault bien, se c'est-il, qu'il me voye ; je ne me scauroye où saulver. — Qu'il vous voye ? dist-elle ; non fera, se Dieu plaist, car vous seriez mort, et moy aussi ; il est trop merveilleux[2] ! Montez en hault, en ce petit grenier, et vous tenez tout quoy, sans mouvoir, qu'il ne vous oye. » L'aultre monta, comme elle luy dit, en ce petit grenier qui estoit d'ancien edifice, tout desplanché, deslaté et pertuisé en plusieurs lieux. Et ma damoiselle, le sentant là dessus, fait ung sault jusques à l'huys, très bien saichant que ce n'estoit pas son mary ; et mit dedans celuy qui avoit à neuf heures promis devers elle se rendre. Ilz vindrent en la chambre, où pas ne furent longuement debout, mais tout de plat s'entre-accolerent et embrasserent en la mesme ou semblable façon que celuy du grenier avoit fait ; lequel par ung pertuis veoit à l'oeil la compaignie, dont il n'estoit pas trop content ; et fist grant procès en son couraige[3], assavoir se bon estoit qu'il parlast ou se mieulx luy valoit se taire. Il conclud toutesfoys tenir silence et nul mot dire jusques à ce qu'il verra trop mieulx son heure et son point ; et pensez qu'il avoit belle pacience. Tant attendit, tant regarda sa dame avec le survenu, que bon mary vint à l'ostel, pour savoir de l'estat et santé de sa très bonne femme : ce qu'il estoit très bien tenu de faire. Elle l'ouyt tantost ; si n'eust aultre loi-

---

[1] Dépêchez-vous.
[2] Ce mot paraît employé ici dans le sens de *jaloux*.
[3] Il se consultait à part soi, dans son for intérieur.

sir, que de faire subit lever sa compaignie ; et elle ne le scavoit où saulver, pource que ou grenier ne l'eust jamais envoié : et elle le fit bouter en la ruelle du lit, et puis le couvrit de ses robbes, et luy dist : « Je ne vous scauroye ou mieulx logier, prenez en pacience ! » Elle n'eut pas achevé son dire, que son mary entra dedans, qui aucunement si luy sembloit avoir noise entreouye [1] ; si trouva le lit tout defroissié et despouillié, la couverture mal honnye [2] et d'estrange biays ; et sembloit mieulx le lit d'une espousée, que la couche d'une femme malade. La doubte qu'il avoit auparavant, avec l'apparence de present, luy fist sa femme appeller par son nom, et luy dist : « Paillarde meschante que vous estes, je n'en pensoye pas moins huy matin, quant vous contrefistes la malade ! Où est vostre houlier [3] ? Je voue à Dieu, si je le treuve, qu'il aura mal finé, et vous aussi. » Et lors mist la main à la couverture, et dist : Vecy bel appareil ! Il semble que les pourceaulx y ayent couchié. — Et qu'avez-vous, ce dist-elle, meschant yvroigne ? Fault-il que je compare [4] le trop de vin que vostre gorge a entonné ? Est-ce la belle salutacion que vous me faictes de m'appeller *paillarde ?* Je vueil bien que vous saichiez que je ne suis pas telle ; mais suis trop leale et trop bonne pour ung tel paillard que vous estes ; et n'ay aultre regret, sinon de quoy je vous ay esté si bonne et si loyale, car vous ne le valez pas. Et ne scay qui me tient que je ne me lieve et vous esgratine le visaige par telle façon, qu'à tousjours-mais ayez memoire de m'avoir ainsi villenée [5]. » Et qui me demanderoit comment elle osoit en ce point respondre, et à son mary parler, je y treuve deux raisons : La premiere si est qu'elle avoit bon droit en sa querelle, et l'aultre, qu'elle se sentoit la plus forte en la place. Et fait assez à penser, se la chose fust venue jusques aux horions, celuy du grenier et l'aultre l'eussent servie et secourue. Le povre mary ne scavoit que dire, qui oyoit le dyable sa femme ainsi tonner ; et, pource qu'il veoit que hault parler et fort tencer n'avoit pas lors son lieu, il print le procès tout en Dieu, qui est juste et droiturier. Et, à chief de sa meditacion, entre aultres parolles, il dist : « Vous vous excusez beaucoup de ce dont je scay tout le vray ; au fort, il ne

---

[1] Avoir entendu un bruit suspect, deux voix qui alternaient, qui *noisaient*.

[2] Mal arrangée. On dirait, dans le même sens, en style trivial : *mal fichue*.

[3] Au propre, maquereau, galant ; du bas latin *hullarius*. Il y avait à Paris une rue de *Huleu* (depuis, du *Grand-Hurleur*), habitée par des femmes et des hommes de mauvaise vie.

[4] Paye, achète, recueille.

[5] Injuriée, accablée de *vilenies*.

m'en chault pas tant qu'on pourroit bien dire ; je n'en quiers jamais faire noise : Celuy de là hault paiera tout. » Et, par celuy d'en hault, il entendoit Dieu. Mais le galant, qui estoit ou grenier, qui oyoit ces parolles, cuidoit à bon escient que l'aultre l'eust dit pour luy, et qu'il feust menacé de porter la paste au four [1], pour le meffait d'aultruy ; si respondit tout en hault : « Comment, sire ? Il suffit bien que j'en paye la moitié; celuy qui est en la ruelle du lit peut bien payer l'aultre moitié, car certainement je croy qu'il y est autant tenu que moy. » Qui fut bien esbahy, ce fut l'aultre, car il cuidoit que Dieu parlast à luy, et celuy de la ruelle ne scavoit que penser, car il ne scavoit rien de l'aultre. Il se leva toutesfoys, et l'aultre se descendit, qui le congneut. Si se partirent ensemble et laisserent la compaignie bien troublée et mal contente, dont il ne leur chaloit gueres et à bonne cause.

LA XXXVe NOUVELLE

PAR MONSEIGNEUR DE VILLIERS

Ung gentil homme de ce royaulme, très vertueux et de grant renommée, grant voiagier et aux armes très preux et vaillant, devint amoureux d'une très belle et gente damoiselle ; et, en brief temps, fut si bien en sa grace, que riens ne luy fut escondit [2] de ce qu'il osa demander. Advint, ne scay combien après ceste aliance, que ce bon chevalier, pour mieulx valoir et honneur acquerre, se partit de ses marches [3], très bien en point et accompaigné, portant entreprinse d'armes, du congié de son maistre. Et s'en alla ès Espaignes et en divers lieux, où il se conduisit tellement, que à son retour il fut receu à grant triumphe. Pendant ce temps, sa dame fut mariée à ung ancien chevalier, qui gracieux et saichant [4] homme estoit, qui tout son temps

---

[1] On disait aussi, dans le même sens proverbial : *porter la farine au moulin*; c'est-à-dire : avoir toute la peine, sans profit.

[2] Refusé, dénié.

[3] Son pays.

[4] Ayant du savoir-vivre, de l'expérience.

avoit hanté la court et estoit, au vray dire, le registre d'honneur. Et
n'estoit pas ung petit dommaige, qu'il ne fut mieulx allié, combien
toutesfoys que encores n'estoit pas descouverte l'embusche de son infortune, si avant, ne si commune, comme elle fut depuis, ainsi comme
vous orrez. Car ce bon chevalier aventureux dessusdit retourna d'accomplir ses armes. Et, comme il passoit par le pays, il arriva d'adventure, à ung soir, au chasteau où sa dame demouroit. Et Dieu scait la
bonne chiere que Monseigneur son mary et elle luy firent, car il
y avoit de pieça grant acointance et amitié entre eulx. Mais vous debvez savoir que, tandis que le seigneur de leans pensoit et s'efforçoit
de faire finance de plusieurs choses pour festoyer son oste, l'oste se
devisoit avec celle qui fut sa dame, et s'efforçoit de trouver maniere
de la festoyer comme il avoit fait, avant que Monseigneur feust son
mary. Elle, qui ne demandoit aultre chose, ne se excusoit en riens, sinon du lieu : « Mais il n'est pas possible, dist-elle, de le povoir trouver ? — Ah, dist le bon chevalier, ma chiere dame, par ma foy, si vous
le voulez bien, il n'est maniere qu'on ne treuve. Et que scaura vostre
mary, quand il sera couchié et endormy, si vous me venez veoir jusques en ma chambre ? Ou, se mieulx vous plaist et bon vous semble,
je viendray bien vers vous. — Il ne se peut ainsi faire, ce dist-elle,
car le dangier y est trop grant : car Monseigneur est de legier somme,
et jamais ne s'esveille, qu'il ne taste après moy ; et, s'il ne me trouvoit
point, pensez que ce seroit ! — Et quant il s'est en ce point trouvé,
que vous fait-il ? — Aultre chose, dist-elle : il se vire d'ung et revire
d'aultre[1]. — Ma foy, dist-il, c'est ung très mauvais mesnagier[2] ! Il
vous est bien venu que je suis venu pour vous secourir, et luy ayder
et parfaire ce qui n'est pas bien en sa puissance d'achever. — Si m'aist
Dieu, dist-elle, quant il besoigne une fois le mois, c'est au mieulx venir ; il ne faut jà que j'en fasse la petite bouche ; croyez fermement que
je prendroye bien mieulx. — Ce n'est pas merveilles, dist-il. Mais regardez comment nous ferons, car c'est force que je couche avec vous. —
Il n'est tour ne maniere que je voye, dist-elle, comment il se puisse
faire. — Et comment ? dist-il : n'avez-vous point ceans femme en quoy,
vous osissiez fier de luy desceler vostre cas ? — J'en ay, par Dieu, une
dist-elle, en qui j'ay bien tant de fiance, que de luy dire la chose en
ce monde, que plus vouldroye estre celée, sans avoir suspicion ne

---

[1] Pas autre chose, dit-elle : il se tourne à droite et se retourne à gauche.
[2] Homme de ménage, mari.

doubte que jamais par elle fut descouverte. — Que nous fault-il donc plus? dist-il. Regardez, vous et elle, du surplus. » La bonne dame, qui vous avoit la chose à cueur, appella ceste damoiselle et luy dist : « M'amye, c'est force annuit que tu me serves, et que tu me aydes à achever une des choses en ce monde, qui plus au cueur me touche. — Ma dame, dist la damoiselle, je suis preste et contente comme je dois, de vous servir et obeyr en tout ce qu'il me sera possible; commandez, je suis celle qui accompliray vostre commandement. — Et je te mercye, m'amye, dist la dame, et soyes seure que tu n'y perdras rien. Vecy le cas : Ce chevalier qui ceans est, c'est l'homme au monde que j'ayme le plus; et ne vouldroye pour riens, qu'il se partist de moy sans aucunement avoir parlé à luy. Or, ne me peut-il bonnement dire ce qu'il a sur le cueur, sinon entre nous deux et à part; et je ne m'y puis trouver, si tu ne vas tenir ma place devers Monseigneur. Il a de coustume, comme tu scais, de soy virer par nuyt vers moy; et me taste ung peu, et puis me laisse et se rendort. — Je suis contente de faire vostre plaisir, ma dame; il n'est riens qu'à vostre commandement je ne feisse. — Or bien, m'amye, dist-elle, tu te coucheras comme je fais, assez loing de Monseigneur; et garde bien, quelque chose qu'il face, que tu ne die ung seul mot; et, quelque chose qu'il vouldra faire, seuffre tout. — A vostre plaisir, ma dame, et je le feray. » L'heure du souper vint, et n'est ja mestier de vous compter du service; seulement vous souffise que on y fist très bonne chiere, et il y avoit bien de quoy. Après souper, la compaignie s'en alla à l'esbat; le chevalier estrange tenant ma dame par le bras, et aucuns aultres gentilz hommes tenans le surplus des damoiselles de leans. Et le seigneur de l'ostel venoit derriere; et enqueroit[1] des voyages de son oste à ung ancien gentil homme qui avoit conduit le fait de sa despence en son voyaige. Ma dame n'oublya pas de dire à son amy, que une telle de ses femmes tiendra annuyt sa place et son lieu, et qu'elle viendra vers luy. Il fut très joyeux, et largement l'en mercya, desirant que l'heure feust venue. Ilz se mirent au retour et vindrent jusques en la chambre de parement, où Monseigneur donna la bonne nuyt à son oste et ma dame aussi. Et le chevalier estrange s'en vint en sa chambre, qui estoit belle à bon escient, bien mise à point; et estoit le beau buffet garny d'espices, de confitures et de bon vin de plusieurs façons. Il se fit tantost desabillier; et beut une fois, puis

[1] S'informait.

fist boire ses gens et les envoya couchier. Et demoura tout seul, attendant sa dame, laquelle estoit avec son mary, qui tous deux se despouilloient et se mettoyent en point pour entrer ou lit. La damoiselle, qui estoit en la ruelle du lit, tantost que Monseigneur fut couchié, se vint mettre en la place de sa maistresse; et, elle, qui aultre part avoit le cueur, ne fist que ung sault jusques à la chambre de celuy qui l'attendoit de pié quoy. Or est chascun logié, Monseigneur avec sa chamberiere, et son oste avec ma dame. Et scait assez à penser qu'ilz ne passerent pas toute la nuyt à dormir. Monseigneur, comme il avoit de coustume, environ une heure devant jour, se resveilla, et vers sa chamberiere, cuidant estre sa femme, se vira; et, au taster qu'il fist, heurta sa main à son tetin, qu'il sentit très dur et poignant[1]; et tantost congneut que ce n'estoit point celuy de sa femme, car il n'estoit point si bien troussé : « Ha ! dist-il en soy-mesmes, je vois bien que c'est, et j'en bailleray ung aultre[2]. » Il se vire vers celle belle fille, et, à quelque meschief que ce fut, il rompit une lance, mais elle le laissa faire, sans oncques dire ung seul mot, ne demy. Quant il eut fait, il commence à appeller tant qu'il peut celuy qui couchoit avec sa femme : « Hau ! Monseigneur de tel lieu, où estes-vous ? Parlez à moy ? » L'aultre, qui se ouyt appeller, fut beaucoup esbahy et la dame fut toute esperdue. Et bon mary recommence rehuchier : « Hau ! Monseigneur mon oste, parlez à moy ? » Et l'aultre s'adventura de respondre et dist : « Que vous plaist-il, Monseigneur ? — Je vous feray tousjours ce change, quant vous vouldrez. — Quel change ? dist-il. — D'une vieille jà toute passée et desloyale à une belle et bonne et fresche jeune fille; ainsi m'avez-vous party[3], la vostre mercy ! » La compagnie ne sceut que respondre; mesmes la povre chamberiere estoit tant surprinse, que s'elle fût à la mort condamnée, tant pour le deshonneur et desplaisir de sa maistresse, comme pour le sien mesmes qu'elle avoit meschamment perdu. Le chevalier estrange se partit de sa dame au plus tost qu'il sceust, sans mercier son oste, et sans dire adieu. Et oncques puis ne s'y trouva, car il ne scait encores comme elle se conduit depuis avec son mary. Ainsi, plus avant ne vous en puis dire.

---

[1] Naissant, commençant à *poindre*, pointu.
[2] Expression proverbiale qui signifie : à mon tour maintenant.
[3] Partagé.

LA XXXVIe NOUVELLE

PAR MONSEIGNEUR DE LA ROCHE

Ung très gracieux gentil homme, desirant employer son service et son temps en la très noble court d'amours, soy sentant de dame impourveu [1], pour bien choisir et son temps employer, donna cueur, corps et biens à une belle damoiselle et bonne, que mieulx vault; laquelle, faite et duite [2] de façonner gens, l'entretint bel et bien longuement. Et trop bien luy sembloit qu'il estoit bien avant en sa grace; et, à dire la verité, si estoit-il comme les aultres, dont elle avoit plusieurs. Advint ung jour que ce bon gentil homme trouva sa dame d'adventure à la fenestre d'une chambre, ou millieu d'ung chevalier et d'ung escuier, ausquelz elle se devisoit par devises communes. Aucunes fois parloit à l'ung à part, sans ce que l'aultre en ouyst riens; d'aultre costé, faisoit à l'aultre la pareille, pour chascun contenter, mais que [3] fut bien à son aise. Le povre amoureux enrageoit tout vif, qui n'osoit approuchier de la compaignie. Et si n'estoit en luy d'eslongnier, tant fort desiroit la presence de celle qu'il aymoit mieulx que le surplus des aultres. Trop bien luy jugeoit le cueur, que ceste assemblée ne se departiroit point, sans conclure ou procurer aucune chose à son prejudice; dont il n'avoit pas tort de ce penser et dire. Et, s'il n'eust eu les yeux bandez et couverts, il povoit voir appertement ce dont ung aultre à qui riens ne touchoit, s'apperceust à l'oeil. Et, de fait, luy monstra et vecy comment. Quant il congneut et apperceut à la lectre que sa dame n'avoit loisir ne voulenté de l'entretenir, il se bouta sur une couche et se coucha; mais il n'avoit garde de dormir, tant estoient ses yeulx empeschez de veoir son contraire. Et, comme il estoit en ce point, survint ung gentil chevalier qui salua la compaignie, lequel, voiant que sa damoiselle avoit sa charge, se tira devers l'es-

---

[1] Dépourvu.
[2] Habile à.
[3] Pourvu qu'elle, à condition que.

cuier, qui sur la couche n'estoit pas pour dormir. Et, entre aultres devises, luy dist l'escuier : « Par ma foy, Monseigneur, regardez à la fenestre? Vela gens bien aises. Et ne voyez-vous pas comment plaisamment ilz se demainent? — Sainct Jehan! tu diz vray, dist le chevalier. Encores font-ilz bien aultre chose que de deviser. — Et quoy? dist l'aultre. — Quoy? dist-il; et ne vois-tu pas comment elle tient chascun d'eulx par la resne? — Par la resne! dist-il. — Voyre vrayement, povre beste, par la resne. Où sont tes yeulx? Mais il y a bien choix des deux, voire quant à la façon, car celle qu'elle tient de gauche n'est pas si longue ne si grande que celle qui ample[1] sa dextre main. — Ha! dist l'escuier, par la mort bieu, vous dictes vray; sainct Anthoine arde la loupve! » Et pensez qu'il n'estoit pas bien aise. « Ne te chaille! dist le chevalier; porte ton mal le plus bel que tu peuz; ce n'est pas icy que tu dois dire ton couraige[2] : force est que tu fasses de necessité vertuz. » Aussi fist-il, et vecy bon chevalier, qui s'approuchoit de la fenestre où la galée[3] estoit : si aperceut d'adventure, que le chevalier à la resne gauche se lieve en piez, et regardoit que faisoient et disoient la damoiselle gracieuse et l'escuier son compaignon. Si vint à luy, en luy donnant ung petit coup sur le chapeau : « Entendez à vostre besoigne, de par le Dyable! Ne vous souciez des aultres. » L'aultre se retira et commença de rire; et la damoiselle, qui n'estoit point à effrayer de legier[4], ne se mua oncques[5]; trop bien tout doulcement laissa sa prinse, sans rougir, ne changier de couleur. Regret eut-elle en soy-mesmes d'abandonner de la main ce que aultre part luy eust bien servi. Et fait assez à croire que par avant et depuis n'avoit celuy des deux, qui ne luy fist très voulentiers service; aussi, eust bien fait, qui eust voulu, le dolent amoureux malade qui fut contraint d'estre notaire[6] du plus grant desplaisir qu'au monde advenir luy pourroit, et dont la seule pensée en son povre cueur rongé estoit assez et trop puissant de le mettre en desespoir, se raison ne l'eust à ce besoing secouru : qui luy fist tout abandonner sa queste en amours, car de ceste-cy il ne pourroit ung seul bon mot à son avantaige compter.

[1] Emplit.
[2] Ce que tu as sur le cœur.
[3] Compagnie. Au propre, *galée* signifie *galère*, vaisseau.
[4] Légèrement, de peu.
[5] Ne se troubla, ne s'émut pas le moins du monde.
[6] Témoin.

LA XXXVIIe NOUVELLE

PAR MONSEIGNEUR DE LA ROCHE

TANDIS que les aultres penseront et à leur memoire rameneront aucuns cas advenuz et perpetrez[1], habilles et suffisans d'estre adjoustez à l'histoire presente, je vous compteray, en briefz termes, en quelle façon fut deceu le plus jaloux de ce royaulme pour son temps. Je croy assez qu'il n'a pas esté seul entaiché de ce mal, mais toutesfoys, pour ce qu'il le fut oultre l'enseigne, je ne me scauroye passer sans faire scavoir le gracieux tour qu'on luy fist. Ce bon jaloux, que je vous compte, estoit très grant historien et avoit veu et beaucoup leu et releu de diverses histoires, mais, en la fin, la principale à quoy tendoit son exercice et toute son estude, estoit de scavoir et congnoistre les façons et manieres comment femmes peuvent decepvoir leurs mariz. Car, la Dieu mercy, les histoires anciennes, comme *Matheolet*[2], Juvenal[3], les *Quinze Joyes de mariage*[4] et aultres plusieurs dont je ne scay le compte, font mencion de diverses tromperies, cautelles[5], abusions, et decepcions en cet estat advenues. Nostre jaloux les avoit tousjours en ses mains, et n'en estoit pas moins assoté que ung fol de sa marote; toujours lisoit, toujours estudioit, et d'iceulx livres fist ung petit extrait pour luy, auquel estoyent descriptes, comprinses, et notées plusieurs manieres de tromperies, au pourchas et entreprinses de femmes, et ès personnes de leurs maris

---

[1] Accomplis, faits.
[2] Le *Matheolus*, poëme du quinzième siècle, composé par Jean le Febvre, évêque de Thérouenne, est une violente satire contre les femmes. Il a été souvent réimprimé au commencement du seizième siècle.
[3] Dans sa satire VI, contre les femmes.
[4] Ouvrage satirique et facétieux, attribué aussi à Antoine de La Sale, auteur ou rédacteur des *Cent Nouvelles nouvelles*. Ce passage prouve que ce second ouvrage est postérieur à l'autre.
[5] Ruses, finesses; du latin *cautelæ*.

exccecutées. Et ce fist-il, tendant à la fin d'estre mieulx premuny
sur sa garde de sa femme, s'elle luy en bailloit point de telles comme
celles qui en son livret estoient chroniquées et registrées. Qu'il ne
gardast sa femme d'aussi près que ung jaloux Ytalien, si faisoit, et si
n'estoit pas bien asseuré, tant estoit feru du mauldit mal de jalousie.
Et, en cest estat et aise delectable, fut ce bon homme trois ou
quatre ans avec sa femme, laquelle pour passetemps n'avoit aultre
loisir d'estre hors de sa presence infernale, sinon allant et retournant
à la messe, en la compaignie d'une vieille serpente[1] qui d'elle avoit
charge. Ung gentil compagnon, ouyant la renommée de ce gouvernement, vint rencontrer ung jour ceste bonne damoiselle, qui belle,
gracieuse et amoureuse à bon escient estoit; et luy dist, le plus
gracieusement que oncques sceust, le bon vouloir qu'il avoit de luy
faire service, plaignant et souspirant pour l'amour d'elle sa mauldicte fortune d'estre aliée au plus jaloux que terre soustienne ; et disant, au surplus, qu'elle estoit la seule en vie pour qui plus vouldroit faire : « Et pource que je ne vous puis pas icy dire combien je
suis à vous, et plusieurs aultres choses dont j'espoire que vous ne
serez que contente, s'il vous plaist, je les mettray par escript, et demain je vous les bailleray, vous suppliant que mon petit service, partant de bon vouloir et entier, ne soit pas refusé. » Elle l'escouta
voulentiers, mais pour la presence du Dangier[2] qui trop près estoit,
gueres ne respondit : toutesfoys, elle fut contente de veoir ses lettres,
quant elles viendront. L'amoureux print congié assez joyeux et à bonne
cause; et la damoiselle, comme elle estoit doulce et gracieuse, le
congié luy donna; mais la vieille qui la suyvoit ne faillit point à demander quel parlement[3] avoit esté entre elle et celuy qui s'en va?
« Il m'a, dist-elle, apporté nouvelle de ma mere, dont je suis bien
joyeuse, car elle est en bon point. » La vieille n'enquist plus avant;
si vindrent à l'ostel. A lendemain, l'aultre, garny d'unes lettres, Dieu
scait comment dictées, vint rencontrer sa dame, et tant subitement
et subtillement luy bailla ces lettres, que oncques le guet de la vielle
serpente n'en eust congnoissance. Ces lettres furent ouvertes par celle
qui voulentiers les vit, quand elle fut à part. Le contenu en gros
estoit comment il estoit esprins de l'amour d'elle, et que jamais ung
seul jour de bien n'auroit, se temps et loisir prestez ne luy sont,

[1] Duègne; c'est le mot *servante* altéré, par équivoque.
[2] C'est la vieille *serpente*; voyez, ci-après, la note, p. 189.
[3] Entretien, échange de paroles.

pour plus avant l'en advertir, requerant en conclusion qu'elle luy vueille de sa grace jour et lieu convenable assigner pour ce faire. Elle fist unes lettres, par lesquelles très gracieusement s'excusoit de vouloir entretenir en amours aultre que celuy auquel elle doit foy et loyaulté ; neantmoins, pource qu'il est tant fort esprins d'amour à cause d'elle, qu'elle ne vouldroit pour riens qu'il n'en feust guerdonné[1] : elle seroit très contente d'ouyr ce qu'il veult dire, se nullement povoit ou scavoit, mais certes nenny, tant près la tient son mary qui ne la laisse d'ung pas, sinon à l'heure de la messe, qu'elle vient à l'eglise, gardée et plus que gardée par la plus pute vieille qui jamais aultruy destourba[2]. Ce gentil compaignon, tout aultrement habillé et en point que le jour passé, vint rencontrer sa dame, qui très bien le congneut : et, au passer qu'il fist assez près d'elle, receut de sa main sa lettre dessusdicte. S'il avoit faim de veoir le contenu, ce n'estoit pas merveilles ; il se trouva en ung destour, où, tout à son aise et beau loisir, vit et congneut l'estat de sa besoigne, qui luy sembloit estre en bon train. Si regarda qu'il ne luy fault que lieu pour venir au dessus et à chief de sa bonne entreprinse, pour laquelle achever il ne finoit nuyt ne jour de s'adviser et penser comment il la pourroit conduire. Si advisa d'ung bon tour qui ne fait pas à oublier ; car il s'en vint à une sienne bonne amye, qui demouroit entre l'eglise où sa dame alloit à la messe et l'ostel d'elle ; et luy compta, sans riens celer, le fait de ses amours, en priant très affectueusement qu'elle à ce besoing le voulsist ayder et secourir : « Ce que je pourray faire pour vous, ne pensez pas que je ne m'y emploie de très bon cueur. — Je vous mercye, dist-il, et seriez-vous contente qu'elle venist ceans parler à moy ? — Ma foy ! dist-elle, il me plaist bien. — Or bien, dist-il, s'il est en moy de vous faire autant de service, pensez que j'auray congnoissance[3] de la courtoisie. » Il ne fut oncques si aise, ne jamais ne cessa, tant qu'il eut rescript et baillé ses lettres à sa dame, qui contenoient qu'il avoit tant fait à une telle, qu'elle estoit sa très grande amye, femme de bien, loyale et secrete, « et qui vous ayme et congnoist bien ; qu'elle nous baillera sa maison pour deviser. Et vecy que j'ay advisé : Je seray demain en la chambre d'en hault, qui descouvre sur la rue et si auray auprès de moy un grant seau d'eaue et de cendres entremeslé, dont je vous affubleray tout à coup que

---

[1] Récompensé.
[2] Gêna, troubla son prochain.
[3] Pour *recongnoissance*.

vous passerez. Et si seray en habit si descongneu [1], que vostre vieille, ne ame du monde n'aura de moy congnoissance. Quant vous serez en ce point atournée [2], vous ferez bien l'esbahye et vous saulverez en ceste maison ; et, pour vostre Dangier [3], manderez querir en vostre ostel une aultre robbe. Et, tandiz qu'elle sera en chemin, nous parlerons ensemble. » Pour abregier, ces lettres furent escriptes et baillées, et la response fut rendue par elle, qu'elle estoit contente. Or fut venu ce jour, et la damoiselle affublée par son serviteur d'ung seau d'eaue et de cendre, voire par telle façon que son queuvrechief [4], sa robbe et le surplus de ses habillemens furent tous gastez et percez. Et Dieu scait qu'elle fist bien l'esbahye et de la malcontente ; et comme elle estoit ainsi atournée, elle se bouta en l'ostel, ignorant d'y avoir congnoissance. Tantost qu'elle vit la dame, elle se plaingnit de son meschief, et n'est pas à vous dire le deul qu'elle menoit de ceste adventure : maintenant plaint sa robbe, maintenant son queuvrechief, et l'aultre fois son tixu ; brief, qui l'oyoit, il sembloit que le monde fust finé. Et Dangier, sa meschine, qui enraigeoit d'engaigne [5], avoit en sa main un cousteau dont elle nettoyoit sa robbe, le mieulx qu'elle scavoit : « Nenny, nenny, m'amye, dist-elle, vous perdez vostre peine ; ce n'est pas chose à nettoyer si en haste ; vous n'y scauriez faire aultre chose maintenant, qui vaulsit [6] riens : il fault que j'aye une aultre robbe et ung aultre queuvrechief, il n'y a point d'aultre remede ; allez à l'ostel et les me apportez et vous advancez de retourner, que nous ne perdons la messe avec tout nostre mal. » La vieille, voyant la chose estre necessaire, n'osa desdire sa maistresse ; si print et robbe et quevrechief soubz son manteau, et à l'ostel s'en va. Elle n'eut pas si tost tourné les talons, que sa maistresse ne fut guydée en la chambre où son serviteur estoit, qui voulentiers la vit en cotte simple et en cheveux. Et tandiz qu'ilz se deviseront nous retournerons à parler de la vieille qui revint à l'ostel, où elle trouva son maistre qui n'attendit pas qu'elle parlast, mais demanda incontinent : « Et qu'avez-vous fait de ma femme ? Et où est-elle ? — Je l'ay laissée, dist-elle,

---

[1] Méconnaissable.

[2] Arrangée, parée ; c'est-à-dire : souillée d'eau et de cendres.

[3] Argus, duègne. C'est le surnom générique qu'on donnait à tous les ennemis des amants, depuis que le roman de la *Rose* avait personnifié, sous ce nom, la jalousie, ou plutôt l'espionnage en amour. Voy ci-dessus la XIIIe Nouvelle.

[4] Pour *couvrechef*, bonnet, chaperon.

[5] Inquiétude ; du bas latin *engannum*.

[6] Pour *valût*.

chez une telle, et en tel lieu? — Et à quel propos? » dist-il. Lors elle luy monstra robbe et queuvrechief, et luy compta l'adventure de la tyne d'eaue et des cendres, disant qu'elle vient querir d'aultres habillemens, car, en ce point, sa maistresse n'osoit partir dont elle estoit : « Est-ce cela? dist-il. Nostre dame! ce tour n'estoit pas en mon livre! Allez, allez, je vois bien que c'est. » Il eust voulentiers dit qu'il estoit coux[1], et croyez que si estoit-il à ceste heure ; et ne l'en sceust oncques garder livre ne brief[2] où plusieurs fins tours estoient registrez. Et fait assez à penser qu'il retint si bien ce dernier, que oncques puis de sa memoire ne partit ; et ne luy fut nul besoing, à ceste cause, de l'escripre, tant en eut fresche souvenance le peu de bons jours qu'il vesquit.

LA XXXVIIIe NOUVELLE

PAR MONSEIGNEUR DE LAU

N'a gueres que ung marchant de Tours, pour festoier son curé et aultres gens de bien, acheta une grosse et belle lamproye ; si l'envoya à son ostel, et chargea très-bien à sa femme de la mettre à point, ainsi qu'elle scavoit bien faire : « Et faictes, dist-il, que le disner soit prest à douze heures[3], car je ameneray nostre curé et aucuns aultres (qu'il luy nomma). — Tout sera prest, dist-elle, amenez qui vous vouldrez. » Elle mist à point ung grant tas de beau poisson ; et, quant vint à la lamproye, elle la souhaita aux Cordeliers[4], à son amy, et dist en soy-mesmes : « Ha, frere Bernard, que n'estes-vous icy! Par ma foy, vous n'en partiriez jamais, tant que eussiez tasté de la lamproye, ou, se mieulx vous plaisoit, vous l'emporteriez en vostre chambre ; et je ne fauldroye pas de vous y faire compaignie. »

---

[1] Cocu. Le vieux mot *coux* nous paraît dérivé du nom de l'oiseau qui personnifiait l'espèce, et qu'on nommait *cucus* et *cugus* au moyen âge.
[2] Pour *brevet*, parchemin.
[3] Midi. C'était alors l'heure du dîner.
[4] Au couvent des cordeliers.

A très-grant regret mettoit ceste bonne femme la main à ceste lamproye, voire pour son mary, et ne faisoit que penser comment son cordelier la pourroit avoir. Tant pensa et advisa qu'elle conclud de luy envoyer par une vieille qui scavoit de son secret, ce qu'elle fist et luy manda qu'elle viendra annuyt souper et couchier avec luy. Quant maistre cordelier vit celle belle lamproye et entendit la venue de sa dame, pensez qu'il fut joyeux et bien aise ; et dist à la vieille que, s'il peut finer [1] de bon vin, que la lamproye ne sera pas fraudée du droit qu'elle a, puis qu'on la mengue [2]. La vieille retourna de son messaige et dist sa charge. Environ douze heures, vecy nostre marchant venir, le curé et plusieurs aultres bons compaignons, pour devourer ceste lamproye, qui estoit bien hors de leur commandement. Quand ilz furent en l'ostel du marchant, il les mena trestous en la cuisine, pour veoir ceste grosse lamproye, dont il les vouloit festoyer; et appella sa femme, et luy dist : « Monstrez-nous nostre lamproye ? Je vueil scavoir à ces gens si j'en euz bon marchié. — Quelle lamproye ? dist-elle. — La lamproye que je vous fis baillier pour nostre disner, avec cest aultre poisson. — Je n'ay poinct veu de lamproye, dist-elle; je cuide, moy, que vous songiez. Vecy une carpe, deux brochetz et je ne scay quel aultre poisson; mais je ne veis aujourd'huy lamproye. — Comment! dist-il, et pensez-vous que je soye yvre ? — Ma foy, ouy, dirent lors le curé et les aultres; vous n'en pensiez pas aujourd'huy moins ! Vous estes ung peu trop chiche pour acheter lamproye maintenant. — Par Dieu, dist la femme, il se farse [3] de vous, ou il a songé d'une lamproye, car seurement je ne veis de cest an lamproye. » Et bon mary, de soy courroucer, qui dist : « Vous avez menty, paillarde ! vous l'avez mengée ou caichée quelque part ? Je vous promez que oncques si chiere lamproye ne fut pour vous [4]. » Puis, se vira vers le curé et les aultres, et juroit la mort bieu et ung cent de sermens, qu'il avoit baillié à sa femme une lamproye, qui luy avoit cousté ung franc. Et, eulx, pour encores plus le tourmenter et faire enraigier, faisoient semblant de le non croire, et tenoient termes, comme s'ilz feussent mal contens, et disoient : « Nous estions priez de disner chez ung tel, et si avons tout laissié pour venir icy, cuidant mengier de la lamproye, mais, à ce que nous voyons, elle ne nous fera jà mal. » L'oste, qui en-

---

[1] Trouver.
[2] Pour *mange*, en patois poitevin.
[3] Se moque, se raille.
[4] Je vous jure que jamais lamproie ne vous aura coûté si cher!

raigeoit tout vif, print ung baston, et marchoit vers sa femme pour la trop bien frotter, se les aultres ne l'eussent retenu, qui l'emmenerent à force hors de son ostel, et misdrent peine de le rapaiser le mieulx qu'ils sceurent, quand ilz le virent ainsi troublé. Puis qu'ilz eurent failly à la lamproye, le curé mist la table, et firent la meilleure chiere qu'ilz sceurent. La bonne damoiselle à la lamproye manda l'une de ses voisines, qui veufve estoit, mais belle femme et en bon point estoit-elle, et la fist disner avecques elle. Et, quant elle vit son point, elle dist : « Ma bonne voisine, il seroit bien en vous de me faire ung singulier plaisir ; et, se tant vous vouliez faire pour moy, il vous seroit tellement desservy [1], que vous en deveriez estre contente. — Et que vous plaist-il que je face ? dist l'aultre. — Je vous diray, dist-elle, mon mary est si très-ardant de ses besoignes [2], que c'est une grant merveille ; et, de fait, la nuyt passée, il m'a tellement retournée, que, par ma foy, je ne l'oseroye bonnement annuyt attendre. Si vous prie que vous voulez tenir ma place, et, se jamais puis rien faire pour vous, vous me trouverez preste de corps et de biens. » La bonne voisine, pour luy faire plaisir et service, fut bien contente de tenir son lieu, dont elle fut largement et beaucoup merciée. Or devez-vous scavoir que nostre marchant à la lamproye, quand vint puis le disner, il fist tres-grosse et grande garnison de bonnes verges, qu'il apporta secretement en sa maison, et, aux piez de son lit, il les caicha, pensant que sa femme annuyt en sera trop bien servie. Il ne sceut faire si secretement, que sa femme ne s'en donnast très-bien garde, qui ne s'en pensa pas moins, congnoissant assez par experience la cruaulté de son mary, lequel ne soupa pas à l'ostel, mais tarda tant dehors, qu'il pensa bien qu'il la trouvera nue et couchée. Mais il faillit à son entreprise, car, quand vint sur le soir et tart, elle fist despouillier sa voisine et couchier en sa place, en luy chargeant expressement que elle ne respondist mot à son mary, quand il viendra, mais contreface la muette et la malade. Et si fist encores plus, car elle estaignit le feu de leans, tant en la cuisine comme en la chambre. Et, ce fait, à sa voisine chargea que tantost que son mary sera levé matin, qu'elle s'en voise [3] en sa maison. Elle luy promist que si feroit-elle. La voisine en ce point logée et couchée, la vaillante femme s'en va aux Cordeliers, pour mengier la lamproye et gaignier les pardons, comme assez avoit de coustume.

---

[1] Payé, récompensé, témoigné de la reconnoissance.
[2] C'est-à-dire : tellement ardent à faire l'amour.
[3] S'en aille.

Tandiz qu'elle se festoyera leans, nous dirons du marchant, qui après souper s'en vint en son ostel, esprins de yre et de maultalent à cause de la lamproye. Et, pour excecuter ce qu'en son par dedans [1] avoit conclud, il vint saisir ses verges et en sa main les tint, cherchant partout de la chandelle, dont il ne sceut oncques recouvrer; mesmes en la cheminée faillit à feu trouver. Quand il vit ce, il se coucha sans dire mot, et dormit jusques sur le jour, qu'il se leva et s'habilla, et print ses verges et batit la lieutenante de sa femme, en telle maniere, que à peu qu'il ne l'accraventast [2], en luy ramentevant [3] la lamproye, et la mist en tel point, qu'elle saingnoit de tous coustez : mesmes les draps du lit estoient tant sanglans, qu'il sembloit que ung beuf y fust mort; mais la povre martire n'osoit pas dire ung mot, ne monstrer le visaige. Ses verges luy faillirent, et fut lassé ; si s'en alla hors de son ostel. Et la povre femme, qui s'attendoit d'estre festoyée de l'amoureux jeu et gracieux passetemps, s'en alla tost après, en sa maison, plaindre son mal et son martire, non pas sans menasser et bien mauldire sa voisine. Tandiz que le mary estoit allé dehors, revint des Cordeliers sa bonne femme, qui trouva sa chambre, de verges toute jonchée, son lit desrompu, et froissié [4] et les draps tout ensanglantez. Si congneut bien tantost que sa voisine avoit eu affaire de son corps, comme elle pensoit bien ; et, sans tarder ne faire arrest, refist son lit, et d'aultres beaulx draps et frez le rempara, et sa chambre nettoya. Après, vers sa voisine, s'en alla qu'elle trouva en piteux point ; et ne fault pas dire qu'elle ne trouvast bien à qui parler. Au plus tost qu'elle peut, en son ostel s'en retourna, et de tous points se deshabilla, et ou beau lit qu'elle avoit très-bien mis à point, se coucha et dormit très-bien jusques à ce que son mary retourna de la ville, comme changié de son courroux, pource qu'il s'en estoit vengié, et vint à sa femme qu'il trouva ou lit, faisant la dormeveille [5] : Et qu'est cecy, ma damoiselle? dist-il : n'est-il pas temps de lever? — Hemy [6], dist-elle, est-il jour? Par mon serment ! je ne vous ay pas ouy lever. J'estoye entrée en ung songe qui m'a tenue ainsi longuement. — Je croy, dist-il, que vous songiez de la lamproye? ne faisiez pas ? Ce ne seroit pas trop grant mer-

---

[1] For intérieur.
[2] Peu s'en fallut qu'il ne l'assommât.
[3] Rappelant, remémorant.
[4] Défait.
[5] Faisant semblant de dormir.
[6] Exclamation ordinaire des femmes en ce temps-là : Hé ! moi !

veille, car je la vous ay bien ramenteue [1] à ce matin. — Par Dieu! dist-elle, il ne me souvenoit de vous ne de vostre lamproye. — Comment, dist-il, l'avez-vous si tost oublié? — Oublié? dist-elle : ung songe ne me arreste riens. — Et, à ce songe, dist-il, de ceste poingnie [2] de verges que j'ay uséé sur vous n'a pas deux heures? — Sur moy? dist-elle. — Voire vraiement sur vous, dist-il. Je scay bien qu'il y pert [3] largement et aux draps de nostre lit avecques. — Par ma foy, beaulx amys, dist-elle, je ne scay que vous avez fait ou songié; mais, quant à moy, il me souvient très-bien qu'aujourd'huy, au matin, vous me feistes de très-bon appetit le jeu d'amours; aultre chose ne scay-je! Aussi bien, povez-vous avoir songié de m'avoir fait aultre chose, comme vous feistes hyer de m'avoir baillié la lamproye? — Ce seroit une estrange chose! dit-il. Monstrez ung peu, que je vous voye. » Elle osta et si reversa la couverture, et toute nue se monstra, sans taiche ne blesseure quelconques. Vit aussi les draps beaulx et blans sans soullieure ne taiche. Si fut plus esbahy que on ne vous scauroit dire, et se print à muser [4] et largement penser; et, en ce point, longuement se tint. Mais toutesfoys, assez bonne piece après, il dist : « Par mon serment, m'amye, je vous cudoie à ce matin avoir très-fort batue jusques au sang, mais maintenant je voy bien qu'il n'en est rien; si ne scay qu'il m'est advenu. — Dea, dist-elle, ostez-vous hors de ceste imaginacion de baterie, car vous ne me touchastes oncques : vous le povez bien presentement veoir et appercevoir. Faictes vostre compte, que vous l'avez songé comme vous feistes hier de la lamproye. — Je congnois, dist-il lors, que vous dictes vray ; si vous requiers qu'il me soit pardonné, car je scay bien que j'euz hier tort de vous dire villennie devant les estrangers que je amenay ceans. — Il vous est legierement pardonné, dist-elle, mais toutesfoys advisez bien que vous ne soyez plus si legier ne si hastif en voz affaires, comme vous avez de coustume. — Non seray-je, dist-il, m'amye. » Ainsi qu'avez ouy, fut le marchant par sa femme trompé, cuidant avoir songié d'avoir acheté la lamproye et fait le surplus ou compte dessus escript et racompté.

---

[1] Rappelée, remémorée.
[2] Pour *poignée*.
[3] Pour *appert*, paraît.
[4] Au propre, en terme de vénerie : avoir la tête basse, comme les cerfs en rut.

LA XXXIXᵉ NOUVELLE

PAR MONSEIGNEUR DE SAINT POL

Ung gentil chevalier des marches de Hainaut, riche, puissant, vaillant, et très beau compaignon, fut amoureux d'une très belle dame assez longuement, et aussi fut tant en sa grace, et si privé d'elle, que, toutes foys que bon luy sembloit, il se trouvoit en ung lieu de son ostel à part et destourné, où elle luy venoit faire compaignie; et là devisoient tout à leur beau loisir. Et n'estoit ame qui sceust riens de leur très plaisant passetemps, sinon une damoiselle qui servoit ceste dame, laquelle bonne bouche très longuement porta[1]; et tant les servoit à gré en tous leurs affaires, qu'elle estoit digne d'ung très grant guerdon[2] en recevoir. Elle aussi avoit tant de vertu, que non pas seulement sa maistresse avoit gaignée par le service, comme dit est, et aultrement, mais encores le mary de sa dame ne l'aymoit pas moins que sa femme, tant la trouvoit loyale, bonne et diligente. Advint ung jour que ceste dame, sentant son serviteur le chevalier dessusdit en son chastel, devers lequel elle ne povoit aller si tost qu'elle eust bien voulu, à cause de son mary qui l'en destournoit, dont elle estoit bien desplaisante, se advisa de luy mander, par la damoiselle, qu'il eust encores un peu de pacience, et que, au plus tost qu'elle scauroit se desarmer[3] de son mary, qu'elle viendroit vers luy. Ceste damoiselle vint devers le chevalier qui sa dame attendoit, et dist sa charge. Et, luy, qui gracieux estoit, la mercia beaucoup de ce messaige, et la fist seoir auprès de luy, puis la baisa deux ou trois fois très doulcement; elle l'endura voulentiers : qui bailla couraige au chevalier de proceder au surplus, dont il ne fut pas reffusé. Cela fait, elle revint à sa maistresse, et luy dist que son amy n'attent qu'elle : « Helas, dist-elle, je scay bien qu'il est vray, mais Monseigneur ne se veult couchier. Ilz

---

[1] C'est-à-dire, qu'elle fut longtemps discrète.
[2] Récompense.
[3] Se débarrasser.

sont cy je ne scay quelz gens que je ne puis laisser. Dieu les mauldie! J'aymasse mieulx estre vers luy! Il luy ennuye bien, ne fait pas, d'estre ainsi seul? — Par ma foy, croyez que ouy, dist-elle, mais l'espoir de vostre venue le conforte, et attent tant plus aise. — Je vous en croy, mais toutesfoys il est là seul, sans chandelle, et sont plus de deux heures qu'il y est; il ne peut estre qu'il ne soit beaucoup ennuyé. Si vous prie, m'amye, que vous retournez vers luy encores une fois pour m'excuser, et luy faictes compaignie une piece; et entretant, se Dieu plaist, le Dyable emportera ces gens qui nous tiennent icy. — Je feray ce qu'il vous plaira, ma dame, dist-elle; mais il me semble qu'il est si content de vous, qu'il ne vous fault jà excuser, et aussi, si je y aloye, vous demoureriez icy toute seule de femmes, et pourroit adoncques demander Monseigneur après moy, et on ne me scauroit où trouver. — Ne vous chaille de cela, dist-elle, j'en feray bien, s'il vous demande. Il me desplaist que mon amy est seul; allez veoir qu'il fait, je vous en prie. — Je y voys, puis qu'il vous plaist! » dist-elle. S'elle fut bien joyeuse de ceste ambassade, il ne le fault jà demander; mais, pour couvrir sa voulenté, elle en fist l'excusance et le reffus à sa maistresse. Elle fut tantost vers le chevalier attendant, qui la receut joyeusement, et elle luy dist : « Monseigneur, ma dame m'envoye encores icy se excuser devers vous, pource que tant vous fait attendre, et croyez qu'elle en est la plus courroucée. — Vous luy direz, dist-il, qu'elle face tout à loisir, et qu'elle ne se haste rien pour moy, car vous tiendrez son lieu. » Lors de rechief la baise et acolle, et ne la souffrit partir tant, qu'il eust besoignié deux fois, qui gueres ne luy cousterent; car alors il estoit frez et jeune homme et fort à cela. Ceste damoiselle print bien en pacience sa bonne adventure, et eust bien voulu avoir souvent une telle rencontre, sauf le prejudice de sa maistresse. Et quant vint au partir, elle pria au chevalier, que sa maistresse n'en sceust rien. « Vous n'avez garde! dist-il. — Je vous en requiers, » dist-elle. Et puis s'en vint à sa maistresse, qui demanda tantost que fait son amy. « Il est là, dist-elle, et vous attent. — Voire, dist-elle, et est-il point mal content? — Nenny, dist-elle, puis qu'il a eu compaignie; il vous scait très bon gré que vous m'y avez envoiée; et, se ceste attente estoit souvent à faire, il vouldroit bien m'avoir pour deviser et passer temps; et, par ma foy, je y voys voulentiers, car c'est le plus plaisant homme de jamais; et Dieu scait qu'il fait bon ouyr mauldire ces gens qui vous retiennent, excepté Monseigneur; à luy ne vouldroit-il touchier. — Sainct Jehan! je vouldroye, dist la

dame, que luy et la compaignie feussent en la riviere, et je fusse là
dont vous venez. » Tant passa le temps que Monseigneur, Dieu mercy,
se deffist de ses gens, et vint en sa chambre : si se deshabilla et se
coucha, et ma dame se mist en cotte simple, et print son atour de
nuyt, et ses heures en sa main, et commence devotement, Dieu le
scait, dire ses sept Pseaulmes et patenostres; mais Monseigneur, qui
estoit plus esveillé que ung rat, avoit grant faim de deviser : si vouloit que ma dame laissast ses oraisons jusques à demain, et qu'elle
parlast à luy : « Ha! Monseigneur, dist-elle, pardonnez-moy, je ne
puis vous entretenir maintenant; Dieu va devant, vous le scavez; je
n'auroye meshuy bien, ne de sepmaine, se je n'avoye dit le tant peu de
service que je luy scay faire; et encores, de mal venir [1], je n'euz
pieça tant à dire que j'ay maintenant. — Ha hay! dist Monseigneur,
vous m'affolez bien de ceste bigoterie? Et est-ce à faire à vous de dire
tant d'heures que vous faictes? Ostez, ostez, laissez les dire aux prestres. Ne dis-je pas bien, hau, Jehannette? dist-il à la damoiselle dessusdicte. — Monseigneur, dist-elle, je n'en scay que dire, sinon, puis
que ma dame a de coustume de servir Dieu, qu'elle parface. — Ha!
dea, dist ma dame, Monseigneur, je voy bien que vous estes avoyé de
plaidier [2]; et j'ay voulenté de dire mes heures, et ainsi nous ne sommes
pas bien tous deux d'ung accord. Si vous lairay Jehannette, qui vous
entretiendra, et je m'en iray en ma chambre là derriere tenser à Dieu [3]. »
Monseigneur fut content. Si s'en alla ma dame les grands galoz [4] devers
le chevalier son amy, qui la receut Dieu scait à grant lyesse et à
grant reverence, car l'honneur qu'il luy fist n'estoit pas moindre qu'à
genoulz ploiez et enclinez jusques à terre. Mais vous devez scavoir
que, tandis que ma dame achevoit ses heures avec son amy, Monseigneur son mary, ne scay de quoy il luy sourvint, pria Jehannette, qui
luy faisoit compaignie, d'amours, à bon escient. Et, pour abregier,
tant fist, par promesses et par beau langaige, qu'elle fut contente d'o-
beyr; mais le pis fut que ma dame, au retour qu'elle fist de son amy,
lequel l'avoit acolée deux fois à bon escient, avant son partir, trouva
Monseigneur son mary et Jehannette, sa chamberiere, en tout tel
ouvraige qu'elle venoit de faire, dont elle fut bien esbahye, et encores
plus Monseigneur et Jehannette qui se trouverent ainsi surprins. Quant

[1] Par malheur.
[2] En train de parler, de contredire.
[3] Converser avec Dieu.
[4] A grand'hâte.

ma dame vit ce, Dieu scait comment elle salua la compaignie, jà soit qu'elle eust bien cause de soy taire; et si se print à la povre Jehannette par si très grant courroux, qu'il sembloit qu'elle eust ung dyable ou ventre, tant luy disoit de villennes parolles. Encores fist-elle pis et plus, car elle print ung grant baston et l'en chargea trop bien le doz. Voyant ce, Monseigneur, qui en fut mal content et desplaisant, se leva sur piez et batit tant ma dame, qu'elle ne se povoit sourdre[1]. Et quant elle vit qu'elle avoit puissance de sa langue, Dieu scait s'elle la mist en oeuvre, mais adreçoit la plus part de ses motz venimeux sur la povre Jehannette, qui n'en peut plus souffrir. Si dist à Monseigneur le gouvernement de ma dame, et dont elle venoit à ceste heure de dire ses oraisons et avecques qui. Si fut la compaignie bien troublée, Monseigneur tout le premier qui se doubtoit assez, et ma dame qui se treuve affolée et batue, et de sa chamberiere encusée[2]. Le surplus de ce mesnaige bien troublé demeure en la bouche de ceulx qui le scaivent; si n'en fault jà plus avant enquerir.

LA XLe NOUVELLE

PAR MESSIRE MICHAULT DE CHANGY

Il advint nagueres à Lisle que ung grant clerc et prescheur de l'ordre de Sainct Dominique convertit, par sa saincte et doulce predication, la femme d'ung bouchier, par telle et si bonne façon, que elle l'aymoit plus que tout le monde; et n'avoit jamais au cueur bien, ne en soy parfaicte lyesse, s'elle n'estoit emprès luy. Mais maistre moyne, en la parfin, s'ennuya d'elle et tant, que plus nullement n'en vouloit, et eust très bien voulu qu'elle se feust deportée de si souvent le visiter; dont elle estoit tant mal contente que plus ne povoit : mesmes le reboutement qu'il luy faisoit, trop plus avant en son amour l'enracinoit. Damp[3] moyne, ce voyant, lui deffendit sa chambre, et chargea très

---

[1] Se relever, sortir du lit.
[2] Accusée par sa chambrière.
[3] Dom, seigneur; du latin *Dominus*, qu'on prononçait *Daminus* et *dampnus* au moyen âge.

expressement à son clerc, qu'il ne la souffrist plus. S'elle fut plus que par avant mal contente, ce ne fut pas de merveilles, car elle estoit ainsi que forcenée. Et, se vous me demandez à quel propos damp moyne ce faisoit, je vous respons que ce n'estoit pas pour devocion ne pour voulenté qu'il eust de devenir chaste; mais la cause estoit qu'il en avoit racointée une plus belle et plus jeune beaucoup, et plus riche, qui desjà estoit tant privée, qu'elle avoit la clef de sa chambre. Tant fist toutesfoys, que la bouchiere ne venoit pas vers luy, comme elle avoit de coustume. Si avoit trop meilleur et plus seur loisir sa dame nouvelle de venir gaingnier les pardons en sa chambre et paier la disme, comme les femmes d'Hostellerie, dont cy dessus est touchié[1]. Ung jour fut prins de faire bonne chiere à ung disner, en la chambre de maistre moyne, où sa dame promist de comparoir et faire apporter sa porcion, tant de vin comme de viande. Et, pource que aucuns de ses freres de leans estoient assez de son mestier[2], il en invita deux ou trois tout secretement; et Dieu scait la grant chiere qu'on fist à ce disner, qui ne se passa point sans boire d'autant. Or devez-vous scavoir que nostre bouchiere congnoissoit assez les gens de ces prescheurs, qu'elle veoit passer devant sa maison, lesquelz portoient puis du vin, puis des pastez, et puis des tartes, et tant de choses que merveilles. Si ne se peut tenir de demander quelle feste on fait à leur ostel? Et il luy fut respondu que ces biens sont pour ung tel, c'est assavoir son moyne, qui a gens de bien au disner: « Et qui sont-ilz? dist-elle. — Ma foy, je ne scay, dist l'autre; je porte mon vin jusques à l'huys tant seulement et là vient nostre maistre, qui me descharge; je ne scay qui y est. — Voire, dist-elle, c'est la secrete compaignie. Or bien allez-vous-en et les servez bien. » Tantost après passa ung aultre serviteur, qu'elle interrogua pareillement, qui luy dist comme son compaignon, et encores plus avant, car il dist : « Je pense qu'il y a une damoiselle qui ne veult pas estre veue ne congneue. » Elle pensa tantost ce qui estoit; si cuidoit bien enragier tant estoit mal contente, et disoit en soy-mesmes qu'elle fera le guet sus celle qui luy faisoit tort de son amy, et qui luy a baillé le bont[3]; et, s'elle la peut rencontrer, ce ne sera pas sans luy dire et chanter sa leçon et esgratiner le visaige. Si se mist au chemin, en intencion

---

[1] Voy. ci-dessus la Nouvelle XXXII, qui traite des Cordeliers d'Hostellerie en Catalogne, pag. 160.

[2] C'est-à-dire: menaient la même vie que lui.

[3] C'est-à-dire : qui l'a supplantée.

de executer ce qu'elle avoit conclud. Quant elle fut venue au lieu de siré, moult luy tardoit de rencontrer celle qu'elle hayt plus que personne; si n'eut pas tant de constance, que d'attendre qu'elle saillist de la chambre où elle avoit faicte mainte bonne chose; mais s'advisa de prendre une eschielle, que ung couvreur de tuille avoit laissée près de son ouvraige, tandis qu'il estoit allé disner, et elle dreça ceste eschielle à l'endroit de la cheminée de la cuisine de l'ostel, où elle vouldroit bien estre pour saluer la compaignie, car bien sçavoit que aultrement n'y pourroit entrer. Ceste eschielle mise à point comme elle la voulut avoir, si monta jusques à la cheminée, à l'entour de laquelle elle lia très bien une moyenne corde qu'elle trouva d'adventure. Et, cela fait, très bien comme il luy sembloit, elle se bouta dedans le bouhot[1] de ladicte cheminée, et se commença à descendre et ung peu avaler[2]; mais le pis fut qu'elle demoura en chemin, sans soy pouvoir avoir, ne monter, ne avaler, quelque peine qu'elle y mist, et ce à l'occasion de son derriere qui estoit beaucoup gros et pesant; et aussi sa corde qui rompit, pour quoy elle ne se povoit en nulle maniere remonter ne resourdre à mont[3]. Si estoit, Dieu le scait, en merveilleux desplaisir, et ne savoit que faire ne que dire. Si s'advisa qu'elle attendroit le couvreur, et qu'elle se meltra en sa mercy, et l'apellera, quant il viendra requerre son eschielle et sa corde. Elle fut bien trompée, car le couvreur ne vint jusques à lendemain bien matin, pource qu'il fist trop grande pluye, dont elle eut bien sa part, car elle fut percée et baignée jusques à la peau. Quant vint sur le soir, bien tart, nostre bouchiere, estant dans la cheminée, ouyt gens deviser en la cuisine; si commença à huchier, dont ilz furent bien esbahiz et effroyez, et ne scavoient qui les huchoit ne où c'estoit. Toutesfois, quelque esbahyssement ne paour qu'ilz eussent, ilz escouterent encores ung peu : si ouyrent la voix du par avant[4] arriere huchier très aigrement. Si cuiderent que ce fut ung esprit, et le vindrent incontinent annuncer à leur maistre qui estoit en dortouer; lequel ne fut pas si vaillant de venir veoir que c'estoit, mais il mist tout à demain. Pensez la belle pacience que ceste bonne femme avoit, qui fut tout au long de la nuyt en ceste cheminée. Et, de sa bonne adventure, il ne pleut, long temps a, si fort, ne si bien, qu'il fist ceste nuyt. Lende-

---

[1] Tuyau, conduit.
[2] Couler en bas.
[3] Ressortir en haut.
[4] La voix d'auparavant, qu'ils avoient déjà entendue.

main, assez matin, nostre couvreur de tuille revint à l'oeuvre pour recouvrer la perte que la pluye luy avoit faicte le jour devant. Il fut esbahy de veoir son eschielle ailleurs qu'il ne l'avoit laissée, et la cheminée lyée de la corde : si ne scavoit qui ce avoit fait, ne à quel propoz. Puis, s'advisa d'aller querir sa corde, et monta à mont son eschielle, et vint jusques à la cheminée, et destaicha sa corde; et, comme Dieu voulut, bouta sa teste dedans le bouhot de la cheminée, où il vit nostre bouchiere plus simple qu'ung chat baigné : dont il fut très esbahy : « Et que faictes-vous icy, dame? dist-il. Voulez-vous desrober les povres religieux? — Helas! mon amy, dist-elle, par ma foy, nenny. Je vous requiers, aidez-moy à saillir d'icy, et je vous donneray ce que me vouldrez demander. — Dea, je m'en garderay bien, dist le couvreur, si je ne scay pour quoy vous y venez. — Je le vous diray, puis qu'il vous plaist, dist-elle; mais je vous prie, qu'il n'en soit nouvelle. » Lors luy compta tout du long les amours d'elle et du moyne, et la cause pourquoy elle venoit là. Le couvreur, ouyant ces parolles, eut pitié d'elle; si fist tant, à quelque peine et quelque meschief que ce feust, moyennant sa corde, qu'il la tira dehors, et la mena en bas. Et elle luy promist que, si portoit bonne bouche[1], qu'elle luy donneroit de la chair et de beuf et de mouton assez pour fournir son mesnaige pour toute l'année; ce qu'elle fist. Et l'aultre tint si secret son cas, que chascun en fut adverty.

LA XLIe NOUVELLE

PAR MONSEIGNEUR DE LA ROCHE

UNG gentil chevalier de Haynault, saige, subtil et très grant voyagier, après la mort de sa très bonne et saige femme, pour les biens qu'il avoit veuz et trouvez en mariaige, ne sceust passer son temps, sans soy lyer comme il avoit esté par avant. Si espousa une très belle, jeune et gente damoiselle, non pas des plus subtilles du monde; car, à la verité dire, elle estoit ung peu lourde en la taille[2],

---

[1] S'il gardait le secret.
[2] C'est-à-dire : qu'elle avait l'esprit épais et difficile à dégrossir.

et c'estoit ce en elle qui plus plaisoit à son mary, pource qu'il esperoit par ce point la mieulx duire [1] et tourner en la façon qu'avoir la vouldroit. Il mist sa cure et son estude à la façonner, et, de fait, elle lui obeissoit et complaisoit comme il le desiroit, si bien qu'il n'eust sceu mieulx demander. Et, entre aultres choses, toutes fois qu'il luy vouloit faire l'amoureux jeu, qui n'estoit pas si souvent qu'elle eust bien voulu, il luy faisoit vestir ung très beau haubergon [2], dont elle estoit bien esbahye; et, de prinsault, luy demanda bien à quel propos il la faisoit armer. Et il luy respondit qu'on ne se doit point trouver à l'assault amoureux sans armes. Elle fut contente de vestir ce haubergon ; et n'avoit autre regret, sinon que Monseigneur n'avoit l'assault plus à cueur, combien que ce luy estoit assez grant peine, se aucun plaisir n'en feust ensuy [3]. Et, se vous demandez à quel propos son seigneur ainsi la gouvernoit, je vous respons que la cause qui a ce faire le mouvoit estoit affin que ma dame ne desirast pas tant l'assault amoureux pour la peine et empeschement de ce haubergon. Mais, combien qu'il feust bien saige, il s'abusa de trop ; car, se le haubergon à chascun assault lui eust cassé et doz et ventre, si ne eust-elle pas reffusé le vestir, tant estoit doulx et plaisant ce qui s'en ensuyvoit. Ceste maniere de faire dura beaucoup, et tant que Monseigneur fut mandé pour servir son prince en la guerre, et en aultres assaulx qui ne sont pas semblables à celuy dessusdit. Si print congié de ma dame et s'en alla où il fut mandé, et elle demoura à l'ostel, en la garde et conduite d'ung ancien gentil homme et d'aucunes damoiselles qui la servoient. Or devez-vous scavoir que en cest ostel avoit ung gentil compaignon clerc, qui très-bien chantoit et jouoit de la harpe, et avoit la charge de la despense. Et, après le disner, s'esbatoit voulentiers de la harpe : à quoy ma dame prenoit très-grant plaisir, et souvent se rendoit vers luy au son de la harpe. Tant y alla et tant s'y trouva, que le clerc la pria d'amours ; et elle, desirant de vestir son haubergon, ne l'escondit [4] pas, ainçois luy dist : « Venez vers moy à telle heure et en telle chambre, et je vous feray response telle, que vous serez content. » Elle fut beaucoup mercyée, et, à l'heure assignée, nostre clerc ne faillit pas de venir heurter à la chambre où ma dame luy avoit dit, laquelle l'attendoit de pié quoy, le beau haubergon en son doz. Elle

---

[1] Dresser, en terme de fauconnerie.
[2] Pour *haubergeon*, cotte de mailles.
[3] Pour *ensuivi*.
[4] Pour *éconduisit*.

ouvrit la chambre, et le clerc la vit armée, si cuida que ce fust aucun qui fust embusché leans pour luy faire quelque desplaisir; et, à ceste occasion, il fut si très subitement feru¹ et espoventé, que, de la grant paour que il en eut, il cheut à la renverse, par telle maniere, qu'il descompta ne scay quans degrez si très roidement, qu'à peu qu'il ne se rompit le col. Mais toutesfoys il n'eut garde, tant bien luy ayda Dieu et sa bonne querelle².

Ma dame, qui le vit en ce dangier, fut très desplaisante et mal contente, si vint en bas et luy ayda à sourdre, et luy demanda dont luy venoit ce paour³. Et il la luy compta, et dist que vraiement il cuydoit estre deceu. « Vous n'avez garde, dist-elle : je ne suis pas armée pour vous faire mal. » Et, en ce disant, monterent arriere les degrez, et entrerent en la chambre. « Madame, dist le clerc, je vous requiers, dictes-moy, s'il vous plaist, qui vous meut de vestir ce haubergon? » Et, elle, comme ung peu faisant la honteuse, luy respondist : « Et vous le scavez bien ! — Par ma foy, saulve vostre grace, ma dame, dist-il, se je le sceusse, je ne le demandisse pas. — Monseigneur, dist-elle, quant il me veult baisier et parler d'amours, il me fait en ce point habiller, et je scay bien que vous venez icy à ceste cause ; et, pour ce, je me suis mise en ce point. — Ma dame, dist-il, vous avez raison ; et aussi vous me faictes souvenir que c'est la maniere des chevaliers d'en ce point faire habiller leurs dames. Mais les clercs ont toute autre maniere de faire, qui à mon advis est trop plus belle et plus aisée. — Et quelle est-elle? dist la dame : monstrez-la moy ? — Et je la vous monstreray! » dist-il. Lors la fit despouiller de son haubergon et du surplus de ses habillemens jusques à la belle chemise, et luy pareillement se deshabilla et se despouilla, et se misdrent dedans le beau lit paré qui là estoit; et puis se desarmerent de leurs chemises et passerent temps deux ou trois heures bien plaisamment. Et, avant le departir, le gentil clerc monstra bien à ma dame la coustume des clercs, laquelle beaucoup loua et prisa trop plus que celle des chevaliers. Assez et souvent depuis se rencontrerent en la façon dessusdicte, sans qu'il en fust nouvelle, quoy que ma dame fust peu subtille. A certain temps après, Monseigneur retourna de la guerre; dont ma dame ne fut pas trop joyeuse en son par dedans, quelque semblant qu'elle monstra au

---

[1] Frappé d'étonnement.
[2] Cause. Cette expression, qui se disait d'un duel, est employée ici par allusion au combat amoureux que le clerc venait livrer.
[3] Ce mot était, suivant sa position dans la phrase, masculin ou féminin.

par dehors. Et vint à l'heure de disner ; et, pource que on scavoit sa venue, il fut servy, Dieu scait comment. Ce disner se passa ; et, quant vint à dire graces, Monseigneur se mist à son renc, et ma dame print son quartier. Tantost que graces furent achevées et dictes, Monseigneur, pour faire du mesnagier[1] et du gentil compaignon, dist à ma dame : « Allez tost en vostre chambre et vestez vostre haubergon? » Et elle, se recordant du bon temps qu'elle avoit eu avec son clerc, respondit tout subit : « La coustume des clercs vault myeulx. — La coustume des clercs ! dist-il. Et scavez-vous leur coustume ? » Si commença à soy fumer[2], et couleur changier, et se doubta de ce qui estoit vray, combien qu'il n'en sceut oncques rien, car il fut tout à coup mis hors de son doubte. Ma dame ne fut pas si beste, qu'elle n'apperceust bien que Monseigneur n'estoit pas content de ce qu'elle avoit dit ; si s'advisa de changier le vers[3], et dist : « Monseigneur, je vous ay dit que la coustume des clercs vault mieulx ; et encores le dis-je. — Et quelle est-elle ? dist-il. — Ilz boivent après graces, dist-elle. — Voire dea, dist-il, sainct Jehan ! Vous dictes vray, c'est leur coustume vraiement, qui n'est pas mauvaise, et, pource que vous la prisez tant, nous la tiendrons doresenavant. » Si fist apporter du vin et beurent, et puis ma dame alla vestir son haubergon, dont elle se feust bien passé, car le gentil clerc luy avoit monstré aultre façon de faire qui trop mieulx luy plaisoit. Comme vous avez ouy, fut Monseigneur, par ma dame, en sa response abusé. Ainsi fault dire que le sens subit qui luy vint en memoire à ceste fois luy descendit de la vertu du clerc, qui depuis luy monstra la façon d'aultres tours : dont Monseigneur en la parfin en demoura nozamys.

---

[1] Mari. Le savant président de la société des bibliophiles français, M. Jérôme Pichon, a publié un beau livre de ce temps-là, intitulé : le *Mesnagier de Paris*.

[2] Se rembrunir.

[3] On dit encore dans le même sens : *changer de gamme*.

LA XLIIe NOUVELLE

RACOMPTÉE PAR MERIADECH

L'an cinquante[1] dernier passé, le clerc d'ung villaige du diocese de Noyon, pour impetrer et gaignier les pardons qui furent à Romme[2], qui sont telz que chascun scait, se mist à chemin, en la compaignie de plusieurs gens de bien de Noyon, de Compiengne et des lieux voisins. Mais, avant son partement, disposa bien et seurement de ses besoingnes ; premierement de sa femme et de son mesnaige, et le fait de sa coustrerie[3] recommanda à ung jeune et gentil clerc, pour la desservir jusques à son retour. En assez briefve espace de temps, luy et sa compaignie vindrent arriver à Romme, et feirent chascun leur devocion et pellerinaige le moins mal qu'ilz sceurent ; mais vous debvez scavoir que nostre clerc trouva d'adventure à Romme ung de ses compaignons d'escole du temps passé, qui estoit ou service d'ung gros cardinal, et en grant auctorité, qui fut très joyeux de l'avoir trouvé pour l'accointance qu'il avoit à luy, et luy demanda de son estat. Et l'aultre luy compta tout du long tout premier comment il estoit, helas ! marié, son nombre d'enfans, et comment aussi il estoit clerc d'une paroisse. «Ha ! dist son compagnon, par mon serment ! il me desplaist bien que vous estes marié. — Pourquoy? dist l'aultre. — Je vous diray, dist-il ; ung tel cardinal m'a chargié expressement que je lui treuve ung serviteur pour estre son notaire[4], qui soit de nostre marche[5] ; et croyez que ce seroit trop bien vostre fait, pour estre tost et largement pourveu, se ce ne fust vostre mariaige qui vous fera repatrier[6], et, comme j'espoire, plus grans biens perdre, que vous n'y aurez. — Par ma foy, dist le clerc, mon mariaige n'y fait rien, mon compaignon, car, à vous dire

[1] 1450.
[2] Les indulgences du jubilé.
[3] Custodie, office d'un sacristain dans une église. On a dit depuis : *couterie*.
[4] Secrétaire.
[5] Pays, province.
[6] Rentrer dans votre patrie.

la verité, je me suis party de nostre pays soubz umbre du pardon qui est à present. Mais croyez que ce n'a pas esté ma principale intencion, car j'ay concluď d'aller jouer[1] deux ou trois ans par pays ; et, ce pendant, se Dieu vouloit prendre ma femme, jamais je ne fuz si heureux. Et pourtant je vous requiers et prie que vous songiez de moy et soyez mon moyen[2] vers ce cardinal, que je le serve ; et, par ma foy, je feray tant, que vous n'aurez jà reprouche pour moy ; et, se ainsi le faictes, vous me ferez le plus grant service que jamais compaignon fist à aultre. — Puis que vous avez ceste voulenté, dist son compaignon, je vous serviray à ceste heure, et vous logeray pour avoir bon temps, se à vous ne tient. — Et, mon amy, je vous mercye, » dist l'aultre. Pour abregier, nostre clerc fut logié avec ce cardinal, laquelle chose il manda à sa femme, et son intencion, que n'est pas de retourner par delà si tost qu'il luy avoit dit au partir. Elle se conforta, et luy rescripvit qu'elle fera du mieulx qu'elle pourra. Ou service de ce cardinal se conduisit et maintint gentement nostre bon clerc, et fist tant que en peu de temps il gaingna de l'argent avec son maistre, lequel n'avoit pas peu de regret qu'il n'estoit habille[3] à tenir benefices, car largement l'en eust pourveu. Pendant le temps que nostredit clerc estoit ainsi en grace, comme dit est, le curé de son villaige alla de vie à trespas, et ainsi vaqua son benefice qui estoit ou moys du pape[4], dont le coustre[5], tenant le lieu de son compaignon estant à Romme, se pensa qu'au plus tost qu'il pourroit, qu'il courroit à Romme et feroit tant, à l'ayde de son compaignon, qu'il auroit ceste cure. Il ne dormit pas, car, en peu de jours, après maintes peines et travaulx[6], tant fist, qu'il se trouva à Romme, et n'eut oncques bien, tant qu'il eut trouvé son compaignon, lequel servoit ung cardinal. Après grosses recongnoissances d'ung cousté et d'aultre, le clerc demande de sa femme, et l'aultre luy cuidant faire ung singulier plaisir, et affin aussi que la besoingne, dont il le veult requerir aucunement, en vaille mieulx, luy respondit qu'elle estoit morte ; dont il mentoit, car je tiens qu'à ceste heure elle scauroit bien tencier son mary[7] : « Dictes-vous donc que ma femme est morte ? dist

---

[1] Voyager, prendre du bon temps.
[2] Intermédiaire, protecteur.
[3] Propre à être fait bénéficier d'église, parce qu'il était marié.
[4] On appelait ainsi les huit mois de l'année pendant lesquels le pape avait le droit de conférer des bénéfices en pays d'obédience.
[5] Sacristain, custode.
[6] Fatigues.
[7] C'est-à-dire qu'elle était encore vivante (capable de quereller son mari), à l'époque où cette Nouvelle fut racontée.

le clerc; et je prie à Dieu qu'il luy pardonne ses pechiez. — Ouy vraiement, dist l'aultre, la pestilence [1] de l'année passée, avec plusieurs aultres, l'emporta. » Or, faignit-il ceste bourde, qui depuis luy fut chier vendue [2], pource qu'il scavoit que le clerc n'estoit party de son pays, qu'à l'intencion de sa femme qui estoit trop peu paisible, et que plus plaisantes nouvelles d'elle ne luy pourroit-on apporter que de sa mort. Et, à la verité, ainsi en estoit-il, mais le rapport fut faulx. « Et qui vous amaine en ce pays ? dist le clerc, après plusieurs et diverses parolles. — Je le vous diray, mon compaignon et mon amy. Il est vray que le curé de nostre ville est trespassé; si viens vers vous, affin que, par vostre moyen, je puisse parvenir à son benefice. Si vous prie, tant que plus ne puis, que me vueillez aider à ce besoing. Je scay bien qu'il est en vous de le me faire avoir, à l'ayde de Monseigneur vostre maistre. » Le clerc, pensant sa femme estre morte et la cure de sa ville vaquer, conclud en soy-mesmes que il happera ce benefice pour luy, et d'aultres encores, s'il y peut parvenir. Mais toutesfoys il ne le dist pas à son compaignon ; ainçois luy dit qu'il ne tiendra pas en luy qu'il ne soit curé de leur ville : dont il fut beaucoup mercié. Tout aultrement en alla, car à lendemain nostre saint-pere, à la requeste du cardinal maistre de nostre clerc, luy donna ceste cure. Si vint ce clerc à son compaignon, quand il sceut ces nouvelles et luy dist : « Ha ! mon compaignon, vostre fait est rompu, dont me desplaist bien. — Et comment ? dist l'aultre. — La cure de nostre ville est donnée, dist-il, mais je ne scay à qui. Monseigneur mon maistre vous a cuidé ayder, mais il n'a pas esté en sa puissance de faire vostre fait. » Qui fut bien mal content, ce fut celuy qui estoit venu de si loing perdre sa peine et despendre [3] son argent, et dont ce ne fut pas dommaige. Si print congié piteusement de son compaignon et s'en retourna en son pays, sans soy vanter de la bourde qu'il a semée [4]. Or, retournons à nostre clerc, qui estoit plus gay qu'une mittaine [5] de la mort de sa femme, et de la cure de leur ville, que nostre sainct-pere le pape, à la requeste de son maistre, luy avoit donnée pour recompense. Et disons comment il devint

---

[1] Peste, épidémie.
[2] C'est-à-dire : qui lui coûta cher.
[3] Dépenser.
[4] C'est-à-dire : d'avoir menti, en disant que la femme du clerc était morte.
[5] Nous ne voyons pas trop quelle comparaison établir ici entre un homme gai et une *mitaine* (gros gant fourré); mais c'est évidemment une expression proverbiale. On pourrait donner au mot *mitaine* un sens plus logique; car *milana* signifiait aussi une mesure de vin ou de sel, et une monnaie flamande.

prestre à Romme, et y chanta sa bien devote premiere messe, et print congié de son maistre, pour une espace de temps à venir par deça à leur ville prendre la possession de sa cure. A ceste entrée qu'il fist à leur ville, de son bonheur la premiere personne qu'il rencontra, ce fut sa femme, dont il fut bien esbahy, je vous en asseure, et encores beaucoup plus courroucé : « Et qu'est-cecy, dist-il, m'amye! Et on m'avoit dit que vous estiez trespassée? — Je m'en suis bien gardée, dist-elle; vous le dictes, ce croy-je, pource que l'eussiez bien voulu ; et vous l'avez bien monstré, qui m'avez laissée l'espace de cinq ans, à-tout ung grant tas de petis enfans. — M'amye, dist-il, je suis bien joieux de vous veoir en bon point, et en loue Dieu de tout mon cueur ; maudit soit celuy qui m'en raporta aultres nouvelles ! — Ainsi soit-il, dist-elle. — Or je vous diray, m'amie, je ne puis arrester pour maintenant. Force est que je m'en aille hastivement devers Monseigneur de Noyon, pour une besoingne qui luy touche, mais, au plus brief que je pourray, je retourneray. » Il se partit de sa femme et prent son chemin devers Noyon, mais Dieu scait s'il pensa en chemin à son povre fait : « Helas! dist-il, or suis-je homme deffait et deshonnouré: prestre, clerc et marié tout ensemble ; je croy que je suis le premier maleureux de cest estat. » Il vint devers Monseigneur de Noyon, qui fut bien esbahy d'ouyr son cas ; et ne le sceut conseiller et l'envoya à Romme. Quand il fut venu, il compta à son maistre, tout du long et du lé, la verité de son adventure : qui en fut très amerement desplaisant. A lendemain il compta à nostre sainct-pere, en la presence du colliege des cardinaux et de tout le conseil[1] l'adventure de son homme qu'il avoit fait curé. Si fut ordonné qu'il demourera prestre et marié et curé aussi. Et demoura avec sa femme, en la façon que ung homme marié honnourablement et sans reprouche demeure, et seront ses enfans legitimez et non bastars, jà soit ce que le pere soit prestre. Mais, au surplus, s'il est sceu ne trouvé qu'il aille aultre part que à sa femme, il perdra son benefice. Ainsi qu'avez ouy fut ce povre clerc pugny par la façon que dist est et par le faulx donner à entendre de son compaignon ; et fut content de venir demourer à son benefice ; et, qui plus est et pis, demourer avec sa femme, dont il se fust bien passé, se l'Eglise ne l'eust ordonné.

---

[1] Le Sacré Collége.

LA XLIII NOUVELLE

PAR MONSEIGNEUR DE FIENNES

N'a gueres que ung bon homme, laboureur et marchant, et tenant sa residence en ung bon villaige de la chastellenie de Lille, trouva façon et maniere, au pourchas de luy et de ses bon amys, d'avoir à femme une très belle jeune fille qui n'estoit pas des plus riches; et aussi n'estoit son mary, mais estoit homme de grant diligence, et qui fort tiroit d'acquerir et gaingnier. Et elle, d'aultre part, mettoit peine d'accroistre le mesnaige, selon le desir de son mary, qui à ceste cause l'avoit beaucoup en grace, lequel, à moins de regret, alloit souvent çà et là ès affaires de ses marchandises, sans avoir doubte ne suspicion qu'elle fist aultre chose que bien. Mais le povre homme, sus ceste fiance, l'abandonna et tant la laissa seule, que ung gentil compaignon s'approucha d'elle, qui, pour abregier, fist tant à peu de jours, qu'il fut son lieutenant, dont gueres ne se doubtoit celuy qui cuidoit avoir du monde la meilleure femme, et qui plus pensoit à l'accroissement de son honneur et de sa chevance[1]. Ainsi n'estoit pas, car elle abandonna tost l'amour qu'elle luy devoit, et ne luy chailloit du prouffit ne du dommaige; ce seulement luy suffisoit, qu'elle se trouvast avec son amy : dont il advint ung jour ce qui s'ensuyt. Nostre bon marchant dessusdit estant dehors, comme il avoit de coustume, sa femme le fist tantost savoir à son amy, qui n'eust pas voulentiers failly en son mandement, mais y vint tout incontinent. Et, affin qu'il ne perdist temps, au plustost qu'il sceust, s'approucha de sa dame, et luy mist en termes plusieurs et divers propos; et, pour conclusion, le desiré plaisir ne luy fut pas escondit, non plus que es aultres dont le nombre n'estoit pas petit. De mal venir, et pour une partie et pour l'aultre[2], tout à ceste belle heure que ces armes se faisoient, vecy bon mary d'arriver, qui treuve la compaignie en besoingne, dont il fut bien esbahy, car il

[1] Fortune.
[2] Par malheur pour l'un et pour l'autre.

n'eust pas pensé que sa femme feust telle : « Qu'est-ce cy? dist-il. Par la mort bieu ! je vous tueray tout roide ! » Et l'aultre, qui se treuve surprins et en meffait present achopé [1], ne scavoit sa contenance; mais, pource qu'il le sentoit diseteux [2] et fort convoiteux, et luy dist tout subit : « Ha Jehan, mon amy, je vous crie mercy ! Pardonnez moy, se je vous ay riens [3] meffait, et, par ma foy, je vous donneray six rasiers [4] de blé. — Par Dieu, dist-il, je n'en feray rien, vous passerez par mes mains, et auray la vie de vostre corps, se je n'en ay douze rasiers. » Et la bonne femme, qui ouyoit ce debat, pour y mettre le bien comme elle y estoit tenue, se advança de parler et dist à son mary : « Et Jehan, beau sire, je vous requiers, laissez-le achever ce qu'il a commencé, et vous en aurez huit rasiers. N'aura pas? dist-elle, en se virant devers son amy. — J'en suis content, dist-il, mais, par ma foy, à ce que le blé est chier, c'est trop. — Est-ce trop? dist le vaillant homme; et, par la mort bieu, je me repens bien que je n'ay dit plus hault [5], car vous avez forfait une amende; s'elle venoit à la congnoissance de la justice, elle vous seroit beaucoup plus hault taxée; pourtant faictes vostre compte, que j'en auray douze rasiers, ou vous passerez par là. — Et vrayement, dist sa femme, Jehan, vous avez tort de me desdire? Il me semble que vous devez estre content à ces huit rasiers, et pensez que c'est ung grant tas de blé. — Ne m'en parlez plus ! dist-il : j'en auray douze rasiers, ou je le tueray et vous aussi. — Ha dea, dist le compaignon, vous estes ung fort marchant; et, au moins, puis qu'il faut que vous ayez tout à vostre dit, j'auray terme de payer? — Cela veulz-je bien, dist-il, mais, j'auray mes douze rasiers. » La noise s'appaisa; si fut prins jour de payer à deux termes, les huit rasiers à lendemain, et le surplus à la Sainct Remy prouchainement venant, par tel convenant [6] qu'il leur laissa achever ce qu'ilz avoient encommencé. Ainsi se partit ce vaillant homme de sa maison, joyeux en son courage, pour ces douze rasiers de blé qu'il doit avoir. Et sa femme et son amy recommencerent de plus belle. Du payer, c'est à l'adventure, combien toutesfoys qu'il me fut dit depuis que le blé fut payé au jour et terme dessusdit.

[1] Saisi, arrêté.
[2] Nécessiteux.
[3] *Rien* ou *riens* était souvent synonyme de *quelque chose*.
[4] *Rasier* ou *rasière*, boisseau plein à *ras*; mesure de blé encore usitée en Flandre.
[5] Que je n'aie demandé davantage.
[6] Telle convention.

LA XLIVe NOUVELLE

PAR MONSEIGNEUR DE LA ROCHE

Comme il est largement aujourd'huy de prestres et curez, qui sont si gentilz compaignons, que nulles des follies que font les gens laiz ne leur sont impossibles ne difficiles, avoit, n'a guercs, en ung bon villaige de Picardie, ung maistre curé qui faisoit raige de aymer par amours. Et, entre les aultres femmes et belles filles, il choisit et chercha une très belle jeune et gente fille à marier; et ne fut pas si peu hardy, qu'il ne luy comptast tout du long son cas. De fait, son bel et asseuré langaige, cent mille promesses et autant de bourdes là menerent à ce qu'elle estoit comme contente d'obeyr à ce curé; qui n'eust pas esté pour luy ung petit dommaige, tant estoit belle, gente et de plaisant maniere; et n'avoit en elle que une faulte, c'estoit qu'elle n'estoit pas des plus subtilles du monde. Toutesfoys, je ne scay dont luy vint cest advis, ne maniere de respondre; elle dist ung jour à son curé, qui chauldement poursuivoit la besoigne, qu'elle n'estoit pas conseillée de faire ce qu'il requeroit, tant qu'elle feust mariée; car, se d'aventure, comme il advient chascun jour, elle faisoit ung enfant, elle seroit à toujours-mais deshonnourée et reprouchée de son pere, de sa mere, de ses freres, et de tout son lignaige; laquelle chose elle ne pourroit pour rien souffrir, et n'a pas cueur de soustenir le desplaisir que porter luy fauldroit à ceste occasion : « Et pourtant, hors de ce propos, si je suis quelque jour mariée, parlez à moy et je feray ce que je pourray pour vous et non aultrement, je le vous dis une foys pour toutes. » Monseigneur le curé ne fut pas trop joyeux de ceste responce absolue; et ne scait penser de quel couraige, ne à quel propos elle dist ces parolles; toutesfoys, luy, qui estoit prins au las d'amour et feru bien à bon escient, ne veult pas pourtant sa queste abandonner; si dist à sa dame : « Or çà, m'amye, estes-vous en ce fermée et conclue[1] de riens ne faire pour moy, si vous n'estes mariée?

[1] Affermie et décidée.

— Certes ouy, dist-elle. — Et se vous estiez mariée, dist-il, et j'en estoye le moyen et la cause, en auriez-vous après congnoissance, en me tenant loyaulment et, sans faulser, ce que m'avez promis ? — Par ma foy, dist-elle, ouy, et de rechief le vous prometz. — Or bien grant mercy, dist-il ; faictes bonne chiere, car je vous prometz seurement qu'il ne demourera pas à mon pourchaz ne à ma chevance [1], que vous ne le soyez, et de brief, car je suis seur que vous ne le desirez pas tant comme je fais ; et, affin que vous voyez à l'oeil que je suis celuy qui vouldroye employer corps et biens en vostre service, vous verrez comment je me conduiray en ceste besoigne. — Or bien, dist-elle, monseigneur le curé, l'on verra comment vous ferez. » Sur ce, fist la departie ; et bon curé, qui avoit le feu d'amours, ne fut depuis gueres aise, tant qu'il eust trouvé le pere de sa dame. Et se mist en langaige avec luy de plusieurs et diverses matieres ; et, en la fin, il vint à parler de sa fille, et luy va dire bon curé : « Mon voisin, je me donne grant merveille, aussi font plusieurs, voz voisins et amys, que vous ne mariez vostre fille ; et à quel propos la tenez-vous tant d'emprès vous, et si scavez toutesfoys que la garde est perilleuse ? Non pas, Dieu m'en vueille garder, que je dye ou vueille dire qu'elle ne soit toute bonne : mais vous en voyez tous les jours mesvenir [2], puis qu'on les tient oultre le terme deu. Pardonnez-moy toutesfoys que si feablement vous ouvre et descouvre mon couraige [3] ; car l'amour que je vous porte, la foy aussi que je vous dois, en tant que je suis vostre pasteur indigne, me semonnent [4] et obligent de ce faire. — Par Dieu, monseigneur le curé, dist le bon homme, vous ne me dictes chose que je ne congnoisse estre vraie ; et, tant que je puis, vous en mercye ; et ne pensez pas que, se je la tiens si longuement avec moy, c'est à regret ; car quant son bien viendra, par ma foy, je me travailleray pour elle ayder comme je dois. Vous ne voulez pas (aussi, n'est-ce pas la coustume), que je luy pourchasse ung mary ; mais, s'il en vient ung qui soit homme de bien, je feray comme un bon pere doit faire. — Vous dictes très bien, dist le curé, et par ma foy, vous ne povez mieulx faire que de vous en despeschier [5], car c'est grant chose de veoir ses enfans aliez en la pleine vie. Et que diriez-vous d'ung tel, le filz d'ung

---

[1] C'est-à-dire : qu'il ne tiendra pas à mes démarches et à mon argent.
[2] Mal tourner, aller à mal.
[3] Cœur, pensée, sentiment.
[4] M'invitent ; du verbe *semondre*.
[5] Vous en débarrasser.

tel vostre voisin? Par ma foy, il me semble bon homme, bon mesnaigier et ung grant laboureur [1]. — Saint Jehan! dist le bon homme, je n'en dis que tout bien; quant à moy, je le congnois pour ung bon jeune homme et ung bon laboureur. Son pere et sa mere et tous ses parens sont gens de bien; et quant ilz feroient cest honneur à ma fille de la requerir à mariaige pour luy, je leur respondroye tellement qu'ilz devroyent estre contens par raison. — Ainsi m'aïst Dieu! dist le curé, on ne peut jamais mieulx; et pleust à Dieu, que la chose en feust ores bien faicte, ainsi que je le desire; et, pource que je scay à la verité que ceste aliance seroit le bien des parties, je m'y vueil employer; et, sur ce, adieu vous dis. » Se ce maistre curé avoit bien fait son personnaige au pere de sa dame, il ne le fist pas plus mal au pere du jeune homme; et luy va faire un grant premise [2], que son filz estoit en aage de marier, et qu'il le deust pieça estre; et cent mille raisons luy amaine, par lesquelles il dist et veult conclure que le monde est perdu, se son filz n'est hastivement marié : « Monseigneur le curé, ce dist le second bon homme, je scay que vous dictes au plus près de mon couraige; et, en ma conscience, se je feusse aussi bien à l'avant [3], comme j'ay esté puis ne scay quans ans, il ne feust pas à marier; car c'est une des choses en ce monde que plus je desire, mais faulte d'argent l'en a retardé, et c'est force qu'il ait pacience jusques à ce que Nostre Seigneur nous envoye plus de bien que encores n'avons. — Ha dea, dist le curé, je vous entens bien, il ne vous fault que de l'argent. — Par ma foy, non, dist-il. Se j'en eusse comme autrefois j'ay eu, je luy querroye tantost femme. — J'ay regardé en moy, dist le curé, pource que je vouldroye le bien et advancement de vostre filz, que la fille d'ung tel seroit bien sa charge [4]; elle est bonne fille, et a son pere très bien de quoy, et tant en scay-je qu'il la veult très bien ayder; et, qui n'est pas peu de chose, c'est ung saige homme, et de bon conseil, et bon amy, et à qui vous et vostre filz aurez grant recours et très bon secours. Qu'en dictes-vous? — Certainement, dist le bon homme; pleust à Dieu que mon filz feust si eureux que d'avoir aliance en si bon ostel! Et croyez que, se je sentoye en aucune façon qu'il y peust parvenir, et je feusse fourny d'argent aussi bien que je ne suis mie pour l'heure, je y emploiroye tous mes amys, car je scay tout de vray qu'il

---

[1] Travailleur.
[2] Exorde, préambule.
[3] C'est-à-dire : en avant de mes affaires.
[4] On dirait maintenant en style familier : son affaire

ne pourroye en ceste marche¹ mieulx trouver. — Je n'ay pas donc, dist le curé, mal choisy. Et que diriez-vous se je parloye au pere de ceste besoigne, et je la conduisoye tellement qu'elle sortist à effect, ainsi que la chose le requiert, et vous faisoye encores, avec ce, le plaisir de vous prester vingt frans² jusques à ung terme que nous adviserons? — Par ma foy, monseigneur le curé, vous me offrez mieulx que je ne vaulx, ne que en moy n'est de desservir³. Mais, se ainsi le faictes, vous me obligerez à tousjours-mais en vostre service. — Et vraiment, dist le curé, je ne vous ay dit chose que je ne face; et faictes bonne chiere, car j'espere, comme je croy bien, ceste besoigne mener à fin. Pour abregier, maistre curé, esperant de jouyr de sa dame, quant elle seroit mariée, conduisoit les besoignes en tel estat, que, par le moyen des vingt frans qu'il presta, ce mariage fut fait et passé, et vint le jour des nopces. Or est-il de coustume que l'espousé et l'espousée se confessent à tel jour. Si vint l'espousé premier, et se confessa à ce curé; et quant il eut fait, il se tira ung peu arriere de luy, disant ses oraisons et patenostres. Et vecy l'espousée qui se met à genoulx devant le curé et se confesse. Quant elle eut tout dit, il parla voire si hault, que l'espousé, lequel n'estoit pas loing, l'entendit tout du long, et dist: « M'amye, je vous prie qu'il vous souvienne maintenant, car il est heure, de la promesse que me feistes nagueres; vous me promistes que quant vous seriez mariée, que je vous chevaulcheroye; or l'estes-vous, Dieu mercy, par mon moyen et pourchas, et moyennant mon argent que j'ay presté. — Monseigneur le curé, dist-elle, je vous tiendray ce que je vous ay promis, se Dieu plaist, n'en faictes nul doubte. — Je vous en mercie, » dist le curé. Puis, luy bailla l'absolution, après ceste devote confession, et la laissa aller. Mais l'espousé, qui avoit ouy ces parolles, n'estoit pas bien à son aise. Toutesfoys, il n'estoit pas heure de faire le couroucié. Après que toutes les solemnités de l'eglise furent passées, et que tout fut retourné à l'ostel, et que l'heure de coucher aprouchoit, l'espousé vint à ung sien compaignon qu'il avoit, et luy pria très bien qu'il luy fist garnison d'une grosse poignée de verges, et qu'il la mist secretement soubz le che-

¹ Contrée, province.

² C'est-à-dire : vingt francs d'or, vingt pièces de la monnaie qu'on nommait *franc à cheval* ou *franc d'or*, frappée sous Charles V, et valant vingt sous, qui représentent vingt et un francs au taux actuel, mais qui équivaudraient d'ailleurs à une somme au moins sextuple, eu égard à l'augmentation du taux de l'argent.

³ C'est-à-dire : et plus que je ne suis capable de mériter.

vet de son lit. Quant il fut heure, l'espousée fut couchée, comme il est de coustume, et tint le coing du lit, sans mot dire. L'espousé vint assez tost après et se met à l'aultre bort du lit, sans l'approucher, ne mot dire; et à lendemain se lieve sans aultre chose faire, et cache ses verges dessoubz son lit. Quant il fut hors de la chambre, vecy bonnes matrones qui viennent, et ne fut pas sans demander comment s'est portée la nuyt, et qu'il luy semble de son mary : « Ma foy, dist-elle, vela sa place, là loing (monstrant le bort du lit), et vecy la mienne; il ne me approucha annuyt de plus près et aussi n'ay-je luy. » Elles furent bien esbahyes et y penserent plus les unes que les aultres; toutesfoys elles s'accorderent à ce qu'il l'a laissée par devocion, et n'en fut plus parlé pour ceste foiz. La seconde nuytée vint, et se coucha l'espousée en sa place du jour de devant, et le mary arriere en la sienne, fourny de ses verges; et ne luy fist aultre chose : dont elle n'estoit pas contente. Et ne faillit pas à lendemain à le dire à ses matrones, lesquelles ne scavoient que penser. Les aulcunes dient : « J'espoire qu'il n'est pas homme ; si le fault esprouver, car jusques à la quatriesme nuyt il a continué ceste maniere. Si fault dire qu'il y a à dire en son fait; pourtant, se, la nuyt qui vient, il ne vous fait aultre chose, dirent-elles à l'espousée, tirez-vous vers luy, si l'accolez et baisez, et luy demandez se on ne fait aultre chose en mariaige. Et, s'il vous demande quelle chose vous voulez qu'il vous fasse, dictes-luy que vous voulez qu'il vous chevauche, et vous orrez qu'il vous dira. — Je le feray, » dist-elle. Elle ne faillit pas; car, quant elle fut couchée en sa place de tousjours, le mary reprint son quartier et ne s'advançoit aultrement qu'il avoit fait les nuytz passées. Si se vira tost devers luy et le prent à bons bras de corps et luy commença à dire : « Venez çà, mon mary! Est-ce la bonne chiere que vous me faictes? Vecy la cinquiesme nuyt que je suis avecques vous, et si ne m'avez daignié approuchier; et, par ma foy, si j'eusse cuidé qu'on ne fist aultre chose en mariaige, je ne m'y feusse jà boutée. — Et quelle chose, dist-il lors, vous a-l'en dit qu'on fait en mariaige? — On m'a dit, dist-elle, qu'on y chevauche l'ung l'aultre; si vous prie que me chevauchez. — Chevauchier? dist-il. Cela ne vouldroye-je pas faire encores, je ne suis pas si mal gracieux. — Helas, dist-elle, je vous prie que si faciez, car on le fait en mariaige. — Le voulez-vous? dist-il. — Je vous en requiers, » dist-elle. Et, en le disant, le baisa très doulcement. « Par ma foy, dist-il, je le fais à grant regret, mais, puis que vous le voulez, je le feray, combien que vous ne vous en louerez jà. » Lors prent, sans plus dire, ses verges de garnison ¹, et descouvre ma damoiselle, et l'en bastit et dos et ventre, tant que le sang en sailloit de tous coustez. Elle crye, elle pleure, elle se demaine, c'est grant pitié que de la veoir; elle mauldit qui oncques luy fist requerre d'estre chevauchée : « Je le vous disoye bien, dist lors son mary. » Après la prent entre ses bras, et la roncina ² très bien et luy fist oublier la douleur des verges : « Et comment appelle-on, dist-elle, cela que vous m'avez maintenant fait? — On l'appelle, dist-il, *souffle en cul.* — Souffle en cul? dist-elle; le nom n'est pas si beau que chevauchier; mais la maniere de le faire vault trop mieulx que chevauchier. C'est assez; puisque je le scay, je scauray bien doresenavant duquel je vous doy requerir. » Or devez-vous savoir que Monseigneur le curé tendoit tousjours l'oreille quant sa nouvelle mariée viendroit à l'eglise, pour luy ramentevoir ses besoignes, et luy faire souvenir de sa promesse. Le jour qu'elle y vint, Monseigneur le curé se pourmenoit et se tenoit près du benoistier ³; et, quant elle fut près, il luy bailla de l'eaue benoiste, et luy dist assez bas : « M'amye, vous m'avez promis que je vous chevaucheroye, quant vous seriez mariée; vous l'estes, Dieu mercy, voire et par mon moyen : si seroye heure de penser quant ce pourroye estre. — Chevauchier? dist-elle. Par Dieu, j'aymeroye plus chier que vous fussiez noyé, voire pendu, ne me parlez plus de chevauchier, je vous prie. Mais je suis contente que vous soufflez ou cul, si vous voulez. — Et je feray! dist le curé. Votre fievre quartaine, paillarde que vous estes, qui tant estes orde et sale et malhonneste! Ay-je tant fait pour vous, pour estre guerdonné de vous souffler ou cul? » Ainsi mal content se partit monseigneur le curé, de la nouvelle mariée, laquelle s'en va mettre en son siege pour ouyr la devote messe que le bon curé vouloit dire. En la façon qu'avez dessus ouy, perdit monseigneur le curé son adventure de jouyr de sa dame, dont il fut cause et nul aultre, pource qu'il parla trop hault à elle le jour qu'il la confessa; car son mary, qui ce ouyoit, le empescha en la façon qu'est dit dessus, par faire acroire à sa femme que *ronciner* s'appelle *souffle en cul.*

---

¹ C'est-à-dire : les verges dont il s'était muni, comme si c'était la *garnison* de son lit conjugal.
² Ou *roncina*, chevaucha, au figuré.
³ Pour *bénitier.*

LA XLVᵉ NOUVELLE

PAR MONSEIGNEUR DE LA ROCHE

Combien que nulles des nouvelles histoires precedentes n'ayent touché ou racompté aucun cas advenu ès marches d'Ytalie, mais seulement font mencion des advenues en France, Allemaigne, Angleterre, Flandres, Braibant, etc., si se extenderont-elles toutesfoys, à cause de la fresche advenue [1], à ung cas à Romme advenu, qui fut tel. A Romme avoit ung Escossois, de l'aage d'environ vingt à vingt et deux ans, lequel par l'espace de quatorze ans se maintint et conduisit en estat et habillement de femme, sans ce que en dedans le di temps il fut venu à la congnoissance publique des hommes; et se faisoit appeller donc Marguerite, et n'y avoit gueres bon ostel à la ville de Romme où il n'eust son recours et congnoissance. Especialement il estoit bien venu des femmes comme entre les chamberieres, meschines et aultres femmes de bas estat, et aussi des aucunes des plus grandes de Romme. Et, affin de vous descouvrir l'industrie de ce bon Escossois, il trouva façon d'aprendre à blanchir les draps linges, et s'appeloit *la lavendiere*; et soubz cest umbre, hantoit, comme dessus est dit, ès bonnes maisons de Romme, car il n'y avoit femme qui sceust l'art de blanchir draps, comme il faisoit. Mais vous devez scavoir que encores scavoit-il bien plus; car, puis qu'il se trouvoit quelque part à descouvert avec quelque belle fille, il luy monstroit qu'il estoit homme. Il demouroit bien souvent au coucher, à cause de faire la buyée [2], ung jour, deux jours, ès maisons dessusdictes; et le faisoit-on coucher avec la chamberiere ou meschine, et aucunesfois avec la fille; et bien souvent et le plus, la maistresse, se son mary n'y estoit, vouloit bien avoir sa compaignie. Et Dieu scait s'il avoit bien le temps, et, moyennant le labeur de son corps, il estoit bien venu par tout; et n'y avoit bien souven

---

[1] C'est-à-dire : attendu qu'elles sont arrivées depuis peu.
[2] Pour *buée*, lessive.

meschine ne chamberiere qui ne se combatist [1] pour luy bailler la moitié de son lit. Les bourgeois mesmes de Romme, à la relacion de leurs femmes, le veoient très voulentiers en leurs maisons; et, s'ilz alloient quelque part dehors, très bien leur plaisoit que done Marguerite aydast à garder le mesnaige avec leurs femmes ; et, qui plus est, la faisoient mesmes coucher avecques elles, tant la sentoient bonne et honneste, comme dessus est dit. Par l'espace de xiiij ans, continua donc Marguerite sa maniere de faire. Mais fortune bailla la congnoissance de l'embusche de son estat, par une jeune fille qui dist à son pere, qu'elle avoit couché avecques elle et l'avoit assaillie, et lui dist veritablement qu'elle estoit homme. Ce pere fist prendre done Marguerite, à la relacion de sa fille ; elle fut regardée par ceulx de la justice, qui trouverent qu'elle avoit tous telz membres et oustilz que les hommes portent, et que vrayement elle estoit homme et non pas femme. Si ordonnerent que on le mettroit sur ung chariot, et que on le meneroit par la ville de Romme, de carefourc en carefourc, et le monstreroit-on, voyant tout chascun ses genitoires. Ainsi en fut fait, et Dieu scait que la povre done Marguerite estoit honteuse et surprinse. Mais vous devez scavoir que, comme le chariot vint en ung carefourc et qu'on faisoit ostencion des denrées de done Marguerite, ung Roumain, qui le vit, dist tout haut : « Regardez quel galioffe [2] ! il a couché plus de vingt nuytz avec ma femme. » Si le dirent aussi plusieurs aultres comme luy; plusieurs ne le dirent poinct, qui bien le scavoient; mais, pour leur honneur, ilz s'en turent en la façon que vous ouez. Ainsi fut pugny nostre povre Escossois, qui la femme contrefist; et, après ceste pugnicion, il fut banny de Romme, dont les femmes furent bien desplaisantes : car oncques si bonne lavendiere ne fut, et avoient bien grant deul, que si meschamment perdu l'avoient.

[1] C'est-à-dire : qui ne se fit prier, qui ne se disputât.
[2] Nous avions cru reconnaître dans ce mot-là l'étymologie de *gaillard* et *gouliafre*, qui dérive du bas latin *goliardus*; mais, comme c'est un Italien qui parle, nous pensons que *galioffe* est une transformation burlesque de *gallione*, chapon.

LA XLVIe NOUVELLE

PAR MONSEIGNEUR DE THIEURGES

CE n'est pas chose estrange ne peu acoustumée que moynes hantent et frequentent voulentiers les nonnains. A ce propos, il advint nagueres que ung maistre jacopin tant hanta et frequenta une bonne maison de dames de religion de ce royaulme, qu'il parvint à son intencion, laquelle estoit de couchier avec une des dames de leans. Et puis qu'il eut ce bien, si estoit diligent et soigneux de soy trouver vers celle qu'il aymoit plus que tout le demourant du monde; et tant y continua et hanta que l'abbesse de leans et plusieurs des religieuses se apperceurent de ce qui estoit, dont elles furent bien mal contentes. Mais, toutesfoys, affin de eviter esclandre, elles n'en dirent mot, voire au religieux, mais trop bien chanterent la leçon à la nonnain, laquelle se sceut bien excuser; mais l'abbesse, qui veoit clair et estoit bien appercevante, congneut tantost, à ses responses et excusances, aux manieres qu'elle tenoit et aux apparences qu'elle avoit veu, qu'elle estoit coulpable du fait; si voulut pourveoir de remede, car elle fist tenir bien court, à cause de cette religieuse, toutes les aultres, fermer les huys des clouoistres et des aultres lieux de leans, et tellement fist, que le povre jacopin ne povoit plus venir veoir sa dame. Si luy en desplaisoit et à elle aussi, il ne le fault pas demander. Et vous dis bien qu'ilz pensoyent et nuyt et jour par quelle façon et moyen ilz se pourroyent rencontrer, mais ilz n'y scavoient engin[1] trouver, tant faisoit faire sus eulx le guet ma dame l'abbesse. Or advint, ung jour, que une des niepces de ma dame l'abbesse se marioit, et faisoit sa feste en l'abbaye; et y avoit grosse assemblée des gens du pays: et estoit ma dame l'abbesse fort empeschée de festoier les gens de bien qui estoyent venus à la feste faire honneur à sa niepce. Si s'advisa bon jacopin de venir veoir sa dame, et que à l'ad-

---

[1] Moyen, invention; du latin, *ingenium*.

venture il pourroye estre si heureux que de la trouver en belle¹ ; et il y vint, comme il proposa. Et de fait, trouva ce qu'il queroit ; et, à cause de la grosse assemblée, et de l'empeschement que l'abbesse et ses guettes² avoient, il eust bien loisir de dire ses doleances et regreter le bon temps passé ; et, elle, qui beaucoup le aymoit, le vit très voulentiers ; et, se en elle eust esté³, aultre chiere luy eust fait. Entre aultres parolles, il luy dist : « Helas, m'amye, vous scavez qu'il y a jà longtemps que point ne fumes deviser ainsi que nous soulions⁴ ; je vous prie, s'il est possible, tandis que l'ostel de ceans est fort donné à aultre chose que à nous guettier, que vous me diez⁵ où je pourray parler à vous à part ? — Ainsi m'aïst Dieu ! dist-elle : mon amy, je ne le desire pas moins que vous. Mais je ne scay penser lieu ne place où il se puisse faire ; car tout le monde est tant par ceans, qu'il ne seroit pas en moy d'entrer en ma chambre, tant y a d'estrangiers qui sont venuz à ceste feste ; mais je vous diray que vous ferez. Vous scavez bien où est le grant jardin de ceans ? Ne faictes pas ? — Saint Jehan ! ouy, dist-il, je scay bien où il est. — Vous scavez que au coing de ce jardin, dist-elle, y a ung très beau preau, bien encloz de belles hayes fortes et espesses, et au millieu ung grant poirier, qui rendent le lieu umbrageux et couvert ? Vous vous en yrez là et me attendrez ; et, tantost que je pourray eschapper, je feray diligence de moy trouver vers vous. » Elle fut beaucoup mercyée, et dist maistre jacopin, qu'il s'y en alloit tout droit. Or devez-vous scavoir que ung jeune galant, venu à la feste, n'estoit gueres loing de ces deux amans ; si ouyt et entendit toute leur conclusion, et, pource qu'il scavoit bien le lieu où estoit ledit preau, il s'advisa et proposa en soy de s'en aller embuscher pour veoir le deduit et les armes⁶ qu'ilz avoient entreprins de faire. Il se mist hors de la presse, et, tant que piez le peurent porter, il s'en court vers ce preau, et fist tant, qu'il s'y trouva avant le jacopin. Et, luy là venu, il monte sus le beau poirier qui estoit large et ramu, et très bien vestu de fueilles et de poires, et s'y embuscha si bien, qu'il n'estoit pas aisié à veoir. Il n'y eut gueres esté que vecy bon jacopin qui attrote⁷, en regardant derriere luy se ame le suyvoit. Et Dieu

---

¹ C'est-à-dire : en lieu propice.
² Espionnes, surveillantes.
³ C'est-à-dire : si la chose avait dépendu d'elle.
⁴ Ainsi que nous avions coutume.
⁵ Pour *disiez*.
⁶ Le plaisir et les exploits d'amour.
⁷ Accourt en trottant.

scait qu'il fut bien joyeux de soy trouver en ce beau lieu! Il se garda bien de lever les yeulx contremont [1]; car jamais ne se feust doubté qu'il y eust eu quelqu'un; mais tousjours avoit l'œil vers le chemin qu'il estoit venu. Tant regarda, qu'il vit sa dame venir le grant pas, laquelle fust tost emprès lui; si se firent grant feste, et bon jacopin d'oster son manteau et son capullaire [2], et commence à baiser et accoler bien serreement la belle. Si voulurent faire ce pour quoy ilz estoient venuz : et se met chascun en point, et, en ce faisant, commença à dire la nonnain : « Par Dieu, mon amy frere Aubery, je vueil bien que vous saichiez que vous avez aujourduy à dame et en vostre beau commandement l'ung des beaux corps de nostre religion; et je vous en fais juge, vous le voyez, regardez quel tetin, quel ventre, quelles cuisses, et du surplus il n'y a que dire? — Par ma foy, dist frere Aubery, seur Jehanne m'amye, je congnois ce que vous dictes; mais aussi vous povez dire que vous avez à serviteur ung des beaulx religieux de nostre ordre, aussi bien fourny de ce que ung homme doit avoir que nul aultre. » Et, à ces motz, mist la main au baston, dont il vouloit faire ses armes, et le brandissoit, voyant sa dame, en luy disant : « Qu'en dictes-vous? Que vous en semble? N'est-il pas beau? Ne vault-il pas bien une belle fille ? — Certes ouy, dist-elle. — Et aussi l'aurez-vous, dist le jacopin. — Et vous aurez, dist lors celuy qui estoit dedans le poirier dessus eulx, des meilleures poires du poirier. » Lors prent à ses deux mains les brances du poirier, et fait tomber en bas sur eulx des poires très largement, dont frere Aubery fut tant effroyé, qu'à peu qu'il n'eust le sens de reprendre son manteau. Si s'en picque [3] tant qu'il peut, sans arrester, et ne fut asseuré, tant qu'il fut dehors de leans. Et la nonnain, qui fut autant effroyée que luy, ne se sceust si tost mettre en chemin, que le galant du poirier ne feust descendu; lequel la print par la main et luy deffendit le partir, et luy dist : « M'amye, il vous fault payer le fruictier. » Elle, qui estoit prinse et surprinse, veit bien que reffuz n'estoit pas de saison; si fut contente que le fruictier fist ce que frere Aubery avoit laissé en train.

[1] En haut, en l'air.
[2] Scapulaire, capuchon, du latin *caput, scapularium*.
[3] S'enfuit, comme un cheval qui sent l'éperon.

LA XLVIIe NOUVELLE

PAR MONSEIGNEUR DE LA ROCHE

En Pourvence avoit nagueres un president, de haulte et bien heureuse renommée, qui très grant clerc et prudent estoit, vaillant aux armes, discret en conseil ; et, au brief dire, en luy estoient tous les biens de quoy on pourroye jamais louer homme. D'une chose tant seulement estoit noté, dont il n'estoit pas cause, mais estoit celuy à qui plus en desplaisoit ; aussi, la raison y estoit. Et, pour dire la note que de luy estoit, c'estoit qu'il estoit coux, par faulte d'avoir femme aultre que bonne. Le bon seigneur veoit et congnoissoit la desloyaulté de sa femme et la trouvoit encline de tous poins à sa puterie ; et, quelque sens que Dieu luy eust donné, il ne scavoit remede à son cas, fors de soy taire et faire du mort ; car il n'avoit pas si peu leu en son temps, qu'il ne sceust vrayement que correction n'a point de lieu [1] à femme de tel estat. Toutesfoys, vous povez penser que ung homme de couraige et vertueux, comme cestuy estoit, ne vivoit pas bien à son aise, mais fault dire et conclure que son dolent cueur portoit la paste au four de ceste mauldicte infortune [2] ; et au par dehors avoit semblant et maniere de rien scavoir et appercevoir le gouvernement de sa femme. Ung de ses serviteurs le vint trouver, ung jour, en sa chambre, à part, et luy va dire par grant sens : « Monseigneur, je suis celuy qui vous vouldroye advertir, comme je doy, de tout ce qu'il vous peut touchier especialement de vostre honneur ; je me suis prins et donné garde du gouvernement de ma dame vostre femme, mais je vous asseure qu'elle vous garde très mal la loyaulté qu'elle vous a promise ; car seurement ung tel (qu'il luy nomma) tient vostre lieu bien souvent. » Le bon president, saichant bien l'estat de sa femme, luy respondit très fierement : « Ha, ribault, je scay bien que vous mentez de tout

---

[1] Ne sert de rien.

[2] C'est-à-dire : son cœur nourrissait les plus douloureuses pensées, au sujet de son infortune. Cette expression proverbiale représente l'infortune du mari trompé, comme un *four* qui cuit sans cesse son chagrin et son ressentiment.

ce que me dictes ! Je congnois trop ma femme : elle n'est pas telle, non. Et vous ay-je nourry si longuement, pour me rapporter une telle bourde, voire de celle qui tant est honneste, bonne et loyale? Et vrayement, vous ne m'en ferez plus. Dictes que je vous dois, et vous en allez bientost, et ne vous trouvez jamais devant moy, si chier que vous aymez vostre vie. » Le povre serviteur, qui cuidoit faire grant plaisir à son maistre de son advertance [1], dist ce qu'il luy devoit. Le president luy baille, et il le receut et s'en alla. Nostre bon president, voyant encores de plus en plus refreschir la desloyaulté de sa femme, estoit tant mal content et si très fort troublé, que on ne pourroit plus. Si ne scavoit que penser ne ymaginer par quelle façon il s'en pourroit honnestement deschargier. Si advisa, comme j'espere que Dieu le voulut ou que fortune le consentit, que sa femme devoit aller à unes nopces assez tost. Il vint à ung varlet, qui la garde de ses chevaulx avoit, et aussi d'une belle mulle qu'il avoit, et luy dist : « Garde bien que tu ne bailles à boire à ma mulle de nuyt ne de jour, tant que je le te diray; et, à chascune fois que tu luy donneras son aveine, si luy metz parmy une bonne poignie [2] de sel; et gardes que tu n'en sonnes mot! — Non feray-je, dist le varlet, et si feray ce que vous me commandez. — Quant le jour des nopces de la cousine de ma dame la presidente approucha, elle dist au bon president : « Monseigneur, si c'estoit vostre plaisir, je me trouveroye voulentiers aux nopces de ma cousine, qui se feront dimenche prouchain, en ung tel lieu? — Vraiement, m'amye, dist-il, j'en suis très bien content; allez, Dieu vous conduie ! — Je vous mercye, Monseigneur, dist-elle, mais je ne scay bonnement comment y aller : je n'y menasse point voulentiers mon chariot, pour le tant peu que je y ay à estre; vostre haquenée aussi est tant desroyée [3], que, par ma foy, je n'oseroye pas bien entreprendre le chemin sus elle. — Et bien, m'amye, si prenez ma mulle; elle est belle beste et si va bien doulx, et aussi seure du pié, que j'en trouvasse oncques point. — Et, par ma foy, Monseigneur, dist-elle, je vous en mercye, vous estes bon mary. » Le jour de partir vint, et s'apresterent les serviteurs de ma dame la presidente et ses femmes qui la devoient servir et accompaigner; pareillement vont venir à cheval, deux ou trois gorgias [4] qui la devoient accompaignier, qui demandent

---

[1] Avis, avertissement.
[2] Pour *poignée*.
[3] Désordonnée, capricieuse.
[4] Galants, muguets, beaux fils.

se madame est preste, et elle leur fait scavoir qu'elle viendra maintenant. Elle fut preste et vint en bas, et luy fut amenée la belle mulle au montouer[1], qui n'avoit beu de huit jours; si enraigeoit de soif, tant avoit mengié de sel. Quant elle fut montée, les gorgias se misdrent devant elle, qui faisoient fringuier leurs chevaulx, et estoit raige qu'ilz sailloient bien et hault. Et se pourroit bien faire que aucuns de la compaignie scavoient bien que ma dame scavoit faire. En la compaignie de ces gentilz gorgias, avecques ses femmes et ses serviteurs, passa ma dame la presidente par la ville, et se vint trouver aux champs; et tant alla, qu'elle vint arriver en ung très mauvais destroit[2], auprès duquel passe la grosse riviere du Rosne, qui en cest endroit est tant roide que merveilles. Et, comme ceste mulle, qui n'avoit beu de huyt jours, apperceut la riviere, courant sans demander pont ne passaige, elle, de plain vol, saillit dedans à-tout sa charge qui estoit du precieux corps de ma dame. Ceulx qui le virent la regarderent très bien; mais aultre secours ne luy firent, car aussi il n'estoit pas en eulx; si fut ma dame noyée; dont ce fut grant dommaige. Et la mulle, quant elle eut beu son saoul, naigea tant par le Rosne, qu'elle trouva l'issue et saillit dehors. La compaignie fut beaucoup troublée, qui a perdu ma dame; si s'en retourna à la ville. Et vint l'ung des serviteurs de monseigneur le president le trouver en sa chambre, qui n'attendoit aultre chose que les nouvelles, qui luy va dire tout pleurant la piteuse adventure de ma dame sa maistresse. Le bon president, plus joyeux en cueur que onques ne fut, se monstra très desplaisant, et, de fait, se laissa cheoir à terre du hault de luy, menant très piteux deul, en regretant sa bonne femme. Il mauldissoit sa mulle, les belles nopces qui firent sa femme partir ce jour : « Et Dieu, dist-il, ce vous est grant reprouche, qui estes tant de gens et n'avez sceu rescourre[3] la povre femme qui tant vous aymoit; vous estes lasches et meschans, et l'avez bien monstré. » Le serviteur et les aultres aussi s'excuserent le moins mal qu'ilz sceurent; et laisserent monseigneur le president, qui loua Dieu à joinctes mains de ce qu'il est si honnestement quitte de sa femme. Quant il fut à point, luy fist faire ses funerailles comme il appartenoit; mais croyez, combien qu'il feust encores en aage, il n'eust garde de soy rebouter en mariage, craignant le dangier où tant avoit esté.

[1] Il y avait, à l'entrée de chaque maison, une banquette de pierre qui servait de marchepied pour monter à cheval sans se servir de l'étrier.
[2] Passage, défilé.
[3] Secourir.

LA XLVIIIe NOUVELLE

PAR MONSEIGNEUR DE LA ROCHE

Ung gentil compaignon devint amoureux d'une jeune damoiselle, qui nagueres s'estoit mariée; et, le moins mal qu'il sceut, après qu'il eut trouvé façon d'avoir vers elle accointance, il luy compta son cas. Et, au rapport qu'il fist, il estoit fort malade; et, à la verité dire aussi, estoit-il bien picqué. Elle fut si doulce et gracieuse, qu'elle luy bailla bonne audience, et, pour la premiere fois, il se partit, très content de la response qu'il eut. S'il estoit bien feru auparavant, encores fut-il plus touchié au vif, quant il eut dit son fait; si ne dormoit ne nuyt ne jour, de force de penser à sa dame, et de trouver la façon et maniere de parvenir à sa grace. Il retourna à sa queste, quant il vit son point; et Dieu scait, s'il avoit bien parlé la premiere foys, que encores fist-il mieulx son parsonnaige à la deuxiesme, et si trouva, de son heur, sa dame assez encline à passer sa requeste, dont il ne fut pas moyennement joyeux. Et, pource qu'il n'avoit pas tousjours le temps ne le loisir de soy tenir vers elle, il dist à ceste fois la bonne voulenté qu'il avoit de luy faire service et en quelle façon. Il fut mercié de celle qui estoit tant gracieuse qu'on ne pourroye plus. Brief, il trouva en elle tant de courtoisie en maintien et parler, qu'il n'en sceut plus demander; si se cuida advancer de la baiser, mais il en fut refusé de tous pointz; mesmes, quant vint au partir, il n'en peut oncques finer [1], dont il estoit très esbahy. Et, quant il fut dehors de chez elle, il se doubta beaucoup de non point parvenir à son intencion, veu qu'il ne povoit obtenir d'elle ung seul baiser. Il se conforte, d'aultre cousté, des gracieuses parolles qu'il avoit eues au dire adieu, et de l'espoir qu'elle luy avoit baillié. Il revint, comme les aultres fois, de rechief à sa queste; et, pour abregier, tant y alla et tant y vint, qu'il eut heure assignée de dire le surplus à sa dame, à part, de ce qu'il ne vouldroit desclairer, sinon entre eulx deux. Et, pource que

---

[1] Venir à bout; c'est-à-dire: il ne put jamais obtenir d'elle un seul baiser.

temps estoit, il print congié d'elle, si l'embrassa bien doulcement et la voulut baiser; et elle s'en defend très bien, et luy dist assez rudement: « Ostez, ostez, laissez-moy, je n'ay cure d'estre baisée! » Il s'excusa le plus gracieusement que oncques sceut, et, sur ce, se partit : « Et qu'est-ce cy? dist-il en soy-mesmes: jamais je ne veis ceste maniere en femme; elle me fait la meilleure chiere du monde, et si m'a desjà accordé tout ce que je luy ay osé requerre; mais encores n'ay-je peu finer d'ung povre baisier. » Quant il fut heure, il vint où sa dame luy avoit dist, et fist ce pour quoy il y vint tout à son beau loisir, car il coucha entre ses bras toute la belle nuyt, et fist tout ce qu'il voulut, excepté seulement le baiser, pour laquelle cause il s'esmerveilloit moult en soy-mesmes : « Et je n'entens point ceste maniere de faire, disoit-il en son par dedans : ceste femme veult bien que je couche avecques elle et faire tout ce qu'il me plaist; mais du baiser, je n'en fineroye non plus que de la vraye Croix? Par la mort bieu, je ne scay entendre cecy; il faut qu'il y ait aucun mistere; il est force que je le saiche. » Ung jour entre les aultres, qu'il estoit avecques sa dame à goguettes, et qu'ilz estoient beaucoup de hait[1] tous deux, il luy dist : « M'amye, je vous requiers, dictes-moy qui vous meut de me tenir si grant rigueur, quant je vous vueil baiser? Vous m'avez baillié la joyssance de vostre gracieux et beau corps tout entierement, et d'ung petit baiser, vous me faictes le reffuz? — Mon amy, dist-elle, vous dictes vray; le baisier vous ay-je voirement reffusé, et ne vous y attendez point, vous n'en finerez jamais; et la raison y est bonne : si la vous diray. Il est vray, quant j'espousay mon mary, que je luy promis de la bouche tant seulement beaucoup de moult belles choses. Et, pource que ma bouche est celle qui luy a promis de luy estre bonne et loyale, je suis celle qui l'y vueil entretenir; et ne souffreroye, pour mourir, qu'aultre que luy y touchast; elle est sienne et à nul autre; et ne vous attendez de riens y avoir. Mais mon derriere ne luy a rien promis ne juré; faictes de luy et du surplus de moy, ma bouche hors, ce qu'il vous plaira ; je le vous abandonne. » L'aultre commença à rire très fort, et dist : « M'amye, je vous mercye, vous dictes très bien, et si vous scay grant gré que vous avez la franchise de bien garder vostre promesse. — Jà Dieu ne vueille, dist-elle, que je luy face faulte ! » En la façon qu'avez ouy fut ceste femme obstinée : le mary avoit la bouche seulement, et son amy, le surplus; et, se d'ad-

---

[1] De bon cœur, de bonne humeur. On a dérivé du grec, du latin et de l'allemand, ce mot, qui est celtique.

venture le mary se servoit aucunes fois des aultres membres, ce n'estoit que par maniere d'emprunt, car ilz estoient à son amy, par le don d'elle. Mais il avoit cest advantaige que sa femme estoit contente qu'il en prensist[1] sur ce qu'elle avoit donné; mais, pour riens, n'eust souffert que l'amy eust jouy de ce qu'à son mary avoit donné.

LA XLIXe NOUVELLE

PAR PIERRE DAVID

J'ay très bien sceu que nagueres, en la ville d'Arras, avoit ung bon marchant, auquel il meschenst[2] d'avoir femme espousée, qui n'estoit pas des meilleures du monde; car elle ne tenoit serre, qu'elle peut veoir son coup, et qu'elle trouvast à qui, non plus que une vieille arbalestre[3]. Ce bon marchant se donna garde du gouvernement de sa femme; il en fut aussi adverty par aucuns ses plus privez amys et voisins. Si se bouta en une grant frenesie et bien parfonde melencolie, dont il ne valut pas mieulx. Puis, s'advisa qu'il esprouveroit s'il scavoit par aucune bonne façon se nullement il pourroit veoir ce qu'il scait que bien peu luy plaira; c'estoit de veoir venir en son ostel et en son domicille, devers sa femme, ung ou plusieurs de ceulx que on dit qui sont ses lieutenans. Nostre marchant faignit ung jour d'aller dehors, et s'embuscha en une chambre de son ostel, dont luy seul avoit la clef. Et veoit de ladicte chambre sus la rue et sus la court, et, par aucuns secretz pertuis et plusieurs trilles[4] regardoit en plusieurs aultres lieux et chambres de leans. Tantost que la bonne femme pensa que son mary estoit dehors, elle fist prestement scavoir à ung de ses amys, qu'il vinsist[5] vers elle; et il y obeyt comme il devoit, car il

---

[1] Pour *prit*.
[2] Mésadvint.
[3] C'est-à-dire : facile et relâchée, dans ses amours, comme une vieille arbalète; elle ne se donnait pas même le temps de voir son coup et de juger à qui elle s'adressait.
[4] Treillis, grillages de fer ou de bois, jalousies.
[5] Pour *vint*.

suivit pié à pié la meschine[1] qui l'estoit allé querir. Le mary, qui, comme dist est, estoit cachié en sa chambre, vit très bien entrer celuy qui venoit tenir son lieu; mais il ne dist mot, car il veult veoir plus avant, s'il peut. Quant l'amoureux fut leans, la dame le mena par la main, tout devisant en sa chambre, et serra[2] l'huys; et se commencerent à baiser et à accoler, et faire la plus grant chiere de jamais; et la bonne damoiselle, de despouiller sa robbe, et soy mettre en cotte simple; et bon compaignon, de la prendre à bons bras de corps, et faire ce pour quoy il estoit venu. Et tout ce veoit à l'oeil le povre mary, par une petite treille, pensez s'il estoit à son aise; mesmes il estoit si près d'eulx, qu'il entendoit pleinement tout ce qu'ilz disoient. Quant les armes[3] d'entre la bonne femme et son serviteur furent achevées, ilz se misdrent sus une couche qui estoit en la chambre, et se commencent à deviser de plusieurs choses. Et, comme le serviteur regardoit sa dame qui tant belle estoit que merveilles, il la commence à rebaiser, et dist, en cela faisant : « M'amye, à qui est ceste belle bouche? — C'est à vous, mon amy, dist-elle. — Et je vous en mercye, dist-il. Et ces beaulx yeulx? — A vous aussi, dist-elle. — Et ce beau tetin qui est si bien troussé, n'est-il pas de mon compte? dist-il. — Ouy, par ma foy, mon amy, dist-elle, et non à aultre. » Il met après la main au ventre et à son devant, où il n'y avoit que redire, si luy demanda : « A qui est cecy, m'amye? — Il ne le fault jà demander, dist-elle, on scait bien que tout est vostre. » Il vint après getter la main sur le gros derriere d'elle, et luy demanda, en soubriant : « A qui est cecy? — Il est à mon mary, dist-elle; c'est sa part, mais tout le demourant est vostre. — Et vraiement, dist-il, je vous en remercie beaucoup. Je ne me dois pas plaindre, vous m'avez très bien party[4]; et aussi, d'aultre costé, par ma foy, pensez que je suis tout entier vostre. — Je le scay bien, » dist-elle. Et, après ces beaux dons et offres qu'ilz firent l'ung à l'aultre, ilz recommencerent leurs armes de plus belle. Et, ce fait, le gentil serviteur partit de leans, et le povre mary, qui tout avoit veu et ouy, tant courroucé qu'il n'en povoit plus, enraigeoit tout vif; toutesfoys, pour mieulx faire, il avala ceste premiere, et, à lendemain, fist très bien son personnaige, faisant semblant qu'il venoit de dehors. Et, quant vint sur le point du disner, il

---

[1] Servante, messagère d'amour.
[2] Ferma.
[3] Exploits amoureux.
[4] Partagé.

dist à sa femme, qu'il vouloit avoir dimenche prouchain son pere, sa mere, telz et telz de ses parens et cousins; et qu'elle face garnison de vivres, et qu'ilz soient bien aises à ce jour. Elle se chargea de ce faire, et luy, de les inviter. Ce dimenche vint, et le disner fut prest, et tous ceulx qui mandez y furent comparurent, et print chascun place comme leur oste l'ordonnoit, qui estoit debout, et sa femme aussi, lesquelz servirent le premier mez. Quant le premier mez fut assis [1], l'oste qui avoit secretement fait faire une robbe pour sa femme, de gros bureau de gris [2], et, à l'endroit du derriere, avoit fait mettre une bonne piece d'escarlate, en maniere d'ung tasseau [3], si dist à sa femme: « Venez jusques en la chambre! » Il se met devant [4], et elle le suyt. Quant ils y furent, il luy fist despouiller sa robbe et va prendre celle du bureau dessusdict et luy dist: « Or vestez ceste robbe? » Elle la regarde et veoit qu'elle est de gros bureau; si en est toute esbahye et ne scait penser qu'il fault à son mary, ne pourquoy il la veult ainsi habiller : « Et à quel propos me voulez-vous ainsi housser [5]! dist-elle. — Ne vous chaille, dist-il, je vueil que la vestez. — Ma foy, dist-elle, je n'en tiens compte, je ne la vestiray jamais. Faictes-vous du fol? Vous voulez bien faire farcer les gens de vous et de moy encores devant tant de monde? — Il n'y a ne fol, ne saige, dist-il; vous la vestirez. — Au moins, dist-elle, que je saiche pourquoy vous le faictes. — Vous le scaurez cy après. » Pour abregier, force fut qu'elle endossast ceste robbe, qui estoit bien estrange à regarder. Et, en ce point [6], fut amenée à la table, où la pluspart de ses parens et amys estoient. Mais pensez qu'ilz furent bien esbahys de la veoir ainsi habillée; et croyez qu'elle estoit bien honteuse, et, se la force eust esté sienne, elle ne feust pas là venue. Droit là avoit assez, qui demandoient que signifioit cest habillement? Et le mary respondit qu'ilz pensassent tous de faire bonne chiere, et que après disner ilz le scauroient. Mais vous devez scavoir que la povre femme, houssée du bureau, ne mangea chose qui bien luy fist; et luy jugeoit le cueur, que le mistere de sa housseure luy feroit ennuy. Et encores eust-elle esté trop plus troublée, s'elle

[1] Posé sur la table.
[2] Bure, grosse étoffe de laine grise, qui servait à faire les vêtements des pauvres et la robe des moines.
[3] Diminutif de *las*; pièce carrée.
[4] Il marche devant elle.
[5] Vêtir, habiller. Le vêtement ample des hommes se nommait souvent *housse*, que nous appelons *blouse* aujourd'hui.
[6] En cet état.

eust sceu du tasseau d'escarlate, mais nenny. Le disner se passa, et fut la table ostée, les graces dictes, et tout chascun debout. Lors le mary se met avant et commence à dire : « Vous telz et telz, qui cy estes, s'il vous plaist, je vous diray en brief la cause pourquoy je vous ay icy assemblez, et pourquoy j'ay vestu ma femme de cest habillement. Il est vray que jà pieça j'ay esté adverty que vostre parente, qui cy est, me gardoit très mal la loyaulté qu'elle me promist en la main du prestre; toutesfoys, quelque chose que l'on m'ait dit, je ne l'ay pas creu de legier, mais moy-mesmes l'ay voulu esprouver; et qu'il soit vray, il n'y a que six jours que je faigny d'aller dehors, et m'embuschay en ma chambre là hault. Je n'y euz gueres esté que vecy venir ung tel, que ma femme mena tantost en sa chambre où ilz firent ce que mieulx leur pleust. Entre les aultres devises, l'homme luy demanda, de sa bouche, de ses yeulx, de ses mains, de son tetin, de son ventre, de son devant et de ses cuisses, à qui tout ce baigaige estoit. Et elle respondit : *A vous, mon amy.* Et quant vint à son derriere, il luy dist : *Et à qui est cecy, m'amye ? — A mon mary !* dist-elle. Lors, pource que je l'ay trouvée telle, je l'ay ainsi habillée : elle a dit que d'elle il n'y a mien que le derriere, si l'ay houssée, comme il appartient à mon estat; le demourant ay-je houssé de vesteure qui est deue à femme desloyale et deshonnourée, car elle est telle : pour ce, je la vous rends. » La compaignie fut bien esbahye d'ouyr ce propos, et la povre femme bien honteuse. Mais toutesfoys, quoy que feust, oncques puis avec son mary ne se trouva, ains deshonnourée et reprouchée entre ses amys depuis demoura.

LA L^e NOUVELLE

PAR ANTHOINE DE LA SALE

Comme jeunes gens se mettent voulentiers à voyagier, et prennent plaisir à veoir et chercher les adventures du monde, il y eut nagueres au païs de Lannois[1] ung fils de laboureur, qui fut, depuis l'aage de

[1] Aux environs de Laon.

dix ans jusques à l'aage de vingt et six, tousjours hors du païs ; et, depuis son partement jusques à son retour, oncques son pere ne sa mere n'en eurent une seule nouvelle, si penserent plusieurs fois qu'il fust mort. Il revint toutesfoys, et Dieu scait la joye qui fut en l'ostel, et comment il fut festoyé à son retour de tant peu de biens que Dieu leur avoit donné. Mais qui le vit voulentiers et en fist grant feste, ce fut sa grant mere, la mere de son pere, qui lui faisoit plus grant chiere et estoit la plus joyeuse de son retour, que nul des aultres. Elle le baisa plus de cinquante fois, et ne cessoit de louer Dieu qui leur avoit rendu leur beau filz, et retourné en si beau point. Après ceste grande chiere, l'heure vint de dormir, mais il n'y avoit à l'ostel que deux litz : l'ung estoit pour le pere et la mere, et l'aultre, pour la grant mere. Si fut ordonné que leurdit filz coucheroit avec sa grant mere, dont elle fut bien joyeuse ; mais il s'en feust bien passé, combien que pour obeyr il fut content de prendre la patience pour ceste nuyt. Comme il estoit couchié avec sa taye[1], ne scay de quoy il luy souvint, car il monta dessus : « Et que veulx-tu faire ? dist-elle. — Ne vous chaille, dist-il, ne dites mot ! » Quant elle vit qu'il vouloit besoingner à bon escient, elle commence de crier tant qu'elle peut, après son filz qui dormoit en la chambre au plus près. Si se leva de son lit et s'en alla plaindre à l'huys de son filz, en pleurant tendrement. Quant l'aultre ouyt la plaincte de sa mere, et la inhumanité de son filz, il se leva sur piez, très courroucé et mal meu, et dist qu'il l'occira. Le filz ouyt ceste menace et sault sus, et s'enfuyt par derriere. Son pere le suyt, mais c'est pour neant, il n'estoit pas si legier du pié : il vit qu'il perdoit sa peine ; si revint à l'ostel, et trouva sa mere lamentant à cause de l'offense que son filz luy avoit faicte : « Ne vous chaille, ma mere, dist-il, je vous en vengeray bien. » Ne scay quans jours après, ce pere vint trouver son filz, qui jouoit à la paulme ; et tantost qu'il le vit, il tira bonne dague, et marche vers luy et l'en cuida ferir. Le fils se destourna, et son pere fut tenu. Aucuns qui là estoient sceurent bien que c'estoit le pere et le filz. « Fy, dist l'ung au filz, et viens çà ; que as-tu meffait à ton pere qui te veult tuer ? — Ma foy, dist-il, riens. Il a le plus grant tort de jamais ; il me veult tout le mal du monde, pour une povre fois que j'ay voulu ronciner sa mere ; il a bien ronciné la mienne plus de cinq cens fois, et je n'en parlay oncques un seul mot. » Tous ceulx qui ouyrent ceste response commencerent à

---

[1] Aïeule; du latin *atavus*.

rire de grant cueur. Si s'emploierent à ceste occasion d'y mettre paix, et fut tout pardonné d'ung cousté et d'aultre.

LA LIe NOUVELLE

PAR L'ACTEUR

A Paris, n'a gueres, vivoit une femme qui fut mariée à ung bon simple homme, qui tout son temps fut de noz amis, si très bien qu'on ne pourroit plus. Ceste femme, qui belle et gente et gracieuse estoit ou temps qu'elle fut neufve, pource qu'elle avoit l'œil au vent, fut requise d'amours de plusieurs gens. Et, pour la grant courtoisie que Nature n'avoit pas oublié en elle, elle passa legierement les requestes de ceulx qui mieulx luy pleurent. Et eut en son temps, tant d'eulx comme de son mary, XII ou XIIII enfans. Advint qu'elle fut malade et ou lit de la mort acouchée [1] ; si eut tant de grace, qu'elle eut temps et loisir de soy confesser, penser de ses pechiez et disposer de sa conscience. Elle veoit, durant sa maladie, ses enfans troter devant elle, qui luy bailloient au cueur très grant regret de les laisser. Si se pensa que elle feroit mal de laisser son mary chargié de la pluspart, car il n'en estoit pas le pere, combien qu'il le cuidast, et la tenoit aussi bonne femme que nulle de Paris. Elle fist tant, par le moyen d'une femme qui la gardoit, que vers elle vindrent deux hommes qui ou temps passé l'avoient en amours très bien servie. Et vindrent de si bonne heure, que son mary estoit allé devers les medecins et appoticaires, pour avoir aucun bon remede pour elle et pour sa santé. Quant elle vit ces deux hommes, elle fist tantost venir devant elle tous ses enfans; si commença à dire : « Vous, ung tel, vous scavez ce qui a esté entre vous et moy ou temps passé, et dont il me desplaist à ceste heure amerement? Et, se ce n'est la misericorde de nostre Seigneur à qui je me recommande, il me sera en l'aultre monde bien cherement vendu ; toutesfoys, j'ay fait une follie, je le congnois ; mais de faire la seconde, ce seroit trop mal fait. Vecy

[1] Pour *couchée*.

telz et telz de mes enfans, ilz sont vostres et mon mary cuide à la verité qu'ilz soyent siens. Si feroye conscience de les laisser en sa charge; pourquoy je vous prie, tant que je puis, que après ma mort, qui sera briefve, que vous les prenez avec vous et les entretenez, nourissez et eslevez, et en faictes comme bon pere doit faire, car ilz sont vostres. » Pareillement dist à l'aultre, et luy monstroit ses aultres enfans : « Telz et telz sont à vous, je vous en asseure ; si les vous recommande, en vous priant que vous en acquittez; et, se ainsi le me voulez promettre, je mourray plus aise. » Et comme elle faisoit ce partaige, son mary va venir à l'ostel et fut apperceu par un petit de ses filz, qui n'avoit environ que cinq ou six ans, qui vistement descendit en bas encontre luy effreement, et se hasta tant de devaler la montée, qu'il estoit près hors de alaine. Et comme il vit son pere, à quelque meschief que ce feust, il dit : « Helas, mon pere, advancez-vous tost, pour Dieu ! — Quelle chose y a-il de nouveau? dist le pere : ta mere est-elle morte ? — Nenny, nenny, dist l'enfant, mais advancez vous d'aller en hault, ou il ne vous demourera ung seul enfant. Ilz sont venuz vers ma mere deux hommes, mais elle leur donne tous mes freres ; se vous n'y allez bien tost, elle donnera tout. » Le bon homme ne scait que son filz veult dire ; si monta en hault et trouva sa femme, sa garde et deux de ses voisins et ses enfans; si demanda que signifie ce que ung tel de ses filz luy a dist? « Vous le scaurez cy après! « dist-elle. Il n'en enquist plus pour l'heure, car il ne se doubta de rien. Ses voisins s'en allerent et commanderent la malade à Dieu et luy promirent de faire ce qu'elle leur avoit requis, dont elle les mercia. Comme elle approuchast le pas de la mort, elle cria mercy à son mary, et luy dist la faulte qu'elle luy a faicte, durant qu'elle a esté aliée avec luy, comment telz et telz de ses enfans estoient à tel, et telz et telz à ung tel, c'est assavoir ceulx dont dessus est touchié, et que après sa mort ilz les prendront et n'en aura jamais charge. Il fut bien esbahy d'ouyr ceste nouvelle ; neantmoins il luy pardonna tout, et puis elle mourut ; et il envoya ses enfans à ceulx qu'elle avoit ordonné, qui les retindrent. Et, par ce poinct, il fut quitte de sa femme et de ses enfans ; et si eut beaucoup moins de regret de la perte de sa femme, que de celle de ses enfans.

LA LIIe NOUVELLE

PAR MONSEIGNEUR DE LA ROCHE

N'a gueres que ung grant gentil homme, saige, prudent et beaucoup vertueux, comme il estoit au lit de la mort, et eust fait ses ordonnances et disposé de sa conscience au mieulx qu'il peut, il appella ung seul filz qu'il avoit, auquel il laissoit foison de biens temporelz. Et, après qu'il luy eut recommandé son ame, celle de sa mere qui nagueres avoit terminé vie par mort, et generalement tout le colliege[1] de purgatoire, il advisa trois choses pour la derniere doctrine que jamais luy vouloit bailler, en disant : « Mon très chier filz, je vous advertiz que jamais vous ne hantez tant en l'ostel de vostre voisin, que l'en vous y serve de pain bis. Secondement, je vous enjointz que vous gardez de jamais courir[2] vostre cheval en la valée. Tiercement, que vous ne prenez jamais femme d'estrange nacion. Or vous souviengne de ces trois pointz, et je ne doubte point que bien ne vous en vienne. Mais, se vous faictes le contraire, soyez seur que vous trouverez que la doctrine de vostre pere vous vaulsist[3] mieulx avoir tenue. » Le bon filz mercia son pere de son bon advertissement, et luy promist escripre ses enseignemens au plus parfont de son cueur, et les mectre si très bien en son entendement et en sa memoire, que jamais n'yra au contraire. Tantost après, son pere mourut, et furent faictes ses funerailles comme à son estast et à homme de tel lieu qu'il estoit appartenoit ; car son filz s'en voulut bien acquitter, comme celuy qui bien avoit de quoy. Ung certain temps après, comme on prent accointance plus en ung lieu que en ung aultre, ce bon gentil homme qui estoit orphenin[4] de pere et de mere et à marier, et ne scavoit que c'estoit de mesnaige, s'accointa d'ung voisin qu'il avoit,

---

[1] Réunion, assemblée.
[2] Pour *faire courir*; latinisme.
[3] Pour *valût*.
[4] Pour *orphelin*.

et, de fait, la pluspart de ses jours beuvoit et mengeoit leans. Son voisin, qui marié estoit, et avoit une très belle femme, se bouta en la doulce raige de jalousie, et luy vindrent faire raport ses yeulx soupeçonneux, que nostre gentil homme ne venoit en son ostel, fors à l'occasion de sa femme, et que vrayement il en estoit amoureux, et que à la longue il la pourroit emporter d'assault. Si n'estoit pas bien à son aise, et ne scavoit penser comment il se pourroit honnestement de luy desarmer, car luy dire la chose comme il la pense ne vauldroye riens; si conclut de luy tenir telz termes petit à petit, qu'il se pourra assez appercevoir, s'il n'est trop beste, que sa hantise[1] si continuelle ne luy plaist pas. Et, pour excecuter sa conclusion, en lieu qu'on le souloit servir de pain blanc, il fist mettre le bis. Et après je ne scay quans repas, nostre gentil homme s'en donne garde et luy souvint de la doctrine de son pere; si congneut qu'il avoit erré, si batit sa coulpe[2] et bouta en sa manche tout secretement ung pain bis et l'apporta en son ostel; et, en remembrance, le pendit à une corde en sa grant sale, et ne retourna plus à la maison de son voisin comme il avoit fait au paravant. Pareillement, ung jour entre les aultres, luy qui estoit homme de deduit[3], comme il estoit aux champs, et que ses levriers eussent mis ung lievre à chace, il picque son cheval, tant qu'il peult après, et vient rataindre le lievre et levriers en une grant valée, où son cheval qui venoit de toute sa force faillit des quatre piez et tombe; et ledit cheval se rompit le col, dont il fut très bien esbahy. Et fut bien heureux ledit gentil homme, quant il se vit ainsi gardé de mort et d'affolure[4]. Il eut toutesfoys pour recompense le lievre; et, comme il le tint, il regarda son cheval, que tant il aymoit; si luy souvint du second enseignement que son pere luy avoit baillé, et que, s'il en eust eu bien memoire, il ne eust pas ceste perte, ne passé le dangier qu'il a eu bien grant. Quant il fut en sa maison, il mist auprès du pain bis, à une corde, en sa sale, la peau du cheval, affin qu'il eust memoire et remembrance du second advisement[5] que son pere jadis luy bailla. Ung certain temps après, il luy print voulenté d'aller voyagier et veoir païs; si disposa ses besoingnes à ce, et print de la finance dont il avoit largement; et chercha maintes contrées, et se trouva en diverses regions

[1] Fréquentation.
[2] Reconnut sa faute, dit son *mea culpa*.
[3] Homme de plaisir.
[4] Blessure, *foulure*.
[5] Avis, avertissement.

et places, dont en la fin il fist residence en l'ostel d'un grant seigneur, d'une longtaine et bien estrange marche[1]; et se gouverna si haultement et si bien leans, que le seigneur fut bien content de luy bailler sa fille en mariaige, jà soit qu'il n'eust seulement congnoissance de luy, fors de ses louables meurs et vertuz. Pour abregier, il fiança la fille de ce seigneur et vint le jour des nopces. Et quant il cuida la nuyt couchier avecques elle, on lui dist que la coustume du païs estoit de point coucher la premiere nuyt avecques sa femme, et qu'il eust patience jusques à lendemain : « Puis que c'est la coustume, dist-il, je ne quiers jà qu'on la rompe pour moy. » Son espousée fut menée couchier en une chambre, et luy en une aultre, après les dances; et, de bien venir[2], il n'y avoit que une paroy entre ces deux chambres, qui n'estoit que de terre. Si s'advisa, pour veoir la contenance[3], de faire ung pertuys de son espée, par dedans la paroy, et vit très bien et à son aise son espousée se bouter ou lit; et vit aussi, ne demoura gueres après, le chappellain de leans, qui se vint bouter auprès d'elle pour luy faire compagnie, affin qu'elle n'eust paour; ou, comme j'espere, pour faire l'essay ou prendre la disme des cordeliers, comme dessus est touchié[4]. Nostre bon gentil homme, quant il vit cet appareil, pensez qu'il eut bien des estouppes en sa quenoille[5]; et luy vint tantost en memoire le troisiesme advisement que son pere luy donna avant son trespas, lequel il avoit mal retenu. Toutesfoys, il se reconforta et print couraige, et dist bien en soy-mesmes que la chose n'est pas si avant, qu'il n'en saille bien[6]. A lendemain, le bon chappellain, son lieutenant pour la nuyt, et son predecesseur, se leva de bon matin, et d'adventure il oublia ses brayes[7] soubz le chevet du lit à l'espousée. Et nostre bon gentil homme, sans faire semblant de rien, vint au lit d'elle et la salua gracieusement, comme il scavoit bien faire, et trouva façon de prendre les brayes du prestre, sans qu'il fust apperceu d'ame. On fist grant chiere tout ce jour; et quant vint au soir, le lit de l'espousée fut paré et ordonné tant richement qu'à merveilles, et elle y fut couchée. Si dist-on au sire des nopces, que

---

[1] D'une contrée étrangère et bien lointaine.
[2] Par bonheur.
[3] L'intérieur de la chambre voisine.
[4] Voy. la Nouvelle xxxiie, les *Dames dismées*.
[5] Expression proverbiale, qui signifiait : être dans une position difficile et compliquée. Cette phrase veut dire ici : qu'il eut bien matière à réfléchir.
[6] Qu'il n'en sorte bien.
[7] Caleçons, chausses.

meshuy, quant il luy plaira, il pourra bien coucher avec sa femme. Il estoit fourny de responce et dist au pere et à la mere et aux parens, qu'ilz le voulsissent ouyr : « Vous ne scavez, dist-il, qui je suis, ne à qui vous avez donné vostre fille, et en ce m'avez fait le plus grant honneur que jamais fut fait à jeune gentil homme estrangier ; dont je ne vous scauroye assez mercier. Neantmoins, toutesfoys, j'ay conclud en moy-mesmes, et suis à ce resolu de jamais couchier avecques elle, tant que je luy auray monstré et à vous aussi qui je suis, quelle chose j'ay, et comment je suis logié. » Le pere print tantost la parolle et dist : « Nous scavons très bien que vous estes noble homme et de hault lieu, et n'a pas mis Dieu en vous tant de belles vertuz, sans les accompaignier d'amys et de richesses. Nous sommes contens de vous, ne laissez jà à parfaire et à accomplir vostre mariaige ; tout à temps scaurons-nous plus avant de vostre estat, quant il vous plaira. » Pour abregier, il voua et jura de non jamais couchier avecques elle, se n'estoit en son ostel, et lui ameneront son pere et sa mere, et plusieurs de ses parens et amys. Il fit mettre son ostel à point pour les recevoir, et y vint ung jour devant eulx. Et, tantost qu'il fut descendu, il print les brayes du prestre qu'il avoit et les pendit en sa sale auprès du pain bis et de la peau de cheval. Très grandement furent receuz et festoyez les parens et amys de nostre bonne espousée ; et furent bien esbahys de veoir l'ostel d'ung si jeune gentil homme, si bien fourny de vaisselle, de tapisserie, et de tout aultre meuble ; et se reputoient bien heureux d'avoir si bien alié leur belle fille. Comme ilz regardoient par leans, ilz vindrent en la grant sale qui estoit tendue de belle tapisserie, et aperceurent au milieu le pain bis, la peau de cheval et unes brayes qui pendoient ; dont ilz furent moult esbahys, et en demanderent la signifiance à leur oste. Le sire des nopces leur dist que voulentiers il leur dira la cause et tout ce qui en est, quant ilz auront mengié. Le disner fut prest et Dieu scait qu'ilz furent bien serviz. Ils n'eurent pas si tost disné, qu'ilz ne demanderent l'interpretacion, et la signifiance et le mistere du pain bis et de la peau du cheval, etc. Et le bon gentil homme leur compta bien au long et dist que son pere estant au lit de la mort, comme dessus est narré, luy avoit baillié trois enseignemens. « Le premier fut que je ne me trouvasse jamais tant en lieu, que on me servist de pain bis. Je ne retins pas bien ceste doctrine ; car, puis sa mort, je hantay tant ung mien voisin, qu'il se bouta en jalousie pour sa femme, et, en lieu de pain blanc de quoy je fuz servi long temps, on me servit de bis ; et, en memoire et approbacion de la verité de cest enseignement, j'ay là fait mettre ce pain bis. Le deuxiesme enseignement que mon pere me bailla, fut que jamais je ne courusse mon cheval en la valée. Je ne le retins pas bien, ung jour qui passa, si m'en print mal, car, en courant en une valée, après le lievre et mes chiens, mon cheval cheut et se rompit le col, et à peu que je ne fuz très bien blessé. Si, eschappé de belle mort, et en memoire de ce, est là pendue la peau du cheval qu'alors je perdis. Le troisiesme enseignement et advisement que mon pere, dont Dieu ait l'ame, me bailla si fut que jamais je ne espousasse femme d'estrange region. Or ay-je failly et vous diray comment il m'en est prins il est bien vray que, la premiere nuyt, que vous me refusastes le couchier avecques vostre fille qui cy est, je fuz logié en une chambre au plus près de la sienne : et, pource que la paroy qui estoit entre elle et moy n'estoit pas trop forte, je la pertuisay de mon espée ; et veis venir coucher avecques elle le chappellain de vostre ostel, qui soubz le chevet du lit oublia ses brayes, le matin, quant il se leva ; lesquelles je recouvray, et sont celles que veez là penduës, qui tesmoignent et appreuvent la cronique[1] verité du troisiesme enseignement que mon feu pere jadis me bailla, lequel je n'ay pas bien retenu ne mis en ma memoire ; mais, affin que plus en la faulte des trois advis precedens ne rencheoie[2], ces trois bagues[3] que voyez me feront doresenavant saige. Et, pource que, la Dieu mercy, je ne suis pas tant obligé à vostre fille qu'elle ne me puisse bien quitter, je vous prie que la remenez et retournez en vostre marche[4], car, jour que je vive, ne me sera de plus près ; mais, pource que je vous ay fait venir de loing et vous ay bien voulu monstrer que je ne suis pas homme pour avoir le remenant[5] d'ung prestre, je suis content de paier voz despens. » Les aultres ne sceurent que dire, qui se voyent concluz en leur tort, voiant aussi qu'ilz sont moult loing de leur marche et de leurs pays, et que la force n'est pas leur en ce lieu, si furent contens de prendre de l'argent pour leurs despens et eulx en retourner, dont ilz vindrent, et qui plus y a mis, plus y a perdu. Par ce compte, avez ouy que les trois advis que le bon pere bailla à son fils ne sont pas de oublier : si les retienne chascun, pour autant qu'il sent qu'ilz luy peuvent touchier.

[1] Durable.
[2] Retombe.
[3] Objets, meubles.
[4] Pays.
[5] Les restes.

LA LIII° NOUVELLE

PAR MONSEIGNEUR L'AMANT DE BRUCELLES

N'A gueres que en l'eglise de saincte Goule[1] à Brucelles, estoient en ung matin plusieurs hommes et femmes qui devoient espouser à la premiere messe, qui se dit entre quatre et cinq heures; et, entre les aultres choses, ilz devoient entreprendre ce doulx et bon estat de mariaige, et promettre en la main du prestre ce que pour rien ne vouldroient trespasser[2]. Il y avoit ung jeune homme et une jeune fille, qui n'estoient pas des plus riches, mais bonne voulenté avoient, qui estoient auprès l'ung de l'autre, et n'attendoient fors que le curé les appellast pour espouser. Auprès d'eulx aussi y avoit ung homme ancien et une femme vieille, qui grant chevance et foison de richesses avoient, et, par convoitise et grant desir de plus avoir, avoient promis foy et loyaulté l'ung vers l'autre, et pareillement attendoient à espouser à ceste premiere messe. Le curé vint et chanta ceste messe très desirée; et, en la fin, comme il est de coustume, devant luy se misdrent ceulx qui espouser devoient, dont il y avoit plusieurs aultres, sans les quatre dont je vous ay compté. Or devez-vous scavoir que ce bon curé qui tout prest estoit devant l'autel pour faire et acomplir le mistere des espousailles estoit borgne, et avoit, ne scay par quel meschief, puis peu de temps en çà, perdu ung oeil. Et n'y avoit aussi gueres grant luminaire en la chapelle ne sur l'autel; c'estoit en yver et faisoit brun et noir. Si faillit à choisir, car, quant vint à besoingnier[3] et à espouser, il print le vieil homme riche et la jeune fille povre, et les joignit par l'anneau du moustier[4] ensemble. D'aultre costé, il print aussi le jeune homme povre et l'espousa à la vieille femme, et ne s'en donnerent onques garde en l'eglise, ne les hommes ne les femmes, dont

[1] Sainte-Gudule, cathédrale de Bruxelles.
[2] Outrepasser, transgresser.
[3] A faire les cérémonies du mariage.
[4] Ce passage semble indiquer que l'anneau conjugal était fourni par l'église.

ce fut grant merveille, par especial des hommes, car ilz osent mieulx lever l'oeil et la teste, quant ils sont devant le curé à genoulz, que les femmes qui sont à ce coup simples et coyes, et n'ont le regard fiché qu'en terre. Il est de coustume que, au saillir[1] des espousailles, les amys de l'espousé prennent l'espousée et l'emmainent. Si fut la povre jeune fille à l'ostel du riche homme menée, et pareillement la vieille riche fut amenée en la povre maisonnette du jeune gentil compaignon. Quant la jeune espousée se trouva en la court et en la grant sale de l'homme qu'elle avoit par mesprinse espousé, elle fut bien esbahye et congneut bien tantost qu'elle n'estoit pas partie de leans ce jour. Quant elle fut arriere en la chambre à parer, qui estoit bien tendue de belle tapisserie, elle vit le beau grant feu, la table couverte où le beau desjeuner estoit tout prest; elle vit le beau buffet bien fourny et garny de vaisselle, si fut plus esbahye que par avant, et de ce se donne plus grant merveille, qu'elle ne congnoist ame de ceulx qu'elle ouyoit parler. Si fut tantost desarmée[2] de ses aournemens où elle estoit bien enfermée et bien embrunchée[3]. Et, comme son espousé la vit au descouvert et les aultres qui là estoient, croyez qu'ilz furent autant surprins que se cornes leur fussent venues : « Comment, dist l'espousé, est-ce cy ma femme? Nostre Dame! je suis bien eureux! Elle est bien changée depuis hier; je croy qu'elle a esté à la fontaine de Jouvence. — Nous ne scavons, dirent ceulx qui l'avoient amenée, dont elle vient, ne que on luy a fait; mais nous scavons certainement que c'est celle que vous avez huy[4] espousée, et que nous prismes à l'autel; car oncques puis ne nous partit des bras. » La compaignie fut bien esbahye, et longuement, sans mot dire. Mais qui fut simple et esbahye? La povre espousée estoit toute desconfortée, et plouroit des yeulx tendrement, et ne scavoit sa contenance; elle aymast trop mieulx se trouver avec son amy qu'elle cuidoit bien avoir espousé à ce jour. L'espousé, la voyant se desconforter, en eut pitié et luy dist : « M'amye, ne vous desconfortez jà? Vous estes arrivée en bon ostel, se Dieu plaist, et n'ayez doubte, on ne vous y fera jà mal ne desplaisir; mais, dictes-moy, s'il vous plaist, qui vous estes, et, à vostre advis, dont vous venez icy? » Quant elle l'ouyt si courtoisement parler, elle s'asseura ung peu, et luy nomma son pere et sa mere, et luy dist qu'elle estoit

---

[1] Au sortir.
[2] Dégarnie, dépouillée.
[3] Enchevêtrée. C'est un terme technique de charpenterie.
[4] Aujourd'hui.

de Brucelles, et avoit fiancé ung tel, qu'elle luy nomma, et elle le cuidoit bien avoir espousé. L'espousé et tous ceulx qui là estoient commencerent bien fort à rire, et dirent que le curé leur a fait ce tour. « Or, loué soit Dieu, dist l'espousé, de ce change! je n'en voulsisse pas tenir bien grant chose. Dieu vous a envoiée à moy, et je vous prometz, par ma foy, de vous tenir bonne et loyale compaignie. — Nenny, ce dist-elle en pleurant moult tendrement, vous ne estes pas mon mary. Je vueil retourner devers celuy à qui mon pere m'avoit donnée. — Et ainsi ne fera pas, dist-il; je vous ay espousée en saincte eglise, vous n'y pouvez contredire ne aller en l'encontre; vous estes et demourerez ma femme, et soyez contente, vous estes bien heureuse. J'ay, la Dieu mercy, de biens et des richesses assez, dont vous serez dame et maistresse, et vous feray bien jolye. » Il la prescha tant, et ceulx qui là estoient, qu'elle fut contente d'obeyr à son commandement. Si desjeunerent legierement et puis se coucherent; et fist le vieil homme du mieulx qu'il sceust. Or, retournons à nostre vieille femme et au jeune compaignon. Pour abregier, elle fut menée en l'ostel du pere à la fille qui à ceste heure est couchée avecques le vieil homme. Quant elle se trouva leans, elle cuida bien enraigier de dueil, et dist tout hault : « Et que fais-je ceans? Que ne me maine-l'en à ma maison, ou à l'ostel de mon mary? » L'espousé, qui vit ceste vieille et l'ouyt parler, fut bien esbahy; ne doubtez si furent son pere et sa mere, et tous ceulx de l'assemblée. Si saillit avant le pere à la fille de leans, qui congneut la vieille, et scavoit très bien parler de son mariaige, et dist : « Mon filz, on vous a baillié la femme d'ung tel, et croyez qu'il a la vostre; et ceste faulte vient par nostre curé, qui voit si mal; et ainsi m'aist Dieu, jà soit ce que je feusse loing de vous, quant vous espousastes, si me cuiday-je apercevoir de ce change. — Et qu'en dois-je faire? dist l'espousé. — Par ma foy, dist son pere, je ne m'y congnois pas bien, mais je fais grant doubte que vous ne puissiez avoir aultre femme. — Sainct Jehan! dist la vieille, je n'ay cure d'ung tel chetif! Je seroye bien heureuse d'avoir ung tel jeune galant, qui n'auroit cure de moy, et me despendroit[1] tout le mien, et se j'en sonnoye mot, encores auroye-je la torche[2]! Ostez, ostez, mandez vostre femme et me laissez aller où je dois estre! — Nostre Dame! dist l'espousé, se je la puis recouvrer, je l'ayme trop mieulx que vous, quelque povre qu'elle soit, mais vous ne vous en yrez pas, se je ne

[1] Dépenserait tout mon avoir.
[2] Allusion à l'amende honorable, où le condamné portait une torche allumée.

la puis finer¹. » Son pere et aucuns de ses parens vindrent à l'ostel, où la vieille voulsist bien estre; et vindrent trouver la compaignie qui desjeunoit au plus fort, et faisoient le chaudeau pour porter à l'espousé et à l'espousée. Ilz compterent tout leur cas, et on leur respondit : « Vous venez trop tart ! Chascun se tienne à ce qu'il a; le seigneur de ceans est content de la femme que Dieu luy a donnée; il l'a espousée et n'en veult point d'aultre. Et ne vous en doubtez jà, vous ne fustes jamais si heureux que d'avoir fille alyée en si haut lieu, ny en si hault endroit; vous en serez une fois tous riches. » Ce bon pere retourne à son ostel, et vient faire son rapport. La vieille femme cuida bien enraiger de dueil et dist : « Par Dieu ! la chose ne demourera pas ainsi, ou la justice me fauldra². » Se la vieille estoit bien mal contente, encores l'estoit bien autant ou plus le jeune espousé, qui se veoit frustré de ses amours; et encores l'eust-il legierement passé, s'il eust peu finer de la vieille à-tout son argent, mais il convint la laisser aller en sa maison. Si fut conseillé de la faire citer par devant monseigneur de Cambray³, et elle pareillement fist citer le vieil homme qui la jeune femme avoit; et ont commencé ung très gros procès, dont le jugement n'est pas encores rendu; si ne vous en scay que dire plus avant.

LA LIVᵉ NOUVELLE

PAR MAHIOT D'AUQUESNES

Ung gentil chevalier de la conté de Flandres, jeune, bruiant, jousteur, danceur et bien chantant, se trouva ou pays de Haynault, en la compaignie d'ung aultre chevalier de sa sorte, et demourant oudit pays, qui le hantoit trop plus que la marche de Flandres où il avoit sa residence belle et bonne. Mais, comme souvent il advient, amours

---

¹ Avoir, trouver.
² Fera défaut.
³ L'évêque de Cambrai. Les procès relatifs aux mariages ressortissaient en cour d'Église.

estoient cause de sa retenance, car il estoit feru très bien et au vif d'une très belle damoiselle de Maubeuge; et, à ceste occasion, Dieu scait qu'il faisoit trop souvent joustes, mommeries[1] et banquetz; et generalement tout ce qu'il scavoit qui peust plaire à sa dame, à luy possible, il le faisoit. Il fut assez en graces pour ung temps, mais non pas si avant, qu'il eust bien voulu. Son compaignon le chevalier de Haynault, qui scavoit tout son cas, le servoit au mieulx qu'il povoit, et ne tenoit pas à sa diligence, que ses besoingnes ne feussent bien bonnes et meilleures qu'elles ne furent. Qu'en vauldroit le long compte? Le bon chevalier de Flandres ne sceut oncques tant faire, ne son compaignon aussi, qu'il peust obtenir de sa dame le gracieux don de mercy. Ainçoys la trouva en tout temps rigoureuse, puis qu'il luy tenoit langaige sus ces termes; et force luy fut toutesfoys, ses besoingnes estantes[2] comme vous ouyez, de retourner en Flandres. Si print ung gracieux congié de sa dame et luy laissa son compaignon; luy promist aussi, s'il ne retournoit de brief, luy de souvent escripre, et mander de son estat. Et elle luy promist de sa part luy faire scavoir de ses nouvelles. Advint, certain jour après, que nostre chevalier fut retourné en Flandres, que sa dame eut voulenté d'aller en pellerinaige, et disposa ses besoingnes à ce. Et, comme le chariot estoit devant son ostel, et le charreton dedans, qui estoit ung beau compaignon et fort, et qui viste l'adouboit[3], elle luy getta ung coussin sur la teste, et le fist cheoir à pates[4], et puis commença à rire très fort et bien hault. Le charreton se sourdit[5] et la regarda rire, et puis dist : « Par Dieu, ma damoiselle, vous m'avez fait cheoir, mais croyez que je m'en vengeray bien, car, avant qu'il soit nuyt, je vous feray tumber. — Vous n'estes pas si mal gracieux ? » dist-elle. Et, en ce disant, elle prent ung aultre coussin, que le charreton ne s'en donnoit de garde, et le fait arriere cheoir comme devant; et s'elle rioit fort par avant, elle ne s'en faignoit pas[6] à ceste heure : « Et qu'est-ce cy ? dist le charreton; ma damoiselle, vous en roulez à moy ? Faictes; par ma foy, se je fusse emprès vous, je n'attendroye pas de moy vengier aux champs. — Et que feriez-vous ? dist-elle. — Se j'estoye en hault, je le vous diroye,

---

[1] Mascarades.
[2] Ses affaires d'amour s'arrêtant, n'avançant pas.
[3] Qui se hâtait de préparer la voiture.
[4] A quatre pattes, sur les genoux et sur les mains.
[5] Se releva.
[6] Elle ne s'en faisait pas faute; elle ne s'en cachait plus.

dist-il. — Vous feriez merveilles, dist-elle, à vous ouyr parler; mais vous ne vous y oseriez trouver. — Non, dist-il, et vous le verrez! » Adonc il saillit jus[1] du chariot et entra dedans l'ostel, et monta en hault où ma damoiselle estoit en cotte simple, tant joyeuse qu'on ne pourroye plus; il la commença d'assaillir, et, pour abregier le conte, elle fut contente qu'il luy tollist[2] ce que par honneur donner ne luy povoit. Cela se passa, et, au terme acoustumé, elle fist ung très beau petit charreton, ou, pour mieulx dire, ung très beau petit filz. La chose ne fut pas si secrete, que le chevalier de Haynault ne le sceust tantost, dont il fut bien esbahy; il escripvit bien en haste, par ung propre messagier, à son compaignon en Flandres, comment sa dame avoit fait ung enfant à l'ayde d'ung charreton. Pensez que l'aultre fut bien esbahy d'ouyr ces nouvelles. Si ne demoura gueres qu'il vint en Haynault, devers son compaignon, et luy pria qu'ilz allassent veoir sa dame, et qu'il la veult trop bien tensier et luy dire la lascheté et néanteté[3] de son cueur, combien que, pour son meschief advenu, elle ne se montrast encores gueres, à ce temps. Si trouverent façon ces deux gentilz chevaliers, par moyens subtilz, qu'ilz vindrent ou lieu et en la place où elle estoit. Elle fut bien honteuse et desplaisante de leur venue, comme celle qui bien scait qu'elle n'aura d'eulx aultre chose qui luy plaise; au fort, elle se asseura, et les receut comme sa contenance et sa maniere luy apporta. Ilz commencerent à deviser d'unes et d'aultres matieres; et nostre bon chevalier de Flandres va commencer son service et luy dist tant de villennie qu'on ne pourroit plus : « Or estes-vous bien, dist-il, la femme du monde la plus reprouchée et moins honnourée; et avez moustré la grant lacheté de vostre cueur, qui vous estes abandonnée à ung grant villain charreton! Tant de gens de bien vous ont offert leur service et vous les avez tous reboutez! Et, pour ma part, vous scavez que j'ay fait, pour vostre grace acquerir? Et n'estoye-je pas homme pour avoir ce butin aussi bien ou mieulx que ung paillart charreton qui ne fist oncques riens pour vous ? — Je vous requiers et prie, dist-elle, Monseigneur, ne m'en parlez plus : ce qui est fait ne peut aultrement estre; mais je vous dis bien que, si vous fussiez venu à l'heure du charreton, que autant eussé-je fait pour vous que je feiz pour luy. — Est-ce cela? dist-il. Sainct Jehan! il vint à bonne heure! Le Dyable y ait part, quant je ne fus si heureux

---

[1] Sauta à bas.
[2] Ravit, ôta.
[3] Bassesse, le néant.

que de sçavoir vostre heure! — Vraiement, dist-elle, il vint à l'heure qu'il falloit venir. — Au Dyable, dist-il, de l'heure, de vous aussi, et de vostre charreton! » Et à tant se part et son compaignon le suyt, et oncques puis n'en tint compte et à bonne cause.

LA LVe NOUVELLE

PAR MONSEIGNEUR DE VILLIERS

L'année du pardon de Rome[1] derrain[2] passé, estoit ou Daulphiné la pestillence si grande et si horrible et si espouventable, que la pluspart des gens de bien abandonnerent et laisserent le pays. Durant ceste persecution, une belle, gente et jeune fille se sentit ferue de la maladie : et incontinent se vint rendre à une sienne voisine, femme de bien et de grant façon, et desjà sur l'aage, et luy compta son piteux cas. La voisine, qui estoit femme saige et asseurée, ne s'effroia de rien que l'aultre luy comptast : mesmes eut bien tant de couraige et d'asseurance, et de hardiesse en elle, qu'elle la conforta de parolle et de tant peu de medecine qu'elle sçavoit : « Helas, ce dit la jeune fille malade, ma belle voisine, j'ay grant regret que force m'est aujourd'huy d'abandonner et laisser ce monde et les beaulx et bons passetemps que j'ay euz assez longuement ; mais encores, par mon serment, à dire entre vous et moy, mon plus grant regret est qu'il fault que je meure sans coup frapper[3], et sans sçavoir et sentir des biens de ce monde ; telz et telz m'ont maintesfois priée, et si les ay refusez tout plainement, de quoy il me desplaist ; et croyez, se j'en peusse finer d'ung à ceste heure, il ne m'eschapperoit jamais, devant qu'il m'eust monstré comment je fuz gaingnée[4]. L'on me fait entendant que la façon du faire est tant plaisante et tant bonne, que je plains et complains mon gent et jeune corps, qu'il fault pourrir, sans avoir eu

---

[1] Le grand jubilé de 1450.
[2] Dernier.
[3] Sans avoir fait l'amour.
[4] Ce mot semble avoir ici le même sens que dehousée, dépucelée.

ce desiré plaisir. Et, à la verité dire, ma bonne voisine, il me semble, se je peusse quelque peu sentir avant ma mort, ma fin en seroit plus aisée et plus legiere à passer, et à moins de regret. Et, qui plus est, je croy que ce me pourroit estre medecine et cause de guerison. — Pleust à Dieu, dist la vieille, qu'il ne tenist à aultre chose! Vous seriez tost guerie, ce me semble; car, Dieu mercy, nostre ville n'est pas encores si desgarnie de gens, que on n'y trouvast ung gentil compaignon pour vous servir à ce besoing. — Ma bonne voisine, dist la jeune fille, je vous requiers que vous alliez devers ung tel (qu'elle luy nomma), qui estoit ung très beau gentil homme, et qui autresfois avoit esté amoureux d'elle, et faictes tant qu'il vienne icy parler à moy. » La vieille se mist au chemin, et fist tant, qu'elle trouva ce gentilhomme, et l'envoya en sa maison. Tantost qu'il fut leans, la jeune fille, à cause de la maladie plus et mieulx coulourée, luy saillit au col et le baisa plus de vingt fois. Le jeune filz, plus joyeux qu'oncques-mais [1], de veoir celle que tant avoit aymée ainsi vers luy abandonnée, la saisit sans demeure [2], et luy monstra ce que tant desiroit. Assavoir s'elle fut honteuse de luy requerre et prier de continuer ce qu'il avoit commencé; et pour abregier, tant luy fist-elle recommencer, qu'il n'en peut plus. Quant elle vit ce, comme celle qui n'en avoit son saoul, elle luy osa bien dire : « Mon amy, vous m'avez maintesfois priée de ce dont je vous requiers aujourd'huy : vous avez fait ce qu'en vous est, je le scay bien. Toutesfoys, je ne scay que j'ay, ne qu'il me fault, mais je congnois que je ne puis vivre, se quelqu'un ne me fait compaignie en la façon que m'avez fait; et pourtant je vous prie que vueilliez aller vers ung tel et l'amenez icy, si chier que vous avez ma vie. — Il est bien vray, m'amye, je le scay bien, qu'il fera ce que vous vouldrez. » Ce gentil homme fut bien esbahy de ceste requeste; toutesfoys, pource qu'il avoit tant labouré que plus n'en povoit, il fut content d'aller querir son compaignon et l'amena devers celle, qui tantost le mist en besoingne, et le laissa ainsi que l'aultre. Quant elle l'eut maté comme son compagnon, elle ne fut pas moins privée de luy dire son couraige, mais luy pria, comme elle avoit fait l'aultre, d'amener vers elle ung aultre gentil homme : il le fist. Or sont ja trois qu'elle a lassez et desconfiz par force d'armes [3];

[1] Que jamais.
[2] Sans retard.
[3] Les vieux conteurs comparent sans cesse le jeu d'amour à une passe d'armes ou à un duel.

mais vous devez scavoir que le premier gentil homme se sentit malade et feru de l'espidimie ; tantost qu'il eut mys son compaignon en son lieu, et s'en alla hastivement vers le curé, et tout le mieulx qu'il sceut se confessa, et puis mourut entre les bras du curé. Son compaignon, le deuxiesme venu, tantost aussi que au tiers il eut baillié sa place, il se sentit très malade, et demanda partout après celuy qui estoit jà mort ; et vint rencontrer le curé pleurant et demenant grant deul qui luy compta la mort de son bon compaignon : « Ah ! monseigneur le curé, dist-il, je suis feru tout comme luy, confessez-moy ! » Le curé, en grant crainte, se despescha de le confesser. Et quant ce fut fait, ce gentil homme malade, à deux heures près de sa fin, s'en vint à celle qui luy avoit baillé le coup de la mort, et à son compaignon aussi, et là trouva celuy qu'il y avoit mené, et luy dist : « Mauldicte femme, vous m'avez baillé la mort et pareillement à mon compaignon ! Vous estes digne de estre brulée et arse et mise en cendres. Toutesfoys, je le vous pardonne, priant à Dieu qu'il le vous vueille pardonner. Vous avez l'espidimie et l'avez baillée à mon compaignon qui en est mort entre les bras du prestre, et je n'en ay pas moins. » Il se partit à tant et s'en alla mourir, une heure après, en sa maison. Le troisiesme gentil homme, qui se veoit en l'espreuve où ses deux compaignons estoient mors, n'estoit pas des plus asseurez. Toutesfoys, il print couraige en soy-mesmes et mist paour et crainte arriere ; et s'asseura, comme celuy qui en beaucoup de perilz et de mortelz assaultz s'estoit trouvé ; et vint au pere et à la mere de celle qui avoit deceu ses deux compaignons, et leur compta la maladie de leur fille et qu'on y print garde. Cela fait, il se conduisit tellement, qu'il eschappa du grant peril où ses deux compaignons estoient mors. Or, devez-vous scavoir que, quant ceste ouvriere de tuer gens, fut ramenée en l'ostel de son pere, tandis qu'on luy faisoit ung lit pour reposer et la faire suer, elle manda secretement le filz d'ung cordonnier son voisin, et le fist venir en l'estable des chevaulx de son pere et le mist en oeuvre comme les aultres, mais il ne vesquist pas quatre heures après. Elle fut couchée en ung lit, et la fist-on beaucoup suer. Et tantost luy vindrent quatre boces[1] dont elle fut très bien guerie, et tiens qui en auroit à faire, qu'on la trouveroit aujourd'huy ou renc de noz cousines[2], en Avignon, à Beaucaire, ou aultre part. Et dient

---

[1] Bubons de peste.
[2] Filles de joie, femmes galantes.

les maistres[1] qu'elle eschappa de mort, à cause d'avoir sentu[2] des biens de ce monde : qui est notable et veritable exemple à plusieurs jeunes filles de point refuser ung bien, quant il leur vient.

LA LVIe NOUVELLE

PAR MONSEIGNEUR DE VILLIERS

N'A gueres qu'en ung bourg de ce royaulme, en la duchié d'Auvergne, demouroit ung gentil homme; et, de son malheur, avoit une très belle jeune femme; et de sa bonté devisera mon compte. Ceste bonne damoiselle s'accointa d'ung curé qui estoit son voisin de demie lieue, et furent tant voisins et tant privez l'ung de l'aultre, que le bon curé tenoit le lieu du gentil homme toutes les foys qu'il estoit dehors. Et avoit ceste damoiselle une chamberiere qui estoit secretaire[3] de leur fait, laquelle portoit souvent nouvelles au curé et l'advisoit du lieu et de l'heure, pour comparoir seurement devers sa maistresse. La chose ne fut pas, en la parfin, si bien celée, que mestier[4] eust esté à la compaignie; car ung gentil homme, parent de celuy à qui ce deshonneur se faisoit, fut adverty du cas, et en advertit celuy à qui plus il touchoit, en la meilleure façon et maniere qu'il sceust et peut. Pensez que ce bon gentil homme, quant il entendit que sa femme s'aydoit en son absence de ce curé, qu'il n'en fut pas content, et, se n'eust esté son cousin, il en eust prins vengence criminelle et de main mise[5], si tost qu'il en fut adverty. Toutesfoys, il fut content de differer sa voulenté jusques à tant qu'il l'eut prins au fait et l'ung et l'aultre. Si conclurent, luy et son cousin, d'aller en pellerinaige à quatre ou six lieues de son ostel, et de y mener ce curé, pour mieulx soy donner garde des manieres qu'ilz tiendroient l'ung vers l'aultre.

---

[1] Médecins.
[2] Pour *senti*.
[3] Confidente.
[4] Nécessaire, besoin.
[5] Par voies de fait; en mettant la main sur lui.

Au retourner qu'ilz firent de ce voyaige où monseigneur le curé servit amours de ce qu'il peut, c'est assavoir de oeillades, et d'aultres telles menues entretenances[1], le mary se fist mander querir par ung messagier affaictié[2], pour aller vers ung seigneur du pays; il fist semblant d'en estre mal content et de soy partir à regret; neantmoins, puisque le bon seigneur le mande, il n'oseroit desobeyr. Si part et s'en va, et son cousin, l'aultre gentil homme, dist qu'il luy feroit compaignie, car c'est assez son chemin pour retourner en son ostel. Monseigneur le curé et ma damoiselle ne furent jamais plus joyeux que d'ouyr ceste nouvelle : si prindrent conseil et conclusion ensemble, que le curé se partira de leans et prendra son congié, affin que nul de leans n'ait suspicion sur luy, et, environ la mynuyt, il retournera et entrera vers sa dame par le lieu acoustumé. Et ne demoura gueres, puis ceste conclusion prinse, que nostre curé se partit de leans, et dist adieu. Or devez-vous sçavoir que le mary et le gentil homme son parent estoient en embusche, en ung destroit par où nostre curé devoit passer; et ne povoit aller ne venir par aultre lieu, sans soy trop destourner de son droit chemin. Ilz virent passer nostre curé et leur jugeoit le cueur qu'il retourneroit, la nuyt, dont il estoit party ; et aussi c'estoit son intencion. Ilz le laisserent passer, sans arrester ne dire mot, et s'adviserent de faire en ce destroit[3] ung très beau piege, à l'ayde d'aucuns paysans qui les servirent à ce besoing. Ce piege fut en haste bel et bien fait; et ne demoura gueres que ung loup, passant pays, ne s'attrappast leans. Tantost après, vecy maistre curé qui vient, la robe courte vestue et portant le bel espieu[4] à son col. Et quant vint à l'endroit du piege, il tumba là dedans, avecques le loup, dont il fut bien esbahy. Et le loup, qui avoit fait l'essay[5], n'avoit pas moins de paour du curé, que le curé avoit de luy. Quant noz deux gentilz hommes virent que maistre curé estoit avec le loup logié, ilz en firent joye merveilleuse; et dist bien celuy à qui le fait plus touchoit que jamais ne partira en vie, et qu'il l'occira leans. L'aultre le blasma de ceste voulenté, et ne se veult accorder qu'il meure, mais trop bien est-il content qu'on luy trenche ses genitoires. Le mary, toutesfoys, le veult

---

[1] Intelligences.
[2] Supposé.
[3] Passage étroit, défilé.
[4] Espèce de petite hallebarde à courte hampe, que les chasseurs suspendaient à leur cou en allant à la chasse du sanglier.
[5] C'est-à-dire : qui était tombé le premier dans le piége.

avoir mort. En cest estrif¹ demourerent longuement, attendans le jour et qu'il fist cler. Tandiz que cest estrif se faisoit, ma damoiselle, qui attendoit son curé, ne scavoit que penser de quoy il tardoit tant; si se pensa d'y envoier sa chamberiere, affin de le faire advancier. La chamberiere, tirant son chemin vers l'ostel du curé, trouva le piege et tumba dedans avecques le loup et le curé : « Ha! dist le curé, je suis perdu, mon fait est descouvert; quelqu'ung nous a pourchacié ce passaige². » Le mary et le gentil homme son cousin, qui tout entendoyent et veoient, estoient tant aises, qu'on ne pourroye plus; et se penserent, comme se le Sainct Esperit leur eust revelé, que la maistresse pourroit bien suyr³ la chamberiere, à ce qu'ilz entendirent d'elle, que sa maistresse l'envoyoit devers le curé pour scavoir qui le tardoit tant de venir, oultre l'heure prinse entre eulx deux. La maistresse, voyant que le curé et la chamberiere ne retournoient point, et, de paour que la chamberiere et le curé ne feissent quelque chose à son prejudice, et qu'ilz se pourroyent rencontrer ou petit boys qui estoit à l'endroit où le piege estoit fait, si conclut qu'elle yra veoir s'elle en orra nulles nouvelles. Et tira pays vers l'ostel du curé, et elle est venue, à l'endroit du piege, tumba dedans la fosse avecques les aultres. Il ne fault jà demander, quant ceste compaignie se vit ensemble, qui fut le plus esbahy, et se chascun faisoit sa puissance de soy tirer de la fosse; mais c'est pour neant, chascun d'eulx se repute mort et deshonnouré. Et les deux ouvriers, c'est assavoir le mary de la damoiselle et le gentil homme son cousin, vindrent au dessus de la fosse saluer la compaignie, en leur disant qu'ilz feissent bonne chiere, et qu'ilz apresteroient leur desjeuner. Le mary, qui mouroit et enrageoit de faire ung coup de sa main, trouva façon par ung subtil moyen d'envoier son cousin veoir que faisoient leurs chevaulx qui estoient en ung ostel assez près; et, tandis qu'il se trouva descombré⁴ de luy, il fist tant, à quelque meschief que ce feust, qu'il eut de l'estrain⁵ largement, qu'il avala⁶ dedens la fosse, et y bouta le feu; et là dedans brusla la compaignie, c'est assavoir la femme, le curé, la chamberiere et le loup. Après ce, il se partit du païs et manda vers le roy

---

¹ Débat, contestation.
² Préparé, tendu ce piége.
³ Pour *suivre*.
⁴ Débarrassé.
⁵ Paille; du latin, *stramen*.
⁶ Descendit, jeta.

querir sa remission, laquelle il obtint de legier[1]. Et disoient aucuns que le roy deust dire qu'il n'y avoit dommaige que du povre loup, qui fut bruslé, qui ne povoit mais[2] du meffait des aultres.

LA LVIIe NOUVELLE

PAR MONSEIGNEUR DE VILLIERS

TANDIS que l'on me preste audience et que ame ne s'avance, quant à present, de parfournir ceste glorieuse et edifiante oeuvre de Cent Nouvelles, je vous compteray ung cas, qui, puis nagueres, est advenu ou Daulphiné, pour estre mis au renc et ou nombre desdictes Cent Nouvelles. Il est vray que ung gentil homme dudit Daulphiné avoit en son ostel une sienne seur, environ de l'aage de dix-huit à vingt ans; et faisoit compaignie à sa femme qui beaucoup l'aymoit et tenoit chiere; et comme deux seurs se doivent contenir et maintenir ensemble, elles se conduisoient. Advint que ce gentil homme fut semons[3] d'un sien voisin, lequel demouroit à deux petites lieues de luy, de le venir veoir, luy et sa femme et sa seur. Ilz y allerent, et Dieu scait la chere qu'ilz firent. Et, comme la femme de celuy qui festoioit la compaignie menoit à l'esbat[4] la seur et la femme de nostre gentil homme, après soupper, devisant de plusieurs choses, elles se vindrent rendre à la maisonnette d'ung bergier de leans, qui estoit auprès d'ung large et grant parc à mettre les brebis, et trouverent là le maistre bergier qui besoingnoit entour de ce parc. Et, comme femmes scavent enquerir de maintes et diverses choses, luy demanderent s'il avoit point froit leans. Il respondit que non et qu'il estoit plus aise que ceulx qui ont leurs belles chambres verrées, nattées[5] et pavées. Et

[1] Facilement.
[2] Qui n'était pas responsable.
[3] Prié, invité.
[4] A la promenade.
[5] On se servait de nattes de paille, en guise de tapis de pied, dans les hôtels, et même dans les palais. Quant aux *verrières* ou fenêtres *vérrées*, elles n'étaient pas encore communes dans les maisons des pauvres gens.

tant vindrent d'unes parolles à aultre par motz couvers, que leurs devises vindrent à toucher du train de derriere. Et le bon bergier, qui n'estoit ne fol ne esperdu, leur dist que par la mort bieu il oseroye bien entreprendre de faire la besoingne huit ou neuf fois par nuyt. Et la seur de nostre gentil homme, qui ouyt ce propos, gettoit l'oeil souvent et menu[1] sur ce bergier; et, de fait, jamais ne cessa, tant qu'elle vit son coup de luy dire qu'il ne laissast pour rien, qu'il ne la vint veoir à l'ostel de son frere, et qu'elle luy feroye bonne chiere. Le bergier, qui la vit belle fille, ne fut pas moyennement joyeux de ces nouvelles et promist de la venir veoir. Et, brief, il fist ce qu'il avoit promis, et, à l'heure prinse entre sa dame et luy, se vint rendre à l'endroit d'une fenestre haulte et dangereuse à monter; toutesfoys, à l'ayde d'une corde qu'elle luy devala[2], et d'une vigne qui là estoit, il fist tant, qu'il fut en la chambre, et ne fault pas dire s'il y fut voulentiers veu. Il monstra, de fait, ce dont il s'étoit vanté de bouche, car, avant que le jour vint, il fist tant, que le cerf eut huit cornes acomplies, laquelle chose la dame print bien en gré. Mais vous devez scavoir et entendre que le bergier, avant qu'il peust parvenir à sa dame, luy failloit cheminer deux lieues de terre, et puis passer à nagier la grosse riviere du Rosne qui batoit à l'ostel où sa dame demouroit. Et quant le jour venoit, luy falloit arriere repasser le Rosne; et ainsi s'en retournoit à sa bergerie, et continua ceste maniere et ceste façon de faire une grande espace de temps, sans qu'il feust descouvert. Pendant ce temps, plusieurs gentilz hommes du païs demandoient ceste damoiselle, devenue bergiere, à mariaige; mais nul ne venoit à son gré : dont son frere n'estoit pas trop content, et luy dist plusieurs fois. Mais elle estoit tousjours garnie d'excusations et de responces largement, dont elle advertissoit son amy le bergier, auquel ung soir elle promist que, s'il vouloit, elle n'auroye jamais aultre mary que luy. Et il dist qu'il ne demandoit aultre bien : « Mais la chose ne se pourroye, dist-il, conduire, pour vostre frere et aultres voz amys ? — Ne vous chaille[3], dist-elle, laissez m'en faire, j'en cheviray bien[4]. » Ainsi promirent l'ung à l'aultre. Neantmoins toutesfoys il vint ung gentil homme, qui fist arriere requerir nostre damoiselle bergiere, et la vouloit avoir seulement vestue et habillée, comme à son

---

[1] A petits coups; coup sur coup; à la dérobée.
[2] Descendit, jeta.
[3] Ne vous inquiétez pas.
[4] J'en viendrai à bout.

estat appartenoit, sans aultre chose. A laquelle chose le frere d'elle
eust voulentiers entendu et besoingnié, et cuida mener sa seur à ce
qu'elle se y consentist, luy remonstrant ce que on scait faire en tel
cas; mais il n'enpeut venir à chief, dont il fut bien mal content. Quant
elle vit son frere indigné sur elle, elle le tire d'une part et luy
dist : « Mon frere, vous m'avez beaucoup parlé de moy marier à telz
et à telz, et je ne me y suis voulu consentir; dont je vous requiers
que vous ne m'en scachiez nul mal gré[1], et me vueillez pardonner
le mautalent[2] que avez sus moy, et je vous diray aultrement la raison
qui à ce me meut et contraint en ce cas; mais que me vueillez asseurer que ne m'en ferez ne vouldrez pis? » Son frere luy promist voulentiers. Quant elle se vit asseurée, elle luy dist qu'elle estoit mariée
autant vault, et que, jour de sa vie, aultre homme n'auroit à mary
que celuy qu'elle luy monstrera annuyt, s'il veult : « Je le vueil bien
veoir, dist-il, mais qui est-il? — Vous le verrez par temps! » dist-
elle. Quant vint à l'heure acoustumée, vecy bon bergier, qui se
vient rendre en la chambre de sa dame. Dieu scait comment mouillié
d'avoir passé la riviere; et le frere d'elle le regarde et veoit que c'est
le bergier de son voisin ; si ne fut pas peu esbahy, et le bergier encores plus, qui s'en cuida fuyr, quant il le vit. « Demeure, demeure,
dist-il, tu n'as garde. Est-ce, dist-il à sa seur, celuy-là dont vous m'a-
vez parlé? — Ouy, vrayement, mon frere, dist-elle. — Or luy faictes,
dist-il, bon feu, pour soy seichier, car il en a bon mestier; et en
pensez comme du vostre[3]; et vrayement vous n'avez pas tort, se vous
luy voulez du bien, car il se met en grant dangier pour l'amour de
vous. Et, puis que voz besoingnes sont en telz termes, et que vostre
couraige est à cela que d'en faire vostre mary, à moy ne tiendra-il
pas, et mauldit soit-il, qui ne s'en despeschera. — Amen, dist-elle.
A demain qui vouldra! — Et je le vueil, dist-il. Et vous, bergier, dist-
il, qu'en dictes vous? — Tout ce qu'on veult. — Il n'y a remede,
dist-il, vous estes et serez mon frere; aussi, suis-je pieça de la
houlette[4], si dois bien avoir ung bergier à frere. » Pour abregier
le compte du bergier, le gentil homme consentit le mariaige de sa
seur et du bergier, et fut fait, et les tint tous deux en son ostel, combien qu'on en parlast assez par le païs. Et, quant il estoit en lieu que

[1] Mauvais gré.
[2] Colère, ressentiment.
[3] Regardez-le comme votre mari.
[4] C'est-à-dire : il n'y a pas longtemps que je suis sorti de la roture.

on luy disoit que c'estoit merveille qu'il n'avoit fait batre ou tuer le bergier, il respondoit que jamais il ne pourroye vouloir mal à riens que sa seur aymast, et que trop mieulx vouloit avoir le bergier à beau-frere, au gré de sa seur, que ung aultre bien grant maistre, au desplaisir d'elle. Et tout ce disoit par farce et esbatement, car il estoit et est toujours très gracieux et nouveau et bien plaisant gentil homme; et le faisoit bon ouyr deviser de sa seur, voire entre ses amys et privez compaignons.

LA LVIIIe NOUVELLE

PAR MONSEIGNEUR

Je congneuz au temps de ma verde et plus vertueuse jeunesse deux gentilz hommes, beaulx compaignons, bien assouvis et adreciez[1] de tout ce que on doit louer en ung gentil homme vertueux. Ces deux estoient tant amys, alyez et donnez l'ung à l'autre, que d'habillemens, tant pour leurs corps que leurs gens et chevaulx, tousjours estoient pareilz. Advint qu'ilz devindrent amoureux de deux belles jeunes filles, gentes et gracieuses. Et le moins mal qu'ilz sceurent, firent tant qu'elles furent adverties de leur nouvelle entreprinse, du bien, du service, de cent mille choses que pour elles faire vouldroient. Ilz furent escoutez, mais aultre chose ne s'en ensuyvit. J'espere, pour ce qu'elles estoient de serviteurs pourveues, ou que d'amours ne se vouloient entremettre; car, à la verité dire, ilz estoient beaulx compaignons tous deux, et valoient bien d'estre retenus serviteurs d'aussi femmes de bien qu'elles estoient. Quoy qu'il feust toutes fois, ilz ne sceurent oncques tant faire, qu'ilz feussent en grace, dont ilz passerent maintes nuytz, Dieu scait à quelle peine, mauldisans puis fortune, maintenant amours, et très souvent leurs dames qu'ilz trouvoient tant rigoureuses. Eulx estans en ceste raige et desmesurée langueur; l'ung dist à son compaignon : « Nous voyons à l'oeil, que noz dames ne tiennent compte de nous, et toutesfoys, nous enraigeons après, et tant plus nous monstrent de

[1] Accomplis et pourvus de...

fierté et de rigueur, tant plus que les desirons complaire, servir et obeyr: laquelle chose est une haulte follie. Je vous requiers et prie que nous ne tenons compte d'elles en plus qu'elles font de nous, et vous verrez, s'elles peuvent congnoistre que nous soyons à cela, qu'elles enraigeront après nous, comme nous faisons maintenant après elles. — Helas! dist l'aultre, c'est bon conseil, qui en pourroye venir à chief. — J'ay trouvé la maniere, dist le premier; j'ay toujours ouy dire, et Ovide le met en son livre du *Remede d'amours*, que beaucoup et souvent faire la chose que scavez fait oublier et peut tenir compte de celle qu'on ayme, et dont on est fort feru. Si vous diray que nous ferons! Faisons venir à nostre logis deux jeunes filles de noz cousines[1], et couchons avecques elles, et leurs faisons tant la follie, que nous ne puissons les rains trainer, et puis venons devant noz dames; au Dyable de l'homme qui en tiendra compte! » L'aultre s'y accorda, et comme il fut proposé et deliberé il fut fait et accomply, car ilz eurent chascun une belle fille. Après ce, ilz s'en vindrent trouver devant leurs dames, en une feste où elles estoient, et faisoient en bons compaignons la roe[2] et du fier, et se pourmenoient par devant elles, et devisoient d'ung cousté et d'aultre, et faisoient cent mille manieres, pour dire : « Nous ne tenons compte de vous! » cuidans, comme ilz avoient proposé, que leurs dames en deussent estre mal contentes, et qu'elles les deussent rappeler maintenant ou aultrefois; mais aultrement en alla, car, s'ilz monstroient semblant de tenir peu compte d'elles, elles monstroient tout appertement de riens y encompter[3], dont ilz se apperceurent très bien et ne s'en scavoient assez esbahyr. Si dist l'ung à son compaignon : « Scez-tu comment il est? Par la mort bieu! noz dames ont fait la follie comme nous, et ne vois-tu comment elles sont fieres : elles tiennent toutes telles manieres que nous faisons; si ne me croy jamais, s'elles n'ont fait comme nous! Elles ont prins chascun ung compaignon et ont fait jusques à oultrance la follie. Au Dyable les crapaudailles! Laissons-les là. — Par ma foy! dist l'aultre, je le croy comme vous : je n'ay pas aprins de les veoir telles. » Ainsi penserent-les compaignons, que leurs dames eussent fait comme eulx, pource qu'il leur sembla à l'heure qu'elles n'en tenissent compte, comme ilz ne tenoient compte d'elles, mais il n'en fut riens, et est assez legier à croire.

[1] C'est-à-dire : des femmes d'amour, qui *cousinent* avec le premier venu, moyennant finance.
[2] On dit encore : faire la roue comme un paon, se pavaner et faire le fier.
[3] Tenir compte, prendre garde.

LA LIXe NOUVELLE

PAR PONCELET

En la ville de Sainct-Omer, avoit nagueres ung gentil compaignon, sergent de roy, lequel estoit marié à une bonne et loyale femme, qui aultrefois avoit esté mariée, et luy estoit demouré ung filz, qu'elle avoit adroicié¹ en mariaige. Ce bon compaignon, jà soit ce qu'il eust bonne et preude femme, neantmoins il s'employoit très bien de jour et de nuyt à servir amours partout où il povoit, et tant que à luy estoit possible. Et, pour ce que, en temps d'yver, sourdent plusieurs fois les inconveniens plus de legier que en aultre temps à poursuir la queste² loing, il s'advisa et delibera que il ne partiroye point de son ostel pour servir amours, car il avoit une très belle, gente et jeune fille, chamberiere de sa femme, avec laquelle il trouveroye maniere d'estre son serviteur. Pour abregier, tant fist par dons et par promesses, qu'il eut octroy de faire tout ce qu'il luy plairoye, jà soit que à grant peine, pource que sa femme estoit tousjours sus eulx, qui congnoissoit la condicion de son mary. Ce nonobstant, Amours, qui veult tousjours secourir ses vrays serviteurs, inspira tellement l'entendement du bon et loyal servant, qu'il trouva moyen d'accomplir son veu. Car il faignit estre très fort malade de refroidement³ et dist à sa femme : « Très doulce compaigne, venez ! Je suis si très malade que plus ne puis ; il me fault aller coucher, et vous prie, que vous faciez tous noz gens couchier, affin que nul ne face noyse ne bruit, et puis venez en nostre chambre. » La bonne damoiselle, qui estoit très desplaisante du mal de son mary, fist ce qu'il commanda, et puis print beaulx draps et les chauffa et mist sus son mary, après qu'il fust couchié. Et quant il fut bien eschauffé par longue espace, il dist : « M'amye, il suffist ; je suis

---

¹ Pour *adressé*, dirigé, conduit.
² C'est-à-dire : Comme en hiver il est plus difficile qu'en toute autre saison d'aller au loin poursuivre la *quête d'amours*.
³ Pour *refroidissement*.

assez bien, Dieu mercy, et la vostre[1], qui en avez prins tant de peine ! Si vous prie que vous en venez couchier emprès moy. » Elle, qui desiroit la santé de son mary, fist ce qu'il commandoit et s'endormit le plus tost qu'elle peut, et, assez tost après que nostre bon mary apperceut qu'elle dormoit, se coula tout doulcement jus[2] de son lit, et s'en alla combatre ou lit de sa dame la chamberiere, tout prest pour son veu acomplir, où il fut bien receu et rencontré. Et tant rompirent de lances, qu'ilz furent si las et si recreans[3], qu'il convint que en beaulx bras demeurassent endormis. Et, comme aucunes fois advient que, quant on s'endort en aucun desplaisir ou merencolie, au resveiller, c'est ce qui vient premier à la personne, et est aucunesfois mesmes cause du reveil, comme à la damoiselle advint; et, jà soit ce que grant soing eust de son mary, toutesfois elle ne le garda pas bien, car elle trouva qu'il s'estoit de son lit party. Et, au taster qu'elle fist sus son orillier, et en sa place, trouva qu'il y faisoit tout froit et qu'il y avoit longtemps qu'il n'y avoit esté. Adonc, comme toute desesperée, saillit sus, et, en vestant sa chemise et sa cotte simple, disoit à part elle : « Las! meschante, ores es-tu une femme perdue et gastée et qui fait bien à reprouchier, quant par la negligence as laissié cest homme perdre ! Helas ! pourquoy me suis-je annuyt couchée, pour ainsi m'abandonner au dormir ! O vierge Marie, vueilliez mon cueur resjouyr, et que par ma cause il n'ait nul mal, car je me tiendroye coulpable de sa mort! » Et, après ces regretz et lamentacions, elle se partit hastivement, et alla querir de la lumiere ; et, affin que sa chamberiere luy tint compaignie à querir son mary, elle s'en alla en la chambre pour la faire lever, et là, en droit, trouva la doulce paire, dormant bras à bras, et luy sembla bien qu'ilz avoient ceste nuyt travaillié, car ilz dormoient si fort, qu'ilz ne s'esveillerent point pour personne qui y entrast, ne pour lumiere que on y portast. Et, de fait, pour la joye qu'elle eut de ce que son mary n'estoit point si mal ne si desvoyé qu'elle esperoit[4], ny que son cueur luy avoit jugié, elle s'en alla querir ses enfans et les varlets de l'ostel et les mena veoir la belle compaignie, et leur enjoignit expressement qu'ilz n'en feissent quelque semblant; et puis leur demanda, en basset[5], qui c'estoit ou lit de sa

---

[1] J'en rends grâce à Dieu et à vous.
[2] A bas.
[3] Rendus, fatigués. Il vaut mieux lire *recreus*.
[4] Ni si égaré qu'elle le craignoit.
[5] A voix basse.

chamberiere, qui la dormoit avecques elle. Et ses enfans dirent que ce estoit leur pere, et les varletz que ce estoit leur maistre. Adoncque elle les ramena dehors et les fist aller couchier, car il estoit trop matin pour eulx lever, et aussi, elle s'en alla en son lit, mais depuis ne dormit gueres, tant qu'il fut heure de lever. Toutesfoys, assez tost après, la compaignie des vrais amans s'esveilla et se departirent l'ung de l'aultre amoureusement. Si s'en retourna nostre maistre à son lit, emprès sa femme, sans dire mot; et aussi ne fist-elle, et faignit de dormir, dont il fut moult joyeulx, pensant qu'elle ne sceust riens de sa bonne fortune; car il la craignoit et doubtoit à merveilles, tant pour sa paix que pour l'honneur et le bien de la fille. Et, de fait, se reprint nostre maistre à dormir bien fort. Et la bonne et gente damoiselle, qui point ne dormoit, si tost qu'il fust heure de descouchier[1], se leva pour festoyer son mary, et luy donna aucune chose confortative, après la medecine laxative qu'il avoit prinse celle nuytée. Puis après, la bonne damoiselle fist lever ses gens et appella sa chamberiere, et luy dist qu'elle print les deux plus gras chappons de la chapponniere, et que les appointast[2] très bien; et puis, qu'elle allast à la boucherie querir la meilleure piece de beuf qu'elle pourroye trouver, et si cuist tout à une bonne eaue, pour humer[3], ainsi qu'elle le scauroye bien faire; car elle estoit maistresse et ouvriere de faire bon brouet. Et la bonne fille, qui de tout son cueur desiroit complaire à sa damoiselle, et encores plus à son maistre, à l'ung par amours et à l'aultre par crainte, dist que très voulentiers le feroit. Cependant la damoiselle alla ouyr la messe, et, au retour, passa par l'ostel de son filz, dont cy-dessus a esté parlé, et luy dist que venist disner avecques son mary, et si amenast avec luy trois ou quatre compaignons, qu'elle luy nomma, et que son mary et elle les prioient qu'ilz venissent disner avecques eulx. Quant elle eut ce dit, elle s'en retourna à l'ostel pour entendre à la cuisine, de paour que le humeau[4] ne fut espandu, comme par male garde il avoit esté la nuytée precedente, mais nenny; car nostre bon mary s'en estoit allé à l'eglise ouyr la messe. Et, tandis que le disner s'apprestoit, le filz à la damoiselle alla prier ceulx qu'elle luy avoit nommez, qui estoyent les plus grans farceurs de toute la ville de

---

[1] Se lever, sortir du lit.
[2] Accommodât.
[3] C'est-à-dire: pour en faire du *brouet* ou bouillon.
[4] Bouillon. Nous croyons que cette expression est prise ici au figuré, et que la bonne demoiselle entend par *humeau* les facultés amoureuses de son mari.

Sainct-Omer. Or revint nostre maistre, de la messe, et fist une grande brassie[1] à sa femme, et luy donna le bon jour ; et aussi fist-elle à luy. Mais toutesfoys elle n'en pensoit pas moins, et luy commença à dire qu'elle estoit bien joyeuse de sa santé, dont il la remercia, et luy dist: « Vrayement, je suis assez en bon point, Dieu mercy, m'amye, veu que j'estoye hyer, à la vesprée[2], si mal disposé, et me semble que j'ay très bon appetit; si vouldroye bien aller disner, si vous voulez. » Lors elle luy dist : « J'en suis bien contente ; mais il fault ung peu attendre que le disner soit prest, et que telz et telz qui sont priez de disner avecques vous soyent venuz. — Priez ? dist-il : et à quel propos ? Je n'en ay cure; et aymasse mieulx qu'ilz demourassent ; car ilz sont si grans farceurs, que, s'ilz scavoient que j'aye esté malade, ilz ne m'en feront que farcer. Au moins, belle dame, je vous prie qu'on ne leur en die riens ? Et encores aultre chose y a : Que mengeront-ilz ? » Et elle dist qu'il ne s'en souciast et qu'ilz auroyent assez à mengier, car elle avoit fait appointier et habillier les deux meilleurs chappons de leans, et une très bonne piece de beuf, pour l'amour de luy. De laquelle chose il fut bien joyeux, et dist que c'estoit bien fait. Et, tantost après, allerent venir ceulx que l'en avoit priez, avecques le filz à la damoiselle. Et, quant tout fut prest, ilz s'en allerent seoir à table et firent très bonne chiere, et par especial l'oste, et buvoient souvent et d'autant l'ung à l'aultre. Et lors l'oste commença à dire à son beau filz : « Jehan, mon amy, je vueil que vous buvez à vostre mere, et faictes bonne chiere. » Adoncques le filz respondit que très voulentiers le feroit. Et, ainsi qu'il eut beu à sa mere, la chamberiere, qui servoit, survint à la table pour servir les assistans, ainsi qu'il appartenoit, comme bien et honnestement le scavoit faire. Et, quant la damoiselle la vit, elle l'appella et luy dist : « Venez çà, ma doulce compaigne ? Buvez à moy, et je vous plegeray[3] ! — Compaigne, dea ? dist nostre amoureux : et dont vient maintenant celle grant amour ? Que male paix y puist mettre Dieu ! Vecy grant nouvelleté ! — Voire vrayement, c'est ma compaigne certaine et loiale. En avez-vous si grant merveille ? — He dea, dist l'oste, Jehanne, gardez que vou dictes ! On pourroit jà penser quelque chose entre elle et moy. — Et pourquoy ne feroit-on ? dist-elle. Ne vous ay-je point annuyt trouvé couchié avecques elle, en son lit et dormant bras à bras ? — Couchié?

[1] Embrassade.
[2] Sur le soir.
[3] Je vous ferai raison, le verre en main.

dist-il. — Voire vrayement couchié, dist-elle. — Et, par ma foy, beaulx seigneurs, dist-il, il n'en est riens, et ne le fait que pour me faire despit, et aussi pour donner à la povre fille blasme; car je vous prometz que oncques ne m'y trouvay. — Non dea, dist-elle, vous l'orrez tantost et le vous feray tout à ceste heure dire devant vous, par tous ceulx de ceans. » Adonc appella ses enfans, et les varletz qui estoient devant la table, et leur demanda se ilz avoient point veu leur pere couchié avecques la chamberiere; et ilz dirent que ouy. Adonc leur pere respondit : « Vous mentez, mauvais garçons! Vostre mere le vous fait dire. — Saulve vostre grace, pere, nous vous y veismes couchié! » Aussi firent noz varletz : « Qu'en dictes-vous? dist la damoiselle. — Vrayement, il est vray! » dirent-ilz. Et lors il y eut grande risée de ceulx qui là estoient. Et le mary fut terriblement abayé[1]; car la damoiselle leur compta comment il s'estoit fait malade, et toute la maniere de faire, ainsi qu'elle avoit esté; et comment, pour les festoyer, elle avoit fait appareillier le disner et prier ses amys; lesquelz de plus en plus renforçoient la chose, dont il estoit si honteux, qu'à peine scavoit-il tenir maniere et ne se sceut aultrement sauver, que de dire. « Or avant! Puis que chascun est contre moy, il fault bien que je me taise, et que je accorde tout ce qu'on veult, car je ne puis tout seul contre vous tous. » Après, commanda que la table fust ostée, et incontinent graces rendues, appella son beau filz et luy dist : « Jehan, mon amy, je vous prie que, se les aultres me accusent de cecy, que me excusez en gardant mon honneur, et allez scavoir à ceste povre fille, que on luy doit, et la payez si largement, qu'elle n'ait cause de soy plaindre, puis la faictes partir ; car je scay bien que vostre mere ne la souffreroit plus demourer ceans. » Le beau filz alla incontinent faire ce qui luy estoit commandé, et puis retourna aux compaignons qu'il avoit amenez, lesquelz il trouva parlans à sa mere, et la remercioient moult grandement de ses biens et de la bonne chere qu'elle leur avoit faicte, puis prindrent congié et s'en allerent. Et les aultres demourerent à l'ostel; et fait à supposer que depuis en eurent maintes devises ensemble. Et le gentil amoureux ne beut point tout l'amer de son vaisseau, à ce disner. A ce propos, peut-on dire de chiens, d'oyseaux, d'armes, d'amours : Pour ung plaisir, mille douleurs. Et pourtant nul ne s'y doit bouter, s'il n'en veult aucunesfois gouster Et ainsi luy en advint et acheva ledit mary sa queste en ceste partie, par la maniere que dit est.

[1] Mystifié; *payé d'une baye*, comme on disoit alors.

LA LXe NOUVELLE

PAR PONCELET

N'a pas long temps que en la ville de Troye avoit trois damoiselles, lesquelles estoient femmes à trois bourgeois de la ville, riches, puissans, et bien aisiez; lesquelles furent amoureuses de trois freres mineurs. Et pour plus seurement et couvertement leur fait couvrir, sous umbre de devocion, chascun jour se levoient une heure ou deux devant le jour. Et, quant il leur sembloit heure d'aller vers leurs amoureux, elles disoient à leurs marys, qu'elles alloient à matines, à la premiere messe. Et pour le grant plaisir qu'elles y prenoient, et les religieux aussi, souvent advenoit que le jour les surprenoit si largement, qu'elles ne scavoient comment saillir de l'ostel [1], que les aultres religieux ne s'en apperceussent. Pourquoy, doubtans les grans perilz et inconveniens qui en povoient sourdre, fut prinse conclusion par eulx toutes ensemble, que chascune d'elles auroye habit de religieux, et feroyent faire grant couronne sur leur teste, comme s'elles estoient du couvent de leans, jusques finablement à ung aultre certain jour qu'elles y retourneroyent après. Tandis que leurs marys gueres n'y pensoyent, elles venues ès chambres de leurs amys, ung barbier secret fut mandé, c'est assavoir des freres de leans, qui fist aux damoiselles chascune la couronne sur la teste. Et, quant vint au departir, elles vestirent leurs habitz qu'on leur avoit appareillez [2], et en cest estat s'en retournerent devers leurs ostelz et s'en allerent desvestir, et mettre jus [3] leur habitz de devocion chez une certaine matrone affaitée [4], et puis retournerent emprès leurs marys. Et en ce point continuerent grant temps, sans que personne s'en apperceust. Et, pource que dommaige eust esté que telle devocion et travail n'eust esté congneue, fortune voulut

---
[1] C'est-à-dire : du couvent.
[2] Préparés, apprêtés.
[3] Mettre bas, déposer.
[4] Bien apprise, habile, rusée.

que, à certain jour que l'une de ces bourgeoises s'estoit mise au chemin pour aller au lieu acoustumé, l'embusche fut descouverte, et, de fait, fust prinse à-tout l'habit dissimulé¹, par son mary, qui l'avoit poursuye; si luy dist : « Beau frere, vous soyez le très bien trouvé ! Je vous prie que retournez à l'ostel, car j'ay à parler à vous de conseil. » Et, en cest estat, la ramena : dont elle ne fist jà feste. Or advint que, quant ilz furent à l'ostel, le mary commença à dire en maniere de farce : « Dictes-vous, par vostre foy, que la vraie devocion, dont ce temps d'yver avez esté esprinse, vous fait endosser l'habit de sainct Françoys, et porter couronne semblable aux bons freres? Dictes-moy, je vous requiers, qui a esté vostre recteur, ou, par sainct Françoys, vous l'amenderez²! » Et fist semblant de tirer sa dague. Adoncques la povrette se getta à genoulx et s'escria à haulte voix : « Ha, mon mary, je vous crye mercy, ayez pitié de moy, car j'ay esté seduite par mauvaise compaignie. Je scay bien que je suis morte, si vous voulez, et que je n'ay pas fait comme je deusse ; mais je ne suis pas seule deceue en celle maniere, et, se vous me voulez promettre que ne me ferez riens, je vous diray tout. » Adonc son mary s'y accorda. Lors elle luy dist comment plusieurs fois elle avoit esté oudit monastere avec deux de ses compaignes, desquelles deux des religieux s'estoient enamourez³; et, en les compaignant⁴ aucunesfois à faire colacion en leurs chambres, le tiers fust esprins d'amours de moy, en me faisant tant de humbles et doulces requestes, que nullement ne m'en suis peu excuser; et mesmement, par l'instigacion et enhort⁵ de mes dictes compaignes, je l'ay fait, disans que nous aurions bon temps ensemble, et si n'en scauroit-on riens. Lors demanda le mary qui estoient ses compaignes; et elle les luy nomma. Adoncques sceut-il qui estoient leurs marys. Et dit le compte qu'ilz buvoient souvent ensemble. Puis demanda qui estoit leur barbier, et les noms des trois religieux. Le bon mary, considerant toutes ces choses, avecques les douloureuses admiracions⁶ et piteux regretz de sa femmelette, dist : « Or garde bien que tu ne dies à personne que je saiche parler de ceste matiere, et je te prometz que je ne te feray jà mal. » La bonne damoiselle luy promist que tout à son plaisir elle feroye. Adonc incontinent se part et

---

¹ Avec son déguisement, son habit de cordelier.
² Vous le payerez.
³ Amourachés, épris.
⁴ Pour *accompaignant*.
⁵ Exhortation; du latin *inhortatio*.
⁶ Exclamations.

alla prier au disner les deux marys et les deux damoiselles, les trois cordeliers et le barbier, et promisrent de venir. Lesquelz venuz le lendemain, et eulx assis à table, firent bonne chiere sans penser à leur male adventure. Et, après que la table fut ostée, pour conclure de l'escot[1], firent plusieurs manieres de faire mises avant joyeusement, susquoy l'escot seroye prins et soustenu; ce toutesfoys qu'ilz ne sceurent trouver, ne estre d'acort, tant que l'oste dist : « Puis que nous ne scavons trouver moyen de gaingnier nostre escot par ce qui est mis en termes, je vous diray que nous ferons : il fault que nous le facions paier à ceulx de la compaignie, qui la plus grant couronne portent, reservé ces bons religieux, car ilz ne paieront riens à present. » A quoy ilz s'accorderent tous et furent contens que ainsi en fust, et le barbier en fut le juge. Et quant tous les hommes eurent monstré leurs couronnes[2], l'oste dist qu'il falloit veoir se les femmes en avoient nulles. Si ne fault pas demander s'il en y eut en la compaignie, qui eurent leurs cueurs estrains. Et, sans plus attendre, l'oste print sa femme par la teste et la descouvrit. Et quant il vit ceste couronne, il fist une grande admiracion, faignant que riens n'en sceust, et dist : « Il fault veoir les aultres, s'elles sont couronnées aussi. » Adonc leurs marys les firent deffubler[3], et pareillement furent trouvées comme la premiere, de laquelle chose ilz ne firent pas trop grant feste, nonobstant qu'ilz en fissent grandes risées, et, tout en maniere de joyeuseté, dirent que vrayement l'escot estoit gaingné, et que leurs femmes le devoient. Mais il falloit scavoir à quel propos ces couronnes avoient esté enchargées[4], et l'oste, qui estoit assez joyeux, leur compta tout le demené de la chose, soubz telle protestacion qu'ilz le pardonneroyent à leurs femmes pour ceste fois, parmy la penitence que les bons religieux en porteroyent en leur presence; laquelle chose les deux marys accorderent. Et incontinent l'oste fist saillir quatre ou six roides galans hors d'une chambre, tous advertis de leur fait, et prindrent bons moynes, et leur donnerent tant de biens de leans, qu'ilz en peurent entasser sus leur doz, puis les bouterent hors, et eurent les marys plusieurs devises[5] qui longues seroient à racompter.

[1] Pour savoir qui payerait son écot.
[2] Ce qui veut dire, sans doute, que les trois maris étaient un peu chauves.
[3] Décoiffer.
[4] Prises, faites, portées.
[5] Propos. On disait indifféremment *devis*, *devises* et *divises*.

LA LXIe NOUVELLE

PAR PONCELET

Ung jour advint que en une bonne ville de Haynault avoit ung bon marchant, marié à une vaillante femme, lequel très souvent alloit en marchandise : qui estoit par adventure occasion à sa femme d'aymer aultre que luy, en laquelle chose elle continua et persevera moult longuement. Neantmoins, en la parfin, l'embusche fut descouverte par ung sien voisin, qui parent estoit audit marchant, et demouroit à l'opposite de l'ostel dudit marchant. Et, de sa maison, il vit et apperceut souventesfois ung gentil galant heurter et entrer de nuyt, et saillir hors de l'ostel dudit marchant. Laquelle chose venue à la congnoissance de celuy à qui le dommaige se faisoit, par l'advertissement du voisin, fut moult desplaisant; et, en remerciant son parent et voisin, dist que briefvement il y pourveoiroye, et qu'il se bouteroye du soir en sa maison, affin qu'il veist mieulx qui yroye et viendroye en son ostel. Et semblablement faignit d'aller dehors et dist à sa femme et à ses gens, qu'il ne scavoit quant il retourneroye; et luy, party au plus matin, ne demoura que jusques à la vesprée[1], qu'il bouta son cheval quelque part, et vint couvertement chez son cousin. Et là regarda par une petite treille, attendant se il verroye ce que gueres ne luy plairoye. Et tant attendit que, environ neuf heures, en la nuyt, le galant à qui la damoiselle avoit fait scavoir que son mary estoit dehors, passa ung tour ou deux par devant l'ostel de la belle et regarda à l'huys, pour veoir s'il y pourroye entrer; mais encores le trouva-il fermé. Si pensa bien qu'il n'estoit pas heure pour les doubtes[2]. Et ainsi qu'il varioit là entour[3], le bon marchant, qui pensa bien que c'estoit son homme, descendit et vint à luy et luy dist : « Mon amy, nostre damoiselle vous

---

[1] Soirée; du latin *vespera*.
[2] C'est-à-dire : qu'il n'était pas assez tard pour qu'on eût fermé cette porte, de crainte des voleurs.
[3] Allait et venait aux environs.

a bien apperceu, et, pource qu'il est encores temps assez, et qu'elle a doubte que nostre maistre ne retourne, elle m'a requis et prié que je vous mette dedans, s'il vous plaist. » Le compaignon, cuidant que ce feust le varlet, s'adventura d'entrer leans avec luy, et tout doulcement l'huys fut ouvert, et le mena tout derriere en une chambre, en laquelle avoit une moult grande huche, laquelle il defferma [1] et le fist entrer dedans, affin que, se le marchant revenoit, qu'il ne le trouvast pas, et que sa maistresse le viendroye assez tost mettre hors et parler à luy. Et tout ce souffrit le gentil galant, pour le mieulx, et aussi pource qu'il pensoit que l'aultre dist verité. Et incontinent se partit le marchant le plus celeement qu'il peut, et s'en alla à son cousin et à sa femme, et leur dist : « Je vous prometz que le rat est prins; mais il nous fault adviser qu'il en est de faire. » Et lors son cousin, et, par especial, la femme, qui n'aymoit point l'aultre, furent bien joyeux de la venue, et dirent qu'il seroye bon que l'en le monstrast aux parens et amys de la femme, affin qu'ilz veissent son gouvernement. Et, à ceste conclusion prinse, le marchant alla à l'ostel du pere et de la mere de sa femme et leur dist qu'ilz s'en venissent moult hastivement à son logis. Tantost saillirent sus, et tandis qu'ilz s'appointoient et appareilloient [2] pour leur en aller chez leur fille, il alla pareillement querir deux des freres et deux des seurs d'elle, et leur dist comme il avoit fait au pere et à la mere. Et puis, quant il les eut tous assemblez, il les mena en la maison de son cousin, et illecques leur compta tout au long la chose ainsi qu'elle estoit, et leur compta pareillement la prinse du rat. Or convient-il scavoir comment le gentil galant pendant ce temps se gouverna en celle huche, de laquelle il fut gaillardement delivré, attendu l'adventure; car la damoiselle, qui se donnoit garde souvent se son amy viendroye point, alloit devant et derriere, pour veoir s'elle en auroye point quelque nouvelle. Et ne tarda mie grant piece que le gentil compaignon, qui ouyoit bien que l'en passoit assez près du lieu où il estoit, et si le laissoit-on là, il print à heurter du poing à ceste huche, tant que la dame l'ouyt, qui en fut moult espantée [3]. Et neantmoins elle demanda qui c'estoit, et le compaignon luy respondit : « Helas! très doulce amye, ce suis-je qui me meurs de chault, et de doubte de ce que m'y avez fait bouter, et si n'y allez ne venez! » Qui fut alors bien esmerveillée? ce fut elle. « Ha, vierge Marie, et pensez-

---

[1] Ouvrit.
[2] S'habillaient et s'apprêtaient.
[3] Pour épouvantée, émue, étonnée.

vous, mon amy, que je vous y aye fait mettre? — Par ma foy, dist-il, je ne scay; au moins, est venu vostre varlet à moy, et m'a dit que luy aviez requis qu'il me mist en l'ostel, et que je entrasse en ceste huche, affin que vostre mary ne m'y trouvast, se d'adventure il retournoit pour ceste nuyt. — Ha ! dist-elle, sur ma vie, que ce a esté mon mary! A ce coup, suis-je une femme perdue et est tout nostre fait descouvert. — Scavez-vous, dist-il, comment il va? Il convient que me mettez dehors, ou je rompray tout, car je n'en puis plus endurer. — Par ma foy, dist la damoiselle, je n'en ay point la clef, et, se vous le rompez, je seray deffaicte, et dira mon mary, que je l'auray fait pour vous saulver. » Finablement, la damoiselle chercha tant, qu'elle trouva de vieilles clefz, entre lesquelles y en eut une qui delivra le povre prisonnier. Et quant il fut hors, il troussa sa dame, et luy monstra le courroux qu'il avoit sus elle, laquelle le print paciamment. Et à tant s'en voulut partir le gentil amoureux; mais la damoiselle le print et accola, et luy dist que, s'il s'en aloit ainsi, elle estoit aussi bien deshonnourée que s'il eust rompu la huche : « Et qu'est-il doncques de faire? dist le galant. — Si nous ne mettons, dist-elle, quelque chose dedans et que mon mary le treuve, je ne me pourroye excuser que je ne vous aye mis dehors. — Et quelle chose y mettrons nous, dist le galant, affin que je me parte? car il est heure. — Nous avons, dist-elle, en cest estable ung asne que nous y mettrons, si vous me voulez aydier. — Ouy, par ma foy, » dist-il. Adonc fut cest asne getté dedans la huche et puis la refermerent. Lors le galant print congié d'ung doulx baiser et se partit en ce point par une yssue de derriere; et la damoiselle s'en alla prestement couchier. Et après ne demoura pas longuement que le mary qui, tandis que ces choses se faisoient, assembla ses gens et les amena tous chez son cousin, comme dit est, où il leur compta tout l'estat de ce qu'on luy avoit dit, et aussi comment il avoit prins le galant à ses barres[1]. « Et doncques à celle fin, dist-il, que vous ne dissiez point que je vueille à vostre fille imposer blasme sans cause, je vous monstreray à l'œil et au doy le ribault, qui cest deshonneur nous a fait, et prie que avant qu'il saille hors, qu'il soit tué. » Adonc chascun dist que aussi seroit-il. « Et aussi, dist le marchant, je vous rendray vostre fille pour telle qu'elle est. » Et de là se partirent les aultres avecques luy, qui estoient moult

---

[1] C'est-à-dire, par une métaphore tirée du jeu de barres : dans son camp, dans son logis.

dolens des nouvelles, et avoient torches et flambeaulx pour mieulx cherchier partout; et que riens ne leur peust eschapper. Ilz heurterent à l'huys si rudement, que la damoiselle y vint premier que nulz de leans, et leur ouvrit l'huys. Et, quant ilz furent entrez, elle salua son mary, son pere et sa mere, et les aultres, monstrant qu'elle estoit bien esmerveillée quelle chose les amenoit là et à telle heure. Et, à ces motz, son mary haulse le poing et luy donne une très grande buffe[1], et dist : « Tu le scauras tantost, faulse, telle et quelle que tu es ! — Ha! regardez que vous dictes! Amenez-vous, pour ce, mon pere et ma mere icy ? — Ouy, dist la mere, faulse garce que tu es, on te monstrera ton lourdier[2] prestement! » Et lors ses seurs vont dire : « Et, par dieu, vous n'estes pas venue du lieu, pour vous gouverner ainsi ! — Mes seurs, dist-elle, par tous les saincts de Romme, je n'ay riens fait que une femme de bien ne doyve et puisse faire, ne je ne doubte point qu'on doibve le contraire monstrer sus moy. — Tu as menty! dist son mary; je le te monstreray incontinent, et sera le ribault tué en ta presence. Sus, tost ouvrez ceste huche!—Moy?-dist-elle : et, en verité, je croy que vous resvez, ou que vous estes hors du sens! Car vous scavez bien que je n'en portay oncques la clef, mais pend avec les vostres, dès le temps que vous y mettiez vos besoingnes[3]. Et pourtant, se vous la voulez ouvrir, ouvrez-la! Mais je prie à Dieu que aussi vrayement que oncques je n'euz compaignie avec celuy que est là dedans enclos, qu'il m'en delivre à joye et à honneur, et que la mauvaise envie que l'en a sur moy puisse icy estre averée et desmonstrée! Et aussi sera-elle, comme bien ay bon espoir. — Je croy, dist le mary, qui la voit à genoulx pleurant et gemissant, qu'elle scait bien faire la chate mouilliée[4], et qui la vouldroye croire, elle scauroye bien abuser les gens; et ne doubtez, je me suis pieça apperceu de la trainée[5]. Or sus, je voys ouvrir la huche! Si vous prie, mes seigneurs, que chascun mette la main à ce ribault, qu'il ne nous eschappe, car il est fort et roide. — N'ayez paour, dirent-ilz tous ensemble, nous en scaurons

---

[1] Coup; du bas latin *buffa*.

[2] Amant. Au propre, c'est une paillasse; du bas latin *lurdus*, impur, et *lordicare*, couvrir, s'accoupler à la manière des animaux.

[3] Hardes, effets.

[4] La peur que l'eau cause aux chats est proverbiale. *Chatte mouillée* est ici le synonyme de *chatte mite*, qui pourrait avoir été *chatte moite*, par analogie, malgré le mot latin *catamitus*.

[5] Expression figurée, empruntée à la vénerie. C'est-à-dire : je me suis mis depuis longtemps sur la trace des infidélités de ma femme.

bien faire. » Adonc tirerent leurs espées et prindrent leurs mailletz, pour assommer le povre amoureux, et luy dirent : « Ores, te confesse, car jamais n'auras prestre de plus près! » La mere et les seurs, qui ne vouloient point veoir ceste occision, se tirerent d'une part; et, aussitost qu'il eut ouvert la huche, et que cest asne vit la lumiere si très grande, il commença à hyngner[1] si hydeusement, qu'il n'y eut si hardy leans qui ne perdist et sens et maniere. Et quant ilz virent que c'estoit ung asne, et qu'il les avoit ainsi abusez, ilz se voulurent prendre au marchant, et dirent autant de honte, comme sainct Pierre eut oncques d'onneur, et mesmes les femmes luy vouloient courir sus. Et, de fait, s'il ne s'en fust fuy, les freres de la damoiselle l'eussent là tué, pour le grant blasme et deshonneur qu'il leur avoit fait et vouloit faire. Et finablement en eut tant à faire, qu'il convint que la paix et traictié en fussent refais par les notables de la ville. Et en furent les accuseurs tousjours en indignacion du marchant. Et dit le compte, que, à la paix faire, il y eut grande difficulté et plusieurs protestacions des amys à la damoiselle; et, d'aultre part, de bien estroictes promesses du marchant, qui depuis bien et gracieusement se gouverna et ne fut oncques homme meilleur à femme, qu'il fut toute sa vie; et ainsi userent leur vie ensemble.

LA LXIIe NOUVELLE

PAR MONSEIGNEUR DE COMMESSURAM

Environ le moys de juillet[2], alors que certaine convencion et assemblée se tenoit, entre la ville de Calais et Gravelinghes, assez près du chastel d'Oye, à laquelle assemblée estoient plusieurs princes et grans seigneurs, tant de la partie de France comme d'Angleterre, pour adviser et traictier de la rançon de monseigneur d'Orleans[3],

---

[1] Pour *hongner*, braire.
[2] 1440.
[3] Le duc Charles d'Orléans, qui avait été fait prisonnier à la bataille d'Azincourt, en 1415, était retenu depuis vingt-cinq ans à Londres, et ne pouvait obtenir

estant lors prisonnier du roy d'Angleterre ; entre lesquelz de ladicte partie d'Angleterre estoit le cardinal de Vicestre, qui à ladicte convencion estoit venu en grant et noble estat, tant de chevaliers, escuiers, que d'aultres gens d'eglise. Et entre les aultres nobles hommes, avoit ung, qui se nommoit Jehan Stotton, escuier trenchant et Thomas Brampton, eschançon dudit cardinal : lesquelz Jehan et Thomas se entreaymoient autant que pourroyent faire deux freres germains ensemble ; car de vestures, habillemens et harnois [1], estoient tousjours d'une façon au plus près qu'ilz pouvoient ; et, la pluspart du temps, ne faisoient que ung lit et une chambre, et oncques n'avoit-on veu que entre eulx deux aucunement y eust quelque courroux, noyse ou maltalent [2]. Et quant ledit cardinal fut arrivé audit lieu de Calais, on bailla, pour le logis desdits nobles hommes, l'ostel de Richart Fury [3], qui est le plus grant ostel de ladicte ville de Calais ; et ont de coustume les grans seigneurs, quant ilz arrivent audict lieu passans et repassans, d'y logier. Ledit Richart estoit marié, et estoit sa femme de la nacion du pays de Hollande, qui estoit belle, gracieuse, et bien luy advenoit à recevoir gens. Et, durant ladicte convencion, à laquelle on fut bien l'espace de deux mois, iceulx Jehan Stotton et Thomas Brampton, qui estoient si comme [4] en l'aage de xxvj à xxviij ans, ayans leur couleur de cramoisy vive, et en point de faire armes par nuyt et par jour ; durant lequel temps, nonobstant les privalitez [5] et amytiez qui estoient entre ces deux seconds [6] et compaignons d'armes, ledit Jehan Stotton, au desceu [7] dudit Thomas, trouva maniere d'avoir entrée et faire le gracieux envers leurdicte ostesse, et y continuoit souvent en devises et semblables gracieusetez, que on a acoustumé de faire en la queste d'amours ; et, en la fin, s'enhardit de demander à sadicte ostesse la

---

d'être mis à rançon. Il fallut que le duc et la duchesse de Bourgogne intervinssent auprès du gouvernement anglais, pour que la délivrance du prince français devînt possible. Dans les conférences qui s'ouvrirent entre Calais et Gravelines, au mois de juillet 1440, le cardinal de Winchester, chef du parti de la paix, en Angleterre, accepta une rançon de deux cent mille écus d'or, garantie par le Dauphin de France, le duc Philippe de Bourgogne, et tous les princes du sang, avec consentement du roi. Ce traité fut signé le 22 novembre 1440.

[1] Armures, armes.
[2] Mauvais vouloir.
[3] Ce personnage est nommé plus bas *Fery* et *Finey*, dans l'édition gothique.
[4] Environ.
[5] Pour *privautés*.
[6] Dans un duel, les frères d'armes s'appelaient *seconds*.
[7] À l'insu.

courtoisie[1], c'est assavoir qu'il peust estre son amy, et elle, sa dame par amours : à quoy, comme faignant d'estre esbahye de telle requeste, luy respondit tout froidement que luy ne aultre elle ne hayoit[2], ne ne vouldroit hayr, et qu'elle aymoit chascun par bien et par honneur; mais il povoit sembler, à la maniere de sadicte requeste, qu'elle ne pourroye icelle acomplir que ce ne fust grandement à son deshonneur et scandale et mesmement de sa vie, et que, pour chose du monde, à ce ne vouldroye consentir.

Adonc ledit Jehan repliqua, disant qu'elle luy povoit très bien accorder; car il estoit celuy qui luy vouloit garder son honneur jusques à la mort, et aymeroye mieulx estre pery et en l'aultre siecle[3] tourmenté, que, par sa coulpe, elle eust honte, et qu'elle ne doubtast en riens, que de sa part son honneur ne fust gardé; luy suppliant de rechief que sa requeste luy voulsist accorder, et à tousjours-mais se reputeroit son serviteur et loyal amy. Et, à ce, elle respondit, faisant maniere de trembler, disant que, de bonne foy, il luy faisoit mouvoir le sang du corps, de crainte et de paour qu'elle avoit de luy accorder sa requeste. Lors il s'approucha d'elle, et luy requist ung baiser, dont les dames et damoiselles dudit pays d'Angleterre sont assez liberales de l'accorder[4]; et, en la baisant, luy pria doulcement qu'elle ne feust paoureuse, et que, de ce qui seroye entre eulx deux, jamais nouvelle n'en seroye à personne vivant. Lors elle luy dist : « Je voy bien que je ne puis de vous eschapper, que ne face ce que vous voulez; et puisqu'il fault que je face quelque chose pour vous, sauf toutesvoies[5] tousjours mon honneur. Vous sçavez l'ordonnance qui est faicte de par les seigneurs estans en ceste ville de Calais[6]; comment il convient que chascun chief d'ostel face une fois la sepmaine, en personne, le guet par nuyt, sus la muraille de ladicte ville. Et, pource que les seigneurs, et nobles hommes de l'ostel de Monseigneur le cardinal, vostre maistre, sont ceans logiez, mon mary a tant fait, par le moyen d'aucuns de ses amys, envers mondit seigneur le cardinal, qu'il ne fera que demy

---

[1] *Demander la courtoisie* et *faire la courtoisie* à une femme; ces expressions se retrouvent encore dans les *Historiettes* de Tallemant des Réaux; plus tard, on a dit, dans le même sens, *demander* ou *faire la politesse*.

[2] Pour *haïssait*.

[3] En l'autre vie.

[4] On voit que, dans ce temps-là, il n'était guère question de ce qu'on a nommé depuis la pruderie anglaise, qui est fille de la Réforme.

[5] Pour *toutefois*.

[6] C'est-à-dire : l'assemblée des seigneurs anglais et français qui traitaient de la rançon du duc d'Orléans.

guet; et entens qu'il le doit faire jeudy prouchain, depuis la cloche du
guet au soir jusques à mynuyt; et, pour ce, tandis que mondit mary
sera au guet, se vous me voulez dire aucunes choses, je les orray très
voulentiers, et me trouverez en ma chambre, avecques ma chamberiere. » Laquelle estoit en grant vouloir de conduire et acomplir les
voulentez et plaisirs de sa maistresse. Ledit Jehan Stotton fut de ceste
response moult joyeux, et, en remerciant sadicte ostesse, luy dist que
point n'y auroye de faulte, que audit jour il ne venist comme elle luy
avoit dit. Or se faisoient ces devises le lundy precedent après disner,
mais il ne fait pas à oublier de dire comment ledit Thomas Brampton avoit, au desceu de sondit compaignon Jehan Stotton, fait pareille
diligence et requeste à leur ostesse, laquelle ne luy avoit oncques
voulu quelconques chose accorder, fors luy bailler une fois espoir,
et l'aultre doubte, en luy disant et remonstrant que il pensoit trop
peu à l'honneur d'elle, car, se elle faisoit ce qu'il requeroit, elle scavoit
de vray que son mary Richard Fury et ses parens et amys luy osteroient
la vie du corps. Et à ce respondit ledit Thomas : « Ma très doulce
damoiselle, amye et ostesse, pensez que je suis noble homme, ne, pour
chose qui me peust advenir, ne vouldroye faire chose qui tournast à
vostre deshonneur ne blasme; car ce ne seroye point usé de noblesse.
Mais croyez fermement que vostre honneur vouldroye garder comme le
mien; et si aymeroye mieulx à mourir, qu'il en feust nouvelle, et n'ay
amy ne personne en ce monde, tant soit mon privé, à qui je voulsisse
en nulle maniere descouvrir nostre fait. » La bonne dame, voyant la
singuliere affection et desir dudit Thomas, luy dist, le mercredy
ensuyvant que ledit Jehan avoit eu la gracieuse response cy-dessus de
leurdicte ostesse, que, puis qu'elle le veoit en si grant voulenté de
luy faire service en tout bien et en tout honneur, qu'elle n'estoit point
si ingrate qu'elle ne le voulsist bien recongnoistre. Et lors luy alla dire
comment il convenoit que son mary lendemain au soir allast au guet
comme les autres chefz d'ostel de la ville, en entretenant l'ordonnance
qui sur ce estoit faicte de par la seigneurie estant en la ville. « Mais,
la Dieu mercy, son mary avoit eu de bons amys autour de Monseigneur le cardinal, car ilz avoient tant fait envers luy, qu'il ne feroit
que demy guet, c'est assavoir depuis mynuyt jusques au matin seulement, et que, en ce pendant, s'il vouloit venir parler à elle, elle ouvre-
roit voulentiers ses doulces devises; mais, pour Dieu, qu'il y en venist
si secretement, qu'elle n'en peust avoir blasme. » Et ledit Thomas luy
sceut bien respondre que ainsi desiroit-il de faire. Et à tant se partit,

en prenant congié. Et le lendemain qui fut ledit jour de jeudy, au vespre, après ce que la cloche du guet fut sonnée, le devantdit Jehan Stotton n'oublia pas à aller à l'heure que sadicte ostesse luy avoit mise. Et ainsi il vint vers la chambre d'icelle, et y entra, et la trouva seule ; laquelle le receut et luy fit très bonne chiere, car la table y estoit mise. Adonc ledit Jehan requist que avec elle il peust couchier, pour eulx ensemble mieulx deviser, ce qu'elle ne luy voulut de primeface [1] accorder, disant qu'elle pourroit avoir charge se on le trouvoit avec elle. Mais il requist tant et par si bonne maniere, qu'elle s'y accorda ; et, le souper fait qui sembla estre audit Jehan moult long, se coucha avec sadicte ostesse ; et après s'esbatirent ensemble nu à nu. Et, avant qu'il entrast en ladicte chambre, il avoit bouté en l'ung de ses doitz ung aneau d'or garny d'ung bon gros dyamant, qui bien povoit valoir la somme de .xxx. nobles [2]. Et comme ilz se delectoient ensemble, ledit aneau luy cheut de son doy dedans le lit, sans ce qu'il s'en apperceust. Et, quant ilz eurent illec ainsi esté ensemble jusques après la .xi. heure de la nuyt, ladicte damoiselle luy pria moult doulcement que en gré voulsist prendre le plaisir qu'elle luy avoit peu faire, et que à tant il feust content de soy habiller et partir de ladicte chambre, affin qu'il n'y feust trouvé de son mary qu'elle attendoit, si tost que la mynuyt seroit venue, et qu'il luy voulsist garder son honneur, comme il luy avoit promis. Lors ledit Stotton, ayant doubté [3] que ledit mary ne retournast incontinent, se leva et se habilla, et partit de celle chambre, ainsi que douze heures estoient sonnées, sans avoir souvenance de sondit dyamant qu'il avoit laissé oudit lit. Et, en yssant hors de ladicte chambre et au plus près d'icelle, ledit Jehan Stotton encontra [4] son compaignon Thomas Brampton, cuidant que ce feust son oste Richart. Et pareillement ledit Thomas, qui venoit à l'heure que sadicte ostesse luy avoit mise, cuida semblablement que ledit Jehan Stotton feust ledit Richart, et attendit ung peu pour veoir quel chemin il tiendroit. Et puis s'en alla entrer en la chambre de ladicte ostesse, qu'il trouva comme entreouverte, laquelle tint maniere comme toute esperdue et effroyée, en demandant audit Thomas, en maniere de

---

[1] De prime abord, d'abord.
[2] Le noble-à-la-rose d'Angleterre, ainsi nommé parce qu'il portait une rose qu est dans les armes de la maison royale d'York, était de l'or le plus fin, et valai cinq livres tournois, dont la valeur relative serait aujourd'hui de quatre-vingt-dix francs.
[3] Craint, appréhendé.
[4] Pour *rencontra*.

grand doubte et paour, se il avoit point encontré son mary, qui se partoit d'illec pour aller au guet. Adonc ledit Thomas luy dist que trop bien avoit-il encontré ung homme; mais il ne scavoit qui il estoit, ou son mary ou aultre, et qu'il avoit ung peu attendu pour veoir quel chemin il tiendroit. Et quant elle eut ce ouy, elle print hardiesse de le baiser, en luy disant qu'il feust le bien venu. Et, assez tost après, sans demander qui l'a perdu ne gaigné[1], ledit Thomas trousse la damoiselle sur le lit, en faisant cela. Et puis après, quant elle vit que c'estoit, à certes[2] se despouillerent et entrerent tous deux ou lit, car ilz firent armes, en sacrifiant au dieu d'amours, et rompirent plusieurs lances. Mais, en faisant lesdictes armes, il advint audit Thomas une adventure, car il sentit dessoubz sa cuisse le dyamant que ledit Jehan y avoit laissié; et, comme non fol et non esbahy, le print et le mist en l'ung de ses doitz. Et quant ilz eurent esté ensemble jusques à lendemain du matin, que la cloche du guet estoit prochaine de sonner, à la requeste de ladicte damoiselle, il se leva, et, en partant, s'entreacollerent ensemble d'ung baiser amoureux. Ne demoura gueres après, que ledit Richart retourna du guet où il avoit esté toute la nuit, en son ostel fort refroidy et chargié du fardeau de sommeil, qui trouva sa femme qui se levoit; laquelle luy fist faire du feu. Et quant il se fut chauffé, il s'en alla couchier et reposer, car il estoit travaillé[3] de la nuyt. Et fait à croire que aussi estoit sa femme; car, pour la doubte qu'elle avoit eu du travail de son mary, elle avoit bien peu dormy toute la nuyt. Environ deux jours après, toutes ces choses faictes, comme les Anglois ont de coustume, après ce qu'ilz ont ouy la messe, de aller desjeuner en la taverne, au meilleur vin, ledit Jehan et Thomas se trouverent en une compaignie d'autres gentilz hommes et marchans; si allerent desjeuner ensemble, et se assirent ledit Jehan Stotton et Thomas Brampton l'ung devant l'aultre. Et, en mengeant, ledit Jehan regarda sur les mains dudit Thomas, qui avoit en l'ung de ses doitz ledit dyamant. Et quant il eut longuement advisé et regardé ledit dyamant, il luy sembloit vrayement que c'estoit celuy qu'il avoit perdu, ne scavoit en quel lieu ne quant. Et adonc ledit Jehan Stotton pria audit Thomas, qu'il luy voulsist monstrer ledit dyamant, lequel luy bailla voulentiers. Et quant il l'eut en sa main, il recongneut

[1] Expression proverbiale, signifiant : sans aucune explication, sans autre préliminaire.
[2] Dans le sens de : tout beau, tout bellement.
[3] Lassé, fatigué.

bien que c'estoit le sien et demanda audit Thomas dont il luy venoit, et que vrayement il estoit sien. A quoy ledit Thomas respondit, au contraire, que non estoit, mais que à luy appartenoit. Et ledit Stotton maintenoit que depuis peu de temps l'avoit perdu et que, s'il l'avoit trouvé en leur chambre où ilz couchoient, qu'il ne faisoit point bien de le retenir, attendu l'amour et fraternité qui tousjours avoit esté entre eulx deux, tellement que plusieurs aultres parolles s'en esmeurent, et fort se courroucerent ensemble l'ung contre l'aultre. Toutesvoies, ledit Thomas Brampton vouloit tousjours avoir ledit dyamant; mais il n'en peut oncques finer [1]. Et quant les aultres gentilz hommes et marchans virent ladicte noise, chascun s'employa à l'appaisement d'icelle, pour trouver quelque maniere de les accorder; mais riens n'y vault, car celuy qui perdu avoit ledit dyamant ne le voulut laisser partir de ses mains, et celuy qui l'avoit trouvé le vouloit ravoir, et le tenoit à belle adventure de l'avoir trouvé, et avoir jouy de l'amour de sa dame; et ainsi estoit la chose difficile à appointer. Finablement, l'ung desditz marchans, voyant que au demené de la matiere on n'y profitoit en riens, si dist qu'il luy sembloit qu'il avoit advisé ung aultre expedient, appointement dont lesditz Jehan et Thomas devroient estre contens; mais il n'en diroit mot, se lesdictes parties ne se soubzmettoient, en paine de dix nobles, de tenir ce qu'il en diroit, dont chascun de ceulx qui estoient en ladicte compaignie respondirent que très bien avoit dit ledit marchant; et inciterent ledit Jehan et Thomas de faire ladicte submission, et tant en furent requis et par telle maniere, qu'ilz se y accorderent. Adonc ledit marchant ordonna que ledit dyamant seroit mis en ses mains, puis que tous ceulx, qui de ladicte difference [2] avoient parlé et requis de l'appaiser, n'en avoient peu estre creuz : il ordonna que, après qu'ilz seroient partis de l'ostel où ilz estoient, au premier homme, de quelque estat ou condicion qu'il feust, qu'ilz trouveroient à l'yssue dudit ostel, compteroient toute la maniere de ladicte difference et noise, estant entre lesditz Jehan Stotton et Thomas Brampton; et tout ce qu'il en diroit ou ordonneroit en seroit tenu ferme et estable [3] par lesdictes deux parties. Ne demoura gueres que dudit ostel se partit toute la belle compaignie, et le premier homme qu'ilz encontrerent au dehors dudit ostel, ce fut ledit Richart, oste desdictes deux parties; auquel par ledit marchant fut narré et racompté

---

[1] Venir à bout.
[2] Pour *différend*.
[3] Pour *stable*, établi.

toute la maniere de ladicte difference. Adonc ledit Richart, après ce qu'il eut tout ouy et qu'il eut demandé, à ceulx qui illecques estoient presens, se ainsi en estoit allé[1], et que lesdictes parties ne s'estoient en nulle maniere voulu laisser appointer ne appaisier par tant de notables personnes, dist, par sentence deffinitive, que ledit dyamant luy demoureroit comme sien et que l'une ne l'aultre partie ne l'auroit. Et, quant ledit Thomas Brampton vit qu'il avoit perdu l'adventure de la treuve[2] dudit dyamant, fut bien desplaisant. Et fait à croire que autant estoit ledit Jehan Stotton qui l'avoit perdu. Et lors requist ledit Thomas à tous ceulx qui estoient en la compaignie, reservé leurdit oste, qu'ilz voulsissent retourner en l'ostel où ilz avoient desjeuné, et qu'il leur donneroit à disner, affin qu'ilz fussent advertis de la maniere et comment ledit dyamant estoit venu en ses mains, lesquelz d'ung accord luy accorderent voulentiers. Et, en attendant le disner qui s'appareilloit, il leur compta l'entrée et la maniere des devises qu'il avoit eues avecques son ostesse, femme dudit Richart Fury, et comment et à quelle heure elle luy avoit mis heure pour soy trouver avecques elle, tandis que son mary seroit au guet, et le lieu où le dyamant avoit esté trouvé. Lors ledit Jehan Stotton, oyant ce, en fut moult esbahy, soy donnant de ce grant merveilles; et, en soy seignant, dist que tout le semblable luy estoit advenu en celle propre nuyt, ainsy que cy devant est declairé, et qu'il tenoit et creoit fermement avoir laissé cheoir son dyamant où ledit Thomas l'avoit trouvé, et qu'il luy deveroit faire plus de mal de l'avoir perdu, qu'il ne faisoit audit Thomas, lequel n'y perdoit aucune chose, car il luy avoit chier cousté. Ledit Thomas respondit en ceste maniere, et dist que vraiement il ne devoit point plaindre se leur dit oste l'avoit jugié estre sien, attendu que leur dicte ostesse en avoit eu beaucoup à souffrir, et aussi, pour ce qu'il avoit eu le pucellaige de la nuytée, et ledit Thomas avoit esté son paige en allant après luy. Et ces dictes choses contenterent assez bien ledit Jehan Stotton de la perte de sondit dyamant, pource que aultre chose n'en pouvoit avoir, et le porta plus pacientement et plus legierement que s'il n'eust point sceu la verité de la matiere. Et de ceste adventure, tous ceulx qui estoient presens commencerent à rire et à mener grant joye. Adonc se mirent à table et disnerent, mais vous povez penser que ce ne fut pas sans boire d'autant. Et, après qu'ilz eurent

---

[1] Si la chose s'était passée ainsi.
[2] Trouvaille.

disné, ilz se departirent, et chascun s'en alla où bon luy sembla. Et ainsi fut tout le maltalent[1] pardonné, et la paix faicte entre les parties, c'est assavoir entre ledit Jehan Stotton et ledit Thomas Brampton, et furent bons amys ensemble.

LA LXIIIe NOUVELLE [2]

Montbleru se trouva ung jour qui passa à la foire d'Envers, en la compaignie de monseigneur d'Estampes [3], lequel le deffraioit et paioit ses despens, qui est une chose qu'il print assez bien en gré. Ung jour, entre les aultres, d'adventure, il rencontra maistre Himbert de Plaine, maistre Roulant Pipe, et Jehan Letourneur, qui luy firent grant chiere. Et, pour ce qu'il est plaisant et gracieux, comme chascun scait, ilz desirerent sa compaignie et luy prierent de venir loger avec eulx, et qu'ilz feroient la meilleure chere de jamais. Montbieru, de prime face, s'excusa sur monseigneur d'Estampes, qui l'avoit là amené et dist qu'il ne l'oseroit abandonner : « et la raison y est bonne, dist-il, car il me deffroye[4] de tous poins. » Neantmoins, toutesfoys il fut content d'abandonner monseigneur d'Estampes, en cas que entre eulx le voulsissent deffroier ; et eulx qui ne desiroient que sa compaignie, accorderent legierement[5] ce marchié. Or escoutez comment il les paya. Ces trois bons seigneurs demourerent à Envers plus qu'ilz ne pensoient, quant ilz partirent de la court, et, soubz esperance de brief retourner, n'avoient apporté que chascun une chemise : si devindrent les leurs sales, ensemble leurs couvrechiefz et petis draps ; et à grant

---

[1] Grief, ressentiment.
[2] Le nom du narrateur de cette Nouvelle n'est indiqué nulle part.
[3] Est-ce Richard, fils puiné du duc de Bretagne, Jean V, à qui Charles VII avoit donné le comté d'Étampes, ou bien Robert d'Estampes, conseiller et chambellan de Charles VII, maréchal et sénéchal de Bourbonnais ? Ces deux personnages étaient morts avant l'année 1456, pendant laquelle on suppose que les Cent Nouvelles furent contées.
[4] Pour défraye.
[5] Volontiers.

regret leur venoit de eulx trouver en ceste malaise, car il faisoit bien
chault, comme en la saison de Penthecouste. Si les baillerent à blanchir à la chamberiere de leur logis, ung samedy au soir, quant ilz se
coucherent; et les devoient avoir blanches à lendemain, à leur lever.
Mais Montbleru les garda bien; et, pour venir au point, la chamberiere,
quant vint au matin qu'elle eut blanchy ces chemises et couvrechiefz
et les eut sechiez, et bien et gentement ployés, elle fut de sa maistresse appellée pour aller à la boucherie querir de la provision pour le
disner. Elle fist ce que sa maistresse commanda, et laissa, en la cuisine, sur une escabelle, tout ce bagaige, esperant à retour tout retrouver; à quoy elle faillyt bien, car Montbleru, quant il peut veoir du
jour, il se leva de son lit et print une longue robbe sur sa chemise,
et descendit en bas pour faire cesser les chevaulx qui se combatoient,
ou pour aller au retrait [1]. Et, luy, là venu, il vint veoir en la cuisine, qu'on y disoit, où il ne trouva ame, fors seulement ces chemises et ces couvrechiefz, qui ne demandoient que marchant. Montbleru congneut tantost que c'estoit sa charge, si y mist la main, et fut
en grand esmoy où il les pourroye saulver. Une fois pensoit de les
bouter dedans les chauldieres et grans potz de cuivre qui estoient en la
cuisine : aultrefois de les bouter dedans sa manche ; briefvement il
les bouta en l'estable des chevaulx, bien enfardelées [2] dedans du foing,
en ung gros monceau de fiens [3] ; et, cela fait, il s'en vint couchier emprès Jehan Letourneur, dont il estoit party. Or vecy la chamberiere
retournée de la boucherie, laquelle ne treuve pas ces chemises, qui ne
fut pas bien contente de ce, et commença à demander partout qui en
scait nouvelle. Chascun à qui elle en demandoit disoit que n'en scavoit
rien, et Dieu scait la vie qu'elle menoit. Et vecy les serviteurs de ces
bons seigneurs qui attendoient après leurs chemises, qui n'osoient
monter vers leurs maistres, et craingnoient moult; aussi faisoient
l'oste et l'ostesse et la chamberiere. Quant vint environ neuf heures,
ces bons seigneurs appellent leurs gens, mais nul ne vient, tant
craingnent à dire les nouvelles de ceste perte à leurs maistres. Toutesfoys, en la fin, qu'il estoit entre xi et xii [4], l'oste vint et les serviteurs ; et fut dit à ces seigneurs comment leurs chemises estoient
desrobées, dont les aucuns perdirent pacience, comme maistre Hm-

---

[1] Privé, garde-robe.
[2] Entortillées, empaquetées.
[3] Paille.
[4] Entre onze heures et midi.

bert et maistre Roland. Mais Jehan Letourneur tint assez bonne maniere, et n'en faisoit que rire; et appella Montbleru qui faisoit la dormeveille, qui scavoit et oyoit tout, et luy dist : « Montbleru, vecy gens bien en point! On nous a derobé noz chemises. — Saincte Marie! que dictes-vous? dist Montbleru, contrefaisant l'endormy : vecy bien mal venu. » Quant on eut grant piece tenu parlement [1] de ces chemises qui estoient perdues, dont Montbleru congnoissoit bien le larron, ces bons seigneurs commencerent à dire : « Il est jà bien tart, et nous n'avons encores point ouy de messe, et si est dimenche; et toutesfoys nous ne povons bonnement aller dehors de ceans sans chemises; qu'est-il de faire? — Par ma foy, dist l'oste, je n'y scauroye trouver d'autre remede, sinon que je vous preste à chascun une chemise des miennes, telle que elles sont, combien que elles ne sont pas pareilles aux vostres. Mais elles sont blanches, et si ne povez mieulx faire, ce me semble. » Ilz furent contens de ces chemises de l'oste, qui estoient courtes et estroictes, et de bien dure et aspre toille, et Dieu scait qui les faisoit bon veoir. Ilz furent pretz, Dieu mercy : mais il estoit si tart, que ilz ne scavoient où ilz pourroyent ouyr la messe. Alors dist Montbleru qui tenoit trop bien maniere : « Quant est de la messe, il est dès meshuy [2] trop tart pour l'ouyr, mais je scay bien une eglise en ceste ville, où nous ne fauldrons point à tout le moins de veoir Dieu. — Encores il vault mieux de le veoir que rien, dirent ces bons seigneurs, allons, allons et nous advancons vistement; c'est trop tardé; car, perdre noz chemises, et ne ouyr point aujourd'huy de messe, ce seroye mal sur mal; et pourtant il est temps d'aller à l'eglise, si meshuy nous voulons ouyr la messe. » Montbleru incontinent les mena en la grant eglise d'Envers, où il y a ung Dieu sur ung asne [3]; et quant ilz eurent chascun dit leurs patenostres et leurs devocions, ilz dirent à Montbleru : « Où esse que nous verrons Dieu? — Je le vous monstreray, dist-il, tout maintenant. » Alors il leur monstra ce Dieu sur l'asne, et puis il leur dist : « Vela Dieu! Vous ne fauldrez jamais de veoir Dieu ceans, à quelque heure que ce soit. » Adoncques ilz commencerent à rire, jà soit ce que la douleur de leurs chemises ne feust point encores appaisée. Et sur ce point, ilz s'en vindrent disner et furent depuis ne scay quans jours à Envers : et après s'en partirent sans ra-

---

[1] Quand on eut longtemps parlé.
[2] Pour aujourd'hui.
[3] Bas-relief ou tableau qui représentait Jésus-Christ entrant à Jérusalem, monté sur un âne, dix jours avant sa passion.

voir leurs chemises ; car Montbleru les mist en lieu seur, et les vendist depuis cinq escuz d'or. Or advint, comme Dieu le voulut, que en la bonne sepmaine du caresme ensuivant le mercredy [1], Montbleru se trouva au disner, avec ces trois bons seigneurs dessus nommez; et, entre aultres parolles, il leur ramenteust [2] les chemises qu'ilz avoient perdues à Envers, et dist : « Helas! le povre larron qui vous desroba, il sera bien damné, se son meffait ne luy est pardonné de par vous ; et, par Dieu, vous ne le vouldriez pas? — Ha! dist maistre Himbert, par Dieu, beau sire, il ne m'en souvenoit plus, je l'ay pieça oublié. — Et au moins, dist Montbleru, vous luy pardonnez? Ne faictes pas? — Saint Jehan! ouy, dist-il ; je ne vouldroye pas qu'il feust damné pour moy. — Et, par ma foy, c'est bien dit! dist Montbleru. Et vous, maistre Rolant, ne luy pardonnez-vous point aussi? » A grant peine disoit-il le mot : toutesfoys, en la fin, il dist qu'il luy pardonnoit, mais, pource qu'il perdoit à regret, le mot plus luy coustoit à prononcer : « Et vrayement, dist Montbleru, vous luy pardonnez aussi, maistre Rolant? Qu'avez-vous gaigné de damner ung povre larron, pour une meschante chemise et ung couvrechief? — Et je luy pardonne vrayement, dist-il lors, et l'en clame quicte [5], puis que ainsi est que aultre chose n'en puis avoir. — Et, par ma foy, vous estes bon homme. » Or, vint Letourneur. Si luy dist Montbleru : « Or ça, Jehan, vous ne ferez pas pis que les aultres; tout est pardonné à ce povre larron des chemises, se à vous ne tient. — A moy ne tiendra pas, dist-il ; je luy ay pieça pardonné, et luy en baille de rechief tout maintenant devant vous l'absolucion. — On ne pourroit mieulx dire, dist Montbleru, et, par ma foy, je vous scay bon gré de la quittance que vous avez faicte au larron de voz chemises, et en tant qu'il me touche, je vous en remercye tous ; car je suis le larron mesme qui vous desroba à Envers. Je prens ceste quictance à mon prouffit, et de rechief vous en remercye toutesfoys, car je le doy faire. » Quant Montbleru eut confessé ce larrecin, et qu'il eut trouvé sa quictance par le party que avez ouy, ne fault pas demander se maistre Rolant et Jehan Letourneur furent bien esbahys, car ilz ne se feussent jamais doubtez qui leur eust fait ceste courtoisie. Et luy fut bien reprouché ce povre larrecin, voire en esbatant. Mais luy, qui scait son entregens, se desarmoit gracieusement de tout ce dont chargier le vouloient ; et leur disoit bien que

---

[1] La première semaine du Carême, après le mercredi des Cendres.
[2] Rappela, remémora.
[5] Je le déclare quitte, absous.

c'estoit sa coustume que de gaignier et de prendre ce qu'il trouvoit sans garde, especialement à telz gens comme ilz estoient. Ces trois bons seigneurs n'en firent que rire; mais trop bien ilz luy demanderent comment il les avoit prinses, et aussi en quelle façon et maniere il les desroba. Et il leur declaira tout au long, et dist aussi qu'il avoit eu de tout ce butin cinq escuz d'or, dont ilz n'eurent ne demanderent oncques aultre chose.

LA LXIVe NOUVELLE

PAR MESSIRE MICHAULT DE CHANGY

Il est vray que nagueres, en ung lieu de ce pays que je ne puis nommer, et pour cause, mais, au fort, qui le scait, si s'en taise comme je fais, en ce lieu là avoit ung maistre curé qui faisoit raige de bien confesser [1] ses paroissiennes. Et, de fait, il n'en eschappoit nulles, qu'ilz ne passassent par là, voire des jeunes; au regard des vieilles, il n'en tenoit compte. Quant il eut longuement maintenu ceste saincte vie et ce vertueux exercice, et que la renommée en fut espandue par toute la marche et ès terres voisines, il fut pugny, ainsi que vous orrez, par l'industrie d'ung sien prouchain [2], à qui toutesfoys il n'avoit point encores riens meffait touchant sa femme. Il estoit ung jour au disner, et faisoit bonne chiere en l'ostel d'ung sien paroissien que je vous ay dit. Et comme ilz estoient ou meilleur endroit de leur disner et qu'ilz faisoient la plus grant chiere, vecy venir leans ung homme, qui s'appelle *trenchecoille* [3], lequel se mesle de tailler gens, d'arracher dens, et d'ung grant tas de brouilleries [4]; et avoit ne scay quoy à besoingnier à l'oste de leans. L'oste le recueillit très bien et le fist seoir, et, sans se faire trop prier, il se fourre avec nostre curé et les

[1] Au figuré, dans le sens libre de *dépêcher*.
[2] Un de ses voisins.
[3] Cet important personnage, qui ne *taille* plus que les porcs, les chevaux et les ânes, sans se mêler même d'arracher les dents, s'appelle maintenant le *châtreux*.
[4] C'est-à-dire : une foule de choses dissemblables et confuses.

aultres; et, s'il estoit venu tart, il mettoit paine d'aconsuyr¹ les aultres qui le mieulx avoient viandé² Ce maistre curé, qui estoit un grant farceur et ung fin homme, commence à prendre la parolle à ce trenchecoille, et le trenchecoille luy respondit au propos de ce qu'il scavoit. Certaine piece après, maistre curé se vire vers l'oste et en l'oreille luy dist : « Voulons-nous bien tromper ce trenchecoille? — Ouy, je vous en prie, dist l'oste, mais en quelle maniere le pourrons-nous faire? — Par ma foy, dist le curé, nous le tromperons trop bien, se me voulez aucunement ayder. — Et, par ma foy, je ne demande aultre chose, dist l'oste. — Je vous diray que nous ferons, dist le maistre curé : je faindray avoir grant mal en ung coillon, et puis je marchanderay à luy de le me oster, et me mettray sus la table et tout en point, comme pour le trenchier. Et quant il viendra près et il voudra veoir que c'est et ouvrer³ de son mestier, je luy montreray le derriere. — Et que c'est bien dit! » respondit l'oste, lequel à coup se pensa ce qu'il vouloit faire : « Vous ne fistes jamais mieulx; laissez-nous faire entre nous aultres, nous vous ayderons bien à parfaire la farce. — Je le vueil! » dist le curé. Après ces parolles, monseigneur le curé de plus belle rassaillit nostre taillecoille d'unes et d'aultres⁴, et, en la parfin, luy commença à dire : « Pardieu! qu'il avoit bien mestier d'ung tel homme qu'il estoit, et que veritablement il avoit ung coillon pourry et gasté, et vouldroit qu'il luy eust cousté bonne chose, et qu'il eust trouvé homme qui bien luy sceust oster. » Et vous devez scavoir qu'il le disoit si froidement, que le trenchecoille cuidoit veritablement qu'il dist tout vray. Adonc il luy respondit : « Monseigneur le curé, je vueil bien que vous saichiez, sans nul despriser, ne moy vanter de riens, qu'il n'y a homme en ce pays, qui mieulx de moy vous sceust aider; et pour l'amour de l'oste de ceans, je vous feray telle courtoisie de ma paine, se vous voulez mettre en mes mains, que par droit vous en serez et deverez estre content. — Et vrayement, dist maistre curé, c'est très bien dit à vous. » Conclusion, pour abregier, ilz furent d'acort. Et incontinent après, fut la table ostée, et commença nostre maistre trenchecoille à faire ses preparatoires⁵ pour besoingnier; et, d'aultre part, le bon curé se mettoit à

¹ Rejoindre, suivre de près.
² Mangé.
³ Opérer, travailler.
⁴ En parlant de chose et d'autre.
⁵ Pour *préparatifs*.

point pour faire la farce qui ne luy tourna pas à jeu; et devisoit à l'oste et aux aultres, qui estoient presens, comment il devoit faire. Et cependant que ces apprestes[1] se faisoient, d'ung cousté et d'aultre, l'oste de leans vint au trenchecoille, et luy dist : « Garde bien, quelque chose que ce prestre te dye, quant tu le tiendras en tes mains, pour ouvrer à ses coillons, que tu luy trenches tous deux rasibus, et garde bien que tu n'y failles point, si chier que tu aymes ton corps. — Et, par saint Martin ! si feray-je, dist le trenchecoille, puis qu'il vous plaist. J'ay ung instrument qui est si prest et si bien trenchant, que je vous feray present de ses genitoires, avant qu'il ait loisir de riens me dire. — Or, on verra que tu feras, dist l'oste, mais, se tu faulx, par ma foy, je ne te fauldray pas. » Tout fut prest et la table appointée, et monseigneur le curé en pourpoint, qui contrefaisoit l'ydole[2], et promettoit bon vin à ce trenchecoille. L'oste aussi et pareillement les serviteurs de leans devoient tenir damp curé : qui n'avoient garde de le laisser eschapper, ne remuer en quelque maniere que ce feust. Et, affin d'estre plus seur, le lierent trop bien et estroit, et luy disoient que c'estoit pour mieux et plus couvertement faire la farce, et quant il voudroit, ilz le laisseroyent aller; il les creut comme fol. Or vint ce vaillant trenchecoille, garny en sa cornette[3] de son petit rasoir, et incontinent commença à vouloir mettre les mains aux coilles de monseigneur le curé : « A ! dist monseigneur le curé, faictes à trait[4] et tout beau ! Tastez-les le plus doulcement que vous pourrez, et puis après, je vous diray lequel je vueil avoir osté. — Et bien ! » dist le trenchecoille. Et lors tout souef[5] lieve la chemise du maistre curé, et prent ses maistresses coilles, grosses et quarrées, et sans plus enquerir, subitement, comme l'eclipse[6], les luy trencha tous deux d'ung seul coup. Et bon curé de crier, et de faire la plus male vie que jamais fist homme. « Hola! hola! dist l'oste, pille pacience ! Ce qui est fait est fait; laissez-vous adouber[7] si vous voulez. » Alors le trenchecoille le mist à point du surplus que en tel cas appartient, et puis part et s'en va, attendant de l'oste il savoit bien quoy. Or ne fault-il pas demander se monseigneur

[1] Pour *apprêts*.
[2] Expression proverbiale signifiant : qui se faisait prier, ou bien qui avait l'air superbe, ou bien qui jouait la comédie.
[3] Chaperon, bonnet.
[4] D'un seul trait, d'un seul coup. Nous avions proposé de remplacer ce mot ar *adret*, adroitement.
[5] Tout doucement.
[6] Comme l'éclair.
[7] Panser.

le curé fut bien camus de se veoir ainsi desgarny de ses instrumens. Et mettoit sus[1] à l'oste, qu'il estoit cause de son meschief et de son mal ; mais Dieu scait s'il s'en excusoit bien, et disoit que, se le trenchecoille ne se feust si tost saulvé, qu'il l'eust mis en tel point que jamais n'eust fait bien après. « Pensez, dist-il, qu'il me desplaist bien de vostre ennuy, et plus beaucoup encores, de ce qu'il est advenu en mon ostel. » Ces nouvelles furent tost volées et semées par toute la ville ; et ne fault pas dire que aucunes damoiselles n'en fussent bien marries d'avoir perdu les instrumens de monseigneur le curé ; mais, aussi, d'aultre part, les dolens marys en furent tant joyeux qu'on ne vous scauroye dire, ne escripre la dixiesme partie de leur lyesse. Ainsi que vous avez ouy, fut pugny maistre curé, qui tant en avoit d'aultres trompez et deceuz ; et oncques depuis ne se osa veoir ne trouver entre gens ; mais, comme reclus et plain de melencolie, fina bien tost après ses dolens jours.

LA LXVe NOUVELLE

PAR MONSEIGNEUR LE PREVOST DE VUASTENNES

Comme souvent l'en met en terme plusieurs choses dont en la fin on se repent, advint nagueres que ung gentil compaignon demourant en ung villaige assez près du Mont-Sainct-Michiel, se devisoit, à ung soupper, present sa femme, aucuns estrangiers et plusieurs de ses voisins, d'ung ostellier dudit Mont-Sainct-Michiel, et disoit, affermoit et juroit sur son honneur, qu'il portoit le plus beau membre, le plus gros et le plus quarré, qui feust en toute la marche d'environ ; et avec ce, et qui n'empiroit pas le jeu, il s'en aydoit tellement et si bien, que les quatre, les cinq, les six fois ne luy coustoient non plus que se on les prenoit en la cornette de son chapperon. Tous ceulx de la table ouyrent voulentiers le bon bruyt que on donnoit à cest ostellier du Mont-Sainct-Michiel, et en parlerent chascun comme il l'entendoit. Mais qui y

---

[1] Accusait, reprochait.

print garde, ce fut la femme du racompteur de l'histoire, laquelle y presta très bien l'oreille, et luy sembla bien que la femme estoit heureuse et bien fortunée, qui de tel mary estoit douée. Et pensa deslors en son cueur, que s'elle peut trouver honneste voye et subtille, elle se trouvera quelque jour audit lieu de Sainct-Michiel, et à l'ostel de l'homme au gros membre se logera; et ne tiendra que à luy qu'elle n'espreuve se le bruyt qu'on luy donne est vray. Pour executer ce qu'elle avoit proposé et mettre à fin ce que en son couraige avoit deliberé, environ cinq ou six ou huit jours, elle print congié de son mary pour aller en pellerinaige au Mont-Sainct-Michiel. Et, pour mieulx coulourer l'occasion de son voyaige, elle, comme femmes scaivent bien faire, trouva une bourde toute affaitiée[1]. Et son mary ne luy refusa pas le congié, combien qu'il se doubtast tantost de ce qui estoit. Avant qu'elle partist, son mary luy dist qu'elle fist son offrande à sainct Michiel, et qu'elle se logast à l'ostel dudit ostellier, et qu'elle le recommandast à luy beaucoup de fois. Elle promist de tout acomplir, et de faire son messaige, ainsi qu'il luy avoit commandé. Et, sur ce, prent congié, s'en va, et Dieu scait, beaucoup desirant soy trouver au lieu de Sainct-Michiel. Tantost qu'elle fut partie et bon mary de monter à cheval et par aultre chemin que celuy que sa femme tenoit, picque tant qu'il peut au Mont-Sainct-Michiel, et vint descendre tout secretement, avant que sa femme, à l'ostel de l'ostellier dessusdit, lequel très lyement[2] le receut, et luy fist grant chiere. Quant il fut en sa chambre, il dist à l'ostellier : « Or ça, mon oste, je scay bien que vous estes mon amy de pieça, et je suis le vostre, s'il vous plaist, et, pource, je vous vueil bien dire qui me amaine maintenant en ceste ville. Il est vray que, environ a six ou huit jours, nous estions au soupper, en mon ostel, ung grant tas de bons compaignons et vrais gaudisseurs[3] et freres de l'ordre[4]; et, comme vous scavez que on parle de plusieurs choses, en devisant les ungs aux aultres, je commençay à parler et à compter comment on disoit en ce pays, qu'il n'y avoit homme mieulx hostillé[5] de vous. » Et, au surplus, luy dist au plus près ce qu'il sceust. Brief, toutes parolles qui touchoient ce propos furent menées en jeu, ainsi

---

[1] Préparée, arrangée exprès. On dirait aujourd'hui *toute faite*.
[2] Joyeusement.
[3] Amis de la joie; du verbe latin *gaudere*.
[4] L'Ordre de la bouteille, ou quelque autre confrérie joyeuse; peut-être seulement la confrérie des maris.
[5] Pour *outillé*.

comme dessus est touché : « Or est-il ainsi, dist-il, que ma femme, entre les aultres, reçut très bien mes parolles, et n'a jamais arresté tant qu'elle ait trouvé maniere de impetrer son congié pour venir en ceste ville. Et, par ma foy, je me doubte fort et croy veritablement que sa principale intencion est d'esprouver, s'elle peut, se mes parolles sont vrayes que j'ay dictes touchant vostre gros membre. Elle sera tantost ceans, je n'en doubte point, car il luy tarde de soy y trouver; si vous prie, quant elle viendra, que la recevez lyement et luy faictes bonne chiere, et luy demandez la courtoisie, et faictes tant qu'elle le vous accorde. Mais, toutesfoys, ne me trompez point, gardez bien que vous n'y touchiez; prenez terme d'aller vers elle, quant elle sera couchée, et je me mettray en vostre lieu, et vous orrez après bonne chose. — Laissez-moy faire, dist l'ostellier, je vous prometz que je feray bien mon personnaige. — Ha dea, toutesfoys, dist l'aultre, ne me faictes point de desloyaulté. Je scay bien qu'il ne tiendra point en elle que ne le faciez. — Par ma foy, dist l'ostellier, je vous asseure que je n'y toucheray jà. » Et non fist-il. Il ne demoura gueres que vecy venir nostre gouge[1] et sa chamberiere, bien lassées Dieu le scet. Et bon oste, de saillir avant, et de recevoir la compaignie, comme il luy estoit enjoinct, et qu'il avoit promis. Il fist mener ma damoiselle en ung très beau lit, et luy fist faire de bon feu et fist apporter tout du meilleur vin de leans, et alla querir de belles cerises toutes fresches, et vint bancqueter avecques elle, en attendant le soupper. Il commença de faire ses approuches, quant il vit son point[2]; mais Dieu scait comment on le geta loing de prime face. En la parfin toutesfoys, pour abregier, marchié fut fait qu'il viendroit couchier avecques elle environ la mynuyt tout secretement. Et, ce couchier accordé, il s'en vint devers le mary de la gouge et luy compta le cas, lequel, à l'heure prinse entre elle et l'ostellier, il s'en vint bouter en son lieu et besoingna la nuyt, le mieulx qu'il peut, et se leva sans mot dire avant le jour, et se vint remettre en son lit. Quant le jour fut venu, nostre gouge, toute melencolieuse, pensive et despiteuse, pource que point n'avoit trouvé ce qu'elle cuidoit, appella sa chamberiere, et se leverent. Et, au plus hastivement qu'elles peurent, s'habillerent et voulurent paier leur escot; mais l'oste dist que vrayement, pour l'amour de son mary, qu'il n'en prendroit riens d'elle. Et sur ce, elle

[1] On dirait maintenant, dans le langage libre : *notre gueuse, notre coquine.*
[2] C'est-à-dire : faire des avances, quand il vit le moment propice. *Faire ses approches*, c'est, au propre, entamer le siége d'une place.

dist adieu, et print congié de luy. Or, s'en va ma damoiselle toute courroucée, sans ouyr messe, ne veoir Sainct-Michiel, ne desjeuner aussi, et sans ung seul mot dire, se mist à chemin, et s'en vint en sa maison. Mais il fault dire que son mary y estoit jà arrivé, qui luy demanda qu'on disoit de bon à Sainct-Michiel. Elle, tant marrie qu'on ne pourroit plus, à peu s'elle daignoit respondre : « Et quelle chiere, dist le mary, vous a fait vostre oste? Par Dieu, il est bon compaignon. — Bon compaignon? dist-elle, il n'y a riens d'oultraige [1], je ne m'en scauroye louer que tout à point [2]. — Non, dame, dist-il, et, par sainct Jehan! je pensoye que, pour l'amour de moy, il vous deust festoier et faire bonne chiere. — Il ne me chault, dist-elle, de sa chiere, je ne voys pas en pellerinaige pour l'amour de luy ne d'aultre : je ne pense que à ma devocion. — Dea, dist-il, par Nostre-Dame! vous y avez failly! Je scay trop bien pourquoy vous estes tant refrignée [3], et pourquoy vous avez le cueur tant enflé? Vous n'avez pas trouvé ce que vous cuidiez, il y a bien à dire une once [4]. Dea, dea, ma dame, j'ay bien sceu la cause de vostre pellerinaige! Vous cuydiez taster et esprouver le grant brichouard de nostre oste de Sainct-Michiel; mais, par sainct Jehan! je vous en ay bien gardée, et garderay, si je puis. Et, affin que vous ne pensez pas que je vous mentisse, quant je vous disoye qu'il l'avoit si grant, par Dieu, je n'ay dit chose qui ne soit vraie : il n'est jà mestier que vous en saichiez plus avant que par ouy dire, combien que, s'il vous eust voulu croire, et je n'y eusse contredit, vous aviez bonne devocion d'essaier la puissance. Regardez comment je scay les choses! Et, pour vous oster hors de suspection [5], sachiez de vray que je vins à mynuyt, à l'heure que luy aviez assignée, et ay tenu son lieu; si prenez en gré ce que j'ay peu faire, et vous passez [6] doresenavant de ce que vous avez. Pour ceste fois, il vous est pardonné, mais de recheoir, gardez-vous-en, pour autant qu'il vous touche! » La damoiselle, toute confuse et esbahye, voyant son tort evident, quant elle peut parler, crya mercy, et promist de plus n'en faire. Et je tiens que non fist-elle de sa teste.

[1] C'est-à-dire : il n'y a pas d'excès.
[2] Tout juste.
[3] Pour *renfrognée*.
[4] C'est-à-dire : il s'en est fallu de beaucoup, de plus d'une once.
[5] Suspicion, soupçon.
[6] Contentez-vous.

LA LXVIᵉ NOUVELLE

PAR PHELIPPE DE LAON

N'A gueres que j'estoye à Sainct-Omer, avec ung grant tas de gentilz compaignons, tant de ceans comme de Boulongne et d'ailleurs ; et, après le jeu de paulme, nous alasmes soupper en l'ostel d'ung tavernier qui est homme de bien et beaucoup joyeux ; et a une très belle femme, et en bon poinct, dont il a eu ung très beau filz, de l'aage d'environ six ans. Comme nous estions tous assis au soupper, le tavernier, sa femme et leur filz d'emprès elle, avecques nous, les aucuns commencerent à deviser, les aultres à chanter et faisoient la plus grant chiere de jamais ; et nostre oste, pour l'amour de nous, ne s'y faignoit pas[1]. Or, avoit esté sa femme ce jour aux estuves, et son petit filz avecques elle. Si s'advisa nostre oste, pour faire rire la compaignie, de demander à son filz de l'estat et gouvernement de celles qui estoient aux estuves avecques sa mere[2] ; si va dire : « Vien ça, nostre filz, dy moy, par ta foy, laquelle de toutes celles qui estoient aux estuves avoit le plus beau c.. et le plus gros? » L'enfant qui se ouyoit questionner devant sa mere, qu'il craignoit comme enfans font de coustume, regardoit vers elle et ne disoit mot. Et le pere, qui ne l'avoit pas aprins de le veoir si muet, luy dict de rechief : « Or me dy, mon filz, qui avoit le plus gros c..! Dy hardiment? — Je ne scay, mon père! dist l'enfant, tousjours virant le regard vers sa mere. — Et par Dieu, tu as menty, ce dist son pere ; or le me dis, je le vueil scavoir. — Je n'oseroye, dist l'enfant, pour ma mere, car elle me bateroit. — Non fera, non, dist le pere, tu n'as garde, je t'asseure. » Et nostre ostesse sa mere, non pensant que son fils deust tout dire (ce qu'il fist), luy dist : « Dy hardyment ce que ton pere te demande ? —

---

[1] Ne s'y gênait pas, ne retenait pas sa langue.
[2] Dans les étuves publiques, qui étaient alors très-fréquentées, même par le bas peuple, les femmes et les hommes prenaient ensemble des bains de vapeur.

Vous me batriez! dist-il. — Non feray, non, » dist-elle. Et le pere, qui vit son filz avoir congié de souldre¹ sa question, luy demanda de rechief : « Or ça, mon filz, par ta foy, as-tu regardé les c... des femmes qui estoient aux estuves? — Sainct Jean! ouy, mon pere. — Et y en avoit-il largement, dy, ne mens point? — Je n'en vy oncques tant : ce me sembloit une droicte² garenne de c... — Or ça, dy-nous maintenant qui avoit le plus beau et le plus gros? — Vraiement, ce dist l'enfant, ma mere avoit le plus beau et le plus gros, mais il avoit si grant nez. — Si grant nez? dist le pere. Va, va, tu es bon enfant. » Et nous commençames tous à rire et à boire d'autant, et à parler de cest enfant qui caquetoit si bien. Mais sa mere ne scavoit sa contenance, tant estoit honteuse, pource que son filz avoit parlé du nez; et croy bien qu'il en fut depuis trop bien torché³, car il avoit encusé le secret de l'escole⁴. Nostre oste fist du bon compaignon; mais il se repentit assez depuis d'avoir fait la question, dont l'absolucion⁵ le feist rougir, et puis c'est tout.

LA LXVIIᵉ NOUVELLE

PAR PHELIPPE DE LAON

MAINTENANT a trois ans ou environ que une assez bonne adventure advint à ung chapperon fourré⁶ du parlement de Paris. Et, affin qu'il en soit memoire, j'en fourniray ceste nouvelle; non pas toutesfoys que je vueille dire que tous les chapperons fourrez soient bons et veritables; mais, pource qu'il y eut non pas ung peu de desloyaulté au fait de cestuy-cy, mais largement, qui est chose bien estrange et non accoustumée, comme chascun scait. Or, pour venir au fait, ce chaperon fourré, en lieu de dire ce seigneur de parlement, devint

¹ Pour *résoudre*.
² Vraie, véritable.
³ Réprimandé, grondé.
⁴ Expression proverbiale, signifiant : un secret qu'il devait garder.
⁵ Pour *solution*.
⁶ Les conseillers au Parlement portaient un chaperon fourré d'hermine.

amoureux à Paris de la femme d'un cordouennier¹, qui estoit belle et bien enlangaigée à l'avenant et selon le terrouer. Ce maistre chapperon fourré fist tant, par moyens d'argent et aultrement, qu'il parla à la belle cordouenniere dessoubz sa robbe à part, et, s'il en avoit esté bien amoureux avant la jouyssance, encores l'en fut-il trop depuis, dont elle se appercevoit et donnoit trop bien garde, dont elle s'en tenoit plus fiere, et si se faisoit achapter. Luy, estant en ceste rage, pour mandement, priere, promesse, don, ne requeste qu'il sceust faire, elle se pensa de ne plus comparoir², affin de luy encores rengreger³ et plus acroistre sa maladie. Et vecy nostre chaperon fourré qui envoie ses ambassades devers sa dame la cordouenniere; mais c'est pour neant : elle n'y viendroye pour mourir. Finablement, pour abregier, affin qu'elle voulsist venir vers luy comme aultresfois, il luy promist, en la presence de trois ou de quatre qui estoient de son conseil quant à telles besoingnes, qu'il la prendroit à femme, se son mary le cordouennier terminoit vie par mort. Quant elle eut ouy ceste promesse, elle se laissa ferrer⁴ et vint, comme elle souloit, au coucher, au lever et aux autres heures qu'elle povoit eschapper, devers le chaperon fourré qui n'estoit pas moins feru, que l'aultre jadis⁵, d'amours. Et, elle, sentant son mary desjà vieil et ancien, et ayant la promesse dessusdicte, se reputoit desjà comme sa femme. Peu de temps après, la mort de ce cordouennier, très desirée, fut sceue et publiée; et bonne cordouenniere se vient bouter de plain sault⁶ en la maison du chaperon fourré, qui joyeusement la receut; promist aussi de rechief qu'il la prendroye à femme. Or sont maintenant ensemble, sans contredit, ces deux bonnes gens, le chaperon fourré et madame la cordouenniere. Mais, comme souvent advient que chose eue à danger est plus chiere tenue que celle dont on a le bandon⁷, ainsi advint-il cy? Car nostre chaperon fourré commença à soy ennuyer et laisser la cordouenniere, et de l'amour d'elle refroider. Et elle le pressoit tousjours de paracomplir le mariage dont il avoit fait la promesse, mais il luy dist : « M'amye, par ma foy, je ne me puis jamais marier, car je suis homme d'eglise et tiens benefice comme vous scavez;

¹ Cordonnier. Ce mot est formé de *cordaen*, cuir de Cordoue, avec lequel on faisait les chaussures de ville.
² Aller au rendez-vous, comparaître à l'appel du conseiller.
³ Aggraver, augmenter.
⁴ Expression proverbiale, signifiant : céder, se soumettre.
⁵ Que naguères.
⁶ De prime-saut, tout d'abord.
⁷ Le drapeau, la conduite.

la promesse que je vous fis jadis est nulle, et ce que j'en fis lors, c'estoit pour la grant amour que je vous portoye, esperant aussi par ce moyen plus legierement vous retraire[1]. » Elle, cuidant qu'il fust lyé à l'eglise, et soy voyant aussi bien maistresse de leans que s'elle fust sa femme espousée, ne parla plus de ce mariage, et alla son chemin acoustumé. Mais nostre chaperon fourré fist tant, par belles parolles et plusieurs remonstrances, qu'elle fut contente de soy partir de luy et espouser ung barbier, auquel il donna trois cens escus d'or comptant; et Dieu scait s'elle partit bien baguée[2]. Or devez-vous scavoir que nostre chaperon fourré ne fist pas legierement ceste departie ne ce mariage, et n'en fust point venu au bout, se n'eust esté qu'il disoit à sa dame qu'il vouloit doresenavant servir Dieu et vivre de ses benefices et soy du tout rendre à l'eglise. Or fist-il tout le contraire, quant il se vit desarmé d'elle et elle alyée au barbier; il fist secretement traicter, environ ung an après, pour avoir par mariage la fille de ung notable bourgeois de Paris. Et fut la chose faicte et passée, et jour assigné pour les nopces; disposa aussi de ses benefices qui n'estoient que à simple tonsure. Ces choses sceues parmy Paris et venues à la congnoissance de la cordouenniere, creez qu'elle fut bien esbaye : « Voire, dist-elle, le vray traistre, m'a-il ainsi deceue ! Il m'a laissée, soubz umbre de aller servir Dieu, et m'a baillée à ung aultre. Et, par nostre Dame, la chose ne demourera pas ainsi ! » Non, fist-elle, car elle fist comparoir nostre chaperon fourré devant l'evesque, et illec son procureur remonstra bien et gentement sa cause, disant comment le chaperon fourré avoit promis à la cordouenniere, en la presence de plusieurs, que se son mary mouroit, qu'il la prendroye à femme. Son mari mort, il l'a tousjours tenue jusques environ à ung an, qu'il l'a baillée à ung barbier. Et, pour abréger, les tesmoings et la chose bien debatue, l'evesque adnichila[3] le mariage de la cordouenniere au barbier, et enjoignit au chaperon fourré, qu'il la print comme sa femme; car elle estoit sienne à cause de la compaignie charnelle qu'il avoit eue à elle. Et, s'il estoit mal content de ravoir sa cordouenniere, le barbier estoit bien autant joyeux d'en estre despesché[4]. En la façon qu'avez ouy, s'est puis nagueres gouverné l'ung des chaperons fourrés du parlement de Paris.

[1] Plus aisément vous reprendre.
[2] Bien nippée.
[3] *Annihila*, annula, cassa.
[4] Délivré.

LA LXVIIIe NOUVELLE

PAR MESSIRE CHRESTIEN DE DYGOIGNE

Ce n'est pas chose peu acoustumée ne de nouveau mise sus[1] que femmes ont fait leurs maris jaloux, voire, par Dieu, coux. Si advint nagueres, à ce propos, en la ville d'Envers, que une femme mariée, qui n'estoit pas des plus seures du monde, fut requise d'ung gentil compaignon de faire la chose que scavez. Et, elle, comme courtoise et telle qu'elle estoit, ne refusa pas le service que on luy presentoit, mais debonnairement se laissa ferrer, et maintint ceste vie assez longuement. En la parfin, comme Fortune voulut, qui ennemye et desplaisante estoit de leur bonne chevance[2], fist tant, que le mary trouva la brigade en present meffait[3], dont en y eut de bien esbahys. Ne scay toutesfoys lequel l'estoit le plus, de l'amant, de l'amye ou du mary; neantmoins, l'amant, à l'ayde d'une bonne espée qu'il avoit, se saulva, sans nul mal avoir. Or demourerent le mary et la femme; de quoy leurs propos furent; il se peult assez penser. Après toutesfoys aucunes parolles dictes, d'ung costé et d'aultre, le mary, pensant en soy-mesmes, puis qu'elle avoit commencé à faire la follye, que fort[4] seroye de l'en retirer; et, quant plus elle n'en feroit, si estoit tel le cas, qu'il estoit jà venu à la conguoissance du monde; de quoy il en estoit noté, et quasi deshonnoré; considera aussi de la batre ou injurier de parolles, que c'estoit paine perdue; si s'advisa après, à chief[5], qu'il la chasseroye paistre hors d'avecques luy, et ne sera jamais d'elle ordoyée[6] sa maison; si dist à sa femme : « Or çà, je voy bien que vous ne m'estes pas telle que vous deussiez estre par raison; toutesfoys, esperant que jamais ne vous adviendra de ce qui est fait, n'en soit plus parlé. Mais

---

[1] Mise en avant, représentée, exposée.
[2] Pour *chance*.
[3] En flagrant délit.
[4] Difficile.
[5] A la fin, en dernier lieu.
[6] Salie, déshonorée.

devisons d'ung aultre. J'ay ung affaire qui me touche beaucoup, et à vous aussi ; si nous fault engaiger tous nos joyaulx, et, se vous avez quelque mynot¹ d'argent à part, il le vous fault mettre avant; car le cas le requiert. — Par ma foy, dist la gouge, je le feray de bon cueur; mais que me pardonnez vostre maltalent². — N'en parlez, dist-il, non plus que moy. » Elle, cuidant estre absolue³ et avoir remission de ses pechiez, pour complaire à son mary, après la noyse dessusdicte, bailla ce qu'elle avoit d'argent, ses verges⁴, ses tissus, certaines bourses estoffées bien richement, ung grant tas de couvre-chiefz bien fins, plusieurs pennes⁵ entieres et de bonne valeur; brief, tout ce qu'elle avoit, et que son mary voulut demander, elle luy bailla, pour en faire son bon plaisir : « En dea, dist-il, encores ne ay-je pas assez ! » Quant il eut tout jusques à la robbe et la cote simple, qu'elle avoit sur elle : « Il me fault avoir ceste robbe! dist-il. — Voire, dist-elle, et je n'ay aultre chose à vestir. Voulez-vous que je voise toute nue ? — Force est, dist-il, que la me baillez et la cote simple aussi, et vous advancez; car, soit par amours ou par force, il la me fault avoir. ». Elle, voyant que la force n'estoit pas sienne, se desarma de sa robe et de sa cote simple, et demoura en sa chemise : « Tenez, dist-elle, fay-je bien ce qu'il vous plaist ? — Vous ne l'avez pas tousjours fait, dist-il. Se à ceste heure vous me obeyssez, Dieu scait se c'est de bon cueur; mais laissons cela et parlons d'ung aultre⁶. Quant je vous prins à mariage à la male heure, vous n'aportastes gueres avecques vous, et encores le tant peu que ce feust, si l'avez-vous forfait⁷ et confisqué; il n'est jà mestier qu'on vous dye vostre gouvernement⁸ : vous scavez mieulx quelle vous estes, que nul autre, et pour ce, telle que vous estes à ceste heure, je vous baille le grant congié et vous dy le grant adieu. Vela⁹ l'huys, prenez chemin, et, se vous faictes que saige, ne vous trouvez jamais devant moy. » La povre gouge, plus esbahye que jamais, n'osa plus demourer, après ceste horrible leçon, ains se partit et s'en vint rendre, ce croy-je, à l'ostel de son amy par amours,

---

¹ Ancienne mesure de capacité, contenant un pied cube.
² A condition que vous me pardonniez l'outrage que je vous ai fait.
³ Pour *absoulte*.
⁴ Bagues, anneaux d'or.
⁵ Fourrures; du bas latin *pannus* et *panna*, qui signifiait aussi drap, tissu de laine.
⁶ D'autre chose.
⁷ Dissipé, mal employé.
⁸ Il n'est pas besoin qu'on vous dise quelle a été votre conduite.
⁹ Pour *voilà*.

pour ceste premiere nuyt, et fist mettre sus[1] beaucoup d'embassadeurs pour ravoir ses bagues et ses habillemens de corps; mais ce fut pour neant, car son mary, obstiné et endurcy en son propos, n'en voulut oncques ouyr parler, et encores moins de la reprendre; si en fut beaucoup pressé tant des amys de son costé comme de ceulx de la femme, toutesfoys elle fut contrainte de gaigner des aultres habillemens, et, en lieu de mary, user de amy, attendant le rapaisement de sondit mary, qui, à l'heure de ce compte, estoit encores mal content, et ne la vouloit veoir pour rien qui feust.

LA LXIXᵉ NOUVELLE

PAR MONSEIGNEUR

IL n'est pas seulement congneu de ceulx de la ville de Gand (où le cas, que je vous ay à descrire, est, n'a pas long temps, advenu), mais de la part de ceulx du pays de Flandres, et de plusieurs aultres, que, à la bataille[2] qui fut entre le roy de Hongrie et le duc Jehan, lesquelz Dieu absolve, d'une part, et le grant Turc en son pays de Turquie d'aultre, où plusieurs notables chevaliers et escuiers françoys, flamens, alemans et picars furent prisonniers ès mains du Turc, les aucuns furent mors et persecutez, present ledit Turc, les aultres furent enchartrés[3] à perpetuité, les aultres condamnez à faire office de clerc d'esclave : du nombre des quelz fut ung gentil chevalier dudit pays de Flandres, nommé messire Clays Utenchonen. Et par plusieurs fois exerça ledit office d'esclave, qui ne luy estoit pas petit labeur, mais martire intollerable, attendu les delices où il avoit esté nourry et le lieu dont il estoit party. Or, devez-vous scavoir qu'il estoit marié par deçà à Gand, et avoit espousé une très belle et bonne dame, qui de

---

[1] Envoya.
[2] Bataille de Nicopolis, en 1395, où le roi de Hongrie, Sigismond, et Jean-sans-Peur, fils du duc de Bourgogne, furent complètement défaits par le sultan Bajazet Iᵉʳ, contre lequel ils avaient formé une croisade avec l'aide de la chevalerie de toute la chrétienté.
[3] Mis en *chartre*, en prison.

tout son cueur l'aymoit et le tenoit chier : laquelle pria Dieu journellement que brief le peust reveoir par deçà, se encores il estoit vif; s'il estoit mort, que, par sa grace, il luy voulsist ses pechez pardonner et le mettre au nombre des glorieux martirs, qui, pour le reboutement [1] des infideles, et l'exultacion de la saincte foy catholique, se sont voulentairement offers et abandonnez à mort corporelle. Ceste bonne dame, qui riche, belle et bien jeune estoit et bonne, estoit de grans amys continuellement pressée, et assaillie de ces amys, qu'elle se voulsist remarier; lesquelz disoient et affermoient que son mary estoit mort, et que, s'il feust vif, il feust retourné comme les aultres; s'il feust aussi prisonnier, on eust eu nouvelle de faire sa finance [2]. Quelque chose qu'on dist à ceste bonne dame, ne raison qu'on luy sceust amener d'apparence en cestuy fait, elle ne vouloit condescendre en cestuy mariage, et, au mieulx qu'elle scavoit, s'en excusoit. Mais que luy valut ceste excusance, certes pou [3] ou rien; car elle fut à ce menée de ses parens et amys, que elle fut contente d'obeyr. Mais Dieu scait que ce ne fut pas à peu de regret, et estoient environ neuf ans passez, qu'elle estoit privée de la presence de son bon et leal seigneur, lequel elle reputoit pieça mort; aussi faisoient la plus part et presque tous ceulx qui le congnoissoient. Mais Dieu, qui ses serviteurs et champions preserve et garde, l'avoit aultrement disposé, car encores vivoit et faisoit son ennuyeux office d'esclave. Pour rentrer en matiere, ceste bonne dame fut mariée à ung aultre chevalier, et fut environ demy an en sa compaignie, sans ouyr aultres nouvelles de son bon mary que les precedentes, c'est assavoir qu'il estoit mort. D'adventure, comme Dieu le voulut, ce bon et leal chevalier messire Clays estant encores en Turquie, à l'heure que ma dame sa femme s'est ailleurs alyée, faisant le beau mestier d'esclave, fist tant par le moyen d'aucuns chrestiens gentilz hommes et autres qui arriverent où pays, qu'il fut delivré, et se mist en leur galée [4], et retourna par deçà. Et comme il estoit sur son retour, il rencontra et trouva, en passant pays, plusieurs de sa congnoissance qui très joyeux furent de sa delivrance; car, à la verité, il estoit très vaillant homme, bien renommé et bien vertueux. Et tant se espandit ce très joyeux bruit de sa desirée delivrance, qu'il parvint en France, au pays d'Artoys et en Picardie, où

---

[1] Pour repousser les Turcs, qui avaient envahi l'Europe chrétienne.
[2] L'argent de sa rançon.
[3] Pour *peu*.
[4] Pour *galère*; du bas latin *galea*.

ses vertuz n'estoient pas moins congneues que en Flandres, dont il estoit natif. Et, après ce, ne tarda gueres que ces nouvelles vindrent en Flandres jusques aux oreilles de sa très belle et bonne dame, qui fut bien esbahye, et de tous ses sens tant alterée et surprinse qu'elle ne scavoit sa contenance : « Ha! dist-elle, après certaine piece, quant elle peut parler, mon cueur ne fut oncques d'acord de faire ce que mes parens et amys m'ont à force contrainte de faire! Helas! et qu'en dira mon très loial seigneur et mary, auquel je n'ay pas gardé loyaulté comme je deusse, mais comme femme legiere, fresle et muable de couraige, ay baillé part et porcion à aultruy de ce dont il estoit et devoit estre seigneur et maistre! Je ne suis pas celle qui doye ne ose attendre sa presence; je ne suis pas aussi digne qu'il me vueille ou doye regarder, ne jamais veoir en sa compaignie. » Et, ces parolles dictes, acompaignées de grosses larmes, son très honneste, très vertueux cueur s'esvanouyt; et cheut à terre pasmée. Elle fut prinse et portée sur ung lit, et luy revint le cueur; mais depuis ne fut en puissance de homme ne de femme de la faire menger ne dormir; ainçois fut, trois jours continuelz, tousjours plourant, en la plus grant tristesse de cueur de jamais. Pendant lequel temps elle se confessa et ordonna comme bonne chrestienne, criant mercy à tout le monde, especialement à monseigneur son mary. Et après elle mourut, dont ce fut grant dommaige; et n'est point à dire le grant desplaisir qu'en print mondit seigneur son mary, quant il sceut la nouvelle; et, à cause de son deuil, fut en grant danger de suyr, par semblable accident, sa très loyale espouse; mais Dieu, qui l'avoit saulvé d'aultres grans perilz, le preserva de ce danger.

LA LXXe NOUVELLE

PAR MONSEIGNEUR

Ung gentil chevalier d'Alemaigne, grant voyagier[1] et aux armes preux et courtois, et de toutes bonnes vertuz largement doué, au

[1] Pour *voyageur*.

retourner d'ung lointain voyaige, estant en ung sien chasteau, fut requis d'ung bourgeois, son subject[1], demourant en sa ville mesmes, d'estre parrain et tenir sus fons son enfant, de quoy la mere s'estoit delivrée droit à la venue du retour dudit chevalier. Laquelle requeste fut audit bourgeois liberalement accordée, et jà soit ce que ledit chevalier eust en sa vie tenuz plusieurs enfans sur fons, si n'avoit-il jamais donné son entente[2] aux sainctes parolles par le prestre proferées au mistere de ce sainct et digne sacrement, comme il fist à ceste heure; et luy sembloit, comme elles sont à la verité, plaines de haults et divins misteres. Ce baptesme achevé, comme il estoit liberal et courtois, affin d'estre veu de ses hommes[3], il demoura au disner en la ville, sans monter au chasteau, et luy tindrent compaignie le curé, son compere et aucuns aultres des plus gens de bien. Devises[4] monterent en jeu d'unes et d'aultres matieres, tant que Monseigneur commença à louer beaucoup le digne sacrement de baptesme, et dist hault et cler, oyans tous : « Se je scavoye veritablement que à mon baptesme eussent esté pronuncées les dignes et sainctes parolles que j'ay ouyes à ceste heure au baptesme de mon nouveau filleul, je ne craindroye en rien le Dyable, qu'il eust sur moy puissance ne auctorité, sinon seulement de moy tenter, et me passeroye de faire le signe de la croix, non pas (affin que bien vous m'entendez) que je ne saiche très bien que ce signe est suffisant à rebouter[5] le Dyable ; mais ma foy est telle, que les paroles dictes au baptesme d'ung chascun chrestien, se elles sont telles comme aujourd'huy j'aye ouyes, sont vaillables[6] à rebouter tous les dyables d'enfer, s'il y en avoit encores autant. — En verité, respondit lors le curé, Monseigneur, je vous asseure *in verbo sacerdotis*, que les mesmes parolles qui ont esté aujourd'huy dictes au baptesme de vostre filleul furent dictes et celebrées à vostre baptisement ; je le scay bien, car moy-mesmes vous baptisay et en ay aussi fresche memoire comme se ce eust esté hier. Dieu face mercy à monseigneur vostre pere ! Il me demanda, le lendemain de vostre baptesme, qu'il me sembloit de son nouveau filz : telz et telz furent voz parrains, et telz et telz y estoient. » Et racompta toute la maniere de

---

[1] C'est-à-dire : dont il était seigneur féodal.
[2] Attention.
[3] Vassaux.
[4] Discours, propos.
[5] Chasser.
[6] Capables, propres à.

ce baptisement, et luy fist bien certain que mot avant ne mot arriere n'y eut plus en son baptisement que à celuy de son filleul : « Et puis que ainsi est, dist alors le chevalier, je prometz à Dieu mon createur tant honorer de ferme foy le sainct sacrement de baptesme, que jamais, pour quelque peril, assault ou ennuy que le Dyable me face, je ne feray le signe de la croix, mais par la seule memoire de mistere du sacrement de baptesme, je l'en chasseray arriere de moy, tant ay ferme esperance en ce divin mistere; et ne me semblera jamais que le Dyable puisse nuyre à homme armé de tel escu; car il est tel et si ferme, que seul y vault sans autre ayde, voire acompaigné de vraye foy. » Ce disner passa et ne scay quans ans après, ce bon chevalier se trouva en une ville, en Alemaigne, pour aucuns affaires qui luy tirerent, et fut logié en l'ostelerie. Comme il estoit ung soir avec ses gens, après soupper, devisant et esbatant avec eulx, faim[1] le print d'aller au retrait; et, pource que ses gens s'esbatoient, il n'en voulut nulz oster de l'esbat; si print une chandelle et tout seul s'en va au retraict. Comme il entra dedans, il vit devant luy ung grant monstre horrible et terrible, ayant grandes et longues cornes, les yeulx plus alumés que flambe de fournaise, les bras gros et longs, les grifz aguz et trenchans; brief, c'estoit ung très espouvantable monstre et ung dyable, comme je croy. Et pour tel le tenoit le bon chevalier, lequel de prime face fut assez esbahy d'avoir ce rencontre. Neantmoins, toutesfoys, print cueur hardiment et vouloir de soy deffendre, s'il estoit assailly; et luy souvint du veu qu'il avoit fait, et du sainct et divin mistere du sacrement de baptesme. Et, en ceste foy, marche vers ce monstre que je appelle le Dyable, et luy demanda qui il estoit, et qu'il demandoit. Ce dyable le commença à coupler[2], et le bon chevalier de soy deffendre, qui n'avoit toutesfoys pour toutes armures que ses mains, car il estoit en pourpoint comme pour aller coucher, et son escu de ferme foy ou mistere de baptesme. La luite dura longuement, et fut ce bon chevalier tant las que merveilles de soustenir ce dur assault. Mais il estoit tant fort armé de son escu de foy, que peu luy nuysoient les faiz de son ennemy. En la parfin, après que ceste bataille eut bien duré une heure, ce bon chevalier se print aux cornes de ce dyable, et luy en esracha[3] une, dont il le bacula[4] trop bien et malgré

---

[1] Besoin, nécessité.
[2] Saisir au corps.
[3] Pour *arracha*.
[4] Bâtonna; du bas latin *baculare*.

luy. Comme victorieux se departit du lieu, et le laissa comme recreu [1], et vint trouver ses gens qui se esbatoient, comme ilz faisoient avant son partement, qui furent bien effreés de veoir leur maistre en ce point eschauffé, qui avoit tout le visaige esgratiné, le pourpoint, chemise et chausses tout derompu et dechiré, et comme tout hors d'alaine. « Ha! monseigneur, dirent-ilz, dont venez-vous, et qui vous a ainsi habillé? — Qui? dist-il. Ce a esté le Dyable, à qui je me suis tant combatu, que j'en suis tout hors d'alaine et en tel point que me veez; et vous asseure, par ma foy, que je tien veritablement qu'il m'eust estranglé et devoré, se à ceste heure ne me fust souvenu du baptesme et du grant mistere de ce vertueux sacrement, et de mon veu que je fis adoncques; et creez que je ne l'ay pas faulcé, car, quelque danger que j'aye eu oncques, n'y fis le signe de la croix. Mais, comme souvenant du saint sacrement dessusdit, me suis hardiment deffendu et franchement eschappé, dont je loue et mercye nostre seigneur Jhesu-Crist qui par ce bon escu de saincte foy m'a si haultement preservé. Viennent tous les aultres qui en enfer sont, tant que ceste enseigne demeure, je ne les crains! Vive, vive nostre benoist Dieu, qui ses chevaliers de telz armes sçait adouber! » Les gens de ce bon seigneur, oyans leur maistre ce cas racompter, furent bien joyeux de le veoir en bon point, mais esbahis de la corne qu'il leur monstroit, qu'il avoit esrachée de la teste du dyable. Et ne scavoient juger, non fist oncques personne qui depuis la vit, de quoy elle estoit, se c'estoit os ou corne, comme aultres cornes sont, ou que c'estoit. Alors ung des gens de ce chevalier dist qu'il vouloit aller veoir se ce dyable estoit encores où son maistre l'avoit laissié, et, si le trouvoit-il, se combatroye à luy et luy esracheroye de la teste l'aultre corne. Son maistre luy dist qu'il n'y allast point. Il dist que si feroye : « N'en fay rien, dist son maistre, car le peril y est trop grant. — Ne m'en chault, dist l'aultre, je y vueil aller. — Se tu me crois, dist son maistre, tu n'yras pas. » Quoy qu'il fust, il y voulut aler, et desobeyr à son seigneur. Il print en sa main une torche et une grant hache, et vint au lieu où son maistre s'estoit combatu. Quelle chose il y fist, on n'en scait rien, mais son maistre, qui de luy se doubtoit, ne le sceut si tost suyr qu'il ne le trouva pas, ne le dyable aussi, et n'ouyt oncques puis nouvelles de son homme. En la façon que avez ouye, se combatit ce bon chevalier au Dyable, et le surmonta par la vertu du sainct sacrement de baptesme.

[1] Épuisé, vaincu.

LA LXXIe NOUVELLE

PAR MONSEIGNEUR LE DUC

A Sainct Omer n'a pas long temps advint une assez bonne histoire qui n'est pas moins vraye que l'Évangile, comme il a esté et est congneue de plusieurs notables gens, dignes de foy et de croire. Et fut le cas tel pour le brief faire. Ung gentil chevalier, des marches de Picardie, pour lors bruyant et frisque [1], de grant auctorité et de grant lieu, se vint loger en une ostelerie, qui, par le fourrier de monseigneur le duc Phelippe de Bourgoingne son maistre, luy avoit esté delivrée [2]. Tantôt qu'il eust mis le pié à terre, et que il fut descendu de son cheval, ainsi comme il est de coustume auxdictes marches, son ostesse luy vint au devant et très gracieusement, comme elle estoit coustumiere et bien aprinse de ce faire : aussi, le receut moult honorablement ; et luy, qui estoit des courtois le plus honorable et le plus gracieux, l'accola et la baisa doulcement, car elle estoit belle et gente, et en bon point, et mise sur le bon bout [3], appellant, sans mot dire, trop bien son marchant [4] à ce baisier et accolement : et de prinsault n'y eut celuy des deux qui ne pleust bien à son compaignon. Si pensa le chevalier par quel train et moyen il parviendroye à la jouyssance de son ostesse, et s'en descouvrit à ung sien serviteur, lequel en peu d'heure batist tellement les besoingnes [5], qu'ilz se trouverent ensemble. Quant ce gentil chevalier vit son ostesse preste d'ouyr et d'entendre ce qu'il vouldroye dire, pensez qu'il fut joyeux oultre mesure, et, de

---

[1] Pimpant et gaillard. *Frisque*, en bas latin *friscus*, paraît dériver de l'allemand.

[2] Le fourrier était chargé de marquer les logements de toutes les personnes qui faisaient partie de la maison d'un prince, lorsque ce prince était en voyage.

[3] C'est-à-dire : parée avec beaucoup de recherche. On dirait maintenant, dans le langage familier : mise sur un bon pied.

[4] C'est-à-dire : le galant, l'amoureux, le chaland; expression proverbiale, qui présente la femme comme une marchandise en montre, au plus offrant.

[5] Mena si bien les affaires.

grant haste et ardant desir qu'il eut d'entamer la matiere qu'il vouloit ouvrir, il oublia de serrer l'huys de la chambre, et son serviteur, au partir qu'il fist de leur assemblement[1], laissa l'huys entrouvert. Alors ledit chevalier commença sa harengue bonne alleure[2], sans regarder à aultre chose; et l'ostesse, qui ne l'escoutoit pas à regret, si luy respondit au propos, tant qu'ilz estoient si bien d'accord que oncques musique ne fut pour eulx plus doulce, ne instrumens ne pourroyent mieulx estre accordez, que eulx deux, la mercy Dieu, estoient. Or advint, ne scay par quelle adventure, ou se l'oste de leans, mary de l'ostesse, queroit sa femme pour aucune chose luy dire, ou passant d'aventure par devant la chambre où sa femme avec le chevalier jouoit des cymbales, il en ouyt le son : si se tira vers le lieu où ce beau deduit se faisoit, et, au heurter à l'huys qu'il fist, il trouva l'atelée[3] du chevalier et de sa femme, dont il fut de eulx trois le plus esbahy de trop, et en reculant subitement, doubtant les empescher et destourber[4] de ladicte oeuvre qu'ilz faisoient, leur dist, pour toutes menaces et tençons[5] : « Et, par la mort bieu, vous estes bien meschans gens, et à vostre fait mal regardans, qui n'avez eu en vous tant de sens, quant vous voulez faire telz choses, que de serrer et tirer l'huys après vous ! Or pensez que ce eust esté, se ung aultre que moy vous y eust trouvez ! Et, par Dieu, vous estiez gastez et perdus, et eust esté vostre fait descelé, et tantost sceu par toute la ville. Faictes aultrement une aultre fois, de par le dyable! » Et, sans plus dire, tire l'huys et s'en va; et bonnes gens, de racorder leurs musettes, et parfaire la note encommencée. Et, quant ce fut fait, chascun s'en alla en sa chascune[6], sans faire semblant de riens; et n'eust esté, comme j'espoire, leur cas jamais descouvert ou au moins si publique de venir à voz oreilles ne de tant d'aultres gens, se n'eust esté le mary qui ne se douloit pas[7] tant de ce qu'on l'avoit fait coux, que de l'huys qu'il trouva desserré.

[1] Rendez-vous, tête-à-tête.
[2] Nous croyons que cette *harangue bonne alleure* n'est pas autre chose qu'un assaut muet pour emporter la place.
[3] *Attelage* amoureux.
[4] Détourner, déranger.
[5] Réprimandes, querelles.
[6] En sa chambre, de son côté.
[7] Ne s'affligeait pas.

LA LXXIIe NOUVELLE

PAR MONSEIGNEUR DE COMMESSURAM

Apropos de la nouvelle precedente, ès marches de Picardie, avoit nagueres ung gentil homme, lequel estoit tant amoureux de la femme d'ung chevalier son prochain voisin, qu'il n'avoit ne jour ne bonne heure de repos, se il ne estoit auprès d'elle, et elle pareillement l'aymoit tant, qu'on ne pourroit dire ne penser, qui n'estoit pas peu de chose. Mais la douleur estoit qu'ilz ne scavoient trouver façon ne maniere d'estre à part et en lieu secret, pour à loysir dire et declairer ce qu'ilz avoient sur le cueur. Au fort, après tant de males nuitz et jours douloureux, Amours, qui à ses loyaulx serviteurs ayde et secoure, quant bien luy plaist, leur apresta ung jour très desiré, auquel le douloureux mary, plus jaloux que nul homme vivant, fut contrainct d'abandonner le mesnaige, et aller aux affaires, qui tant luy touchoient, que, sans y estre en personne, il perdoit une grosse somme de deniers, et, par sa presence, il la povoit conquerir : ce qu'il fist; en laquelle gaignant, il conquist bien meilleur butin, comme d'estre nommé coux, avec le nom de jaloux qu'il avoit auparavant; car il ne fut pas si tost sailly de l'ostel, que le gentil homme, qui ne glatissoit[1] après aultre beste, et sans faire long sejour, incontinent executa ce pour quoy il venoit, et print de sa dame tout ce que ung serviteur en ose ou peut demander, si plaisamment et à si bon loysir, que on ne pourroye mieulx souhaitter. Et ne se donnerent de garde que la nuyt les surprint; dont ne se donnerent nul mal temps, esperans la nuyt parachever ce que, le jour très joyeux et pour eulx trop court, avoient encommencé, pensant à la verité que ce dyable de mary ne deust point retourner à sa maison jusques à lendemain au disner, voire au plus tard. Mais aultrement en ala, car les dyables le rapporterent à l'ostel,

---

[1] Ne chassait; expression proverbiale empruntée de la pipée, où le chasseur *glatit* avec un appeau.

ne scay en quelle maniere. Aussi, n'en chault de scavoir comment il sceut tant abregier de ses besoingnes; assez souffit de dire qu'il revint le soir : dont la belle compagnie, c'est assavoir de noz deux amoureux, fut bien esbahye, pource qu'ilz furent si hastivement surprins; car en nulle maniere ne se doubtoient de ce dolant retourner[1]. Aussi, jamais n'eussent cuidé que si soubdainnement et si legierement il eust fait et acomply son voyaige. Toutesfoys, nostre povre gentil homme ne sceut aultre chose que faire ne où se mussier, sinon que de soy bouter dedans le retraict[2] de la chambre, esperant d'en saillir par quelque voye que sa dame trouveroye, avant que le chevalier y mist le pié; dont il vint tout aultrement, car nostre chevalier, qui ce jour avoit chevauchié xvj ou xviij grosses lieues, estoit tant las qu'il ne povoit les rains tourner; et voulut souper en sa chambre où il s'estoit deshousé[3], et s'y voulut tenir sans aller en la sale[4]. Pensez que le povre gentil homme rendoit bien gaige[5] du bon temps qu'il avoit eu ce jour, car il mouroit de faim, de froit et de paour. Et encores, pour plus engreiger[6] son mal, une toux le va prendre si grande et si horrible que merueille, et ne failloit gueres que à chascun coup qu'il toussoit, qu'il ne feust ouy de la chambre où estoit l'assemblée du chevalier, de la dame et des aultres chevaliers de leans. La dame, qui avoit l'oeil et l'oreille tousjours à son amy, l'entreouyt d'adventure, dont elle eut grant freeur[7] au cueur, doubtant que son mary ne l'ouyst aussi. Si treuve maniere, tantost après souper, de soy bouter seulette en ce retraict, et dist à son amy, pour Dieu, qu'il se gardast ainsi de toussir : « Helas! dist-il, ma dame, je n'en puis mais! Dieu scait comment je suis puny; et, pour Dieu, pensez de moy tirer d'icy. — Si feray-je, » dist-elle. Et à tant s'en part, et bon escuier de recommencer sa chanson, voire si très hault qu'on l'eust bien peu ouyr de la chambre, se n'eussent esté les devises que la dame faisoit mettre en terme[8]. Quant ce bon escuier se vit en ce point assailly de la toux, il ne sceut aultre remede, affin de non estre ouy, que de bouter sa teste au trou du retrait où il fut bien

[1] Fâcheux retour.
[2] Cabinet secret, privé.
[3] Débotté.
[4] On appelait alors *la salle*, par excellence, celle qui servait aux réceptions et aux repas. C'était à la fois notre salle à manger et notre salon.
[5] Payait bien cher.
[6] Aggraver, augmenter.
[7] Pour *frayeur*.
[8] C'est-à-dire, que la dame animait la conversation, pour qu'on n'entendît pas la toux de son amant.

ensensé, Dieu le scait, de la confiture de leans; mais encores aymoit-il ce mieulx que estre ouy. Pour abreger, il fut long temps la teste en ce retraict, crachant, mouchant et toussant, tant, qu'il sembloit que jamais ne deust faire aultre chose. Neantmoins, après ce bon coup, sa toux le laissa, et se cuidoit tirer hors, mais il n'estoit pas en sa puissance de se retirer, tant estoit avant et fort bouté leans; pensez qu'il estoit bien à son aise. Bref, il ne scavoit trouver façon d'en saillir, quelque paine qu'il y mist. Il avoit tout le col escorché et les oreilles esrachées, en la parfin, comme Dieu le voulut, il se força tant, qu'il arracha l'ais percé [1] du retrait, et le rapporta à son col; mais en sa puissance ne eust esté de l'en oster, et quoy qu'il luy feust ennuyeux, si aymoit-il mieulx estre ainsi que comme il estoit par devant. Sa dame le vint trouver en ce point, dont elle fut bien esbahye, et ne luy sceut secourir; mais luy dist, pour tous potaiges [2], qu'elle ne scauroye trouver façon du monde de le traire de leans : « Est-ce cela? dist-il. Par la mort bieu, je suis assez armé pour combatre ung autre! Mais que j'aye une espée en ma main? » Dont il fut tantost saisy d'une bonne. La dame, le voyant en tel point, quoy qu'elle eust grand doubte [3], ne se scavoit tenir de rire, ne l'escuier aussi : « Or çà, à Dieu me commant! dist-il lors. Je m'en voys essayer comment je passeray par ceans ; mais premier brouillez-moy le visaige bien noir. » Si fist-elle, et le commanda à Dieu. Et bon compaignon, à-tout l'ais du retrait à son col, l'espée nue en sa main, la face plus noire que charbon, commença à saillir de la chambre et de bonne encontre, le premier qu'il trouva, ce fut le dolent mary, qui eut de le veoir si grant paour, cuidant que ce feust le Dyable, qu'il se laissa tumber du hault de luy à terre, que à peu qu'il ne se rompit le col, et fut longuement pasmé. Sa femme, le voyant en ce point, saillit avant, monstrant plus de semblant d'effray qu'elle ne sentoit beaucoup, et le print au bras, en luy demandant qu'il avoit. Puis, après qu'il fut revenu, il dist à voix cassée et bien piteuse : « Et n'avez-vous point veu ce dyable que j'ay encontré? — Certes si ay, dist-elle, à peu que je n'en suis morte de la frayeur que j'ay eue de le veoir. — Et dont peut-il venir ceans, dist-il, ne qui le nous a envoyé? Je ne seray, de cest an ne de l'aultre, rasseuré, tant ay esté espoventé. — Ne moy, par Dieu, dist

---

[1] C'est-à-dire : la lunette, le siége des commodités.

[2] Cette expression figurée est encore usitée dans le langage trivial : pour toute consolation.

[3] Crainte, inquiétude.

la devote dame. Creez que c'est signifiance d'aulcune chose. Dieu nous vueille garder et deffendre de toute male adventure! Le cueur ne me gist pas bien de ceste vision. » Alors tous ceulx de l'ostel dirent chascun sa ratelée, de ce dyable à l'espée, cuydant que la chose feust vraye. Mais la bonne dame scavoit bien la trainnée[1] : qui fut bien joyeuse de les veoir tous en ceste opinion; et depuis continua arriere le dyable dessusdit le mestier que chascun fait si voulentiers, au desceu du mary et de tous aultres, fors une chamberiere secrete.

LA LXXIIIe NOUVELLE

PAR MAISTRE JEHAN LAMBIN

EN la conté de Sainct Pol nagueres, en ung villaige assez prouchain de ladicte ville de Sainct Pol, avoit ung bon homme laboureur marié avec une femme belle et en bon point, de laquelle le curé dudit villaige estoit amoureux. Et, pour ce qu'il se sentit si esprins du feu d'amours et que difficille luy estoit servir sa dame sans estre suspicionné[2], se pensa qu'il ne povoit bonnement parvenir à la jouyssance d'elle, sans premier avoir celle du mary. Cest advis descouvrit à sa dame, pour en avoir son opinion, laquelle luy dist que très bonne et propre estoit pour mettre à fin leurs amoureuses intencions. Nostre curé donc, par gracieux et subtilz moyens, s'accointa de celuy dont il vouloit estre le compaignon, et tant bien se conduisit avec le bon homme qu'il ne mangeoit sans luy, et quelque besoingne qu'il feist, tousjours parloit de son curé; mesmement chascun jour le vouloit avoir au disner et au souper : brief, riens n'estoit bien fait à l'ostel du bon homme, se le curé n'estoit present. Quant les voisins de ce povre simple laboureur virent ce qu'il ne povoit veoir, luy dirent qu'il ne luy

---

[1] Le fin mot de l'aventure; de quoi il en retournait. Le mot *trainnée* est employé ici dans le sens qu'on lui donne en langage de chasseur : fiente d'animal, trace de la bête.

[2] Soupçonné.

estoit honneste avoir ainsi continuellement le repaire du curé ¹, et qu'il ne se povoit ainsi continuer sans grant deshonneur de sa femme, mesmement que les aultres voisins et ses amys l'en notoient et parloient en son absence. Quant le bon homme se sentit ainsi aigrement réprins de ses voisins, et qu'ilz luy blasmoient le repaire du curé en sa maison, force luy fut de dire au curé, qu'il se deportast ² de hanter en sa maison; et, de fait, luy deffendit par motz exprès et menasses, que jamais ne s'y trouvast, s'il ne luy mandoit; affermant par grant serment que, s'il l'y trouvoit, il compteroit avecques luy et le feroit retourner oultre son plaisir, et sans luy en scavoir gré. La deffence despleut au curé plus que je ne vous scauroye dire; mais, nonobstant qu'elle feust aigre, pourtant ne furent les amourettes rompues, car elles estoient si parfond enracinées ès cueurs des deux parties, que impossible estoit les rompre ne desjoindre. Or voyez comme nostre curé se gouverna, après que la deffence luy fut faicte. Par l'ordonnance de sa dame, il print regle et coustume de la venir visiter toutes les fois qu'il sentoit le mary estre absent. Mais lourdement s'y conduisit, car il n'eust sceu faire sa visitacion sans le sceu des voisins qui avoient esté cause de la deffence, auxquelz le fait desplaisoit autant que s'il leur eust touché. Le bon homme fut de rechief adverty que le curé alloit estaindre le feu ³ à son ostel, comme auparavant de la deffence. Nostre simple mary, oyant ce, fut bien esbahy et encores plus courroucé la moitié, lequel, pour y remedier, pensa tel moyen que je vous diray. Il dist à sa femme, qu'il vouloit aller, ung jour tel qu'il nomma, mener à Sainct Omer une charrettée de blé, et que, pour mieulx besoingner ⁴, il y vouloit luy-mesmes aller. Quant le jour nommé qu'il devoit partir fut venu, il fist ainsi qu'on a de coustume en Picardie, especialement ès marches d'autour Sainct Omer, chargea son chariot de blé à mynuyt, et à celle mesmes heure voulut partir, et print congié de sa femme, et vuida ⁵ avec son chariot. Et, si tost qu'il fut hors, sa femme ferma tous les huys de sa maison. Or vous devez entendre que nostre marchant fist son Sainct Omer chez l'ung de ses amys, qui demouroit au bout de la ville, où il alla arriver, et mist son chariot en

---

¹ C'est-à-dire : que sa maison était comme le *repaire* du curé.
² S'abstînt, se gardât.
³ Expression proverbiale, signifiant que le curé allait chez lui à l'heure du couvre-feu, le soir.
⁴ Pour mieux faire ses affaires.
⁵ Partit.

la cour dudit amy, qui scavoit toute la trainnée; lequel il envoya pour faire le guet et escouter tout entour de sa maison, pour veoir se quelque larron y viendroye. Quant il fut là arrivé, il se tapit au coing d'une forte haye, duquel lieu il veoit toutes les entrées de la maison dudit marchant, dont il estoit serviteur et grant amy. En ceste partie, gueres n'eust escouté que vecy maistre curé qui vient pour alumer sa chandelle, ou, pour mieulx dire, l'estaindre; et tout coyement et doulcement heurte à l'huys de la court; lequel fut tantost ouy de celle qui n'avoit talent de dormir à celle heure; laquelle sortit habilement, en chemise, et vint mettre dedans son confesseur; et puis ferme l'huys, le menant au lieu où son mary deust avoir esté. Or revenons à nostre guet[1], lequel, quant il parceut[2] tout ce qui fut fait, se leva de son guet, et s'en alla sonner sa trompette et declaira tout au bon mary. Sur quoy incontinent conseil fut prins et ordonné en ceste maniere : Le marchant de blé faignit retourner de son voyaige avec son chariot de blé, pour certaines adventures qu'il doubtoit luy advenir. Si vint heurter à sa porte et huchier sa femme, qui se trouva bien esbahye, quant elle ouyt sa voix; mais tant ne le fut, qu'elle ne print bien le loysir de musser[3] son amoureux le curé en ung casier qui estoit en la chambre. Et, pour vous donner à entendre quelle chose c'est ung casier, c'est ung garde mangier en la façon d'une huche, long et estroit par raison et assez parfont. Et, après que le curé fut mussé où l'en musse les oeufz et le beurre, le formaige et aultres telles vitailles[4], la vaillante mesnagiere, comme moitié dormant, moitié veillant, se presenta devant son mary à l'huys, et luy dist : « Helas! mon bon mary, quelle adventure pouvez-vous avoir que si hastivement retournez? Certainement, il y a aucun qui ne vous laisse faire vostre voyaige? Helas! pour Dieu, dictes-le moy? » Le bon homme voulut aller en sa chambre, et illec dire les causes de son hastif retour. Quant il fut où il cuidoit trouver son curé, c'est assavoir en sa chambre, commenca à compter les raisons du retour de son voyaige: premier dist, pour la suspicion qu'il avoit de la desloyaulté d'elle, craignoit très fort estre de renc des bleuz vestuz, qu'on appelle communement nozamys[5], et que, au moyen de ceste suspicion, estoit-il

---

[1] Guetteur.

[2] Pour *aperçut*.

[3] Cacher; du latin *mus*, rat.

[4] Pour *victuailles*.

[5] Il paraîtrait, d'après ce passage, que la couleur bleue était alors ce qu'est

ainsi tost retourné. Item que, quant il s'estoit trouvé hors de sa maison, aultre chose ne luy venoit au devant, sinon que le curé estoit son lieutenant, tandis qu'il alloit marchander. Item, pour experimenter son ymaginacion[1], dist qu'il estoit ainsi retourné; et à celle heure voulut avoir la chandelle et regarder se sa femme osoit bien couchier sans compaignie en son absence. Quant il eut achevé les causes de son retour, la bonne dame s'escria, disant: « Ha! mon bon mary, dont vous vient maintenant ceste vaine jalousie? Avez vous perceu en moy aultre chose qu'on ne doit veoir ne juger d'une bonne, loyale et preude femme? Helas! que mauldicte soit l'heure que oncques je vous congneus, pour estre suspeçonnée de ce que mon cueur oncques ne sceust penser! Vous me congnoissez mal, et ne scavez-vous combien net et entier mon cueur veult estre et demourer. » Le bon marchant eust peu estre contrainct de ses bourdes, s'il n'eust rompu la parolle; si dist qu'il vouloit guerir son ymaginacion, et incontinent vint chercher et visiter les cornetz[2] de sa chambre au mieulx qu'il luy fut possible; mais il ne trouva point ce qu'il queroit. Adonc se donna garde du casier, et jugea que son compaignon y estoit, et, sans en monstrer semblant, hucha sa femme et luy dist: « M'amye, à grant tort je vous ay suspicionnée de m'estre desloyale, et que telle ne soyez que ma faulse ymaginacion m'apporte. Toutesfoys, je suis si aheurté et enclin à croire et m'arrester à mon opinion, que impossible me est de jamais estre plaisamment avec vous. Et, pour ce, je vous prye que soyez contente que la separacion soit faicte de nous deux, et que amoureusement partissions[3] nos biens communs par egale porcion. » La gouge, qui desiroit assez ce marché, affin que plus aisieement se trouvast avec son curé, accorda, sans gueres faire difficulté, à la requeste de son mary, par telle condicion toutesfoys qu'elle faisant la particion des meubles, elle commenceroye et feroye le premier choiz: « Et pour quelle raison, dist le mary, voulez-vous choisir la premiere? C'est contre tout droit et justice. » Ilz furent longtemps en difference[4] pour choisir; mais, à la fin, le mary vainquit, car il print le casier, où il n'y avoit que flans, tartres et fromaiges, et aultres me-

aujourd'hui la couleur jaune, l'emblème et la livrée des maris trompés; peut-être, par rapport à la couleur du *maquereau*, qui avait donné son nom aux maris pourvoyeurs des débauches de leurs femmes.

[1] Soupçon, pressentiment.
[2] Coins.
[3] Partagions.
[4] En différend, en débat.

nues vitailles, entre lesquelz nostre curé estoit ensevely, lequel ouyoit ces bons devis qui à ceste cause se faisoient. Quant le mary eut choisy le casier, la dame choisit la chaudiere; puis, le mary, ung autre meuble; puis elle consequemment, jusques à ce que tout feust party et porcionné. Après laquelle porcion faicte, le bon mary dist : « Je suis content que vous demourez à ma maison jusques à ce que aurez trouvé logis pour vous, mais, de ceste heure, je vueil emporter ma part, et la mectre à l'ostel d'ung de mes voisins. — Faictes-en, dist-elle, à vostre bon plaisir. » Il print une bonne corde et en lya et adouba son casier, et fist venir son charreton à qui il fist asteller son casier d'ung cheval, et luy chargea qu'il le menast à l'ostel d'ung tel son voisin. La bonne dame, oyant ceste deliberacion, laissoit tout faire, car, de donner conseil au contraire, ne se osoit advancier, doubtant que le casier ne feust ouvert : si abandonna tout à telle adventure que survenir povoit. Le casier fut, ainsi que dist est, astellé au cheval, et mené par la rue, pour aller à l'ostel où le bon homme l'avoit ordonné. Mais gueres n'alla loing que le maistre curé, à qui les oeufz et le beurre crevoient les yeulx, cria : « Pour Dieu ! mercy ! » Le charreton, oyant ceste piteuse voix resonnante du casier, descendit tout esbahy, et hucha les gens et son maistre, qui ouvrirent le casier, où ilz trouverent ce povre prisonnier, doré et empapiné[1] d'oeufz, de fromaige et de lait, et aultres choses plus de cent. Ce povre amoureux estoit tant piteusement appointé, qu'on ne scavoit duquel il avoit le plus. Et quant le bon mary le vit en ce point, il ne se peut contenir de rire, combien que courroucé deust estre. Si le laissa courir, et vint à sa femme monstrer comment il avoit eu tort d'estre souspeçonneux de sa faulse desloyaulté. Elle, qui se vit par exemple vaincue, crya mercy, et il luy fut pardonné par telle condicion, que, se jamais le cas luy advenoit, que elle feust mieulx advisée de mettre son homme aultre part que ou casier, car le curé en avoit esté en peril de estre à tousjours gasté. Et, après ce, ilz demourerent ensemble long temps, et rapporta l'homme son casier, et ne scay point que le curé s'y trouvast depuis, lequel, par le moyen de ceste adventure, fut, comme encores est, appelé : *Sire Vadin Casier*[2].

---

[1] Embarbouillé. *Papin* est synonyme de *bouillie*.
[2] Il faut plutôt lire *Badin Casier*, à moins que *Vadin* ne soit le nom du curé.

LA LXXIVe NOUVELLE

PAR PHELIPPE DE LAON

Ainsi que nagueres monseigneur le seneschal de Boulenois[1] chevauchoit parmy le pays d'une ville à l'aultre, en passant par ung hamelet[2] où l'en sonnoit au sacrement, et pource qu'il avoit doubté de non povoir venir à la ville où il contendoit[3] en temps pour ouyr messe, car l'heure estoit près de midy, il s'advisa qu'il descendroye audit hamel, pour veoir Dieu en passant. Il descendit à l'huys de l'eglise, et puis s'en alla rendre assez près de l'autel, où l'en chantoit la grant messe, et si prochain se mist du prestre, qu'il le povoit, en celebrant, de costiere[4] appercevoir. Quant il eut levé Dieu et calice, et fait ainsi comme il appartenoit, pensant à part luy, après qu'il eut apperceu monseigneur le seneschal estre derriere luy, et non saichant s'en à bonne heure estoit venu pour veoir Dieu lever[5]; ayant toutesfoys opinion qu'il estoit venu tard, il appella son clerc et luy fist alumer arriere la torche; puis, en gardant les serimonies qu'il fault garder, leva encores une fois Dieu, disant que c'estoit pour monseigneur le seneschal. Et puis, ce fait, proceda oultre jusques à ce qu'il fut parvenu à son *Agnus Dei*; lequel quant il l'eut dit trois fois et que son clerc luy bailla la paix pour baisier, il la refusa, et, en rabrouant très bien son clerc, il dist qu'il ne scavoit ne bien ne honneur, et la fist bailler à monseigneur le seneschal, qui la refusa de tout point deux ou trois fois. Et quant le prestre vit que monseigneur le seneschal ne vouloit prendre la paix devant luy, il laissa Dieu qu'il tenoit en ses mains et print la paix qu'il apporta à mondit seigneur le seneschal, et luy dist que, s'il ne la prenoit devant luy, il ne la

---

[1] Le comté de Boulogne.
[2] Petit hameau.
[3] Vers laquelle il se dirigeait.
[4] De côté, de profil.
[5] C'est-à-dire: s'il était venu assez tôt pour assister à l'élévation, qu'on nommait *lever Dieu*.

prendroye jà luy-mesmes: « Et ce n'est pas, dist le prestre, raison que j'aye la paix devant vous. » Adonc monseigneur le seneschal, voyant que sagesse n'avoit illec lieu, se accorda au curé et print la paix premier, puis le curé après; et, ce fait, s'en retourna parfaire sa messe de ce qui restoit. Et puis, c'est tout ce que on m'en a compté.

LA LXXVe NOUVELLE

PAR MONSEIGNEUR DE THALEMAS

Au temps de la guerre des deux partiz, les ungs nommés Bourgoingnons et les aultres Armignacz[1], advint à Troyes, en Champaigne, une assez gracieuse adventure qui très bien vault le reciter et mettre en compte, qui fut telle. Ceulx de Troyes, pour lors que oncques par avant ilz eussent esté Bourgoingnons, s'estoient tournez Armignacz; et entr'eulx avoit conversé[2] ung compaignon, à demy fol, non pas qu'il eust perdu l'entiere congnoissance de raison; mais, à la verité, il tenoit plus du costé de dame folie qu'il ne tenoit de raison; combien que aucunes fois il executast, et de la main et de la bouche, plusieurs besoingnes que plus saige de luy n'eust sceu achever. Pour venir donc au propos encommencé, le galant dessusdit estoit en garnison avec les Bourgoingnons à Saincte-Meneho[3], mist une journée en termes à ses compaignons, et leur commença à dire, que, s'ilz le vouloient croire, qu'il leur bailleroye bonne doctrine pour attraper ung hoc[4] des loudiers de Troyes, lesquelz à la verité il hayoit mortellement, et ilz ne l'aymoient gueres; mais le menassoient tousjours de pendre, s'ilz le povoient tenir. Vecy qu'il dist : « Je m'en iray devers Troyes et

---

[1] Le règne de Charles VI, depuis l'assassinat du duc d'Orléans par Jean-sans-Peur, ne fut qu'une longue guerre civile entre les Armagnacs et les Bourguignons, factions rivales, qui livrèrent la France et la couronne aux Anglais.

[2] S'était trouvé, avait vécu avec eux; du latin *conversari*.

[3] Pour *Sainte-Ménehould*.

[4] Remporter un avantage, avoir le dessus sur les *faignants* de Troyes. Le *hoc*, dans les jeux de cartes, surtout dans le brelan et la sequence, qui étaient alors en usage, désignait les cartes gagnantes.

m'aprocheray des faulxbourgs, et feray semblant d'espier la ville et de taster de ma lance les fossez, et si près de la ville me tireray, que je seray prins. Je suis seur que, si tost que le bon bailly me tiendra, qu'il me condemnera à pendre, et nul de la ville ne s'y opposera pour moy, car ilz me hayent trestous. Ainsy seray-je bien matin au gibet, et vous serez embuschez au bocquet[1] qui est au plus près dudit gibet[2]. Et, tantost que vous orrez venir moy et ma compaignie, vous sauldrez[3] sur l'assemblée, et en prendrez et tiendrez à vostre voulenté, et me delivrerez de leurs mains. » Tous les compaignons de la garnison s'y accorderent très volentiers, et luy commencerent à dire que, puis qu'il osoit bien entreprendre ceste adventure, que ilz ayderoyent à la fournir au mieulx qu'ilz scauroyent. Et, pour abregier, le gentil folastre s'approcha de Troyes, comme il avoit devant dit, et aussi comme il desiroit, et fut prins, dont le bruyt s'espandist tost parmy la ville, et n'y eut celuy qui ne le condemnast à pendre; mesmement le bailly, si tost qu'il le vit, dist et jura par ses bons Dieux, qu'il sera pendu par la gorge : « Helas! monseigneur, disoit-il, je vous requier mercy! Je ne vous ay rien meffait. — Vous mentez, ribault, dist le bailly : vous avez guidé les Bourgoingnons en ceste marche, et avez accusé les bourgeois et bons marchans de ceste ville; vous en aurez vostre paiement, car vous en serez au gibet pendu. — Ha! pour Dieu, monseigneur, dist nostre bon compaignon, puis qu'il fault que je meure, au moins qu'il vous plaise que ce soit bien matin, et qu'en la ville où j'ay eu tant de congnoissance et d'acointance, je ne recoive trop publique pugnicion. — Bien, dit le bailly, on y pensera. » Le lendemain, dès le point du jour, le bourreau, avec sa charette fut devant la prison, où il n'eust gueres esté que vecy venir le bailly à cheval et ses sergens et grant nombre de gens pour l'accompaigner; et fut nostre homme mis, troussé et lyé sur la charette, et, tenant sa musette dont il jouoit coustumierement : on le maine devers la Justice[4], où il fut plus accompaigné que beaucoup d'aultres n'eussent esté, tant estoit hay en la ville. Or devez-vous scavoir que les compaignons de la garnison de Saincte-Menehou n'oublierent point eulx embuschier au bois, auprès de la Justice, dès la minuyt, tant pour saulver

---

[1] Pour *bosquet*; du bas latin *boscum*.
[2] Le gibet, lieu des exécutions, était ordinairement placé hors de l'enceinte de la ville, et quelquefois à certaine distance.
[3] Vous ferez irruption.
[4] Les fourches patibulaires.

l'homme, quoy qu'il ne fust pas des plus saiges, comme pour gaingner prisonniers et aultre chose, s'ilz povoient. Eulx là doncques arrivez, disposerent de leurs besoingnes comme de guerre[1] et ordonnerent ung guet sur ung arbre qui leur devoit dire quant ceulx de Troyes seroient à la Justice. Ceste guette, ainsi mise et logée, dist qu'elle feroye bon devoir. Or sont descenduz ceulx de la Justice, devant le gibet, et, le plus abregeement que faire se peust, le bailly commanda que on despeschast nostre povre coquart[2], qui estoit bien esbahy où ses compaignons estoient, qu'ilz ne venoient ferir dedans ces ribaulx Armignacz. Il n'estoit pas bien à son aise, mais regardoit devant et derriere, et le plus vers le bois, mais il n'oyoit riens. Il se confessa le plus longuement qu'il peult; toutesfoys, il fut osté du prestre, et, pour abreger, monta sur l'eschelle, et luy, là venu, bien esbahy, Dieu le scait, regarde tousjours vers ce bois, mais c'estoit pour neant, car la guette, ordonnée pour faire saillir ceulx qui rescourre[3] le devoient, estoit endormie sur cest arbre ; si ne scavoit que dire ne que faire ce povre homme, sinon qu'il pensoit estre à son dernier jour. Le bourreau, à certaine piece après, fist ses preparatoires pour luy bouter la hart au col pour le despescher. Et quant il veit ce, il se advisa d'ung tour qui luy fut bien profitable et dist : « Monseigneur le bailly, je vous prie, pour Dieu, que avant qu'on mette plus la main à moy, que je puisse jouer une chançon de ma musette, et je ne vous demande plus : je suis après content de mourir et vous pardonne ma mort, et à tout le monde. » Ceste requeste luy fut passée, et sa musette luy fut en hault portée. Et quant il la tint, le plus à loysir qu'il peut, il la commence à sonner et jouer une chanson que ceulx de la garnison dessusdicte congnoissoient très bien, et y avoit : *Tu demeures trop, Robin, tu demeures trop*[4]. Et, au son de la musette, la guette s'esveilla, et, de paour qu'elle eut, se laissa cheoir du hault en bas de l'arbre où elle estoit, et dist : « On pend nostre homme ! Avant, avant ! hastez vous tost ! » Et les compaignons estoient tous pretz ; et, au son d'une trompette, saillirent tous hors du bois, et se vindrent fourrer sur le bailly et sur tout le mesnaige qui devant le gibet estoit. Et, à cest effroy, le bourreau fut tant esperdu et esbahy, qu'il ne scavoit ne n'eust onc-

---

[1] C'est-à-dire : prirent leurs dispositions comme il le faut à la guerre.
[2] Sot, niais.
[3] Venir à son aide, à sa *recousse*.
[4] C'est peut-être là l'origine du proverbe : Il en souvient toujours à Robin de ses flûtes.

ques advis de luy bouter la hart au col, ne le bouter jus[1], mais luy pria qu'il luy sauvast la vie : ce qu'il eust fait très voulentiers, mais il ne fut en sa puissance ; trop bien il fist aultre chose et meilleure, car luy, qui estoit sur l'eschelle, crioit à ses compaignons : « Prenez cestuy cà, prenez cestuy là : ung tel est riche, ung tel est mauvais. » Brief, les Bourgoingnons en tuerent ung grant tas en la venue de ceulx de Troyes, et prindrent des prisonniers ung grant nombre, et saulverent leur homme en la façon que vous oyez, qui leur dist qu'en jour de sa vie n'eust si belles affres[2] qu'il auoit à ceste heure eues.

LA LXXVIe NOUVELLE

PAR PHELIPPE DE LAON

L'en m'a plusieurs fois dit et racompté, par gens dignes de foy, ung bien gracieux cas dont je fourniray une petite nouvelle, sans y descroistre[3] ne adjouster aultre chose que ce qui sert au propos. Entre les aultres chevaliers de Bourgoingne, ung en y avoit nagueres, lequel, contre la coustume et usaige du pays, tenoit à pain et à pot[4] une damoiselle belle et gente, en son chasteau, que point ne vueil nommer. Son chappellain, qui estoit jeune et frès, voyant ceste belle fille, n'estoit pas si constant que souvent ne feust par elle tenté, et en devint amoureux. Et, quant il vit mieulx son point, compta sa ratelée à la damoiselle qui estoit plus fine que moustarde ; car, la mercy Dieu, elle avoit raudy[5] et couru le pays tant, que du monde ne scavoit que trop. Elle pensa bien en soy-mesmes que, s'elle accordoit au prestre sa requeste, que son maistre qui veoit cler, quelque moyen que elle scauroye trouver, il s'en donneroye bien garde, et ainsi per-

---

[1] Le jeter à bas de l'échelle ; c'est-à-dire : le pendre.
[2] Frayeurs. Ce vieux mot se trouve encore dans Bossuet.
[3] Oter. Il y a *descroire* dans les éditions gothiques.
[4] Entretenait, hébergeait. Expression proverbiale fréquemment employée dans les sermons de Menot et de Maillard.
[5] Pour *rodé*.

droye le plus pour le moins. Si delibera de descouvrir l'embusche à son maistre, lequel, quant il le sceut, n'en fist que rire, car assez s'en doubtoit, attendu le regard, devis et esbatement qu'il avoit veu entre eulx deux ; ordonna neantmoins à sa gouge, qu'elle entretenist le prestre, voire sans faire la courtoisie[1], et si fist-elle si bien, que nostre sire en avoit tout au long du bras. Et nostre bon chevalier souvent luy disoit : « Par Dieu ! nostre sire, vous estes trop privé de ma chamberiere[2] ! Je ne scay qu'il y a entre vous deux, mais, se je scavoye que vous y pourchassissiez riens à mon desavantaige, par nostre Dame ! je vous puniroye bien. — En verité, monseigneur, respondit maistre *Domine*[3], je n'y calenge[4] ne demande riens ; je me devise à elle, et passe temps, comme font les aultres de ceans ; mais, oncques jour de ma vie, ne la requis d'amours ne d'aultre chose. — Pour tant le vous dy-je, ce dist le seigneur, se aultrement en estoit, je n'en seroye pas content. » Se nostre *Domine* en avoit bien poursuy[5] au paravant ses parolles, plus aigre et à toute force continua la poursuyte, car, où qu'il rencontrast la gouge, de tant près la tenoit, que contrainte estoit, voulsist ou non, donner l'oreille à sa doulce requeste ; et elle, duyte et faicte à l'esperon et à la lance[6], endormoit nostre prestre, et en son amour tant fort le boutoit, qu'il eust pour elle ung Ogier combatu. Si tost que de luy s'estoit saulvée, tout le plaidoyé d'entre eulx deux estoit au maistre par elle racompté. Pour plus grant plaisir en avoir et pour faire la farce au vif, et bien tromper son chappellain, il commanda à sa gouge, qu'elle luy assignast journée d'estre en la ruelle du lit, là où ilz couchoyent, et luy dist : *Si tost que monseigneur sera endormy, je feray ce que vous vouldrez ; rendez-vous donc en la ruelle du lit tout doulcement.* « Et fault, dist-il, que tu luy laisses faire, et moy aussi : je suis seur que, quant il cuidera que je dorme, qu'il ne demourra gueres que il ne t'enferre, et j'auray apresté à l'environ de ton devant le las joly où il sera atrappé. » La gouge en fut joyeuse et bien contente, et fist son rapport à nostre *Domine*, qui jour de sa vie ne fut plus joyeux, et sans penser ne ymaginer peril ne dangier où il se boutoit, comme en la chambre de son

---

[1] C'est-à-dire : sans se donner à lui, sans faire l'amour.
[2] Familier avec ma chambrière.
[3] Les gens d'Église prenaient le titre de *Dom*, du latin *Dominus*, seigneur.
[4] Pour *chalange*, prétends, conteste.
[5] Poursuivi.
[6] Expression proverbiale, signifiant : souple et docile, bien apprise à obéir aux ordres de son maître.

maistre, ou lit et à la gouge de son maistre : toute raison estoit de luy à ce arriere mise : seulement luy chailloit d'acomplir sa folle voulenté, combien que naturelle et de plusieurs acoustumée. Pour faire fin à long procès[1], maistre prestre vint, à l'heure assignée, bien doulcement en la ruelle, Dieu le scait; et sa maistresse luy dist tout bas: « Ne sonnez mot; quant monseigneur dormira bien fort, je vous toucheray de la main et viendrez emprès moy. — En la bonne heure! » se dist-il. Le bon chevalier, qui à ceste heure ne dormoit mie, se tenoit à grant paine de rire. Toutesfoys, pour parfaire la farce, il s'en garda, et, comme il avoit proposé et dict, il tendit son filet ou son las, lequel qu'on veult, tout à l'endroit de la partie où maistre prestre avoit plus grant desir de heurter. Or, est tout prest, et nostre *Domine* appellé, et au plus doulcement qu'il peut entra dedans le lit, et sans plus barguiner, il monte sur le tas, pour veoir de plus loing[2]. Si tost qu'il fut logié, le bon chevalier tire son las bien fort, et dist bien hault : « Ha! ribault prestre, estes-vous tel? » Et bon prestre à soy retirer. Mais il ne alla gueres loing, car l'instrument qu'il vouloit accorder au bedon de la gouge estoit si bien enveloppé du las, qu'il n'avoit garde d'eslongner : dont si très esbahy se trouva, qu'il ne scavoit sa contenance ne qui luy estoit à advenir. De plus fort tiroit son maistre le las, qui grant douleur si luy eust esté, se paour et esbahissement ne luy eussent tollu tout sentement. A petit de piece[3], il revint à luy, et sentit très bien ces douleurs, et bien piteusement cria mercy à son maistre, qui tant grant faim avoit de rire, qu'à paine scavoit-il parler. Si luy dist-il neantmoins, après qu'il l'eust avant en la chambre parbondy[4] : « Allez-vous-en, nostre sire, et ne advienne plus! Ceste fois vous sera pardonnée; mais la seconde seroit irremissible. — Helas, monseigneur, si respond-il, jamais ne m'aviendra! Elle est cause de ce que je ay fait. » A ce coup, il s'en alla, et monseigneur se recoucha, qui acheva ce que l'aultre avoit commencé. Mais saichez que oncques puis ne s'y trouva le bon prestre au sceu du maistre. Il peut bien estre que en recompense de ses maulx la gouge en eut depuis pitié, et, pour sa conscience acquiter, luy presta son

---

[1] C'est-à-dire : pour en finir, pour abréger.
[2] Expression proverbiale et comique, qui explique la position que le *Domine* avait prise, et qui paraît avoir son origine dans une aventure pastorale qu'on verra ci-après à la nouvelle LXXXII.
[3] En peu de temps, au bout d'un moment.
[4] Fait reculer d'un bond, fait rebondir.

bedon, et tellement s'accorderent, que le maistre en valut pis, tant en biens comme en honneurs. Du surplus, je me tais et à tant je fais fin.

LA LXXVIIe NOUVELLE

PAR ALARDIN

Ung gentil homme des marches de Flandres avoit sa mere bien ancienne et très fort debilitée de maladie, plus languissant et vivant à malaise que nulle autre femme de son aage : esperant d'elle mieulx valoir et amender [1], et combien que ès marches de Flandres il fist sa residence, si la visitoit-il souvent; et à chascune fois que vers elle venoit, tousjours estoit de mal oppressée, tant que l'en cuidast que l'ame en deust partir. Et, une fois entre les aultres, comme il l'estoit venu veoir, elle, au partir, luy dist : « Adieu, mon filz, je suis seure que jamais ne me verrez; car je m'en voys mourir. — A dea, ma damoiselle ma mere, vous m'avez tant de fois ceste leçon recordée, que j'en suis saoul; et a trois ans passez que tousjours ainsi m'avez dit, mais vous n'en avez rien fait; prenez bon jour, je vous en prie; si ne faillez point. » La bonne damoiselle, oyant de son filz la response, quoyque malade et vieille feust, en soubriant, luy dist adieu. Or se passerent puis ung an, puis deux ans, tousjours en languissant. Ceste femme fut arriere de sondit filz visitée, et, ung soir, comme en son lit, en l'ostel d'elle, estoit couchée, tant oppressée de mal qu'on cuidast bien qu'elle allast à Mortaigne [2], si fut ce bon filz appellé de ceulx qui sa mere gardoient, et luy dirent que bien en haste à sa mere venist, car seurement elle s'en alloit : « Dictes-vous donc, dist-il, qu'elle s'en va? Par ma foy, je ne l'ose croire; tousjours dist-elle ainsi, mais riens n'en fait. — Nenny, nenny, dirent ses gardes, c'est à bon escient; venez-vous-en, car on voit bien qu'elle s'en va. — Je vous diray, dist-il, allez-vous-en devant et je vous suyvray ; et dictes bien à ma

---

[1] Espérant qu'elle se porterait mieux et guérirait.
[2] C'est-à-dire : au cimetière. Jeu de mots proverbial sur le nom de la ville de *Mortagne*, qui semble dérivé du mot *mort* et qui n'en vient pas (*Moritania*).

mere, puis qu'elle s'en veult aller, que par Douay point ne s'en aille, que le chemin est trop mauvais; à peu que devant hier moy et mes chevaulx n'y demourasmes. » Il se leva neantmoins, et, houssé de sa robe longue, se mist en train pour aller voir se sa mere feroit la derniere et finable grimace. Luy, là venu, la trouva fort malade et que passé avoit subite faulte[1], qui la cuidoit bien emporter; mais, Dieu mercy, elle avoit ung petit mieulx : « N'esse pas ce que je vous dy? commence à dire ce bon filz : l'en dit tousjours ceans, et si fait elle-mesmes, qu'elle se meurt, et rien n'en fait! Prenne bon terme, de par Dieu, comme tant de fois luy ay dit, et si ne faille point; je m'en retourne dont je vien; et si vous advise que plus ne m'apellez; s'elle devoit s'en aller toute seule, si ne luy feray-je pas à ceste heure compaignie. » Or convient-il que je vous compte la fin de mon entreprinse. Ceste damoiselle, ainsi malade que dist est, revint de ceste extreme maladie, et, comme auparavant, depuis vesquit en languissant l'espace de trois ans, pendant lesquelz ce bon filz la vint veoir d'adventure une fois, et au point[2] qu'elle rendit l'esperit. Mais le bon fut quant on le vint querir pour estre au trespas d'elle : il vestoit une robbe neufve, et n'y voulut aller. Messaiges sur aultres venoient vers luy, car sa bonne mere, qui tiroit à sa fin, le vouloit veoir et recommander aussi son ame. Mais tousjours aux messaiges respondoit : « Je scay bien qu'elle n'a point de haste, qu'elle attendra bien que ma robbe soit mise à point. » En la parfin, tant luy fut remonstré, qu'il s'en alla tantost devers sa mere, sa robbe vestue sans les manches, lequel, quant en ce point fut d'elle regardé, luy demanda où estoient les manches de sa robe, et il dist : « Elles sont là dedans qui n'attendent à estre parfaictes, sinon que vous descombrez la place[3]. — Elles seront donc tantost achevées, ce dist la damoiselle; je m'en voys à Dieu, auquel humblement mon ame recommande et à toy aussi, mon filz. » Lors rendit l'ame à Dieu, sans plus mot dire, la croix entre ses bras : laquelle chose voyant, son bon filz commença tant fort à plourer que jamais ne fut veu la pareille, et ne le povoit nul reconforter, et tant en fist, que au bout de quinze jours il mourut de deul.

[1] Ce mot doit s'entendre ici d'un évanouissement.
[2] Au moment même.
[3] Vidiez, quittiez la place ; c'est-à-dire : rendiez le dernier soupir.

LA LXXVIIIe NOUVELLE

PAR JEHAN MARTIN

Ou bon pays de Braibant, qui est bonne marche[1] et plaisante, fournie à droit et bien garnie de belles filles, et bien saiges coustumierement et le plus; et des hommes, on veult dire, et se treuve assez veritable, que tant plus vivent, que tant plus sont sotz : nagueres advint que ung gentil homme, en ce point né et destiné, il luy print voulenté d'aller oultre mer voyager en divers lieux, comme en Cypre, en Rodes et ès marches d'environ; et, au dernier, fut en Jherusalem où il receut l'ordre de chevalerie. Pendant lequel temps de son voyaige, sa bonne femme ne fut pas si oyseuse, qu'elle ne prestast son *quoniam* à trois compaignons, lesquelz, comme à court plusieurs servent par temps et termes, eurent audience. Et tout premier ung gentil escuier, frès et frisque et en bon point, qui tant rembourra son bas[2], à son chier coust et substance, tant de son corps comme en despence de pecune (car à la verité elle tant bien le pluma, qu'il n'y failloit point renvoyer), qu'il s'ennuya et retira, et de tous poins l'abandonna. L'aultre après vint, qui chevalier estoit et homme de grand bruyt, qui bien joyeux fut d'avoir gaigné la place, et besoingna au mieulx qu'il peut comme dessus, moyennant de *quibus*[3], que la gouge tant bien scavoit avoir, que nul aultre ne la passoit Et brief, se l'escuyer, qui auparavant avoit la place, avoit esté rongié[4], damp chevalier n'en eut pas moins. Si tourna bride et print congié et aux aultres abandonna la queste. Pour faire bonne bouche, la bonne damoiselle, d'ung maistre prestre, s'acointa, et, quoy qu'il feust subtil et sur argent bien fort luxurieux, si fut-il rançonné de robes, de vaisselle, et de aultres bagues[5] largement. Or advint, Dieu mercy, que

---

[1] Contrée, province.
[2] Jeu de mots sur *bas* et *bât*.
[3] Argent; expression encore usitée dans le peuple.
[4] Plumé, dépouillé, ruiné.
[5] Meubles, nippes.

le vaillant mary de ceste gouge fist scavoir sa venue, et comme en
Jherusalem avoit esté fait chevalier : si fist sa bonne femme l'ostel
aprester, tendre, parer et nettoyer au mieulx qu'il feust possible.
Brief, tout estoit bien net et plaisant, fors elle seulement, car du plus
et butin qu'elle avoit à force de rains gaigné, avoit acquis vaisselle,
tapisserie, et d'autres meubles assez. A l'arriver que fist le doulx
mary, Dieu scait la joye et la feste qu'on luy fist, celle en especial qui
le moins en tenoit compte, c'est assavoir sa vaillante femme. Je passe
tous ses biens vucillans[1] et vien à ce que monseigneur son mary, quoy
coquart qu'il feust, si se donna garde de foison de meubles, qui avant
son partement n'estoient pas leans. Vint aux coffres, aux bufetz et
en assez d'aultres lieux, et treuve tout multiplié, dont le hutin[2]
luy monta en la teste, et, de prinsault, son cueur en voulut deschar-
ger; si s'en vint, eschauffé et mal meu[3], devers sa bonne femme,
et luy demanda tantost d'où sourdoient tant de biens comme ceulx
que j'ay dessus nommez : « Sainct Jehan ! monseigneur, ce dist ma
dame, ce n'est pas mal demandé; vous avez bien cause d'en tenir telle
maniere, et de vous eschauffer ainsi. Il semble que vous soyez courroucié, à vous veoir? — Je ne suis pas bien à mon aise, dist-il, car je
ne vous laissay pas tant d'argent à mon partir, et si ne povez pas tant
avoir espargné, que, pour avoir tant de vaisselle, de tapisserie, et le
surplus de bagues que j'ay trouvé par ceans, il fault (et je n'en doubte
point, car j'ay cause) que quelqu'un se soit de vous accointé, qui
nostre mesnaige a ainsi renforcé? — Et par Dieu! monseigneur, respond la simple femme, vous avez tort, qui, pour bien faire, me mettez sus telle vilennie ! Je vueil bien que vous saichez que je ne suis
pas telle, mais meilleure en tous endroits, que à vous n'appartient, et
n'esse pas raison que, avec tout le mal que j'ay eu d'amasser et espargner, pour acroistre et embellir vostre ostel et le mien, j'en soye
reprouchée et tencée? C'est bien loing de congnoistre ma peine,
comme bon mary doibt faire à sa bonne preude femme; telle l'avez-
vous, meschant maleureux, dont c'est grand dommaige, par mon
ame, se ce n'estoit pour mon honneur et pour mon ame ! » Ce procès, quoy qu'il feust plus long, pour ung temps cessa, et s'advisa maistre mary, pour estre acertené de l'estat de sa femme, qu'il feroit tant

---

[1] Nous croyons qu'il faut lire *biens vaillants*; c'est-à-dire : je ne m'étends pas sur tous les biens qu'elle avait amassés.

[2] Dépit, colère.

[3] Mal disposé, mal intentionné.

avec son curé, qui son très grant ami estoit, que d'elle orroit la devote confession : ce qu'il fist au moyen du curé qui tout conduist; car, ung bien matin, en la bonne sepmaine [1], que de son curé pour confesser approucha, en une chappelle devant il l'envoya, et à son mary vint : lequel il adouba [2] de son habit et l'envoya devers sa femme. Se nostre mary fut joyeux, il ne le fault jà demander, quant en ce point il se trouva. Il vint en la chappelle, et, au siege du prestre [3], sans mot dire, entra; et sa femme, d'approucher, qui à genoulx se mist devant ses piez, cuidant pour vray estre son curé, et sans tarder commença à dire *Benedicite*. Et nostre sire son mary respondit *Dominus*; au mieulx qu'il sceut, comme le curé l'avoit aprins, acheva de dire ce qui affiert [4]. Après que la bonne femme eust dit la generale confession, elle descendit au particulier et vint parler comment, durant le temps que son mary avoit esté dehors, ung escuier avoit esté son lieutenant, dont elle avoit, tant en or, en argent, que en bagues, beaucoup amendé [5]. Et Dieu sçait qu'en oyant ceste confession, se le mary estoit bien à son aise : s'il eust osé, voulentiers l'eust tuée, à ceste heure; toutesfoys, affin de ouyr le surplus, il eust patience. Quant elle eut dit tout au long de ce bon escuier, du chevalier s'est accusée, qui comme l'aultre l'avoit bien baguée. Et bon mary, qui de deul se crieve, ne sçait que faire de soy descouvrir et bailler l'absolucion sans plus attendre; si n'en fist-il riens : neantmoins, print loisir d'escouter ce qu'il orra. Après le tour du chevalier, le prestre vint en jeu, mais, à cest coup, bon mary perdit pacience et ne peut plus ouyr : si getta jus [6] chapperon et surplis; en soy monstrant, luy dist : « Faulce et desloyale, or voy-je et congnois vostre grant traïson ! Et ne vous suffisoit-il de l'escuyer et puis du chevalier, sans à ung prestre vous donner, qui plus me desplaist que tout ce que fait vous avez? » Vous devez sçavoir que de prinsault ceste vaillant femme fut esbahye; mais le loisir qu'elle eust de respondre très bien l'asseura, et sa contenance si bien ordonna, de maniere qu'à l'ouyr à sa response, plus asseurée estoit que la plus juste de ce monde, disant à Dieu son oraison; si respondit tantost après, comme le Saint Esperit l'inspira, et dist bien

---

[1] La semaine de Pâques.
[2] Affubla, revêtit.
[3] C'est-à-dire : au confessionnal.
[4] Convient, importe; ce qu'il faut.
[5] Acquis.
[6] Jeta bas, ôta vivement.

froidement : « Povre coquart, qui ainsi vous tourmentez, scavez-vous bien pourquoy? Or, oyez-moy, s'il vous plaist : et pensez-vous que je ne sceusse bien que c'estiez vous à qui me confessoye? Si vous ay servy comme le cas le requeroit, et sans mentir de mot, vous ay tout confessé mon cas. Vecy comment : de l'escuyer me suis accusée, et c'est esvous[1]; quant vous m'eustes à mariage vous estiez escuyer, et lors fistes de moy ce qu'il vous pleust; le chevalier aussi dont j'ay touché, c'estes vous, car, à vostre retour, vous m'avez fait dame; et vous estes le prestre aussi, car nul, se prestre n'est, ne peut ouyr confession. — Par ma foy! m'amye, dist-il, or m'avez-vous vaincu, et bien monstrez que sage vous estes, et à tort vous ay chargée, dont je me repens et vous en crye mercy, promettant de l'amender à vostre dit. — Legierement il vous est pardonné, ce dist sa femme, puis que le cas vous congnoissez. » Ainsi que avez ouy, fut le bon chevalier deceu par le subtil engin[2] de sa femme.

LA LXXIXe NOUVELLE

PAR MESSIRE MICHAULT DE CHANGY

Au bon pays de Bourbonnoys, où de coustume les bonnes besoingnes se font, avoit l'aultre hier ung medecin Dieu scait quel; oncques Ypocras[3] ne Galien ne pratiquerent ainsi la science comme il faisoit. Car, en lieu de cyros, de breuvaiges, et d'electuaires et de cent mille autres besoingnes que medecins scaivent ordonner, tant à conserver la santé de l'homme que pour la recouvrer, se elle est perdue, ce bon medecin, de quoy je vous parle, ne usoit seulement que d'une maniere de faire, c'est assavoir de bailler clisteres. Quelque matiere[4] qu'on luy aportast, il faisoit tousjours bailler clisteres, et toutesfoys si bien luy venoit en ses besoingnes et affaires, que chascun estoit bien con-

---

[1] Pour *c'est vous*.
[2] Esprit; du latin *ingenium*.
[3] Hippocrate.
[4] On présentait au médecin l'urine et les déjections du malade.

tent de luy, et garissoit chascun, dont son bruyt[1] creut et augmenta tant et en telle maniere, que on l'appeloit *maistre Jehan*[2] par tout, tant ès maisons des princes et des seigneurs comme ès grosses abbayes et bonnes villes. Et ne fut oncques Aristote ne Galien ainsi auctorisé, par especial du commun peuple, que ce bon maistre dessusdit. Et tant monta sa bonne renommée, que pour toutes choses on luy demandoit conseil : et estoit tant embesoingné incessamment, qu'il ne scavoit auquel entendre. Se une femme avoit mauvais mary, rude et divers[3], elle venoit au remede vers ce bon maistre. Brief, de tout ce dont on peut demander bon conseil de homme ; nostre bon medecin en avoit la huée[4] ; et venoit-on à luy de toutes pars pour enseigner les choses perdues. Advint, ung jour, que ung bon simple homme champestre avoit perdu son asne ; et, après la longue queste d'iceluy, si s'advisa ung jour de tirer vers celuy maistre qui si très saige estoit ; et à l'heure de sa venue il estoit tant environné de peuple, qu'il ne scavoit auquel entendre. Ce bon homme neantmoins rompit la presse, et, en la presence de plusieurs, luy compta son cas, c'est assavoir de son asne qu'il avoit perdu, priant, pour Dieu, qu'il luy voulsist radressier[5]. Ce maistre, qui plus aux aultres entendoit qu'à luy, oyant le bruyt et son de son langaige, se vira devers luy, cuidant qu'il eust aucune infermeté[6], et, affin d'en estre despeché, dist à ses gens : « Baillez-luy ung clistere. » Et le bon simple homme, qui l'asne avoit perdu, non saichant que le maistre avoit dit, fut prins des gens du maistre, qui tantost, comme il leur estoit chargé, luy baillerent ung clistere, dont il fut bien esbahy, car il ne scavoit que c'estoit. Quant il eut ce clistere tel qu'il fut dedans son ventre, il picque et s'en va, sans plus demander de son asne, cuidant certainement par ce le retrouver. Il n'eut gueres allé avant, que le ventre luy brouilla tellement qu'il fust contraint de soy bouter en une vieille masure inhabitée, pour faire ouverture au clistere qui demandoit la clef des champs. Et, au partir qu'il fist, il mena si grant bruyt, que l'asne du povre homme, qui passoit assez près, comme esgaré, commence à

---

[1] Renom.

[2] On donna d'abord le titre honorifique de *maître* aux docteurs ; ce titre devint, plus tard, une qualification presque banale.

[3] Fantasque, quinteux.

[4] Le cri, l'invocation, l'appel ; c'est-à-dire qu'on avait recours à lui pour toute chose. On pourrait lire *buée*, dans le sens figuré de lessive, vapeur.

[5] Renvoyer.

[6] Constipation. Faut-il mieux lire : *infirmité* ?

reclamer et crier; et bon homme de s'avancier, et lever sus, et chanter *Te Deum laudamus*, et venir à son asne, qu'il cuidoit avoir retrouvé par le clistere que luy avoit fait bailler le maistre, qui eut encores plus de renommée, sans comparaison, que auparavant; car, des choses perdues, on le tenoit vray enseigneur, et de toute science aussi le parfait docteur, combien que d'ung seul clistere toute ceste renommée vint. Ainsi avez ouy comment l'asne fut trouvé par ung clistere : qui est chose aparente et qui souvent advient.

LA LXXXe NOUVELLE

PAR MESSIRE MICHAULT

Es marches d'Allemaigne, comme pour vray, ouy nagueres racompter à deux gentilz seigneurs dignes de foy et de croire[1], que une jeune fille, de l'aage d'environ xv à xvj ans, fut donnée en mariaige à ung loyal gentil compaignon, bien gracieux, qui tout devoir faisoit de paier le devoir que voulentiers demandent les femmes sans mot dire, quant en cest aage et estat sont. Mais, quoy que le povre homme fist bien la besoingne et se efforçast espoire plus souvent qu'il ne deust, toutesfoys n'estoit l'oeuvre qu'il faisoit en aucune maniere agreable à sa femme; car incessamment ne faisoit que rechigner et souvent plouroit tant tendrement, comme se tous ses amis fussent mors. Son bon mary, la voyant ainsi lamenter, ne se sçavoit assez esbahyr quelle chose luy povoit faillir, et luy demandoit doulcement : « Helas, m'amye, et qu'avez-vous ? Et n'estes-vous pas bien vestue, bien logée et bien servie, et de tout ce que gens de nostre estat peuvent par raison desirer, bien convenablement partie[2] ? — Ce n'est pas là qu'il me tient, dist-elle. — Et qu'esse donc ? Dictes-le-moy, dist-il, et, se je y puis mettre remede, pensez que je le feray pour[3] y mettre corps et biens. » Le plus des fois, elle ne respondit mot, mais

---

[1] Créance, croyance, crédit.
[2] Partagée.
[3] *Pour* est employé ici dans le sens de *jusqu'à*.

tousjours rechignoit et de plus en plus triste chiere[1], matte[2] et mourne[3], elle faisoit, laquelle chose le mary ne portoit pas bien pacientement, quant scavoir il ne povoit la cause de ceste doleance. Il enquist tant, qu'il en sceut une partie, car elle luy dist qu'elle estoit desplaisante[4] qu'il estoit si petitement fourny de cela que vous scavez, c'est assavoir du baston de quoy on plante les hommes, comme dit Bocace : « Voire, dist-il, et esse cela dont tant vous doulez ? Et, par sainct Martin, vous avez bien cause ! Toutesfoys il ne peult estre aultre, et fault que vous en passez tel qu'il est, voire se vous ne voulez aller au change. » Ceste vie se continua ung grant temps, tant que le mary, voyant cette obstinacion d'elle, assembla, ung jour, à ung disner, ung grant tas des amis d'elle, et leur remonstra le cas comment il est cy dessus touché, et disoit qu'il luy sembloit qu'elle n'avoit cause de soy douloir de luy en ce cas, car il cuidoit aussi bien estre party[5] d'instrument naturel, que voisin qu'il eust : « Et affin, dist-il, que j'en soye mieulx creu, et que vous voyez son tort evident, je vous monstreray tout. » Adonc il mist sa denrée avant sur la table, devant tous et toutes, et dist : « Vecy de quoy ! » Et sa femme, de plorer de plus belle : « Et par saint Jehan ! dirent sa mere, sa seur, sa tante, sa cousine, sa voisine : m'amye, vous avez tort. Et que demandez-vous ? Voulez-vous plus demander ? Qui esse qui ne devroit estre contente d'ung mary ainsi oustillé ? Ainsi, m'aist Dieu, je me tiendroye bien heureuse d'en avoir autant, voire beaucoup moins. Appaisiez-vous et faictes bonne chiere doresenavant. Par Dieu ! vous estes la mieulx partie de nous toutes, ce croy-je. » Et la jeune espousée, oyant le colliege[6] des femmes ainsi parler, leur dist, bien fort en plourant : « Vecy le petit asnon de ceans, qui n'a gueres avec demy an de aage, et si a l'instrument grant et gros de la longueur d'ung bras ? » Et, en ce disant, tenoit son bras par le coude, et le branloit trop bien : « Et mon mary qui a bien xxxiij ans n'en a que ce tant petit qu'il a monstré ; et vous semble-t-il que j'en doye estre contente ? » Chascun commença à rire, et elle, de plus plourer, tant que l'assemblée fut longuement sans mot dire. Alors la mere print la parolle et à part dist à sa fille tant d'unes et d'aultres, que aucunement se contenta ; mais ce fut à

---

[1] Mine, figure ; de l'italien *ciera*.
[2] Folle, abattue.
[3] Pour *morne*. La premiere édition porte *mourme*.
[4] Chagrine, fâchée.
[5] Partagé, muni, fourni.
[6] L'assemblée, compagnie.

grant paine. Vecy la guise¹ des filles d'Allemaigne; se Dieu plaist, bientost seront ainsi en France.

LA LXXXIᵉ NOUVELLE

PAR MONSEIGNEUR DE WAURIN

Puis que les comptes et histoires des asnes sont achevez, je vous feray, en brief et à la verité, ung gracieux compte d'ung chevalier, que la plus part de vous, mes bons seigneurs, congnoissez de pieça. Il fut bien vray que ledit chevalier s'enamoura très fort, comme il est assez bien de coustume aux jeunes gens, d'une très belle, gente et jeune dame, et, du quartier du pays où elle se tenoit, la plus bruyante², la plus mignonne et la plus renommée. Mais, toutesfoys, quelque semblant, quelque devoir qu'il sceust faire pour obtenir la grace de celle dame, jamais ne peust parvenir d'estre serviteur retenu; dont il estoit très desplaisant et bien marry, attendu que tant ardamment, tant loyallement et tant entierement l'aymoit, que jamais femme ne le fut mieulx. Et n'est point à oublier que ce bon chevalier faisoit autant pour elle que oncques fist serviteur pour sa dame, comme de joustes, d'habillemens et plusieurs esbatemens³; et neantmoins, comme dist est, tousjours trouvoit sa dame rude et mal traictable, et luy monstroit moins de semblant d'amours, que par raison ne deust; car elle scavoit bien et de vray, que lealement et chierement estoit de luy aymée. Et, à dire la verité, elle luy estoit trop dure, et est assez à penser qu'il⁴ procedoit de fierté, dont elle estoit plus chargée que bon ne luy feust, comme on pourroye dire-remplie. Les choses estans comme dit est, une aultre dame, voisine et amye de la dessusdicte, voyant la queste dudit chevalier, fut tant esprinse de son amour, que plus on ne pourroye, et, par trop bonne façon et moyen, qui trop long seroye à descrire, fist

---

¹ Manière, façon.
² Réputée, triomphante.
³ Passe-temps, parties de plaisir, jeux.
⁴ *Il* est synonyme de *cela*; c'est-à-dire : cette manière d'être, cette dureté.

tant par subtilz moyens, que en petit de temps ce bon chevalier s'en
apperceut; dont il ne s'esmeut que bien à point, tant s'estoit fort
donné auparavant à sa rebelle et rigoureuse maistresse. Trop bien,
comme gracieux que il estoit et bien saichant, tant sagement entretenoit celle de luy esprinse, que, se à la congnoissance de l'aultre feust
parvenu, cause n'eust eu de blasmer son serviteur. Or escoutez quelle
chose advint de ses amours, et quelle en fut la conclusion. Ce chevalier amoureux, pour la distance du lieu, n'estoit si souvent auprès de
sa dame, que son loyal cueur et trop amoureux desiroit. Si s'advisa
ung jour de prier aucuns chevaliers et escuyers, ses bons amys, qui
toutesfoys de son cas rien ne scavoient, d'aller esbatre, voler[1] et querir
les lievres en la marche du pays où sa dame se tenoit, saichant de
vray par ses espies, que le mary d'elle n'y estoit point, mais estoit
venu à la court où souvent se tenoit, comme celuy de qui se fait ce
compte. Comme il fut proposé de ce gentil chevalier amoureux et de
ses compaignons, ilz partirent le lendemain, bien matin, de la bonne
ville où la court se tenoit, et tout querant les lievres, passerent le
temps joyeusement, jusques à basse nonne[2], sans boire et sans menger. Et en grant haste vindrent repaistre en ung petit villaige; et,
après le disner, lequel fut court et sec, monterent à cheval et de
plus belle s'en vont querant les lievres. Et le bon chevalier, qui ne
tiroit qu'à une[3], menoit tousjours la brigade le plus qu'il povoit arriere de la bonne ville, où compaignons avoient grant envie de retirer,
et souvent luy disoient : « Monseigneur, le vespre[4] approuche, il est
heure de retirer à la ville; se nous n'y advisons, nous serons enfermez
dehors, et nous fauldra gesir[5] en ung meschant village et tous mourir de faim. — Vous n'avez garde, se disoit nostre amoureux : il est
encores assez haulte heure[6], et, au fort, je scay bien ung lieu en ce
quartier, où l'en nous fera très bonne chiere; et, pour vous dire, se à
vous ne tient, les dames nous festieront[7] le plus honnestement du
monde. » Et comme gens de court se treuvent volentiers entre les dames, ilz furent contens d'eulx gouverner à l'appetit[8] de celuy qui les

---

[1] Chasser au vol, à l'oiseau.
[2] Environ trois heures et demie de l'après-midi; après l'heure de none.
[3] Qui n'avait qu'un seul but.
[4] Soir; du latin *vesper*.
[5] Coucher.
[6] C'est-à-dire : il n'est pas encore tard.
[7] Pour *festoieront*.
[8] Désir, caprice, fantaisie.

avoit mis en train, et passerent le temps querans les lievres, et volans les perdris, tant que le jour si leur dura. Or vint l'heure de tirer au logis. Si dist le chevalier à ses compaignons : « Tirons, tirons pays, je vous meneray bien. » Environ une heure ou deux de nuyt [1], ce bon chevalier et sa brigade arriverent à la place où se tenoit la dame dessusdicte, de qui tant estoit feru la guide de la compaignie, qui mainte nuyt en avoit laissé le dormir. On heurta à la porte du chasteau, et les varletz assez tost vindrent avant, lesquelz leur demanderent qu'ilz vouloient. Et celuy à qui le fait touchoit le plus, print la parolle et leur commença à dire : « Messeigneurs, monseigneur et ma dame sont-ilz ceans ? — En verité, respondit l'ung pour tous, monseigneur n'y est pas, mais ma dame y est. — Vous luy direz, s'il vous plaist, que telz et telz chevaliers et escuyers de la court, et moy ung tel, venons d'esbatre et querir les lievres en ceste marche; et nous sommes esgarez jusques à ceste heure, qui est trop tart de retourner à la ville. Si luy prions qu'il luy plaise nous recevoir pour ses ostes pour meshuy. — Voulentiers, dist l'aultre, je luy diray. » Il vint faire ce messaige à sa maistresse, laquelle fist faire la responce, sans venir devers eulx, qui fut telle : « Monseigneur, dist le varlet, ma dame vous fait sçavoir que monseigneur son mary n'est pas icy : dont il luy desplaist, car, s'il y feust-il, vous fist bonne chiere; et, en son absence, elle n'oseroit recevoir personne. Si vous prie que luy pardonnez. » Le chevalier meneur de l'assemblée, pensez qu'il fut bien esbahy et très honteux d'ouyr ceste responce, car il cuidoit bien veoir et à loisir sa maistresse, et deviser tout à son cueur saoul ; dont il se treuve arriere et bien loing : et encores beaucoup luy grevoit d'avoir amené ses compaignons en lieu où il s'estoit vanté de les bien faire festoier. Comme saichant [2] et gentil chevalier, il ne monstra pas ce que son povre cueur portoit [3]; si dist, de plain visaige, à ses compaignons : « Messeigneurs, pardonnez-moy que je vous ay fait paier la bayée [4]; je ne cuydoye pas que les dames de ce pays feussent si peu courtoises, que de reffuser ung giste aux chevaliers errans; prenez-en pacience. Je vous prometz, par ma foy, de vous mener ailleurs, ung peu au dessus de ceans, où l'en nous fera toute aultre chiere. — Or avant donc, dirent-ilz, les

---

[1] C'est-à-dire : sept ou huit heures du soir.
[2] Bien appris, sachant vivre.
[3] C'est-à-dire : ce qu'il avait dans le cœur.
[4] Expression proverbiale, signifiant : si je vous ai leurré d'un faux espoir, si vous en êtes pour les frais de votre attente. *Bayée*, c'est l'action d'attendre, la bouche ouverte, en *bayant*.

aultres! picquez avant! Bonne adventure nous doint Dieu! » Ilz se mettent au chemin, et estoit l'intencion de leur guide de les mener à l'ostel de la dame, dont il estoit le chier tenu, et dont moins de conte il tenoit, que par raison il ne deust; et conclud, à ceste heure, de soy oster de tous poins de l'amour de celle qui si lourdement avoit refusé la compaignie, et dont si peu de bien luy estoit venu, estant en son service; et se delibera d'aymer, servir et obeyr tant que possible luy seroye à celle qui tant de bien luy vouloit, et où, se Dieu plaist, se trouvera tantost. Pour abregier, après la grosse pluye que la compaignie eut plus d'une grosse heure et demye sur le dos, on arrive à l'ostel de la dame, dont nagueres parloye; et heurta-l'en de bon hait[1] à la porte, car il estoit bien tard, et entre neuf et dix heures de nuyt, et doubtoient fort qu'on ne feust couché. Varletz et meschines[2] saillirent avant, qui s'en vouloient aller coucher et demanderent : « Qu'esse-là ? » Et on leur dist. Ilz vindrent à leur maistresse, qui estoit jà en cotte simple, et avoit mis son couvrechief de nuyt; et luy dirent : « Ma dame, monseigneur de tel lieu est à la porte, qui veult entrer, et avecques luy aucuns aultres chevaliers et escuyers de la court jusques au nombre de trois. — Ilz soient les très bien venuz! dist-elle. Avant, avant, vous telz et telz! A coup allez tuer chappons et poulailles et ce que nous avons de bon en haste! » Brief, elle disposa comme femme de grant façon, comme elle estoit et encores est, tout subit ses besoingnes, comme vous orrez tantost. Elle print bien en haste sa robe de nuyt, et ainsi atournée[3] qu'elle estoit, le plus gentement qu'elle peut, vint au devant des seigneurs dessusditz, deux torches devant elle et une seule femme avec sa très belle fille; et les autres mectoient les chambres à point. Elle vint rencontrer ses ostes sur le pont du chasteau, et le gentil chevalier, qui tant estoit en sa grace, comme des aultres la guide et meneur, se mist en front devant, et, en faisant les recongnoissances, il la baisa, et puis après tous les aultres pareillement la baiserent. Alors, comme femme bien enseignée, dist aux seigneurs dessusditz : « Messeigneurs, vous soyez les très bien venus! Monseigneur tel (c'est leur guide), je le congnois de piçca; il est, de sa grace, tout de ceans : s'il luy plaist, il fera mes accointances[4] vers vous. » Pour abregier, accointances furent faictes : le soupper assez

---

[1] De bonne humeur, gaiement.
[2] Servantes.
[3] Habillée, parée.
[4] Compliments, politesses.

tost après bien apresté et chascun d'eulx logié en belle et bonne chambre bien appointée et bien fournie de tapisserie et de toute chose necessaire. Si vous fault dire que, tandis que le soupper s'aprestoit, la dame et le bon chevalier se deviserent tant et si longuement, et se porta conclusion entr'eulx que pour la nuyt ilz ne feroient que ung lit, car, de bonne adventure, le mary n'estoit point leans, mais plus de quarante lieues loing de là. Or est heure, tandis que le soupper est prest et que ces devises se font, que l'en souppe le plus joyeusement qu'on pourra. Après les adventures du jour, que je vous dye de la dame, qui son ostel refusa à la brigade dessusdicte, mesmes à celuy qui bien scavoit que plus l'aymoit que tout le monde, et fut si mal courtoise que oncques vers eulx ne se monstra. Elle demanda à ses gens, quant ilz furent vers elle retournez de faire son message, quelle chose avoit respondu le chevalier? L'ung luy dist : « Ma dame, il le fist bien court : trop bien dist-il qu'il menoit ses gens en ung lieu plus en sus[1] d'icy, où l'en leur feroye bon recueil[2] et meilleure chiere. » Elle pensa tantost ce qui estoit et dist : « Ha! il s'en est allé à l'ostel d'une telle, qui, comme bien scay, ne le voit pas envis[3]. Leans se traictera, je n'en doubte point, quelque chose à mon prejudice. » Et, elle, estant en ceste ymaginacion et pensée, tantost tout subitement le dur courage, que tant avoit rigoureux envers son serviteur porté, tout change et altere, et en très cordial et bon vouloir transmue, dont envie fut pour ceste heure cause et motif; conclusion, oncques ne fut tant rigoureuse, qu'à ceste heure trop plus ne soit doulce et desireuse d'accorder à son serviteur tout ce qu'il vouldroye requerir et demander. Et doubtant que la dame, où la brigade estoit, ne jouyst de celuy que tant avoit traicté durement, escripvit une lettre de sa main à son serviteur, dont la pluspart des lignes estoient de son precieux sang, qui contenoit, en effect, que, tantost ces lettres veues, toute aultre chose mise arriere, il venist vers elle tout seul avec le porteur, et il seroye si agreablement receu, que oncques serviteur ne fut plus content de sa dame qu'il seroye. Et, en signe de plus grande verité, mist dedans la lettre ung dyamant que bien congnoissoit. Ce porteur, qui seur estoit, print la lettre et vint au lieu dessusdit et trouva le chevalier auprès de son ostesse, au soupper, et toute l'assemblée. Tantost après graces, le tira d'ung costé, et, en luy baillant

---

[1] Au delà.
[2] Accueil.
[3] A contre-cœur, de mauvais gré.

la lettre, dist qu'il ne fist semblant de riens, mais qu'il acomplist le contenu de ce. Ces lettres veues, le bon chevalier fut bien esbahy et encores plus joyeux; car, combien qu'il eust conclud et deliberé de soy retirer de l'amour de celle qui ainsi luy escrivoit, si n'estoit-il pas si converty que la chose que plus desiroit ne luy feust par ceste lettre promise. Il tira son ostesse à part, et luy dist comment son maistre le mandoit hastivement, et que force luy estoit de partir tout à ceste heure, et monstroit bien semblant que fort luy en desplaisoit. Celle qui auparavant estoit la plus joyeuse, attendant ce que tant avoit desiré, devint triste et ennuyeuse. Et, sans faire moustre[1], ledit chevalier monte à cheval et laisse ses compaignons leans, et, avec le porteur de ces lettres, vient tantost arriver, après mynuyt, à l'ostel de sa dame, de laquelle le mary estoit nagueres retourné de court et s'apprestoit pour s'en aller coucher; dont Dieu scait en quel point en estoit celle qui son serviteur avoit mandé querir, par ces lectres. Ce bon chevalier, qui tout le jour avoit culleté la selle[2], tant en la queste des lievres comme pour querir logis, sceut, à la porte, que le mary de sa dame estoit venu : dont fut aussi joyeux que vous povez penser. Si demanda à sa guide, qu'il estoit de faire? Ilz s'adviserent ensemble, qu'il feroit semblant d'estre esgaré de ses compaignons, et que de bonne adventure il avoit trouvé ceste guide, qui leans l'avoit adrecié. Comme il fut dit, il fut fait, en la malle heure; et vint trouver monseigneur et ma dame, et fist son personnaige ainsi qu'il sceut. Après boire une fois, qui peu de bien luy fist, on le mena en sa chambre, où gueres ne dormit la nuyt, et lendemain, avec son oste, à la court retourna, sans riens acomplir du contenu de la lettre dessusdicte. Et vous dis bien que là n'a l'aultre[3] depuis il ne retourna, car, tost après, la court se departit du pays, et il suyvit le train, et tout fut mis à nonchaloir et oubly; et ne s'en donna plus de mauvais temps, car assez en avoit-il eu, comme assez souvent advient en telles besoingnes.

[1] Sans faire de bruit.
[2] Avait eu le cul sur la selle.
[3] Chez l'une ni chez l'autre.

LA LXXXIIe NOUVELLE

PAR JEHAN MARTIN

Or escoutez, s'il vous plaist, qu'il advint, en la chastelenie de Lisle, d'ung bergier des champs et d'une jeune pastourelle, qui ensemble, ou à six piez l'ung de l'aultre, gardoient leurs brebis. Marchié se porta entre eulx deux, une fois entre les aultres, à la semonce de Nature qui les avoit desjà eslevez en aage de congnoistre que c'est de ce monde, que le bergier monteroye sur la bergiere pour veoir de plus loing, pourveu toutesfoys qu'il ne l'embrocheroye non plus avant qu'elle-mesmes fist le signe de sa main sur l'instrument naturel du bergier, qui fut environ deux doys, la teste franche; et estoit le signe fait d'une meure noire qui croist sur les hayes. Cela fait, ilz se mettent à l'ouvrage de par Dieu, et bon bergier se fourre dedans, comme s'il ne coutast riens, sans regarder merche[1], ne signe, ne promesse qu'il eust faicte à sa bergiere, car tout ce qu'il avoit ensevelyt jusques au manche; et, se plus en eust eu, il trouva lieu assez pour le loger. Et la belle bergiere, qui jamais n'avoit esté à telz nopces, tant aise se trouvoit que jamais ne voulsist faire aultre chose. Les armes furent asseurées[2], et se tira chascun tantost vers ses brebis, qui desjà s'estoient d'eulx fort eslongnées, à cause de leur absence. Tout fut rassemblé et mis en bon train, et bon bergier, que on appeloit Hacquin, pour passer temps comme il avoit de coustume, se mist en contrepoix, entre deux hayes, sur une baloichere[3], et là s'esbatoit et estoit plus aise que ung roy. La bergiere se mist à faire ung chapelet de florettes sur la rive d'ung fossé et regardoit tousjours, disant la chansonnette jolie, se le bergier reviendroit point à la meure[4]; mais c'estoit la moindre de ses pensées. Et quant elle vit qu'il ne venoit point, elle

---

[1] Pour *marque*, dans le dialecte flamand.
[2] Abandonnées; c'est-à-dire que la joute amoureuse prit fin.
[3] Pour *balançoire*.
[4] C'est-à-dire, au jeu d'amour, par allusion au *signe de la mure*, que le joueur ne devait pas outrepasser.

le commence à hucher : « Et Hacquin ! Hacquin ! » Et il respond :
« Que veulx-tu ? — Vien çà, vien çà? dist-elle; si feras cela. » Et
Hacquin, qui en estoit saoul, luy respondit : « En nom Dieu ! j'ay
aussi cher de n'en faire rien; je m'esbas bien ainsi. » Et la bergiere
luy dist : « Vien çà, Hacquin, je te laisseray bouter plus avant, sans
faire merche. — Saint Jehan ! dist Hacquin, j'ay passé le signe de la
meure; aussi, n'en aurez vous plus maintenant. » Il laissa la bergiere,
à qui bien desplaisoit de demourer ainsi oyseuse.

LA LXXXIIIe NOUVELLE

Comme il est de coustume par tous pays, ès villes et villaiges souvent s'espandent les bons religieux mendians, tant de l'ordre des Jacobins, Cordeliers, Carmes et Augustins, pour prescher au peuple la foy catholicque, blasmer et reprocher les vices, les biens et vertus exaulcer et louer. Advint que, en une bonne petite ville, en la conté d'Artois, arriva ung carme du couvent d'Arras, par ung dimenche matin, ayant intencion d'y prescher, comme il fist bien devotement et haultement; car il estoit bon clerc et bon langaigier[1]. Tandis que le curé disoit la grande messe, ce maistre carme se pourmenoit, attendant que quelqu'un le fist chanter, pour gaigner deux patars, mais nul ne s'en advançoit[2]. Et, ce voyant, une vieille damoiselle veufve, à qui il print pitié du povre religieux, le fist dire messe, et par son varlet bailler deux patars, et encores le fist prier de disner. Et maistre moyne happa cest argent, promettant de venir au disner, comme il fist après le preschement, et que la grant messe de la paroisse fut finée[3]. La bonne damoiselle, qui l'avoit fait chanter et semondre[4] au disner, se partit de l'eglise, elle et sa chamberiere, et vindrent à l'ostel faire tout prest pour recevoir le prescheur, qui en la conduicte d'ung serviteur

---

[1] Fort savant et bon orateur.
[2] C'est-à-dire : nul ne se pressait de le faire.
[3] Pour *finie*, achevée.
[4] Inviter.

de ladicte damoiselle vint arriver à l'ostel, où il fut receu. Après les mains lavées[1], la damoiselle luy assigna sa place, et elle se mist auprès de luy, et le varlet et la chamberiere se misrent à servir; et de prinsault apporterent la belle porée[2] avec le beau lart, et belles trippes de porc, et une langue de beuf rostie. Dieu scait comment, tantost que damp moyne vit la viande, il tire ung beau long et large cousteau, bien trenchant, qu'il avoit à sa ceinture, tout en disant *Benedicite*, et puis se met en besoigne à la porée. Tout premier qu'il l'eut despeschée[3], et le lart aussi, cy prins cy mis[4], de là il se tire à ces trippes belles et grasses, et fiert dedans comme le loup fait dedans les brebis. Et, avant que la bonne damoiselle, son ostesse, eust à moitié mengé sa porée, il n'y avoit ne trippe ne trippette dedans le plat. Si se prent à ceste langue de beuf, et, de son cousteau bien trenchant, en fist tant de pieces, qu'il n'en demoura oncques loppin. La damoiselle, qui tout ce, sans mot dire, regardoit, gettoit souvent l'oeil sur son varlet et sa chamberiere, et eulx tout doulcement, en soubriant, pareillement la regardoient. Elle fist apporter une piece de bon beuf salée, et une belle piece de bon mouton, et de bon endroit, et mettre sur la table. Et ce bon moyne, qui n'avoit d'appetit ne plus qu'ung chien venant de la chasse, se print à la piece de beuf; et, s'il avoit eu peu de pitié des trippes et de la langue de beuf, encores en eut-il moins de ce beau beuf entrelardé. Son ostesse, qui grant plaisir prenoit à le veoir menger, trop plus que le varlet et la meschine qui entre leurs dens le mauldissoient, luy faisoit tousjours emplir la tasse si tost qu'elle estoit vuide. Et pensez qu'il descouvroit bien viande[5], et n'espargnoit point le boire. Il avoit si grant baste de fournir son pourpoint[6], qu'il ne disoit mot; au moins, si peu que rien. Quant la piece de beuf fut comme toute despeschée, et la pluspart de celle de mouton, de laquelle l'ostesse avoit ung tantinet mengé, elle, voyant que son oste n'estoit point encores saoul[7], fist signe à sa chamberiere, qu'elle apportast ung gros jambon cuit du jour de devant. La chamberiere,

---

[1] Au commencement du repas, on présentait l'aiguière au convive, pour qu'il se lavât les mains.

[2] Soupe aux poireaux, très-estimée alors.

[3] Avalée à la hâte.

[4] Tout aussitôt.

[5] Expression proverbiale, signifiant qu'il ne laissait pas de viande après les os.

[6] On disait plus ordinairement : *remplir le moule de son pourpoint*, c'est-à-dire son estomac.

[7] Rassasié.

tout mauldissant le prestre qui tant gourmandoit[1], fist le commandement de sa maistresse, et mist le jambon à la table. Et bon moyne, sans demander qui vive, frappa sus et le navra[2]; car, de prinsault, il luy trencha le jaret, et de tous points le desmembra, et n'y laissa que les os. Qui adonc eust veu rire le varlet et la meschine, il n'eust eu jamais les fievres, car il avoit desgarny tout l'ostel, et avoient grant paour qu'il ne les mangast aussi. Pour abregier, la dame fist mettre à la table ung très bon fourmaige gras, et ung plat bien fourny de tartes et pommes et de fourmaige, avec la belle piece de beurre fraiz, dont on n'en reporta si petit que rien. Le disner fut fait ainsi qu'avez ouy, et vint à dire graces, que maistre moyne abregea, plus ront que ung tiquet[3], se leva sus et dist à son ostesse : « Damoiselle, je vous remercie de voz biens; vous m'avez tenu bien aise, la vostre mercy ! Je prie à Celuy[4] qui repeut cinq mille hommes de trois pains et de deux poissons, dont, après qu'ilz furent saoulez de manger, demoura de relief[5] douze corbeilles, qu'il le vous vueille rendre ! — Sainct Jehan ! dist la chamberiere qui s'avança de parler; sire, vous en povez bien tant dire, je croy, se vous eussiez esté l'ung de ceulx qui furent repeuz, qu'on n'en eust point tant reporté de relief, car vous eussiez bien tout mangié, et moy aussi, se je y eusse esté. — Vrayement, m'amye, dist le moyne, je ne vous eusse pas mengée, mais je vous eusse bien embrochée et mise en rost, ainsi que vous povez penser qu'on fait. » La dame commença à rire; aussi firent le varlet et la chamberiere, maulgré qu'ilz en eussent. Et nostre moyne, qui l'avoit pensé farcer, mercia de rechief son ostesse, qui si bien l'avoit repeu, et s'en alla, en quelque autre villaige, gaigner son souper; ne scay si fut tel que le disner.

[1] Mangeait goulûment.
[2] Lui fit une entaille, une blessure, comme si ce fût un ennemi dont il voulait avoir raison.
[3] Insecte de forme ronde, qui s'attache à la peau des chiens et des chevaux, pour vivre à leurs dépens.
[4] Jésus-Christ, dans l'Évangile.
[5] Restes.

LA LXXXIVe NOUVELLE

Tandis que quelqu'un s'advancera de dire quelque bon compte, j'en feray ung petit qui ne vous tiendra gueres, mais il est veritable et de nouvel advenu. J'avoye ung mareschal, qui bien et longuement m'avoit servy de son mestier; il luy print voulenté de soy marier; aussi, le fut-il à la plus merveilleuse[1] femme, qui feust en tout le pays. Et quant il vit que, par beau ne par laid[2], il ne la povoit oster de sa mauvaistié[3], il l'abandonna et ne se tint plus avec elle, mais la fuyoit comme la tempeste[4]. Quant elle vit qu'il la fuyoit ainsi, et qu'elle n'avoit à qui toucher ne monstrer sa derniere maniere, elle se mist en la queste de luy, et partout le suyvoit, Dieu scait, disant quelz motz; et l'aultre se taisoit et picquoit son chemin. Et elle le suyvoit tousjours et disoit plus de mots que ung dyable ne scauroye faire à une ame damnée. Ung jour, entre les aultres, voyant que son mary ne respondoit mot à chose qu'elle luy proposast, en le suyvant par la rue, cryoit tant qu'elle povoit : « Vien çà, traistre ! Parle à moy ? Je suis à toy ! » Et mon mareschal, qui estoit devant, disoit, à chascun mot qu'elle disoit : « J'en donne ma part au dyable. » Et ainsi la mena tout du long de la ville, tousjours criant : « Je suis à toy ! » et l'aultre disoit : « J'en donne ma part au dyable. » Tantost après, comme Dieu le permist, ceste bonne femme mourut, et chascun demandoit à mon mareschal, s'il estoit courroucié de la mort de sa femme, et il leur disoit que jamais si grant heur ne luy vint; et que, se Dieu luy eust donné ung souhait à son desir, il eust demandé la mort de sa femme, laquelle il disoit estre si très mauvaise, que : « Se je la scavoye en paradis, je n'y vouldroye jamais aller tant qu'elle y feust, car impossible seroye que

---

[1] Malicieuse, méchante.
[2] Expression proverbiale, signifiant : par prière ni par menace.
[3] Méchanceté.
[4] Locution proverbiale qui s'est transformée; on dit maintenant, dans le même sens : fuir quelqu'un, *comme la peste*.

paix feust en nulle assemblée où elle feust. Mais je suis seur qu'elle est en enfer, car oncques chose creée n'approucha plus à faire la maniere des dyables, qu'elle faisoit. » Et puis on luy disoit : « Vrayement, il vous fault remarier et en querre [1] une bonne et paisible. — Me marier? disoit-il : j'aymeroye mieulx me aller pendre au gibet, que jamais me rebouter au danger de trouver l'enfer que j'ay, la Dieu mercy, à ceste heure passé. » Ainsi demoura et est encores; ne scay qu'il fera ce temps advenir.

LA LXXXVe NOUVELLE

Depuis cent ans en çà ou environ, en ce pays de France, est advenu, en une bonne et grosse cité, une joyeuse adventure que je mettray icy pour accroistre mon nombre, et aussi, pource qu'elle est digne d'estre ou renc des autres. En ladicte bonne ville, avoit ung orfevre marié, de qui la femme estoit belle et gracieuse, et, avec tout ce, très amoureuse d'un seigneur d'eglise, son propre curé, qui ne l'aymoit rien moins que elle luy ; mais de trouver la maniere comment ilz se pourroyent joindre amoureusement ensemble, fut très difficile, combien que en la fin fut trouvée, et par l'engin de la dame, en la façon que je vous diray. Le bon mary orfevre estoit tant alumé et ardant en convoitise d'argent, qu'il ne dormoit une seule heure de bon somme. Pour labourer [2], chascun jour se levoit, une heure ou deux devant le jour, et laissoit sa femme prendre sa longue crastine [3] jusqu'à huit ou neuf heures, ou si longuement qu'il luy plaisoit. Ceste bonne amoureuse, voyant son mary continuer chascun jour la diligence et entente de soy lever, pour ouvrer et marteler, s'advisa qu'elle employeroye son temps avec son curé, où elle estoit abandonnée de son mary, et que à telle heure sondit amoureux la pourroye visiter sans

---

[1] Chercher ; du latin *quærere*.
[2] Travailler.
[3] Matinée ; du latin *crastinus*. *Crastine* semble vouloir dire ici : sommeil ou paresse du matin.

le sceu de son mary, car la maison du curé tenoit à la sienne sans moyen [1]. La bonne maniere fut descouverte et mise en termes à nostre curé, qui la prisa très bien, et luy sembla bien que aiseement la feroye. Ainsi doncques que la façon fut trouvée et mise en termes, ainsi fut-elle executée, et le plus tost que les amans peurent; et là continuerent aucun temps qui dura assez longuement. Mais, comme Fortune envieuse peut estre de leur bien et de leur doulx passetemps, leur voulut leur cas descouvrir en la maniere que vous orrez. Cest bon orfevre avoit ung serviteur [2], qui estoit amoureux et jaloux très amerement de sa dame; et, pource que très souvent avoit aperceu nostre maistre curé parler à sa dame, il se doubtoit très fort de ce qu'il estoit. Mais la maniere comment ce povoit faire, il ne le scavoit ymaginer, se n'estoit que nostre curé venist à l'heure qu'il forgeoit au plus fort avec son maistre. Ceste ymaginacion luy heurta tant la teste, qu'il fist le guet et se meist aux escoutes pour scavoir la verité de ce qu'il queroit. Il fist si bon guet, qu'il apperceut et eut vraye experience du fait. Car une matinée, il veit le curé venir tantost après que l'orfevre fut vuidé de sa chambre, et y entrer, puis fermer l'huys. Quant il fut bien asseuré que sa suspicion estoit vraye, il se descouvrit à son maistre et luy dist en ceste maniere : « Mon maistre, je vous sers de vostre grace, non pas seulement pour gaigner vostre argent, menger vostre pain, et faire bien et lealement vostre besoingne, mais aussi pour garder vostre honneur; et, se aultrement faisoye, digne ne seroye d'estre vostre serviteur. J'ay eu dès pieçà suspicion que nostre curé ne vous fist desplaisir, et si le vous ay celé jusques à ceste heure; et, affin que ne cuidez que je vous vueille troubler en vain, je vous prye que nous aillons en vostre chambre, et je scay de vray que nous l'y trouverons. Quant le bon homme ouyt ces nouvelles, il se tint très bien de rire et fut bien content de visiter sa chambre, en la compaignie de son varlet, qui luy fist promettre qu'il ne tueroye point le curé, car aultrement il n'y vouloit aller. Ilz monterent en la chambre, qui fust tantost ouverte; et le mary entre le premier, et vit que monseigneur le curé tenoit sa femme entre ses bras, et vit qu'il forgeoit ainsi qu'il povoit; si s'escria, disant : « A mort ribault ! Qui vous a ici bouté ? » Le povre curé fut bien esbahy et demanda mercy. « Ne sonnez mot, ribault prestre, ou je vous tueray à ceste heure ! dist l'orfevre. — Faictes de moy ce qu'il vous plaira, dist le

---

[1] Sans intermédiaire; c'est-à-dire que les deux maisons étaient contiguës.
[2] Apprenti, ouvrier compagnon.

povre curé. — Par l'ame de mon pere ! avant que m'eschappez, je vous mettray en tel estat que jamais n'aurez voulenté de marteler sur enclume feminine. » Le povre malheureux, fut lyé par ses deux ennemis, si bien, qu'il ne povoit rien mouvoir que la teste ; puis, il fut porté en une petite maisonnette, derriere la maison de l'orfevre ; et estoit la place où il fondoit son argent. Quant il fut au lieu, l'orfevre envoya querir deux grans cloux à large teste, desquelz il atacha au long du banc les deux marteaux qui avoient forgé en son absence sur l'enclume de sa femme, et puis le deslya de tous poins. Si prist après une pongne d'estrain[1], et bouta le feu en sa maisonnette, puis il s'enfuyt en la rue crier au feu. Quand le prestre se vit environné du feu, et que remede n'y avoit, qu'il ne luy faillist perdre ses genitoires ou estre brulé, si s'en courut et laissa sa bource clouée. L'effroy du feu fut tantost eslevé par toute la rue ; si venoient les voisins pour l'estaindre. Mais le curé les faisoit retourner, disant qu'il en venoit et que tout le dommaige qui en povoit advenir estoit jà advenu, mais il ne disoit pas que le dommaige luy competoit[2]. Ainsi fut le povre amoureux curé sallarié du service qu'il fist à Amours, par le moyen de la faulse et traistre Jalousie, comme avez ouy.

LA LXXXVIᵉ NOUVELLE

En la bonne ville de Rouen, puis peu de temps en çà, ung jeune homme print en mariaige une tendre jeune fille, aagée de xv ans ou environ. Le jour de leur grant feste, c'est assavoir des nopces, la mere de ceste fille, pour garder et entretenir les cerimonies acoustumées en tel jour, escola[3] et introduit[4] la dame des nopces, et luy aprint comment elle se devoit gouverner pour la premiere nuyt avec

[1] Poignée de paille.
[2] Le regardait, le concernait.
[3] Endoctrina.
[4] Initia ; introduisit dans les secrets du lit nuptial. On peut lire *instruisit*, qui offrirait un sens plus net.

son mary. La belle fille, à qui tardoit l'atente de la nuyt dont elle recevoit la doctrine, mist grosse peine et grande diligence de retenir la leçon de sa bonne mere ; et luy sembloit bien que, quant l'heure seroit venue où elle devroit mettre à execution cette leçon, qu'elle en feroye si bon devoir, que son mary se loueroye d'elle, et en seroye très content. Les nopces furent honorablement faictes en grant solennité, et vint la desirée nuyt ; et tantost après la feste faillie [1], que les jeunes gens furent retraitz [2], et qu'ilz eurent prins le congié du sire des nopces et de la dame, la bonne mere, les cousines, voisines et aultres privées femmes prindrent nostre dame de nopces, et la menerent en la chambre où elle devoit coucher pour la nuyt avec son espousé, où elles la desarmerent de ses atours, joyaux, et la firent coucher ainsi qu'il est de raison ; puis, luy donnerent bonne nuyt ; l'une disant : « M'amye, Dieu vous doint joye et plaisir de vostre mary et tellement vous gouverner avec luy que ce soit au salut de voz deux ames ! » L'aultre disant : « M'amye, Dieu vous doint telle paix et concorde avec vostre mary, que puissiez faire oeuvre dont les saints cieulx soient remplis ! » Et ainsi chascune, faisant sa priere, se partit. La mere, qui demoura la derniere, reduit à memoire son escolliere sur la doctrine et leçon que aprins luy avoit, luy priant que penser y voulsist. Et la bonne fille, qui n'avoit pas son cueur, ainsi que l'en dist communement, en sa chausse [3], respondit que très bonne souvenance avoit de tout, et que bien l'avoit retenu, Dieu mercy : « C'est bien fait, dist la mere. Or je vous laisse et recommande à la garde de Dieu, luy priant qu'il vous donne bonne adventure. Adieu, belle fille. — Adieu, ma bonne et saige mere. » Si tost que la maistresse de l'escolle fut vuidée, nostre mary, qui n'attendoit à l'huys aultre chose, entra dedans ; et la mere l'enferma et tira l'huys et luy dist qu'il se gouvernast doulcement avec sa fille. Il promist que aussi feroit-il : et, si tost que l'huys fut fermé, luy, qui n'avoit plus que son pourpoint en son dos, le rue jus [4] et monte sur le lit et se joint au plus près de sa dame des nopces, la lance au poing, et luy presente la bataille. A l'approcher de la barriere où l'escarmouche se devoit faire, la dame print et empoingna ceste lance droit et roide comme ung cornet de va-

---

[1] Finie, achevée.
[2] Retirés.
[3] Expression proverbiale, qui équivaut à celle-ci : n'avoir pas sa langue dans sa poche.
[4] Le jette bas.

chier ; et tantost qu'elle la sentist ainsi dure et de grosseur très bonne, elle fut bien esbahye, et commença à s'escrier très fort, en disant que son escu n'estoit pas assez puissant pour recevoir ne soustenir les horions de si gros fust. Quelque devoir que nostre mary peust faire, ne peut trouver la maniere de estre receu à ceste jouste ; et, en cest estrif [1], la nuyt se passa sans riens besoingnier : qui despleut moult à nostre sire des nopces. Mais, au fort, il print en pacience, esperant tout recouvrer la nuyt prouchaine où il fut autant ouy que à la premiere, et ainsi à la troisiesme, et jusques à la quinziesme, où les armes furent acomplies, comme je vous diray. Quant les quinze jours furent passez, que noz deux jeunes gens furent mariez, combien qu'ilz n'eussent encores tenu ensemble mesnage, la mere vint visiter son escolliere ; et, après, entre mille devises qu'elles eurent ensemble, elle parla de son mary et luy demanda quel homme il estoit, et s'il faisoit bien son devoir ? Et la fille disoit qu'il estoit très bon homme, doux et paisible : « Voire mais, disoit la mere, fait-il bien ce que l'en doit faire ? — Ouy, disoit la fille, mais..... — Quelz mais ? Il y a à dire en son fait, dist la mere, je l'entens bien ; dictes-le-moy et ne me le celez point, car je veulx tout scavoir à ceste heure. Est-il homme pour acomplir le deu où il est obligé par mariage et dont je vous ay baillée la leçon ? » La bonne fille fut tant pressée, qu'il luy convint dire que l'en n'avoit encores riens besoingné en son ouvroir, mais elle taisoit qu'elle fust cause de la dilacion [2], et que tousjours eust refusé la jousterie. Quant la mere entendit ces douloureuses nouvelles, Dieu scait quelle vie elle mena, disant que, par ses bons Dieux, elle y mettroye remede et brief, et aussi que tant avoit-elle bonne accointance à monseigneur l'official de Rouen, qu'il luy seroye amy, et favorisant à son bon droit : « Or ça, ma fille, dist-elle, il vous convient desmarier ; je ne fais nulle doubte que je n'en treuve bien la façon ; et soyez seure que avant deux jours vous le laisserez, et de ceste heure, vous feray avoir ung aultre homme, qui si paisible ne vous laissera pas ; laissez-moy faire. » Ceste bonne femme, à demy hors du sens, vint compter ce grant meschief à son mary, pere de la fille dont je fais mon compte, et luy dist bien comment ilz avoient bien perdu leur belle et bonne fille, amenant les raisons pour quoy et comment, en concluant aux fins de la desmarier. Tant bien compta sa cause, que son mary se tira de son costé, et fut content que l'en fist citer nostre

---

[1] Débat, querelle.
[2] Retard, délai ; du latin *dilatio*.

nouveau marié, qui ne scavoit rien de ce qu'ainsi l'en se plaignoit de luy sans cause. Toutesfoys, il fut cité personnellement à comparoir à l'encontre de monseigneur le Promoteur, à la requeste de sa femme, et par devant monseigneur l'official, pour quitter sa femme, et luy donner licence d'aultre part se marier, ou aleguer les causes pourquoy, en tant de jours qu'il avoit esté avec elle, n'avoit monstré qu'il estoit homme comme les aultres, et fait ce qu'il appartient aux mariez. Quant le jour fut venu, les parties se presenterent en temps et en lieu; ilz furent huchiez¹ à dire leurs causes. La mere à la nouvelle mariée commença à compter la cause de sa fille, et Dieu scait comment elle alegue les loix que l'en doibt maintenir en mariaige, lesquelles son gendre n'avoit acomplies ne d'elles usé; parquoy requeroit qu'il feust desjoint de sa fille, et, dès ceste heure mesmes, sans faire long procès. Le bon jeune homme fut bien esbahy, quant ainsi ouyt blasonner ses armes²; mais gueres n'attendit à respondre aux alegacions de son adversaire, et froidement, de maniere rassise, compter son cas, et comment sa femme luy avoit fait refus, quant il avoit voulu faire le devoir de mariaige. La mere, oyant ses responses, plus marrie que devant, combien que à paine le vouloit croire, demanda à sa fille s'il estoit vray ce que son mary avoit respondu. Et elle dist : « Vrayement, mere, ouy. — Ha! maleureuse, dist la mere, comment l'avez-vous reffusé? Ne vous avois-je pas dit par plusieurs fois vostre leçon? » La povre fille ne scavoit que dire, tant estoit honteuse : « Toutesfoys, dist la mere, je vueil scavoir la cause pourquoy vous avez fait le reffuz, ou, se ne le me dictes, vous me ferez courroucier mortellement? » La fille dist tout couvertement, en jugement, que, pource qu'elle avoit trouvé la lance de son champion si grosse, ne luy avoit osé bailler l'escu, doubtant qu'il ne la tuast, comme encores elle en doubtoit, et ne se vouloit desmouvoir de ceste doubte³, combien que sa mere luy disoit que doubter n'en devoit. Et, après ce, adresse sa parolle au juge, en disant : « Monseigneur l'official, vous avez ouy la confession de ma fille et les deffences de mon gendre : je vous requier, rendez-en vostre sentence diffinitive. » Monseigneur l'official, pour appointement, fist faire ung lit en sa maison, et ordonna, par arrest, que les deux mariez yroient coucher ensemble, enjoingnant à la mariée qu'elle empoingnast baudement le bourdon ou oustil, et

---

¹ Appelés, sommés, invités.
² Critiquer, décrier, blâmer ses actes de mari.
³ Remettre de cette crainte; tranquilliser sur ce point.

qu'elle le mist au lieu où il luy estoit ordonné. Et quant celle sentence fut rendue, la mere dist : « Grant mercy, mon-seigneur l'official, vous avez très bien jugé. Or avant, dist la mere, ma fille, faictes ce que devez faire, et gardez de venir à l'encontre de l'appointement de monseigneur l'official; mettez la lance au lieu où elle doit estre. — Et je suis, au fort, contente, dist la fille, de la mettre où il faut, mais, s'elle y devroit pourrir, je ne l'en retireray ne sacqueray jà[1]. » Ainsi se partirent de jugement, et allerent mettre à exececution la sentence, sans sergent à masse; car eulx-mesmes firent l'execution. Par ce moyen, nostre gendre vint à chief de ceste jousterie, dont il fut plustost saoul que celle qui n'y vouloit entendre.

LA LXXXVIIe NOUVELLE

En une bonne ville du pays de Hollande, avoit, n'a pas cent ans, ung chevalier logié en une belle et bonne ostellerie, où il y avoit une très belle jeune fille chamberiere servante, de laquelle il estoit très amoureux; et, pour l'amour d'elle, il avoit tant fait au fourrier du duc de Bourgoingne, que cest ostel luy avoit delivré, affin de mieulx pourchasser sa queste, et venir aux fins où il contendoit et où amours le faisoient encliner. Quant il eut esté environ cinq ou six jours en ceste ostelerie, luy survint par accident une maleûreuse adventure, car une maladie le print en l'oeil, si griefve, qu'il ne le povoit tenir ouvert, ne en user, tant estoit aspre la douleur. Et pource que très fort doubtoit de le perdre, mesmement que c'estoit le membre où il devoit plus de guet[2], manda le cirurgien de monseigneur le duc de Bourgoingne, qui pour ce temps estoit à la ville. Et devez scavoir que ledit cirurgien estoit ung gentil compaignon, escuyer, tout fait et bien duyt[3] de son mestier; car, sitost que ce maistre cirurgien vit cest oeil, il le jugea comme perdu, ainsi que par adventure ilz sont

---

[1] C'est-à-dire : je ne la dégaînerai pas.
[2] C'est-à-dire: qu'il avait le plus d'intérêt à garder.
[3] Tout façonné et bien dressé.

coustumiers de juger des maladies, affin que, quant ilz les ont sanées[1]
et gueries, ilz en reportent plus de prouffit, tout premier, et secondement plus de louenge. Le bon chevalier, à qui desplaisoit d'ouyr
telles nouvelles, demanda s'il n'y avoit point de remede à le guerir.
Et l'aultre respondit que très difficile seroit; neantmoins, il l'oseroit
bien entreprendre à guerir avecques l'aide de Dieu, mais qu'on le
voulsist croire : « Se vous me voulez delivrer de ce mal, sans perte
de mon oeil, je vous donneray bon vin[2], » dist le chevalier. Le marchié fut fait, et entreprint le cirurgien à guerir cest oeil, Dieu devant[3], et ordonna les heures qu'il viendroye chascun jour pour le mettre à point. A chascune fois que nostre cirurgien visitoit ce malade,
la belle chamberiere le compaignoit[4] et aydoit à remuer le povre pacient. Se ce bon chevalier estoit bien feru avant de ceste chamberiere,
si fut le cirurgien, qui, toutes les fois qu'il venoit faire sa visitacion,
fichoit ses doulx regars sur le beau et poly vyaire[5] de celle chamberiere, et tant fort s'y aheurta, qu'il luy declaira son cas, et en eut très
bonne audience, car de prinsault on luy accorda sa requeste; mais la
maniere comment l'en pouvoit mettre à excecution ses ardans desirs,
on ne le scauroye comment trouver. Or toutesfoys, à quelque peine
que ce feust, la façon fut trouvée par la prudence du cirurgien, qui fut
telle : « Je donneray, dist-il à entendre à monseigneur le pacient, que
son oeil ne se peut guerir, se n'est que son aultre oeil soit caché,
car l'usaige qu'il a au regarder empesche la garison de l'aultre malade.
S'il est content, dist-il, qu'il soit caché comme l'aultre, ce nous sera la
plus convenable voye du monde pour prendre noz delitz[6] et plaisances, et mesmement en sa chambre, affin que l'on y prenne moins de
suspicion. » La fille, qui avoit aussi grant desir que le cirurgien, prisa
très bien ce conseil, ou cas que ainsi ce pourroye faire. « Nous l'essaierons! » dist le cirurgien. Il vint à l'heure acoustumée veoir cest
oeil malade, et quant il l'eut descouvert, il fist bien de l'esbahy: « Comment! dist-il : je ne vis oncques tel mal! Cest oeil-cy est plus laid qu'il

---

[1] Traitées, soignées; du latin *sanare*.
[2] Expression proverbiale, signifiant : je vous payerai généreusement, je vous récompenserai bien.
[3] C'est-à-dire : avec l'aide ou la permission de Dieu.
[4] Accompagnait.
[5] Visage. Nous avons cherché inutilement à nous rendre compte de l'origine de ce vieux mot, car le bas latin *viaria* signifie une voie publique, une grande route.
[6] Ou *déduits*, plaisirs. Nous croyons que c'est bien le même mot, qui s'est conservé avec le même sens, dans cette locution : *flagrant délit*, locution qu'on appliquait d'abord exclusivement à l'acte même de l'adultère ou de la prostitution.

n'estoit il y a xv jours. Certainement, monseigneur, il sera bon mestier que vous ayez pacience. — Comment? dist le chevalier. — Il fault que vostre bon oeil soit couvert et caché tellement, qu'il n'ait point de lumiere, une heure ou environ incontinent que j'auray assis l'emplastre et ordonné l'aultre; car, en verité, il l'empesche à guerir sans doubte. Demandez à ceste belle fille, qui l'a veu chascun jour que je l'ay remué, comment il amende[1]! » Et la fille disoit qu'il estoit plus laid que paravant : « Or çà, dist le chevalier, je vous abandonne tout; faictes de moy ce qu'il vous plaist, je suis content de cligner l'oeil tant que l'en voudra; mais que garison s'ensuyve ! » Les deux amans furent adonc bien joyeux, quant ilz virent que le chevalier estoit content d'avoir l'oeil caché. Quant il fut appointé et qu'il eut les yeulx bandez, maistre cirurgien faint de partir et dist adieu, comme il avoit de coustume, promettant tantost de revenir pour descouvrir cest oeil. Il n'alla gueres loing, car, assez près de son pacient, sur une couche getta sa dame, et, d'aultre planette[2] qu'il n'avoit regné sur l'oeil du chevalier, visita les cloistres secretz de la chamberiere. Trois ou quatre fois maintint ceste maniere de faire envers ceste belle fille, sans ce que le chevalier s'en donnast garde, combien qu'il en ouyst la tempeste[3]. Mais il ne scavoit que ce povoit estre, jusques à la sixiesme fois qu'il se doubta, pour la continuacion; à laquelle fois, quant il ouyt le tabourement et noise[4] des combattans, il arracha bende et emplastre, et vit les deux amoureux qui se demenoient tellement l'ung contre l'autre, que il sembloit proprement qu'ilz deussent manger l'ung l'autre, tant joignoient leurs jambes ensemble : « Et qu'esse là, maistre cirurgien? dist le chevalier. M'avez-vous fait jouer à cligne musette, pour me faire ce desplaisir? Mon oeil doit-il estre guery par ce moyen? Que dictes-vous? » Et maistre cirurgien part et s'en va, et oncques puis le chevalier ne le manda. Aussi il ne retourna point querir son payement de ce qu'il avoit fait à l'oeil de nostre pacient; car, bien salarié se tenoit, par sa dame qui fort gracieuse et abandonnée estoit. Et à tant fais fin de ce present compte.

---

[1] Va mieux, s'améliore. Le chirurgien veut dire, par là, que le mal empire.

[2] Instrument de chirurgie.

[3] Le fracas, le bruit; ce que l'auteur appelle plus bas : le *tabourement* et la *noise*.

[4] Tambourinage et vacarme.

LA LXXXVIIIe NOUVELLE

En une gente petite ville cy entour, que je ne vueil pas nommer, est nagueres advenu adventure, dont je vous fourniray ceste nouvelle. Il y avoit ung simple et rude païsan marié à une plaisante et assez gente femme, laquelle laissoit le boire et le menger pour aymer par amours. Le bon mary avoit d'usaige de demourer très souvent ès champs, en une maison qu'il y avoit, aucunesfois troys jours, aucunesfois quatre, aucunesfois plus, ainsi qu'il luy venoit à plaisir; et laissoit sa femme prendre du bon temps à la bonne ville. Car, affin qu'elle ne s'espoventast, elle avoit tousjours ung homme qui gardoit la place du bon homme et entretenoit son devant, de paour que le roul[1] n'y print. La regle de ceste bonne bourgeoise estoit de attendre son mary jusques à ce que l'en ne veoit gueres[2]; et jusques à ce qu'elle se tenoit seure de son mary, qu'il ne retournoit point, ne laissoit venir le lieutenant, de paour que trompée ne feust. Elle ne sceut mectre si bonne ordonnance en sa regle acoustumée, que trompée ne feust, car, une fois, ainsi que son mary avoit demouré deux ou trois jours, et pour le quatriesme avoit attendu aussi tard qu'il estoit possible avant la porte close[3], cuidant que pour ce jour il ne deust point retourner, si ferma l'huys et les fenestres comme les aultres jours, et mist son amoureux au logis, et commence à boire d'autant et faire chiere tout oultre. Gueres assis n'avoient esté à la table, que nostre mary vint hucher à l'huys[4], tout esbahy qu'il le trouvoit fermé. Et, quant la bonne dame l'ouyt, fist saulver son amoureux soubz le lict, pour le plus abregier, puis vint demander à l'huys, qui avoit heurté : « Ouvrez? dist le mary. — Ha, mon mary, dist-elle, estes-

---

[1] La rouille.
[2] C'est-à-dire : jusqu'à la brune.
[3] La porte de la ville, qu'on fermait à l'heure du couvre-feu ; c'est-à-dire à sept ou huit heures du soir.
[4] Appeler sa femme à la porte.

vous là? Je vous devois demain envoier ung messaiger comment ne retournissiez point! — Quelle chose y a-il? dist-il. — Quelle chose? dist-elle. Helas! les sergens ont esté ceans plus de deux heures et demie, vous attendant pour vous mener en prison. — En prison? dist-il. Et comment en prison? Quelque chose ai-je meffait? A qui doy-je? Qui se plaint de moy? — Certes je n'en scay rien, ce dist la rusée, mais ilz avoient grant vouloir et desir de mal faire; il sembloit qu'ilz voulsissent tuer ung caresme, si fiers estoient-ilz[1]. — Voire, ce disoit nozamys, ne vous ont-ilz point dit quelque chose qu'ilz me vouloient? — Nenny, dist-elle, fors que, s'ilz vous tenoient, vous n'eschapperiez de la prison devant long temps. — Ilz ne me tiennent pas encores, Dieu mercy! Adieu! je m'en retourne. — Où yrez-vous? dist-elle, qui ne demandoit aultre chose. — Dond je vien! dist-il. — Je yray doncques avec vous? dist-elle. — Non ferez; gardez bien et gracieusement la maison, et ne dictes point que j'aye icy esté. — Puis que vous voulez retourner aux champs, dist-elle, hastez-vous, avant que l'en ferme la porte; il est jà bien tard. — Quant elle seroit fermée, si fera tant le portier, dist-il, pour moy, qu'il la me ouvrira très voulentiers. » A ces motz, il se partit, et quant il vint à la porte, il la trouva fermée, et, pour priere qu'il sceust faire, le portier ne la voulut ouvrir. Si fut bien mal content de ce qu'il convenoit qu'il retournast à sa maison, doubtant[2] les sergens; toutesfois, falloit-il qu'il y retournast; s'il ne vouloit coucher sur les rues. Il vint arriere heurter à son huys, et la dame, qui faisoit la ratelée[3] avec son amoureux, fut plus esbahye que devant; elle sault sus et vint à l'huys, toute esperdue, disant : « Mon mary n'est point revenu; vous perdez temps. — Ouvrez, ouvrez! dist-il : m'amye, ce suis-je. — Helas! helas! vous n'avez point trouvé la porte ouverte? Je m'en doubtoye bien, dist-elle; veritablement, je ne voy remede en vostre fait, que ne soyez prins, car les sergens me dirent, il m'en souvient maintenant, qu'ilz retourneroient sur la nuyt. — Or çà, dist-il, il n'est mestier de long sermon; advisons qu'il est de faire? — Il vous fault mucyer[4] quelque part ceans, dist-elle, et si ne scay lieu ne retraicte, où vous puissiez estre bien assuré. — Serois-je point bien, dist l'aultre, en nostre coulombier?

---

[1] Expression proverbiale. Le Carême, avec ses jeûnes et ses pénitences, était un redoutable adversaire, qu'il eût été bien difficile de retrancher du calendrier.
[2] Craignant.
[3] Locution proverbiale, signifiant : menait joyeuse vie.
[4] Pour *musser*, cacher.

Qui me sercheroye là? » Et elle, qui fut moult joyeuse de ceste invencion et expedient traictié, faingnant toutesfoys, dist : « Le lieu n'est grain ¹ honneste, il y fait trop puant. — Il ne me chault, dist-il, j'ayme mieulx me bouter là pour une heure ou deux et estre saulvé, qu'en aultre honneste lieu où je seroye par adventure trouvé. — Or çà, dist-elle, puis que vous avez ce ferme couraige, je suis de vostre opinion. » Ce vaillant homme monta en ce coulombier, qui se fermoit par dehors à clef et se fist illec enfermer, et pria sa femme que se les sergens ne venoient tantost, qu'elle le mist dehors. Nostre bonne bourgeoise abandonna son mary, et le laissa toute la nuyt rancouler ² avec les coulons : à qui ne plaisoit gueres, et tousjours doubtoit ces sergens. Au point du jour, qu'il estoit heure que l'amoureux se departist, ceste bonne preude femme vint hucher son mary et luy ouvrit l'huys; qui demanda comment on l'avoit laissé si longuement tenir compaignie aux coulons? Et, elle, qui estoit faicte et pourveue de bourdes, luy dist que les sergens avoient toute la nuyt veillé autour de leur maison, et que plusieurs fois avoit à eulx devisé, et qu'ilz ne faisoient que partir, mais ilz avoient dit qu'ilz viendroyent à telle heure, qu'ilz le trouveroyent. Le bon homme, bien esbahy quelle chose sergens luy povoient vouloir, se partit incontinent, et retourna aux champs, promectant qu'en long temps ne reviendroye. Et Dieu scait que la gouge le print bien en gré, combien que s'en monstroit douloureuse. Et par tel moyen, elle se donna meilleur temps que devant, car elle n'avoit quelque soing ³ sur le retour de son mary.

LA LXXXIXᵉ NOUVELLE

En ung certain petit hamelet ou villaige de ce monde, assiz loing de la bonne ville, est advenu une petite histoire qui est digne de venir en l'audience de vous, mes bons seigneurs. Ce villaige ou hamelet estoit

---

¹ Pas du tout, nullement.
² Pour *roucouler* avec les pigeons.
³ Souci, inquiétude.

habité d'ung moncelet[1] de rudes et simples paysans qui ne scavoient comment ilz devoient vivre. Et, se bien rudes et non saichans estoient, leur curé ne l'estoit pas une once moins, car luy-mesmes failloit à congnoistre ce qui estoit de necessaire à tous generalement, comme je vous en donneray l'experience par ung cas qui luy advint. Vous devez scavoir que ce prestre curé, comme j'ay dit, avoit sa teste affublée[2] de simplesse si parfaicte, qu'il ne scavoit point anuncer les festes des saincts, qui viennent chascun an, et en jour determiné, comme chascun scait. Et quant ses paroissiens demandoient quant la feste seroye, il failloit bien coup à coup à le dire vrayement. Entre aultres telles faultes qui souvent advenoient, en fist une qui ne fut pas petite, car il laissa passer cinq sepmaines du caresme, sans l'anuncer à ses paroissiens. Mais entendez comment il se apperceut qu'il avoit failly. Le samedy qui estoit la nuyt de la blanche Pasque, que l'en dist Pasques fleuries[3], luy vint voulenté d'aller à la bonne ville, pour aucune chose qu'il y besoingnoit. Quant il entra en la ville, en chevauchant parmy les rues, il apperceut que les prestres faisoient provision de palmes et aultres verdures, et veoit qu'au marché en les vendoit pour servir à la procession pour lendemain. Qui fut bien esbahy, ce fut ce curé, combien que semblant n'en fist. Il vint aux femmes qui vendoient ces palmes ou bouys, et en acheta, faisant semblant que pour aultre chose ne feust-il venu à la bonne ville. Et puis monte hastivement à cheval, chargé de sa marchandise, et picque à son villaige, et, le plustost que possible luy fut, il s'y trouva. Avant qu'il feust descendu de dessus son cheval, il rencontra aucuns de ses paroissiens, ausquelz il commanda que l'en allast sonner les cloches, et que chascun vint à l'eglise, de ceste heure; car il leur vouloit dire aucunes choses necessaires pour le salut de leurs ames. L'assemblée fut tantost faicte, et se trouva chascun en l'eglise, où monseigneur le curé, tout housé et esperonné, vint bien embesoingné[4], Dieu le scait. Il monta en son prosne et dist les motz qui s'ensuyvent : « Mes bons seigneurs, je vous signifie et vous fais assavoir que aujourd'huy a esté la veille et sollemnité de la feste de Pasques fleuries, et de ce jour en huit prochain, vous aurez la veille de la grant Pasque, que l'en dist la Resurrection Nostre Seigneur. » Quant ces bonnes gens ouyrent ces nouvelles, commence-

---

[1] Ramas.
[2] Les anciennes éditions portent *affulée*; peut-être faudrait-il lire *affolée*.
[3] Le dimanche des Rameaux.
[4] Affairé, préoccupé.

rent à murmurer, et eulx esbahyr très fort comment ce se povoit faire : « Mot¹, dist le curé; je vous appaiseray bien tantost, et vous diray vrayes raisons pour quoy vous n'avez que huyt jours de caresme à faire voz penitences pour ceste année; et ne vous esmayez² jà de ce que je vous diray, et que le Caresme est ainsi venu tard. Je tien qu'il n'y a celuy de vous qui ne saiche bien et soit records³ comment les froidures ont esté longues et aspres ceste année, merveilleusement plus que oncques mais; et long temps a qu'il ne fist aussi perilleux et dangereux chevaucher, comme il a fait tout l'hiver, par les verglaz et naiges qui ont longuement duré. Chascun de vous scait cecy estre vray comme l'Evangille; pourquoy, ne vous donnez merveilles de la longue demourée⁴ de Caresme, mais esmerveillez-vous ainçoys comment il a peu venir, mesmement que⁵ le chemin est très long jusques à sa maison. Si vous prye que le vueillez tenir pour excusé, et mesmes il vous en prie, car aujourd'huy j'ay disné avecques luy (et leur nomma le lieu, c'est assavoir la ville où il avoit esté). Et pourtant, dist-il, disposez-vous ceste sepmaine de venir à confesse, et de comparoir demain à la procession, comme il est de coustume. Et ayez pacience ceste fois; l'année qui viendra, se Dieu plaist, sera plus doulce; parquoy il viendra plustost, ainsi qu'il a d'usage chascun an. » Ainsi monseigneur le curé trouva le moyen de excuser sa simplesse et ignorance, et leur donna la benediction, disant : « Priez Dieu pour moy, et je prieray Dieu pour vous. » Ainsi descendit de son prosne, et s'en alla à sa maison appointer son bouys et ses palmes, pour les faire le lendemain servir à la procession; et puis ce fut tout.

LA XC° NOUVELLE

Pour acroistre et employer mon nombre des nouvelles que j'ay promises compter et descrire, j'en metteray icy une dont la venue est

---

¹ *Motus*, silence.
² Émouvez, émerveillez.
³ Se souvienne.
⁴ Retard; l'action de *demeurer*, de rester en arrière.
⁵ D'autant plus.

fresche. Au pays de Brabant, qui est celuy du monde où les bonnes adventures adviennent le plus souvent, avoit ung bon et loyal marchant, de qui la femme estoit très fort malade et gisante pour la griefveté de son mal, continuellement sans abandonner le lit. Ce bon homme, voyant sa bonne femme ainsi attainte et languissante, menoit la plus douloureuse vie du monde, tant marry et desplaisant estoit qu'il ne povoit plus, et avoit grand doubte que la mort ne l'en fist quitte. En ceste doleance perseverant, et doubtant la perdre, se vint rendre auprès d'elle et luy donnoit esperance de garison, et la reconfortoit au mieulx qu'il savoit, l'amonnestant de penser au sauvement de son ame. Et après qu'il eust aucun petit de temps devisé avec elle et finé ses admonnestemens et exortacions, luy cria mercy, en luy requerant que s'aucune chose luy avoit meffait, qu'il luy feust par elle pardonné. Entre les cas où il sentoit l'avoir courroucée, luy declaira comment il estoit bien records qu'il l'avoit troublée plusieurs fois, et très souvent, de ce qu'il n'avoit besoingné sur son harnoys, que l'en peut bien appeller *cuyracher*, toutes les fois qu'elle eust bien voulu; et mesmes que bien le scavoit, dont très humblement requeroit pardon et mercy. Et la povre malade, ainsi qu'elle povoit parler, luy pardonnoit les petis cas et legiers, mais ce derrain[1] ne pardonnoit-elle point voulentiers, sans scavoir les raisons qui avoient meu et induit son mary à non luy fourbir son harnoys, quant mesmes il scavoit bien que c'estoit le plaisir d'elle, et qu'elle ne appetoit aultre chose ne demandoit : « Comment, dist-il, voulez-vous mourir, sans pardonner à ceulx qui vous ont meffait? — Je suis bien contente de le pardonner, mais je vueil scavoir qui vous a meu; aultrement, je ne le pardonneray point. » Le bon mary, pour trouver moien d'avoir pardon, cuidant bien faire la besoigne, luy commença à dire : « M'amye, vous scavez bien que par plusieurs fois avez esté malade et deshaitée[2], combien que non pas tant que maintenant je vous voy; et, durant la maladie, je n'ay jamais tant ozé presumer, que de vous requerre de bataille; je doubtoye qu'il ne vous en feust du pire, et soyez toute seure que ce que j'en ay fait, amour le m'a fait faire. — Taisiez-vous, menteur, dist ceste povre paciente; oncques ne fus si malade ne si deshaitée, pourquoy j'eusse fait reffuz de combattre à vous; querez-moy aultre moyen, se voulez avoir pardon, car cestuy ne vous aidera jà; et, puis qu'il vous convient tout dire, meschant et lasche homme que vous estes et aultre

---

[1] Dernier. On dit encore *derrain*, dans les campagnes.
[2] Souffreteuse, chagrine.

ne fustes oncques, pensez-vous qu'en ce monde soit medecine, qui
plus puisse ayder ne susciter [1] la maladie d'entre nous femmes, que
la doulce et amoureuse compaignie des hommes? Me voyez-vous
bien deffaicte et seiche par griefveté de mal? Aultre chose ne m'est
necessaire, sinon compaignie de vous. — Ho! dist l'aultre, je vous
gueriray prestement. » Il sault sur ce lit et besoingna le mieulx qu'il
peut, et, tantost qu'il eut rompu deux lances, elle se lieve et se mist
sur ses piedz. Puis, demye heure après, alla par les rues, et ses voisines, qui la cuidoient comme morte, furent très esmerveillées, jusques à ce qu'elle leur dist par quelle voie et comment elle estoit ra-
vivée; qu'ilz dirent tantost qu'il n'y avoit que ce seul remede. Ainsi
nostre bon marchant aprint à guerir sa femme, qui luy tourna à grant
prejudice, car souvent faingnoit estre malade pour recevoir la medecine.

LA XCI^e NOUVELLE

Ainsi que j'estoye naguieres en la conté de Flandres, en l'une des
plus grosses villes du pays, ung gentil compaignon me fist ung
joyeux compte d'ung homme marié, de qui la femme estoit tant luxurieuse et chaulde sur le potaige [2], et tant publicque, qu'à peine estoit-elle contente qu'on la coingnast en plaines rues, avant qu'elle ne
le fust [3]. Son mary sçavoit bien que de celle condicion estoit, mais,
de subtilité pour querir remede à luy donner empeschement, il ne
sçavoit trouver, tant estoit à ce joly mestier rusée. Il la menassoit
de la batre et de la laisser seule, ou de la tuer, mais querez qui le
face [4]; autant eust-il profité à menasser ung chien enragé ou quelque aultre beste. Elle se pourchassoit à tous lez [5] et ne demandoit

[1] Chasser, ôter.
[2] Expression proverbiale : chaude en amour.
[3] La fin de cette phrase est très-obscure. Faut-il entendre : avant qu'elle ne
fût contente; ou bien faut-il lire : avant qu'elle ne le sût!
[4] Expression proverbiale, signifiant : c'était peine perdue.
[5] De tous côtés, en long et en large. Il y a dans quelques éditions : à tous loz,

que hutin : il y avoit bien peu d'hommes en toute la contrée où elle repairoit[1], pour estaindre une seule estincelle de son grant feu; et quiconques la barguignoit[2], il l'avoit aussi bien à creance que à argent sec[3], fust homme bossu ou vieulx, contrefait ou aultre quelque diffigurance[4]; brief, nul ne s'en alloit sans denrées reporter. Le povre mary, voyant ceste vie continuer, et que toutes ses menasses n'y prouffitoient riens, il s'advisa qu'il l'espoventeroye par une maniere qu'il trouva. Quant il la peut avoir seule en sa maison, il luy dist : « Or çà, Jehanne (ou Beatrix, ainsi qu'il l'appelloit), je vois bien que vous estes obstinée en vostre meschance[5], et que, quelque menasse que je vous face ou punicion, vous n'en tenez non plus compte que se je me taisoye. — Helas, mon mary, dist-elle, en bonne foy, j'en suis la plus marrie, et trop m'en desplaist; mais je n'y puis mettre remede, car je suis née en telle planete pour estre preste et servante aux hommes. — Voire dea, dist le mary, y estes-vous ainsi destinée? Sur ma foy! je ay bon remede et hastif. — Vous me tuerez donc, dist-elle; aultre remede n'y a. — Laissez-moy faire, dist-il; je scay bien mieulx. — Et quoy, dist-elle, que je le scaiche? — Par la mort bieu! dist-il, je vous hocheray ung jour tant, que je vous bouteray ung quarteron d'enfans dedans le ventre, et puis je vous abandonneray, et les vous laisseray toute seule nourrir. — Vous! dist-elle; voire! Mais, ou pris[6], vous n'avez pas pour commencer! Telles menasses m'espoventent bien peu; je ne vous crains de cela pas ung niquet[7]. Se j'en desmarche[8], je vueil que l'en me tonde en croix[9]; et, s'il vous semble que ayez puissance de ce faire, advanciez-vous et commenciez dès ceste heure, je suis preste pour livrer le moule. — Au dyable de

ce qui offre un sens satisfaisant. Cette phrase veut dire que la femme cherchait aventure amoureuse à tout hasard, et ne demandait que du plaisir.

[1] Habitait. Le narrateur compare cette femme à une louve dans son repaire.

[2] La *guignait* de l'œil.

[3] C'est-à-dire : il avait à crédit les faveurs de cette femme, aussi bien que s'il les eût payées en argent comptant.

[4] C'est-à-dire : eût-il quelque infirmité ou difformité.

[5] Méchanceté, mauvaise conduite.

[6] C'est-à-dire : au prix de vos menaces; au lieu de me faire un quarteron d'enfants. Les anciennes éditions mettent *ou prins*, ce qui nous paraît une faute.

[7] C'est-à-dire : pas le moins du monde. Le *niquet*, monnaie de billon valant deux deniers tournois, avait cours sous le règne de Charles VI.

[8] On dirait maintenant : *si j'en démords*.

[9] C'est-à-dire : je veux être rasée. C'était autrefois un déshonneur et une peine égale à la fustigation que d'être tondu, lorsque les longs cheveux caractérisaient, en France, la race noble et libre.

telle femme, dist le mary, qu'on ne peut par quelque voye corriger ! »
Il fut contraint de la laisser passer sa destinée ; il se feust plustost es-
cervelé et fendu la teste pour la reprendre, que luy faire tenir coy le
derriere; parquoy la laissa courre comme une lisse[1] entre deux dou-
zaines de chiens, et accomplir tous ses vouloirs et desordonnez desirs.

LA XCII° NOUVELLE

PAR MONSEIGNEUR DE LANNOY

En la noble cité de Mèz en Lorraine, avoit, puis certain temps en çà,
une bonne bourgeoise mariée, qui estoit tout oultre de la confrairie
de la houlette[2]; riens ne faisoit plus voulentiers que ce joly esbatement
que chascun scait, et où elle povoit desployer ses armes; elle se monstroit vaillante et peu redoubtant les horions. Or, entendez quelle
chose luy advint en excersant son mestier : elle estoit amoureuse
d'ung gros chanoine, qui avoit plus d'argent que ung vieulx chien n'a
de puces. Mais, pour ce qu'il demouroit en lieu où les gens estoient
à toute heure, comme on diroit à une gueule bée[3] ou place publique,
elle ne scavoit comment se trouver avecques son chanoine. Tant pensa
et subtilla[4] à sa besoingne, qu'elle s'advisa que se descouvriroye à
une sienne voisine, qui estoit sa seur d'armes, touchant le mestier et
usance de la houlette; et luy sembla que elle pourroye aller veoir son
chanoine acompaignée de sa voisine, sans que l'en y pensast nul mal
ou suspicion. Ainsi que elle advisa, ainsi fut fait; et, comme se pour
une grosse matiere feust allée vers monseigneur le chanoine, ainsi honnorablement y alla-elle à compaignie, comme dist est. Pour le faire

---

[1] Chienne en chaleur.

[2] Dans ce temps-là, où chaque corps d'état se divisait en confréries, sous l'invocation de différents saints ; on avait imaginé la confrérie de la Houlette pour les
femmes galantes et débauchées. La *houlette* était le synonyme du Priape antique,
et ce symbole devait servir de sceptre au *houlier, hullarius*, qui fut peut être un
berger avant d'être un ribaud.

[3] Au propre, futaille défoncée par un bout: au figuré, carrefour.

[4] Pour *subtilisa*, imagina, s'ingénia.

brief, incontinent que noz bourgeoises furent arrivées, après toutes les salutacions, ce fut la principale memoire que s'enclore¹ avec son amoureux le chanoine, et fist tant, que le chanoine luy bailla une monture, ainsi comme il scavoit. La voisine, voyant l'aultre avoir l'audience et le gouvernement du maistre de leans, n'en eut pas peu d'envie, et luy desplaisoit moult, que non ne luy faisoit ainsi comme à l'aultre. Au vuider de la chambre, celle qui avoit sa pitance, dist à sa voisine : « Nous en yrons-nous ? — Voire, dist l'aultre, s'en va-t'en ainsi? Se l'en ne me fait la courtoisie comme à vous, par Dieu, j'accuseray le mesnaige ; je ne suis pas icy venue pour eschauffer la cire². » Quant l'en apperceut sa bonne voulenté, on luy offrit le clerc de ce chanoine, qui estoit ung fort et roide galant, et homme pour la très bien fournir ; de quoy elle ne tint compte ; mais le refusa de tous poins, disant que aussi bien vouloit avoir le maistre, que l'aultre; aultrement ne seroit-elle point contente. Le chanoine fut contraint, pour saulver son honneur, de s'accorder ; et, quant ce fut fait, elle voulut bien adoncques dire adieu et se partir. Mais l'aultre ne le vouloit pas : ainsi dist, toute courroucée, que elle qui l'avoit amenée et estoit celle pour qui l'assemblée³ estoit faicte, devoit estre mieulx partie⁴ que l'aultre, et qu'elle ne se departiroit point⁵, s'elle n'avoit encores un picotin d'avoine. Le chanoine fut bien esbahy, quant il entendit ces nouvelles, et, combien qu'il priast celle qui vouloit avoir le surcroyst, toutesfoys ne se vouloit-elle rendre contente : « Or çà, dist-il, de par Dieu! je suis content, puis qu'il fault que ainsi soit, mais n'y revenez plus, pour tel prix : je seroye hors de la ville. » Quant les armes furent accomplies, ceste damoiselle au sourcroist, au dire adieu, dist à son chanoine, qu'il falloit donner aucune gracieuse chose pour souvenance. Sans se faire trop importuner ne travailler de requestes, et aussi pour estre delivré, ce bon chanoine avoit une piece d'ung demourant de couvrechief⁶ qu'il leur donna, et la principale receut le don. Ainsi dirent adieu. « C'est, dist-il, ce que je vous puis maintenant donner ; prenez chascune en gré. » Elles ne furent gueres loing allées, que en plaine rue la voisine qui n'avoit eu, sans plus, que ung pico-

¹ S'enfermer.
² Expression proverbiale qui fait allusion à la charge du chauffe cire en chancellerie. On dit aujourd'hui, dans le même sens : *tenir la chandelle*.
³ Tête-à-tête, réunion galante.
⁴ Partagée.
⁵ Qu'elle ne s'en irait point.
⁶ Le reste d'une pièce d'étoffe qui avait servi à faire un chaperon.

tin, dist à sa compaigne, qu'elle vouloit avoir sa porcion de leur don :
« Et bien, dist l'aultre, je suis contente. Combien en voulez-vous
avoir? — Fault-il demander cela? dist-elle; j'en doy avoir la moytié, et
vous, autant. — Comment osez-vous demander, dist l'aultre, plus que
vous n'avez desservy [1]? Avez-vous point de honte? Vous sçavez bien
que vous n'avez esté que une fois au chanoine, et moy, deux fois ; et
par Dieu! ce n'est pas raison que vous soyez partie aussi avant que
moy. — Par Dieu! j'en auray autant que vous, dist l'aultre ; ay-je pas
fait mon devoir aussi avant que vous? — Comment l'entendez-vous?
— N'esse pas autant d'une fois comme de dix? Et affin que vous congnoissez ma voulenté, sans tenir icy halle de neant [2], je vous conseille
que me bailliez ma part justement la moitié, ou vous aurez incontinent hutin! Me voulez-vous ainsi gouverner? — Voire dea, dist sa
compaigne, y voulez-vous proceder d'armure, de fait? Et, par la puissance-Dieu! vous n'en aurez, fors ce qu'il sera de raison, c'est assavoir des trois pars l'une, et j'auray tout le demourant. N'ay-je pas eu
deux fois plus de paine que vous? » Adonc l'aultre haulce [3] et de bon
poing charge sur le visaige de sa compaigne, pour qui l'assemblée avoit
esté faicte : qui ne le tint pas longuement sans rendre. Brief, elles
s'entre-batirent tant et de si bonne maniere, que à bien petit qu'elles [4]
ne s'entretuerent; et l'une appelloit l'aultre ribaulde. Quant les gens
de la rue virent la bataille des deux compaignes, qui peu de temps devant avoient passé par la rue ensemble amoureusement, furent tous
esbahys, et les vindrent tenir et deffaire [5] l'une de l'aultre. Puis, après,
les gens qui là estoient hucherent leurs marys, qui vindrent tantost,
et chascun d'eulx demandoit à sa femme la matiere de leur different.
Chascune comptoit à son plus beau [6]; et tant par leur faulx donner
à entendre, sans toucher de ce pourquoy la question estoit meue, les
esmeurent tellement l'ung contre l'aultre, qu'ilz se vouloient entretuer; mais les sergens les menerent refroidir en prison. La justice
voulut scavoir dont estoit procedé le fondement de la question entre
les deux femmes; elles furent mandées et contraintes de confesser
que ce avoit esté pour une piece de couvrechief et cetera. Les gens de
Conseil, voyant que la congnoissance de ceste cause n'appartenoit à

[1] Mérité, gagné.
[2] C'est-à-dire : sans marchander pour si peu de chose.
[3] Lève le bras.
[4] Peu s'en fallut que.
[5] Séparer.
[6] C'est-à-dire : voulait avoir raison; se donnait le plus beau rôle.

eulx, la renvoierent devant le roy de Bordelois[1], tant pour les merites de la cause, comme pource que les femmes estoient de ses subjectes. Et pendant le procès, les bons maris demourerent en la prison, attendans la sentence diffinitive, qui, pour le nombre infiny d'eulx, en est taillée de demourer pendue au clou.

LA XCIII^e NOUVELLE

Tandis que j'ay bonne audience, je vueil compter ung gracieux compte advenu au pays de Haynault. En ung villaige du pays que j'ay nommé, avoit une gente femme mariée, qui aymoit plus chier le clerc de la paroisse dont elle estoit paroissienne, que son mary. Et, pour trouver moyen d'estre avec son clerc, faingnit à son mary, qu'elle devoit ung pellerinaige à ung sainct, qui n'estoit gueres loing de là, et que promis lui avoit, quant elle estoit en travail[2], luy priant qu'il feust content qu'elle y allast ung jour qu'elle nomma. Le bon simple mary, qui ne se doubtoit de rien, accorda ce pellerinaige; et, pource que le mary demouroit seul, il luy dist qu'elle appointast son disner et souper tout ensemble, avant qu'elle se partist; aultrement, il yroit menger à la taverne. Elle fist son commandement et appointa ung bon poussin et une piece de mouton; et, quant toutes ces preparatives[3] furent faictes, elle dist à son mary, que tout estoit prest, et qu'elle alloit querre de l'eaue benoiste, pour soy partir après. Elle entra en l'eglise, et le premier homme qu'elle trouva, ce fut celuy qu'elle queroit, c'est assavoir son clerc, à qui elle compta les nouvelles, comment elle avoit congié d'aller en pellerinaige et cetera, pour toute la journée : « Mais il y a ung cas, dist-elle; je suis seûre que, si tost que me sentira hors de l'ostel, qu'il s'en yra à la taverne, et n'en retournera jusques au vespre bien tart : je le congnois tel; et pourtant j'ayme mieulx demourer à

---

[1] C'est le roi des ribauds, qui avait la direction suprême des filles publiques et des *bordeaux* dans chaque ville où la prostitution était organisée légalement.
[2] En mal d'enfant.
[3] Pour *préparatifs*.

l'ostel, tandis qu'il n'y sera point, que aller hors. Et doncques vous vous rendrez, dedans une demie heure, autour de nostre ostel, affin que je vous mette dedans par derriere, s'il advient que mon mary n'y soit point ; et, s'il y est, nous yrons faire nostre pellerinaige. » Elle vint à l'ostel, où elle trouva encores son mary, dont elle ne fut point contente, qui lui dist : « Comment estes-vous encores icy ? — Je m'en voys, dist-elle, chausser mes souliers, et puis je ne songeray plus gueres que je ne parte. » Elle alla au cordouennier, et, tandis qu'elle faisoit chausser ses souliers, son mary passa par devant l'ostel du cordouennier, avec ung aultre son voisin qui alloit de coustume voulentiers à la taverne. Et, combien qu'elle supposast que pource qu'il estoit acompaignié dudit voisin, qu'il s'en allast à la taverne, toutesfoys n'en avoit-il nulle voulenté, mais s'en alloit sur le marchié, pour trouver encores ung bon compaignon ou deux et les amener disner avecques luy au commencement qu'il avoit d'advantaige[1], c'est assavoir le poussin et la piece de mouton. Or nous lairrons icy nostre mary chercher compaignie et retournerons à celle qui chaussoit ses souliers ; qui, si tost que ilz furent chaussez, revint à l'ostel le plus hastivement qu'elle peut, où elle trouva le gentil escolier qui faisoit la procession[2] tout autour de la maison ; à qui elle dist : « Mon amy, nous sommes les plus heureux du monde, car j'ay veu mon mary aller à la taverne, j'en suis seure, car il y a ung sien voisin[3] qui le maine par les bras, lequel ne le laissera pas retourner quant il vouldra, et pourtant donnons-nous joye. Le jour est nostre jusques à la nuyt. J'ay appointé ung poussin et une belle piece de mouton, dont nous ferons goguettes. » Et, sans plus rien dire, le mist dedans, et laissa l'huys entrouvert, affin que les voisins ne s'en doubtassent. Or retournons maintenant à nostre mary, qui a trouvé deux bons compaignons, avec le premier dont j'ay parlé, lesquelz il amaine tous pour desconfire et devorer ce poussin, en la compaignie de beau vin de Beaune ou de meilleur, s'il est possible d'en finer. A l'arriver à sa maison, il entra le premier dedans, et incontinent qu'il fut entré, il parceut noz deux amans, qui s'estoient mis à faire ung tronson de bonne ouvrage[4]. Et quant il vit sa femme qui avoit les jambes levées, il luy dist qu'elle n'avoit garde de user

---

[1] C'est-à-dire : parce qu'il avait de quoi faire un bon repas.
[2] C'est-à-dire : qui se promenait.
[3] Nous avons cru devoir changer ainsi le mot *sortes*, qui se trouve dans toutes les éditions, et qui n'a pas de sens.
[4] C'est-à-dire : faire l'amour.

ses souliers, et que sans raison avoit travaillé[1] le cordouennier, puis qu'elle vouloit faire son pellerinaige par telle maniere. Il hucha ses compaignons et dist : « Messeigneurs, regardez que ma femme ayme mon prouffit? De paour qu'elle ne use ses beaux souliers neufz, elle chemine sur son dos; il ne l'a pas telle qui veult. » Il prent ung petit demourant de ce poussin et luy dist qu'elle parfist son pellerinaige; puis, ferma l'huys et la laissa avec son clerc, sans luy aultre chose dire; et s'en alla à la taverne; de quoy il ne fut pas tencé au retourner, ne les aultres fois aussi, quant il y alloit, pource qu'il n'avoit rien ou peu parlé de ce pellerinaige que sa femme avoit fait à l'ostel, avecques son amoureux le clerc de sa paroisse.

LA XCIV^e NOUVELLE

Es marches de Picardie, ou dyocese de Therouenne[2], avoit, puis un an et demy en çà ou environ, ung gentil curé demourant en la bonne ville qui faisoit du gorgias tout oultre[3]. Il portoit robbe courte, chausses tirées, à la façon de court; tant gaillart estoit, que l'en ne pourroye plus, qui n'estoit pas peu d'esclandre aux gens d'Eglise. Le promoteur de Therouenne, qui telle maniere de gens appeloit le *grunt dyable* soy informa du gouvernement de nostre gentil curé, et le fist citer pour le corriger et luy faire muer[5] ses meurs. Il comparut ès habis cours[4], comme s'il ne tenist compte du promoteur, cuydant par adventure que pour ses beaulx yeulx on le delivrast, mais ainsi n'advint

---

[1] Tourmenté, pressé.

[2] Le diocèse de Therouenne, ou plutôt *Terouane*, après la destruction de cette ville par Charles-Quint, en 1553, fut divisé en trois évêchés, celui de Boulogne, celui de Saint-Omer et celui d'Ypres.

[3] Qui se donnait des airs de galant, de muguet.

[4] Changer, transformer.

[5] Les gens d'église les docteurs, les magistrats, et en général tous les hommes graves et honorables, portaient la robe longue; les habits courts étaient exclusivement réservés aux jeunes gens, et même aux mondains, qui, dit un vieux chroniqueur, ne se souciaient d'aller vêtus *comme singes*.

pas; car, quant il fut devant monseigneur l'official, sa partie, le promoteur, luy compta sa legende au long, et demanda, par sa conclusion, que ses habillemens et autres menues manieres de faire luy fussent deffendues; et, avec ce, qu'il fust condemné à payer certaines amendes. Monseigneur l'official, voyant à ses yeulx que tel estoit nostre curé, qu'on luy baptisoit[1], luy fist les deffenses, sur les peines du Canon, que plus ne se desguisast en telle maniere qu'il avoit fait, et qu'il portast longues robbes et cheveux longs, et, avec ce, le condemna à payer une bonne somme d'argent. Il promist que ainsi en feroit-il, et que plus ne seroye cité pour telle chose. Il print congié au promoteur et retourna à sa cure; et, si tost qu'il y fut venu, il fist hucher le drapier et le parmentier[2] ; si fist tailler une robbe qui luy traînoit plus de trois cartiers, disant au parmentier les nouvelles de Therouenne, comment c'est assavoir qu'il avoit esté reprins de porter courte robbe, et qu'on lui avoit chargé de la porter longue. Il vestit ceste robbe longue et laissa croistre ses cheveux de la teste et de la barbe; et, en cest estat, servoit sa paroisse, chantoit messe et faisoit les aultres choses appartenant à curé. Le promoteur fut arriere adverty comment son curé se gouvernoit oultre la regle et bonne et honneste conversacion[3] des prestres, lequel le fist citer comme devant, et il s'y comparut ès longs habis : « Qu'esse cy? dist monseigneur l'official, quant il fut devant luy. Il semble que vous trompez des estatus[4] et ordonnances de l'Eglise; voyez-vous point comme les aultres prestres s'habillent? Se ce ne feust pour l'amour de vos bons amys, je vous feroye affuler[5] la prison de ceans ! — Comment, monseigneur, dit nostre curé, ne m'avez-vous pas chargé de porter longue robbe et longs cheveulx? Fais-je point ainsi que vous m'avez commandé? N'est pas ceste robbe assez longue? Mes cheveux sont-ilz pas longs? Que voulez-vous que je face? — Je vueil, dist monseigneur l'official, et si vous commande que vous portez robbe et cheveulx à demy longs, ne trop ne peu; et pour ceste grande faulte, je vous condemne à payer dix livres d'amende au promoteur, vingt livres à la fabricque

---

[1] Qu'on le lui représentait.
[2] Couturier, tailleur. *Parmentier* désigne l'ouvrier qui fait des *parements*, des habits.
[3] Conduite, genre de vie; en latin, *conversatio*.
[4] Pour *statuts*.
[5] Ce mot, que nous avons déjà rencontré dans la Nouvelle LXXXIX (voy. ci-dessus p. 348) ne se trouve dans aucun glossaire. Nous proposons de le remplacer encore ici par *affubler*, qui offre du moins un sens figuré.

de ceans, et autant à monseigneur de Therouenne, à convertir à son aumosne. » Nostre curé fut bien esbahy, mais toutesfoys il fallut qu'il passast par là. Il prent congié et s'en revient en sa maison, bien pensant comment il s'habilleroye pour garder la sentence de monseigneur l'official. Il manda le parmentier, à qui il fist tailler une robbe longue d'ung costé, comme celle dont nous avons parlé, et courte comme la première de l'aultre costé; puis il se fist barbeier[1] du costé où la robbe estoit courte; en ce point[2], alloit par les rues et faisoit son divin office. Et combien qu'on luy dist que c'estoit mal fait, toutesfoys si n'en tenoit-il compte. Le promoteur en fut encores adverty et le fist citer comme devant. Quant y comparut, Dieu scait comment monseigneur l'official fut malcontent; à peine qu'il ne sailloit de son siege, hors du sens, quant il regardoit son curé estre habillé en guise de mommeur[3]; se les aultres deux fois y avoit esté bien rachassé[4], il fut encores mieulx ceste-cy, et condemné à belles et grosses amendes. Lors nostre curé, se voyant ainsi desplumé de amendes et de condemnacions, dist à monseigneur l'official : « Il me semble, saulve vostre reverence, que j'ay fait vostre commandement. Et entendez-moy, je vous diray la raison. » Adonc il couvrit sa barbe longue de sa main qu'il estendit sus, et puis il dist : « Se vous voulez, je n'ay point de barbe. » Puis, mist sa main de l'aultre lez[5], couvrant la partie tondue ou raise[6] en disant : « Se vous voulez, j'ay longue barbe. Esse pas ce que m'avez commandé? » Monseigneur l'official, voyant que c'estoit ung vray trompeur[7] et qu'il se trompoit[8] de luy, fist venir le barbier et le parmentier, et, devant tous les assistens, luy fist faire sa barbe et cheveulx, et puis coupper sa robbe de la longueur qui estoit de mestier et de raison; puis, le renvoya à sa cure, où il se conduit haultement, en maintenant ceste derniere maniere, qu'il avoit aprinse à la sueur de sa bourse.

[1] Barbifier, raser.
[2] En cet état, en cet équipage.
[3] Masque, bateleur.
[4] Terme de chasse, rabattu, traqué.
[5] Côté.
[6] Rase, rasée.
[7] Moqueur, *gabeur*.
[8] Se moquait, se gaussait.

LA XCV^e NOUVELLE

PAR MONSEIGNEUR DE VILLIERS

Comme il est assez de coustume, Dieu mercy, qu'en plusieurs communautés de religions y a de bons compaignons, au moins quant au jeu des bas instrumens ; au propos[1], nagueres avoit, en ung couvent de Paris, ung très bon frere prescheur, qui avoit de coustume de visiter ses voisines. Ung jour, entre les aultres, il choisit une très belle femme qui estoit sa prochaine voisine, jeune et en bon point, de bon couraige; et s'entreaymoient, et la jeune femme estoit mariée nouvellement à ung bon compaignon. Et devint maistre moyne très bien amoureux d'elle ; et ne cessoit de penser et subtiller[2] voyes et moyens pour parvenir à ses attaintes, qui, à dire en gros et en brief, estoient pour faire cela que vous scavez. Or disoit : « Je feray ainsi ! » Or conclut aultrement. Tant de propos lui venoient en la teste, qu'il ne scavoit sur quoy s'arrester; trop bien disoit-il que de langaige n'estoit point de abatre[3] : « Car elle est trop bonne et trop seure; force m'est que, se je vueil parvenir à mes fins, que par cautelle et decepcion je la gaigne. » Or escoutez de quoy le larron s'advisa, et comment frauduleusement la povre beste il attrapa, et son desir très deshonneste, comme il proposa, acomplit. Il faingnit ung jour avoir mal à ung doy, celuy d'emprès le poulce, qui est le premier des quatre en la main destre ; et, de fait, l'envelopa de draps linges, et le dora d'aulcuns oignemens[4] très fort sentans. Et, en ce point, se tint ung jour ou deux, tousjours se monstrant aval[5] son eglise devant la dessusdicte, et Dieu scait s'il faisoit bien la douleur. La simplette le regardoit en pitié, et, voyant bien à sa contenance que il avoit grand douleur; et, pour la

---

[1] C'est-à-dire : à ce propos.
[2] Imaginer, chercher.
[3] C'est-à-dire : que les paroles ne pourraient la séduire.
[4] Onguents.
[5] En bas, à l'entrée de.

grant pitié qu'elle en eut, luy demanda son cas. Et le subtil regnard lui compta si très piteusement, qu'il sembloit mieulx hors du sens que aultrement. Ce jour se passa; et à lendemain, environ heure de vespres, que la bonne femme estoit à l'ostel seulette, ce pacient la vient trouver, ouvrant de soye [1], et auprès d'elle se met, faisant si très bien le malade, que nul ne l'eust veu à ceste heure, qui ne l'eust jugié en très grant danger. Or, se viroit vers la fenestre, maintenant vers la femme; tant d'estranges manieres il faisoit, que vous feussiez esbahy et abusé à le veoir. Et la simplette, qui toute pitié avoit, à paine que les larmes ne lui sailloient des yeulx, le confortoit au mieulx que elle povoit: « Helas, frere Henry, avez-vous parlé aux medecins telz et telz? — Ouy, certes, m'amye, disoit-il; il n'y a medecin ne cirurgien en Paris qui n'ait veu mon cas. — Et qu'en disent-ils? Souffrirez-vous longuement ceste douleur? — Helas, ouy, voire encores plus la mort, se Dieu ne m'ayde; car mon fait n'a que ung seul remede, et j'aymeroye autant à paine mourir que le desceler; car il est moins que bien honneste et tout estrange de ma profession. — Comment dea, dist la povrette, puis qu'il y a remede? Et n'esse pas mal fait et peché à vous de vous laisser ainsi passionner [2]? Si est, en verité, ce me semble; vous vous mettez en danger de perdre sens et entendement, à ce que je voy vostre douleur si aspre et si terrible. — Par Dieu! bien aspre et terrible est-elle, dist frere Henry; mais quoy! Dieu la m'a envoyée, loué soit-il! Je prens bien la maladie en gré, et auray pacience et suis tout asseuré d'attendre la mort, car c'est le vray remede de ce, voire, excepté ung, dont je vous ay parlé, qui me gueriroye tantost. — Mais quoy? — Comme je vous ay dit, je n'oseroye dire quel il est; et, quant ainsi seroye qu'il me seroye force à desceler ce que c'est, je n'auroye point le vouloir de l'acomplir. — Et, par sainct Martin! dist la bonne femme, frere Henry, il me semble que vous avez tort de tenir telz termes; et pour Dieu! dictes-moy qu'il fault pour vostre garison, et je vous asseure que je mettray paine et diligence à trouver ce qui y servira. Pour Dieu, ne soiez cause de vostre perdicion, laissez-vous ayder et secourir? Or dictes-moy que c'est, et vous verrez se je ne vous ayderay; si feray, par Dieu, et me deust-il couster plus que vous ne pensez. » Damp moyne, voyant la bonne voulenté de sa voisine,

---

[1] Travaillant la soie. Peut-être faut-il lire : *de soi*, ce qui voudrait dire : ouvrant lui-même la porte. En tous cas, le sens nous parait ici douteux.

[2] Souffrir, tourmenter.

après ung grant tas d'excusances et de refus, que pour estre brief je trespasse, dist à basse voix : « Puis qu'il vous plaist que je le dye, je vous obeyray. Les medecins m'ont tous dit d'ung accord, qu'en mon fait n'a que ung seul remede, c'est de bouter mon doy malade dedans le lieu secret d'une femme nette et honneste, et là le tenir assez bonne piece, et après le oindre d'ung oignement, dont ilz m'ont baillé la recepte. Vous oyez que c'est, et, pour tant que je suis de ma nature et de propre coustume honteux, j'ay mieulx aymé endurer et souffrir jusques cy les maulx que j'ay portez, qu'en riens dire à personne vivant ; vous seule scavez mon cas, et malgré moy. — Helas, helas ! dist la bonne femme ; je ne vous ay dist chose que je ne face ; je vous vueil ayder à guerir ; je suis contente et me plaist bien, pour vostre garison, et vous oster de la terrible angoisse qui vous tourmente, que vous preste lieu pour bouter vostre doy malade. — Et Dieu le vous rende, damoiselle ! dist damp moyne. Je ne vous en eusse ozé requerir ne aultre ; mais, puis qu'il vous plaist de me secourir, je ne seray jà cause de ma mort. Or nous mettons doncques, s'il vous plaist, en quelque lieu secret, que nul ne nous voye. — Il me plaist bien ! » dist-elle. Si le mena en une belle garderobe et serra l'huys, et sur le lit la mist ; et maistre moyne lui lieve ses drapeaux [1], et, en lieu du doy de la main, bouta son perchant dur et roide dedans. Et, à l'entrer qu'il fist, elle qui le sentit si très gros, dist : « Et comment vostre doy est-il si gros ? Je n'ouy jamais parler du pareil ! — Et, en verité, dist-il, ce fait la maladie qui en ce point le m'a mis. — Vous me comptez merveille ! » dist-elle. Et durant ses langaiges, maistre moyne acomplit ce pour quoy si bien avoit fait le malade. Et, elle, qui sentit et cetera, demanda que c'estoit ; et il respondit : « C'est le clou de mon doy qui est enfondré ; je suis comme guery, ce me semble, Dieu mercy et la vostre ! — Et, par ma foy, ce me plaist moult, ce dist la dame qui lors se leva ; se vous n'estes bien gary, si retournez toutes fois qu'il vous plaira ; car, pour vous oster de douleur, il n'est riens que je ne face ; et ne soyez plus si honteux que vous avez esté, pour vostre santé recouvrer. »

[1] Linge, chemise, jupon et cotte.

LA XCVIe NOUVELLE

Or escoutez qu'il advint l'aultre hier à ung simple curé de villaige. Ce bon curé avoit ung chien qu'il avoit nourry et gardé, qui tous les aultres chiens du pays passoit sur le fait d'aller en l'eaue querir le vireton[1]; et, à l'occasion de ce, son maistre l'aymoit tant, qu'il ne seroye pas legier à compter combien il en estoit assoté. Advint toutesfois, je ne scay par quel cas, ou s'il eut trop chault ou trop froit, toutesfoys il fut malade et mourut. Que fist ce bon curé? Luy, qui son presbitaire avoit tout contre le cymetiere, quant il vit son chien trespassé, il pensa que grant dommaige seroye que une si saige et bonne beste demourast sans sepulture. Et, pour tant, il fist une fosse assez près de l'huys de sa maison et là l'enfouyt. Je ne scay pas s'il fist une marbre[2] et par dessus graver ung epitaphe; si m'en tays. Ne demoura gueres que la mort du bon chien du curé fut par le villaige anuncée et tant espanduc, que aux oreilles de l'evesque du lieu parvint, et de sa sepulture saincte que son maistre luy bailla. Si le manda vers luy venir par une belle citation par ung chicaneur[3] : « Helas! dist le curé, et qu'ay-je fait, qui suis cité d'office? — Quant à moy, dist le chicaneur, je ne scay qu'il y a, se ce n'est pourtant que vous avez enfouy vostre chien en terre saincte où l'en met les corps des chrestiens. — Ha, se pense le curé, c'est cela? » Or luy vint en teste, qu'il avoit mal fait, et que, s'il se laisse emprisonner, qu'il sera escorché[4], car monseigneur l'evesque est le plus convoiteux de ce royaulme, et si a gens autour de luy, qui scaivent faire venir l'eaue au moulin, Dieu scait comment. Il vint à sa journée[5], et de plain bout s'en alla vers monseigneur l'evesque, qui luy fist ung grant prologue

---

[1] Flèche, bâton qu'on lance à l'eau pour que le chien le rapporte.

[2] Il faut lire : s'il fit une tombe de marbre

[3] Procureur, huissier. Rabelais, dans son roman allégorique, a décrit l'île des *Chicanous*.

[4] Taxé, mis à rançon.

[5] A son ajournement.

pour la sepulture du bon chien. Et sembloit à l'ouyr, que le curé eust pis fait que d'avoir regnié Dieu. Et, après tout son dire, il commanda qu'il feust mené en la prison. Quant monseigneur le curé vit qu'on le vouloit bouter en la boyte aux cailloux, il fut plus esbahy que ung canet[1], et requist à monseigneur l'evesque, qu'il feust ouy : lequel luy accorda. Et devez scavoir que à ceste calenge[2] estoient grant foison de gens de bien et de grant façon, comme l'official, les promoteurs, le scribe, notaires, advocas, procureurs et plusieurs aultres, lesquelz tous ensemble grant joye menoient du cas du bon curé, qui à son chien avoit donné la terre saincte. Le curé, en sa deffense et excuse, parla en brief et dist : « En verité, monseigneur, se vous eussiez autant congneu mon bon chien, à qui Dieu pardoint, comme j'ay fait, vous ne seriez pas tant esbahy de la sepulture que je luy ay ordonnée, comme vous estes, car son pareil, comme j'espoire, ne fut jamais trouvé, ne sera. » Et lors commença à dire bausme[3] de son chien : « Aussi pareillement, s'il fut bien saige en son vivant, encores le fut-il plus à sa mort, car il fist ung très beau testament, et, pour ce qu'il scavoit vostre necessité et indigence, il vous ordonna cinquante escuz d'or que je vous apporte. » Si les tira de son sein, et les bailla à l'evesque, lequel les receut voulentiers, et lors loua et approuva les sens du vaillant chien, ensemble son testament, et la sepulture qu'il luy bailla.

LA XCVIIe NOUVELLE

N'a gueres que estoit une assemblée de bons compaignons faisans bonne chiere en la taverne, et beuvans d'autant. Et quant ilz eurent beu et mangé, et fait si bonne chiere jusques à louer Dieu et aussi *usque ad Hebreos*[4] la pluspart, et qu'ilz eurent compté et payé leur

[1] Petit canard.
[2] Débat judiciaire.
[3] Expression proverbiale, qui équivaut à celle-ci : dire monts et merveille.
[4] Jeu de mots sur ce texte des Psaumes, où le mot *Hebræos* fait équivoque avec *ebrios*, ivres.

escot, les aucuns commencerent à dire : « Comment nous serons festoiez de noz femmes, quant nous retournerons à l'ostel? — Dieu scait que nous ne serons pas excommuniez! — On parlera bien à nos barbes[1]. — Nostre Dame! dist l'ung, je crains bien à m'y trouver. — Ainsi m'aist Dieu! dist l'aultre; aussi fais-je moy. Je suis tout seur d'ouyr la passion[2]! — Pleust à Dieu que ma femme feust muette, je beuveroye[3] trop plus hardiment que ne fais! » Ainsi disoient trestous, fors l'ung d'eulx qui estoit bon compaignon, qui leur alla dire : « Et comment, beaulx seigneurs, vous estes tous bien maleureux, qui avez tous chascun femme qui si fort vous reprent d'aller à la taverne, et est tant mal contente que vous beuvez? Par ma foy! Dieu mercy, la mienne n'est pas telle; car, se je beuvoye dix, voire cent fois le jour, si n'esse pas assez à son gré; brief, je ne vis oncques qu'elle n'eust voulu que je eusse plus beu la moytié. Car, quant je reviens de la taverne, elle me souhaitte tousjours le demeurant du tonneau dedans le ventre, et le tonneau avecques; si n'esse pas signe que je boyve assez à son gré. » Quant ses compaignons ouyrent ceste conclusion, ilz se prindrent à rire et louerent beaucoup son compte, et, sur ce, s'en allerent tous, chascun à sa chascune. Nostre bon compaignon, qui le compte avoit fait, s'en vint à l'ostel, où il trouva peu paisible sa femme toute preste à tencer, qui de si loing qu'elle le vist venir, commença la souffrance[4] accoustumée; et, de fait, comme elle souloit, luy souhaitta le demourant du vin du tonneau dedans le ventre : « La vostre mercy, m'amye! dist-il; encores avez meilleure coustume que les aultres femmes de ceste ville : elles enragent de ce que leurs marys boyvent ne tant ne quant[5]. Et, vous, (Dieu le vous rende!) vouldriez bien que je beusse tousjours ou une bonne fois qui tousjours durast. — Je ne scay, dist-elle, que je vouldroye, sinon que je prie à Dieu que tant beuvez ung jour, que crever en puissiez. » Comme ilz se devisoient ainsi[6] doulcement que vous oyez, le pot à la porée[7], qui sur le feu estoit, commence à s'enfouyr, par dessus, pource que trop aspre feu avoit; et le bon homme, qui voyoit que sa femme n'y mettoit point la main,

---

[1] C'est-à-dire : on nous arrachera les poils de la barbe.

[2] L'évangile de la Passion est d'une interminable longueur; voilà pourquoi le buveur le compare à la kyrielle de reproches qu'il s'attend à subir.

[3] Pour *buvrois*.

[4] Plainte, réprimande qu'il avait coutume de souffrir.

[5] C'est-à-dire : tant et plus.

[6] S'entretenaient, parlaient ensemble.

[7] Le pot au feu, bien garni de poireaux ou porreaux.

luy dist : « Et ne voyez-vous, dame, ce pot qui s'enfouyt ? » Et elle, qui encores rapaisée n'estoit, respondit : « Si fais, sire, je le voy bien. — Or le haussez; Dieu vous mette en mal an! — Si feray-je, dist-elle, je le hausseray[1], je le metz à xij deniers. — Voire, dist-il, dame, esse la response? Haussez ce pot, de par Dieu! — Et bien, dist-elle, je le metz à vij soulz; esse assez hault? — Hen! hen! dist-il, et, par sainct Jehan! ce ne sera pas sans trois coups de baston. » Et il choisit ung gros baston et en descharge de toute sa force sur le dos de ma damoiselle, en disant : « Ce marchié vous demeure. » Et elle commence à crier alarme, tant que les voisins s'y assemblerent, qui demanderent que c'estoit; et le bon homme racompta l'histoire comme elle alloit, dont ilz rirent trestous, fors elle à qui le marchié demoura.

LA XCVIII^e NOUVELLE

Es marches et mettes[2] de France, entre les aultres nobles, y avoit ung chevalier riche et noble, tant par l'ancienne noblesse de ses predecesseurs, comme par ses propres nobles et vertueux fais; lequel chevalier, de sa femme espousée, il avoit eu seulement une fille, qui estoit très belle et très adressée[3] pucelle, comme à son estat appartenoit, aagée de xv à xvj ans, ou environ. Ce bon et noble chevalier, voyant sa fille estre assez aagée, habille et ydoine[4] pour estre alyée et conjointe par le sacrement de mariaige, il eut très grand voulenté de la joindre et donner à ung chevalier son voisin, non toutesfoys tant noble de parentaige comme de grosses puissances et richesses temporelles; avec ce, aussi, aagé de soixante à quatre vings ans ou environ. Ce vouloir rongea tant environ la teste du père dont j'ay parlé, que jamais ne cessa jusques à ce que les aliances et promesses furent faictes entre luy et sa femme, mere de la fille, et ledit ancien che-

---

[1] Je l'enchérirai. Jeu de mots sur le verbe *hausser*, qui a deux significations distinctes.

[2] Frontières; du latin *metæ*.

[3] Bien dressée, bien élevée.

[4] Propre, convenable; du latin *idonea*.

valier, touchant le mariaige de luy avec ladicte fille, qui des assemblées[1], promesses et traictiez ne scavoit rien, ne n'y pensoit aucunement. Assez prochain de l'ostel d'iceluy chevalier, pere de la pucelle, avoit ung aultre jeune chevalier, vaillant et preux, riche moyennement, non pas tant de beaucoup que l'aultre ancien dont j'ay parlé, qui estoit très ardant et fort embrasé de l'amour d'ycelle pucelle. Et pareillement, elle, par la vertueuse et noble renommée de luy, en estoit très fort entachée[2], combien que à danger[3] parlassent l'ung à l'aultre, car le pere s'en doubtoit, et leur rompoit les moyens et voyes qu'il povoit. Toutesfoys il ne les povoit forclorre[4] de l'entiere et très leale amour, dont leurs deux cueurs estoient entrelyez et enlacez. Et quant la fortune leur favorisoit tant, que ensemble les faisoit deviser, d'aultre chose ne tenoient leurs devises, comme de pourpenser le moyen par lequel leur seul et souverain desir pourroye estre acomply par legitime mariaige. Or s'approucha le temps que icelle pucelle deust estre donnée à ce seigneur ancien; et le marchié luy fut par son pere descouvert, et assigné le jour qu'elle le devoit espouser, dont ne fut pas peu courroucée; mais elle pensa qu'elle y donneroye remede. Elle envoya vers son très chier amy le jeune chevalier et luy manda qu'il venist celeement[5] le plustost qu'il pourroye. Et, quant il fut venu, elle luy compta les aliances faictes d'elle et de l'aultre ancien chevalier, demandant sur ce conseil, affin de tout rompre, car d'aultre que de luy ne vouloit estre espousée. Le chevalier luy respondit : « M'amye très chiere, puisque vostre bonté se veult tant humilier que de moy offrir ce que je n'oseroye requerir sans très grant vergoigne, je vous remercie, et, se vous voulez perseverer en ceste bonne voulenté, je scay que nous devons faire. Nous prendrons et assignerons ung jour auquel je viendray en ceste ville, bien acompaigné de mes amis, et à certaine heure vous rendrez en quelque lieu, que vous me direz maintenant, où je vous trouveray seule. Vous monterez sur mon cheval et vous meneray en mon chasteau. Et puis, se nous pouvons appaisier monseigneur vostre pere et madame vostre mere, nous procederons à la consommacion de noz promesses. » Laquelle dist que c'estoit bien advisé, et qu'elle scavoit comment on s'y pouvoit convenablement conduire. Si luy dist que, tel

[1] Entrevues, conférences des parents.
[2] Eprise, amoureuse.
[3] A grand risque, non sans peine.
[4] Exclure, mettre hors.
[5] Secrètement, en cachette.

jour et telle heure, venist en tel lieu où il la trouveroye, et puis feroye
tout bien, ainsi qu'il avoit advisé. Le jour de l'assignacion vint, et se
comparut le jeune chevalier au lieu où l'en luy avoit dist, et où il
trouva sa dame, qui monta sur son cheval et picqua fort, tant qu'ilz
eurent esloingné la place [1]. Ce bon chevalier, craignant qu'il ne tra-
vaillast [2] sa très chiere et parfaicte amye, rompit son legier pas et fist
espandre tous ses gens par divers chemins, pour veoir se quelqu'un ne
les suyvoit point; et chevauchoit à travers champs, sans tenir voyes ne
sentiers, le plus doulcement qu'il povoit; et chargea à ses gens qu'ilz
se trouvassent ensemble tous à ung gros villaige qu'il leur nomma, où
il avoit intencion de repaistre [3]. Ce villaige estoit assez estrange et hors
la commune voye des chemins; et tant chevaucherent, qu'ilz vindrent
au villaige, où la dedicasse et generalle feste du lieu se faisoit, à laquelle y avoit gens de toutes sortes et de grande façon. Ilz entrerent
à la meilleure taverne de tout le lieu, et incontinent demanderent
à boire et à manger, car il estoit tard après disner, et la pucelle si
estoit fort travaillée [4]. Ilz firent faire bon feu et très bien appointer
à menger pour les gens dudit chevalier qui n'estoient pas encores
venus. Gueres n'eurent esté en leur ostellerie, que voicy venir quatre
gros loudiers [5], charretiers ou bouviers, par adventure encores plus
villains, et entrerent en ceste ostellerie baudement [6], demandans ri-
goureusement où estoit la ribaulde [7] que ung ruffien nagueres avoit
amenée derriere luy sur son cheval, et qu'il falloit que ilz beussent
avec elle et à leur tour la gouverner. L'oste, qui estoit homme bien
congnoissant ledit chevalier, saichant que ainsi n'estoit pas que les
ribaulx disoient, il leur dist gracieusement que telle n'estoit-elle
pas qu'ilz cuidoient : « Par la mort bieu! dirent-ilz, se vous ne la
nous livrez incontinent, nous abaterons les huys, et l'enmenerons par
force malgré vous deux! » Quant le bon oste entendit leur rigueur,
et que sa doulce [8] responce luy prouffitoit point, il leur nomma le nom
du chevalier, lequel estoit très renommé ès marches, mais peu cogneu
des gens, à l'occasion que tousjours avoit esté hors du pays, acque-

---

[1] Jusqu'à ce qu'ils fussent loin de la place.
[2] Lassât, fatiguât.
[3] Prendre un repas.
[4] Lassée, fatiguée.
[5] Ribauds, coureurs de mauvais lieux.
[6] Joyeusement.
[7] Fille de joie.
[8] Conciliante, honnête, polie.

rant honneur et renommée glorieuse ès guerres et voyaiges loingtains. Leur dist aussi que la femme estoit une jeune pucelle parente audit chevalier, laquelle estoit née et yssue de grant maison, de très noble parentaige : « Helas! messeigneurs, vous povez, dist-il, sans dangier de vous ne d'aultruy, esteindre et passer voz chaleurs desordonnées avecques plusieurs aultres, qui à l'occasion de la feste de ce villaige sont venues, et non pour aultre chose que pour vous et voz semblables; pour Dieu! laissez en paix ceste noble fille, et mettez devant voz yeulx les grans dangiers où vous vous boutez. Pensez à vos vouloirs, et le grant mal que vous voulez commettre et à petite occasion [1]! — Cessez vostre sermon, dirent les loudiers tous alumez de feu de concupiscence charnelle, et donnez-nous voye, que la puissions sans violance avoir : aultrement, vous ferons honte; car en publicque icy nous l'amenerons, et chascun de nous quatre en fera son plaisir. » Les parolles finées, le bon oste monta en la chambre où le chevalier et la bonne pucelle estoient; puis, hucha le chevalier à part, à qui les nouvelles compta, lequel, quant il eut tout bien et constamment entendu, sans estre gueres troublé, il descendit, garny de son espée, parler aux quatre ribaulx, leur demandant très doulcement quelle chose il leur plaisoit. Et, ainsi rudes et maulsades qu'ilz estoient, respondirent qu'ilz vouloient avoir la ribaulde qu'il tenoit fermée[2] en sa chambre, et que, se doulcement ne leur bailloit, ilz luy tolliroyent et raviroyent à son dommaige : « Beaulx seigneurs, dist le chevalier, se vous me congnoissiez bien, vous ne me tiendriez pour tel qui maine par les champs les femmes telles que vous appelez ceste; oncques je ne fis telle folie, la mercy Dieu. Et, quant la voulenté me seroit telle (que Dieu ne vueille!) jamais je ne le feroye ès marches dont je suis, et tous les miens; ma noblesse et la netteté de mon couraige ne le pourroyent souffrir, que ainsi me gouvernasse. Ceste femme est une jeune pucelle, ma cousine prochaine, yssue de noble maison; et je voys pour esbattre et passer temps doulcement, la menant avec moy, accompaignié de mes gens; lesquelz, jà soit qu'ilz ne soient cy presens, toutesfoys viendront-ilz tantost, et je les attens; et ne soyez jà si abusez en vos couraiges, que je me repute si lasche que je la laisse villenner[3], ne souffrir luy faire injure tant ne quant[4]; mais la garderay et deffen-

---

[1] C'est-à-dire : avec peu de chance de réussir.
[2] Pour *enfermée*.
[3] Insulter, outrager.
[4] De manière ou d'autre.

dray aussi avant et longuement que la vigueur de mon corps pourra durer, et jusques à la mort. » Avant que le chevalier eust finé sa parolle, les villains plastriers [1] luy enterrompirent, en nyant tout premier qu'il fust celuy qu'il avoit nommé, pource qu'il estoit seul, et ledit chevalier jamais ne chevauchoit que en grande compaignie de gens. Pourquoy luy conseilloient qu'il baillast ladicte femme, s'il estoit saige, ou aultrement luy roberoient [2] par force, quelque chose qu'il en peust ensuyvir. Helas! quand le vaillant et courageux chevalier perceut que doulceur n'avoit lieu en ses responses, et que rigueur et haulteur occupoient la place, il se ferma [3] en son couraige et resolut que les villains n'auroient point la jouyssance de la pucelle, ou il y mourroit en la deffendant. Pour faire fin, l'ung de ces quatre s'advança de ferir de son baston à l'uys de la chambre, et les aultres l'ensuyvent, qui furent reboutez vaillamment d'iceluy chevalier. Et ainsi se commença la bataille qui dura assez longuement. Combien que les deux parties fussent despareillées [4], ce bon chevalier vainquit et rebouta les quatre ribaulx, et ainsi qu'il les poursuyvoit et chassoit pour en estre tout au dessus [5], l'ung de ceulx, qui avoit ung glaive, se vira subit [6] et le darda en l'estomac du chevalier et le perça de part en part; et du coup incontinent cheut mort: dont ilz furent très joyeulx. Ce fait, l'oste fut par eulx contraint de l'enfouyr au jardin de l'ostel, sans esclandre ne noise. Quant le bon chevalier fut mort, ilz vindrent heurter à la chambre où estoit la pucelle à qui desplaisoit que son amoureux tant demouroit, et bouterent l'huys oultre [7]. Et si tost qu'elle vit les brigans entrer, elle jugea que le chevalier estoit mort, disant : « Helas! où est ma garde! où est mon seul refuge! Que est-il devenu? Dond vient qu'ainsi me blesse le cueur, et qu'il me laisse icy seulette? » Les ribaulx, voyans qu'elle estoit moult troublée, la cuiderent faulcement decevoir par doulces parolles, en disant que le chevalier si estoit en une aultre maison, et qu'il luy mandoit qu'elle y allast avec eulx, et que plus seurement s'y pourroit garder. Mais riens n'en voulut croire, car le cueur tousjours luy jugeoit qu'ilz l'avoient tué. Si com-

---

[1] Cette qualification donnée à des *ribauds* caractérise les vagabonds et les gens sans aveu qui se retiraient la nuit dans les fours à plâtre.

[2] Déroberaient, raviraient.

[3] S'affermit.

[4] Inégales.

[5] C'est-à-dire : pour en triompher tout à fait.

[6] Se retourna soudain.

[7] Jetèrent la porte en dedans.

mença à soy dementer¹ et de crier plus amerement que devant : « Qu'esse cy, dirent-ilz, que tu nous faiz estrange maniere? Cuides-tu que nous ne te congnoissons? Se tu as souspeçon sur ton ruffien, qu'il ne soit mort. tu n'es pas abusée; nous en avons delivré le pays. Pourquoy² soyez toute asseurée que nous quatre aurons tous chascun l'ung après l'aultre ta compaignie. » Et, à ces motz, l'ung d'eulx s'avance, qui la prent le plus rudement du monde, disant qu'il aura sa compaignie, avant qu'elle luy eschappe. Quant la povre pucelle se vit ainsi efforcée³ et que la doulceur de son langaige ne luy portoit point de prouffit, si leur dist : « Helas! messeigneurs, puis que vostre mauvaise voulenté est ainsi tournée, et que humble priere ne la peut adoulcir; au moins ayez en vous ceste honnesteté de couraige, que, puis qu'il fault que à vous je soye abandonnée, ce soit priveement, c'est assavoir à l'ung sans la presence de l'aultre. » Ilz luy accorderent, jà soit que très envis⁴, et puis luy firent choisir et poureslire celuy d'eulx quatre, qui devoit demourer avec elle : l'ung d'eulx, lequel cuidoit estre le plus bening et doulx, elle esleut; mais de tous estoit-il le pire. La chambre fut fermée, et tantost après, la bonne pucelle se getta aux piedz du ribault, auquel elle feit plusieurs piteuses remonstrances, en luy priant que il eust pitié d'elle. Mais, tousjours perseverant en malignité, dist qu'il feroit sa voulenté d'elle. Quant elle le vist si dur, que à sa priere très humble ne vouloit exaulcer, luy dist : « Or çà, puisqu'il convient qu'il soit, je suis contente; mais je vous supplie que cloez⁵ les fenestres, affin que nous soyons plus secretement. » Il accorda bien envis; et, tandis qu'il les cloyoit, la pucelle sacha⁶ ung petit cousteau qu'elle avoit pendu à sa çaincture, et, en faisant ung très piteux cry, se trencha la gorge et rendit l'ame. Et quant le ribault la vit couchée à terre, il s'enfuyt avec ses compaignons. Et est à supposer que depuis ilz ont esté pugnis selon l'exigence du piteux cas. Ainsi finerent leurs jours les deux beaulx amoureux, tantost l'ung après l'aultre, sans percevoir riens des joyeux plaisirs où ilz cuidoient ensemble vivre et durer tout leur temps.

¹ Ou *guementer*, lamenter.
² C'est pourquoi.
³ Violentée, violée.
⁴ Quoique bien malgré eux.
⁵ Fermiez.
⁶ Ou *sacqua*, dégaîna.

LA XCIX^e NOUVELLE

S'il vous plaist, avant qu'il soit plus tard tout à ceste heure, ma petite ratelée et compte abregé d'ung vaillant evesque de Castille despaindray, qui, pour aucun affaire du roy de Castille, son maistre, ou temps de ceste histoire, s'en aloit en court de Romme. Ce vaillant prelat, dont j'entens fournir ceste nouvelle, vint ung soir en une petite villette de Lombardie; et, luy, estant arrivé par ung vendredy assez de bonne heure, vers le soir, ordonna à son maistre d'ostel de le faire soupper assez de bonne heure, et le tenir le plus aise que faire ce pourroye, de ce dont on pourroye recouvrer en la ville; car, la Dieu mercy, quoiqu'il feust gros, gras et en bon point, et ne se donnast de mauvais temps que bien à point et sobrement, si n'en jeunoit-il journée. Son maistre d'ostel, pour luy obeyr, s'en alla au marchié, et, par toutes les poissonneries de la ville, sercha pour trouver du poisson. Mais, pour faire le compte brief, il n'en peut oncques recouvrer ung seul loppin, quelque diligence que luy et son oste en sceussent faire. D'adventure, eulx retournans à l'ostel sans poisson, trouverent ung bon homme des champs, qui avoit deux bonnes perdris et ne demandoit que marchant. Si se pensa le maistre d'ostel que, s'il en povoit avoir bon compte, qu'elles ne luy eschapperoyent pas, et que ce seroye bon pour le dimenche, et que son maistre en feroit grant feste. Il les acheta et en eut un bon pris. Il vint vers son maistre, ses perdris en sa main, toutes vives, grasses et bien refaictes[1], et luy compta l'esclipse de poisson qui estoit en la ville : dont il ne fut pas trop joyeulx, et luy dist : « Et que pourrons-nous soupper? — Monseigneur, ce respondit-il, je vous feray faire des oeufz en plus de cent mille manieres; vous aurez aussi des pommes et des poires. Nostre oste a aussi de bon fourmaige et bien gras; nous vous tiendrons bien aise; ayez pacience pour meshuy; ung soupper est tantost passé; vous serez demain plus aise, se Dieu

---
[1] Dodues, appétissantes.

plaist. Nous yrons en ville, qui est trop mieulx empoissonnée que ceste-cy; et dimenche vous ne povez faillir d'estre bien disné[1], car veey deux perdris que je vous ay pourveues[2], qui sont à bon escient bonnes et bien nourries. » Ce maistre evesque se fist bailler ces perdris et les trouva telles qu'elles estoient, bonnes à bon escient; si se pensa qu'elles tendroyent[3] à son soupper la place du poisson qu'il cuidoit avoir, dont il n'avoit point; car il n'en put oncques trouver. Si les fist tuer bien en haste, plumer, larder et mettre en broche, quelque chose que son maistre d'ostel sceust dire ne remonstrer; trop bien disoit-il : « Monseigneur, elles sont bonnes tuées, mais les rostir maintenant pour dimenche, il ne me semble pas bon. » Quelque chose que le maistre d'ostel luy sceust remonstrer, toutesfoys ne le vouloit-il croire, car elles furent mises en broche et rosties. Le bon prelat estoit, la plus part du temps qu'elles mirent à cuyre, tousjours present : dont son maistre d'ostel ne se scavoit assez esbahyr, et ne scavoit pas bien l'appetit desordonné de son maistre qu'il eust à ceste heure de devorer ces perdris; ainçois cuidoit qu'il le fist pour dimenche les avoir plus prestes au disner. Lors les fist ainsi habiller, et, quant elles furent prestes et rosties, la table couverte et le vin aporté, oeufz en diverses façons habillez et mis à point, si s'assist le prelat, et le *Benedicite* dit, demanda les perdris avec la moustarde. Son maistre d'ostel, desirant scavoir que son maistre vouloit faire de ces perdris, si les luy mist devant luy toutes venantes de la broche, rendantes une fumée arromatique assez pour faire venir l'eaue à la bouche d'ung friant. Et bon evesque d'assaillir ces perdris et desmembrer d'entrée la meilleure qui y feust; et commence à trencher et menger; car tant avoit haste que oncques ne donna loisir à son escuier, qui devant luy trenchoit, qu'il eust mis son pain ne ses cousteaux à point. Quant ce maistre d'ostel vit son maistre s'arracher[4] à ces perdris, il fut bien esbahy et ne se peut taire ne tenir de luy dire : « Ha, monseigneur, que faictes-vous? Estes-vous Juif ou Sarrasin, qui ne gardez aultrement le vendredy? Par ma foy, je me donne grant merveille de vostre faict. — Tais-toy, tais-toy! dist le bon prelat, qui avoit toutes les mains grasses et la barbe aussi de ces perdris : tu es beste, et ne scais que tu dis; je ne fais point de mal. Tu scais et congnois bien que, par parolles,

---

[1] Vous ne pouvez manquer d'avoir un bon dîner.
[2] Dont j'ai fait provision pour vous.
[3] Pour *tiendraient*.
[4] Il faudrait plutôt lire : *s'attacher* ou *s'attaquer*.

moy et tous aultres prestres, faisons d'une hostie, qui n'est que de blé et d'eaue, le precieux corps de Jesus-Crist; et ne puis-je doncques, par plus forte raison, moy qui tant ay veu de choses en court de Romme, et en tant de divers lieux, scavoir par parolles faire convertir ces perdris, qui est chair, en poisson, jà soit ce qu'elles retiennent la forme de perdris? Si fais, dea! Maintes journées sont passées que j'en scay bien la pratique. Elles ne furent pas si tost mises à la broche, que, par les parolles que je scay, je les charmay tellement, que en substance de poisson se convertirent; et en pourriez, trestous qui cy estes, menger, comme moy, sans peché. Mais, pour l'ymaginacion que vous en pourriez prendre, elles ne vous feroient jà bien; si en feray tout seul le meschief[1]. » Le maistre d'ostel et tous les aultres de ses gens commencerent à rire, et firent semblant de adjouster foy à la bourde de leur maistre, trop subtillement fardée et coulourée ; et en tindrent depuis maniere du bien de luy[2], et aussi maintesfois en divers lieux joyeusement le racompterent.

LA C^e NOUVELLE

EN la puissante et bien peuplée cité de Gennes, puis certain temps en çà, demouroit ung marchant, comblé de biens et de richesses, duquel l'industrie et maniere de vivre estoit de mener et conduire grosses marchandises par la mer ès estranges pays, especialement en Alexandrie. Tant vacca et entendit au gouvernement des navires, et à entasser et amasser tresors, et amonceler grandes richesses, que durant tout le temps qu'il s'y adonna, qui fut depuis sa tendre jeunesse jusques à l'aage de cinquante ans, ne luy vint voulenté ne souvenance d'aultre chose faire. Et comme il fut parvenu à l'aage dessusdicte, ainsi comme une fois pensoit sur son estat, voyant qu'il avoit despendu[3] et emploié tous ses jours et ans à riens aultre chose faire

---

[1] Le péché, la faute.
[2] Cette phrase est obscure: veut-elle dire qu'ils imitèrent leur maître, ou bien qu'ils surent depuis à quoi s'en tenir sur son compte?
[3] Dépensé.

que cuider accroistre ses richesses, sans jamais avoir eu ung seul moment ou minute de temps auquel sa nature luy eust donné inclinacion pour le faire penser ou induire de soy marier, affin d'avoir generacion, qui, aux grans biens qu'il avoit, à diligence, veille et à grant labeur, amassez et acquis, luy succedast, et après luy les possedast, conceut en son couraige[1] une aigre et très poignant douleur ; et desplaisant estoit à merveilles, qu'ainsi avoit exposé et despendu ses jeunes jours. En celle aigre doleance et regret demoura aulcuns jours : lesquelz jours pendant, advint que, en la cité dessus nommée, les jeunes et petis enfans, après qu'ilz avoient solennizé aulcune feste accoustumée entre eulx pour chascun an, habillez et desguisez diversement, et assez estrangement les ungs d'une maniere, et les aultres d'aultre, se vindrent rendre en grant nombre en ung lieu, où les publicques et accoustumez esbatemens de la cité se faisoient communement, pour jouer en la presence de leurs peres et meres ; et aussi, affin d'en reporter gloire, renommée et louenge. A ceste assemblée se comparut et se trouva ce bon marchant, remply de fantasies et de soulcy, et, voyant les peres et les meres prendre grant plaisir à veoir leurs enfans jouer et faire souplesses et appertises[2], aggrava sa douleur, qu'il paravant avoit de soy-mesmes conceue ; et, en ce point, sans les povoir plus adviser ne regarder, triste et marry, retourna en sa maison, et seulet se rendit en sa chambre où il fut aucun espace de temps, faisant complaintes en ceste maniere : « Ha! povre maleureux vieillard, tel que je suis et toujours ay esté, de qui la fortune et destinée sont dures, ameres et mal goustables ! O chetif homme, plus que tous recreant[3] et las par les veilles, peines, labeurs et ententes que tu as prinses et portées tant par mer que par terre ! Ta grande richesse et tes combles tresors sont bien vains, lesquelz, soubz perilleuses adventures, en peines dures et sueurs, tu as amassé et amoncelé, et pour lesquelz tout ton temps a despendu et usé, sans avoir oncques une petite espace ne souvenance de penser qui sera celuy qui, toy mort et party de ce siecle, les possedera, et à qui par loy humaine les devras laisser en memoire de toy et de ton nom. Ha! meschant couraige, comment as-tu mis en nonchaloir[4] cela, à quoy tu devois donner entente singuliere ? Jamais ne t'a pleu mariaige, et tous-

---

[1] Cœur.
[2] Exercices d'adresse et d'agilité de corps.
[3] *Recreu*, rendu, éreinté, épuisé.
[4] Négligence, insouciance.

jours l'as craint et reffusé ; mesmement hay et mesprisé les bons et justes conseilz de ceulx qui t'y ont voulu induire, affin que tu eusses lignée qui perpetuast ton nom, ta louenge et ta renommée. O bien heureux sont les peres, qui laissent à leurs successeurs bons et saiges enfans ! Combien ay-je aujourd'huy regardé et perceu de peres estans aux jeux de leurs enfans, qui se disoient très heureux, et jugeroyent très bien avoir emploié leurs ans, se après leurs deccs leur povoient laisser une petite partie des grans biens que je possede. Mais quel plaisir et soulas puis-je jamais avoir? Quel nom, quelle renommée auray-je après la mort? Où est maintenant le filz qui maintiendra et fera memoire de moy, après mon trepas? Benoist soit ce sainct mariaige, parquoy la memoire et souvenance des peres est entretenue, et dont tenus[1], possessions et heritaiges sont pour leurs doulx enfans à eternelle permanence et durée ! » Quant ce bon marchant eust à soy-mesmes longue espace argué[2], subit donna remede et solucion à ses argumens, disant ces motz : « Or çà, il ne m'est desormais mestier[3], nonobstant le nombre de mes ans, tourmenter ne troubler de douleurs, d'angoisses ne de pensement. Au fort, ce que j'ay par cy-devant fait prend semblance aux oyseaulx, qui font leurs nydz et les preparent, avant qu'ilz ponnent[4] leurs oeufs. J'ay, la mercy Dieu, richesses souffisantes pour moy, pour une femme et pour plusieurs enfans, s'il advient que j'en aye, et ne suis si ancien, ne tant defourny de puissance naturelle, que je me doie soulsier ne perdre esperance de non pouvoir jamais avoir generacion. Si me convient arrester et donner toute entente, veiller et travailler, advisant où je trouveray femme propice et convenable à moy. » Ainsy finant son procès[5], vuida de sa chambre, et fist venir vers luy deux de ses compaignons mariniers[6] comme luy, auxquelz il descouvrit son cas tout au plain, les priant très affectueusement qu'ilz luy voulsissent ayder à trouver[7] et querir femme pour luy : qui estoit la chose de ce monde que plus desiroit. Les deux marchans, ayant entendu le bon propos de leur compaignon, le priserent et louerent beaucoup, et prindrent la charge de faire toute la diligence et inquisicion possible pour luy trouver femme. Et, ce

---

[1] *Tenues, tenures*, fiefs, biens seigneuriaux.
[2] Réfléchi, argumenté.
[3] Besoin, affaire.
[4] Pour *pondent*.
[5] Cessant de se parler à lui-même.
[6] Hommes de mer, marins.
[7] Il y a *trouveir* dans l'édition originale.

temps pendant que la diligence et enqueste se faisoit, nostre marchant, tant eschauffé de marier, que plus il ne povoit, faisoit de l'amoureux, cherchant par toute la cité, entre les plus belles la plus jeune, et d'aultres ne tenoit compte. Tant chercha que en trouva une, telle qu'il la demandoit; car de honnestes parens née, belle à merveilles, jeune de quinze ans ou environ, gente, doulce et très bien adressée[1] estoit. Après qu'il eust congneu les vertus et condicions doulces d'elle, il eut telle affection et desir qu'elle fust dame de ses biens par juste mariaige, qu'il la demanda à ses parens et amis, lesquelz, après aucunes petites difficultez et legieres qui gueres ne durerent, luy donnerent et accorderent. En la mesme heure, luy firent fiancer et donner caucion et seureté du douaire dont il la vouloit douer. Se ce bon marchant avoit prins grant plaisir en sa marchandise, pendant le temps qu'il la menoit, encores l'eut-il plus grant, quant il se vit asseuré d'estre marié, et mesmement avec femme telle que il en povoit avoir de beaulx enfans. La feste et solennité de ses nopces fut honnorablement et en grant sumptuosité faicte et celebrée : laquelle feste faillye[2], il mist en oubly et nonchaloir sa premiere maniere de vivre; c'est assavoir sur la mer; il faisoit très bonne chiere et prenoit grande plaisance avec sa belle et doulce femme. Mais le temps ne luy dura gueres, que saoul et ennuyé en fut; car, la premiere année avant qu'elle feust expirée, print desplaisance de demourer à l'ostel en oysance[3] et de y tenir mesnaige en la maniere qui convient à ceulx qui y sont liez, se hoda[4] et ennuya, aiant très grant regret à son aultre mestier de marinier, qui luy sembloit plus aisié et legier à maintenir que celuy qu'il avoit si voulentiers entreprins à gouverner nuyt et jour. Aultre chose ne faisoit que subtiller[5] et penser comment il se pourroit trouver en Alexandrie, en la maniere qu'il avoit acoustumée, et luy sembloit que n'estoit pas seulement difficille de soy abstenir de mariner et non hanter la mer et l'abandonner de tous points, mais aussi chose la plus impossible de ce monde. Et combien que sa voulenté feust plainement deliberée et resolue de soy retraire et remettre à son premier mestier, toutesfoys le celoit-il à sa femme, doubtant que ne le print à desplaisance; avoit

---

[1] Pour *dressée*, élevée, dirigée.
[2] Finie, terminée.
[3] Pour *oisireté*.
[4] Se lassa.
[5] S'ingénier.

aussi une crainte et doubte qui le destourboit et donnoit empeschement à executer son desir, car il congnoissoit la jeunesse du couraige de sa femme et luy estoit bien advis que, s'il s'absentoit, elle ne se pourroye contenir ; consideroit aussi la muableté et variableté de couraige femenin, et mesmement que les jeunes galans, luy present, estoient coustumiers de passer souvent devant son huys pour la veoir : dont il supposoit qu'en son absence ilz la pourroyent de plus près visiter et par adventure tenir son lieu. Et, comme il eust esté par longue espace point[1] et esguillonné de ces difficultez et diverses ymaginacions, sans en sonner mot, et qu'il congneust qu'il avoit jà achevé et passé la plus part de ses ans, il mist à nonchaloir femme et mariaige et tout le demourant qui affiert au mesnaige ; et, aux argumens et disputacions qui luy avoient troublé la teste, donna briefve solucion, disant en ceste maniere : « Il m'est trop plus convenable vivre que mourir, et, se je ne laisse et abandonne mon mesnaige en briefz jours, il est tout certain que je ne puis longuement vivre ne durer. Lairay-je donc ceste belle et doulce femme ? Ouy, je la lairay ; elle ait doresenavant la cure et soing d'elle-mesmes, s'il luy plaist ! je n'en vueil plus avoir la charge ! Helas ! que feray-je ? Quel deshonneur ! quel desplaisir sera-ce pour moy, s'elle ne se contient et garde chasteté ! Ho ! il vault mieulx vivre, que mourir, pour prendre soing pour la garder. Jà Dieu ne vueille que pour le ventre d'une femme je pregne si estroicte cure ne soing, sans avoir loyer[2] ne salaire, et ne en recevoir que torment de corps et d'ame ! Ostez-moy ces rigueurs et angoisses, que plusieurs seuffrent pour demourer avec leurs femmes; il n'est chose en ce monde plus cruelle ne plus grevante les personnes. Jà Dieu ne me laisse tant vivre, que, pour quelque adventure qu'en mon mariage puisse sourdre[3], je m'en courrousse, ne monstre triste ! Je vueil avoir maintenant liberté et franchise de faire tout ce qui me vient à plaisir. » Quant ce bon marchant eut donné fin à ces très bonnes devises, il se trouva avec ses compaignons mariniers, et leur dist qu'il vouloit encores une fois visiter Alexandrie et charger marchandises, comme aultresfois et souvent avoit fait en leur compaignie. Mais il ne leur declaira pas les troubles qu'il prenoit à l'occasion de son mariaige. Ilz furent tantost d'accord et luy dirent qu'il se fist prest

---

[1] Piqué, tourmenté.
[2] Prix alloué, récompense.
[3] Naître, sortir, arriver.

pour partir au premier bon vent qui sourviendroit[1]. Les mariniers et bateaulx furent chargez et preparez pour partir et mis ès lieux où il falloit atendre vent propice et opportun pour naiger[2]. Ce bon marchant doncques ferme et tout arresté en son propos, comme le jour precedent, celuy doncques, qui se devoit partir, se trouva seul après souper, avec sa femme, en sa chambre; et luy descouvrit son intencion et maniere de son prochain voyage, et, affin que très joyeuse feust, luy dist ces paroles : « Ma très chiere espouse, que j'ayme mieulx que ma vie, faictes, je vous requier, bonne chiere, et vous monstrez joyeuse, et ne prenez de desplaisance ne tristesse en ce que je vous declaireray. J'ay proposé de visiter, se c'est le plaisir de Dieu, une fois encores Alexandrie en la façon que j'ay de long temps acoustumée, et me semble que n'en devez estre marrie, attendu que vous cognoissez que c'est ma maniere de vivre, mon art et mon mestier, auxquelz moyens j'ay acquis richesses, maisons, nom et renommée, et trouvé grant nombre d'amys et de familiarité. Les beaulx et riches ornemens, aneaulx, vestemens et toutes les aultres precieuses bagues, dont vous estes parée et ornée, plus que nulle aultre de ceste cité; comme bien sçavez, je les ay achaptées du gaing et avantaige que j'ay fait en mes marchandises. Ce voyaige doncques ne vous doit gueres ennuyer, car le retour en sera brief. Et je vous prometz que à ceste fois, comme j'espoire, se la fortune me donne heur, que jamais plus n'y vueil retourner : je y vueil prendre congié à ceste fois. Il convient doncques que prenez maintenant couraige bon et ferme; car je vous laisse la disposicion, administracion et gouvernement de tous les biens que je possede; mais, avant que je me parte, je vous vueil faire aucunes requestes. Pour la premiere, je vous prie que soyez joyeuse, tandis que je feray mon voyage, et vivez plaisamment; et, se j'ay quelque prou d'ymaginacion que ainsi le faciez, j'en chemineray plus lyement. Pour la seconde, vous sçavez que entre nous deux rien ne doit estre tenu couvert, ne celé, car honneur, prouffit et renommée doivent estre, comme je tien qu'ilz sont, communs à tous deux, et la louenge et honneur de l'ung ne peut estre sans la gloire de l'aultre, non plus que le deshonneur de l'ung ne peut estre sans la honte de tous deux. Or je vueil bien que vous entendez que je ne suis si très despourveu de sens, que je ne pense bien comment

[1] Pour *surviendroit*.
[2] *Naviguer*.

je vous laisse jeune, belle, doulce, fresche et tendre, sans soulas[1] d'homme, et que de plusieurs en mon absence serez desirée. Combien que je cuide fermement que avez maintenant nette pensée, couraige haytié[2] ; toutesfoys, quant je congnois quelz sont vostre aage et l'inclinacion de la secrete chaleur en quoy vous abondez, il ne me semble pas possible qu'il ne vous faille, par pure necessité et contrainte, ou temps de mon absence, avoir compaignie d'homme ; dont c'est bien mon plaisir que vous vous accordez où vostre nature vous forcera et contraindra. Vecy doncques le point où je vous vueil prier : c'est que gardez nostre mariaige le plus longuement que vous pourrez en son entiereté. Intencion n'ay ne voulenté aucune de vous mettre en garde d'aultruy, pour vous contenir ; mais vueil que de vous-mesmes ayez la cure et le soing, et en soyez gardienne. Veritablement il n'est si estroitte garde au monde, qui puisse destourber[3] la femme oultre sa voulenté à faire son plaisir. Quant doncques vostre chaleur vous esguillonnera et poindra, je vous prie, ma chiere espouse, qu'en l'execution de vostre desir, vous vous advisez prudentement et tellement, qu'il n'en puisse estre publique renommée ; que s'aultrement le faites, vous, moy et tous noz amys, sommes infames et deshonnorez. S'en fait donques et par effet vous ne povez garder chasteté, au moins mettez paine de la garder, tant qu'il touche fame[4] commune et renommée. Mais je vous vueil apprendre et enseigner la maniere que vous deverez tenir en celle maniere, s'elle survient. Vous sçavez qu'en ceste bonne cité a très grant nombre et foison de beaulx jeunes hommes ; d'entr'eulx tous, vous en choisirez ung seul et vous en tenez contente pour faire ce où vostre nature vous inclinera. Toutesfoys, je vueil que, en faisant l'eslection, vous ayez singulier regard[5] qu'il ne soit homme vague[6], deshonneste et peu vertueux ; car de tel ne vous devez accointer pour le grand peril qui vous en pourroit soudre[7]. Car sans doubte il descouvriroye et publiqueroye[8] à la volée vostre secret. Doncques vous eslirez celuy que congnoistrez fermement estre saige et prudent, affin que, se le meschief vous advient, il mette aussi

---

[1] Consolation, reconfort ; du latin *solatium*.
[2] Allègre, délibéré.
[3] Empêcher.
[4] Bruit public, scandale ; en latin *fama*.
[5] Particulièrement égard.
[6] Vagabond.
[7] Résulter.
[8] Publierait rendrait public.

grant paine à le celer, comme vous ; de ceste article vous requiers-je, et que me promettez en bonne et ferme leaulté que garderez ceste leçon. Si vous advise que ne me respondez sur ceste matiere en la forme et façon que ont de coustume les aultres femmes, quant on leur parle de telz propos comme je vous dis maintenant ; je scay leurs responses et de quelz motz scaivent user qui sont telz: « Hé! hé! mon mary, qui « vous a meu à dire ce? Où avez-vous chargé ceste opinion cruelle, « plaine de tempeste? Par quelle maniere ne quant me pourroye ad- « venir ung si abominable delit? Nenny, nenny, jà Dieu ne vueille « que je vous face telles promesses, à qui je prie qu'il permette la terre « ouvrir, qui m'engloutie[1] et devore toute vive, au jour et heure que, « je ne dy pas commettray, mais auray une seule pensée à le com- « mettre! » Ma chiere espouse, je vous ay ouvert ces manieres de res- pondre, affin que vers moy en usez aucunement. En bonne foy, je croy et tien fermement que vous avez pour ceste heure très bon et entier propos, ouquel je vous prie que demourez autant que vostre na- ture en pourra souffrir. Et n'entendez point que je vueille que me pro- mettez faire et entretenir ce que je vous ay monstré, fors seulement ou cas que ne pourrez donner resistence ne batailler contre l'appetit de vostre fresle et doulce jeunesse. » Quant ce bon marchant eut finé sa parolle, la belle doulce et debonnaire sa femme, la face toute rosée, se print à trembler, quant deust donner responce aux requestes que son mary luy avoit faictes. Ne demoura guere toutesfoys que la rou- geur s'esvanouit et print asseurance, en fermant[2] son couraige de constance ; et en ceste maniere, causa sa gracieuse response : « Mon doulx et très aymé mary, je vous asseure que oncques ne fus si espo- ventée ne troublée de mon entendement, que j'ay esté presentement par voz parolles, quant elles m'ont donné la congnoissance de ce que oncques je ouy, ne aprins, ne pensay. Vous congnoissez ma simplesse, jeunesse et innocence ; certainement, il n'est point pos- sible, à mon aage, de faire ou pourpenser un tel meschief ou deffaulte[3], comme vous m'avez dit que estes seur et scavez vraye- ment que, vous absent, je ne pourroye contenir ne garder l'entie- reté[4] de nostre mariage. Ceste parolle me tormente fort le couraige et me fait trembler toute, et ne scay quelle chose je doy mainte-

---

[1] Pour *engloutisse*.
[2] Affermissant.
[3] Faute, défaite, manquement.
[4] Intégrité.

nant dire, respondre ne proposer à voz raisons. Ainsi m'avez privé
et tollu l'usaige de parler; je vous diray toutesfoys ung mot qui vui-
dera de la profondesse[1] de mon cueur, et en telle maniere qu'il y
gyst, en telle vuidera-il de ma bouche : Je requier très humblement
à Dieu et à jointes mains luy prie qu'il face et commande ung abisme
ouvrir où je soye gettée, les membres tous arrachés, et tourmentée
de mort cruelle, se jamais le jour vient où je doye non seulement
commettre desleaulté[2] en nostre mariaige; mais, sans plus, en avoir
une briefve pensée de le commettre! Et comment ne par quelle maniere ung tel delit ne pourroye advenir, je ne le sauroye entendre. Et,
pource que m'avez forclos et reclus[3] de telles manieres de respondre,
disant que les femmes sont coustumieres d'en user pour trouver les
eschappatoires et alibis forains[4]; affin de vous faire plaisir et donner
repos à vostre ymaginacion, et que voyez que à voz commandemens
je suis preste d'obeyr, garder et maintenir, je vous promeiz, de ceste
heure, de couraige ferme, arresté et estable opinion, d'attendre le
jour de vostre revenue, en vraye, pure et entiere chasteté de mon
corps; et que Dieu ne vueille pas qu'il adviene le contraire! Tenez-
vous-en tout asseuré, et je le vous promeiz : je tiendray la regle et
doctrine que m'avez donnée, en tout ce que je feray, sans la trespasser aulcunement. S'il y a aultre chose dont vostre couraige soit chargé,
je vous prie, descouvrez tout et me commandez faire et acomplir vostre bon desir (aultre rien ne desire), non pas le mien. » Nostre marchant, ouye la response de sa femme, fut tant joyeux, qu'il ne se
peut contenir de plourer, disant : « Ma très chiere espouse, puis que
vostre doulce bonté m'a voulu faire la promesse que j'ay requise, je
vous prie que l'entretenez! » Le lendemain matin, le bon marchant
fut mandé de ses compaignons pour entrer en la mer. Si print congié
de sa femme, et elle le commanda à la garde Dieu. Puis monta en la
mer, et se mirent à cheminer et naiger vers Alexandrie, où ilz par-
vindrent en briefz jours, tant leur fut le vent convenable et propice,
ouquel lieu s'arresterent longue espace de temps, tant pour delivrer
leurs marchandises comme pour en chargier des nouvelles. Pendant et durant lequel temps, la très gente et gracieuse damoiselle, dont
j'ay parlé, demoura garde de l'ostel, et pour toute compaignie n'avoit

[1] Sortira de la profondeur.
[2] Déloyauté.
[3] Dispensé et interdit de répondre de telle sorte.
[4] Manières de détourner la question.

que une petite jeune fillette qui la servoit. Et, comme j'ay dit, ceste belle damoiselle n'avoit que quinze ans : pourquoy, s'aulcune faulte fist, on ne le doit pas tant imputer à malice comme à la fragilité de son jeune aage. Comme doncques le marchant eust esté plusieurs jours absent des yeulx d'elle, peu à peu il fut mis en oubly. Si tost que les jeunes gens sceurent ce partement, ilz la vindrent visiter, laquelle, au premier,[1] ne vouloit vuyder de sa maison ne soy monstrer; mais, toutesfoys, par force de continuacion et frequentacion quotidienne, pour le très grant plaisir qu'elle print aux doulx et melodieux chans et armonies de tous instrumens, dont on jouoit à son huys, elle s'advança de venir bayer[2] et regarder par les crevaces[3] des fenestres et secretz traillis[4] d'icelles, par lesquelles très bien povoit veoir ceulx qui l'eussent plus voulentiers veue. En escoutant les chansons et dances, prenoit à la fois si grant plaisir, que amour esmouvoit son couraige, tellement que chaleur naturelle souvent l'induisoit à briser sa continence. Tant souvent fut visitée en la maniere dessusdicte, qu'en la parfin sa concupiscence et desir charnelz la vainquirent, et fut touchée du dard amoureux bien avant; et comme elle pensa souvent comment elle avoit, s'à elle ne tenoit, très bonne habitude et opportunité de temps et de lieu; car nul ne la gardoit, nul ne luy donnoit empeschement, pour mettre à execution son desir; conclud et dist que son mary estoit très sage quant si bien luy avoit acertené[5] que garder ne pourroye sa continence et chasteté; de qui toutesfois elle vouloit garder la doctrine et, avec ce, la promesse que faicte luy avoit : « Or me convient-il, dist-elle, user du conseil de mon mary; en quoy faisant, je ne puis encourir à deshonneur, puis qu'il m'en a baillié la licence, mais que je ne ysse[6] les termes de la promesse que j'ay faicte. Il m'est advis, et il est vray qu'il me chargea que, quant le cas adviendroit que rompre me conviendroye ma chasteté, que je esleusse homme qui feust saige, bien renommé et de grant vertu, et non aultre. En bonne foy, aussi feray-je, mais que je puisse, en non trespassant le bon conseil de mon mary : il me souffist largement; et je tien qu'il n'entendoit point que l'homme deust estre ancien, ains, comme il me

---

[1] D'abord.
[2] Épier, guetter, regarder.
[3] Interstices, trous, fentes.
[4] Pour *treillis*, grillages, jalousies.
[5] Assuré, certifié.
[6] Que je n'enfreigne pas.

semble, qu'il feust jeune, ayant autant de renommée en clergie [1] et science, comme ung autre vieil; telle fut la leçon, comme il m'est advis. » Ès mesmes jours que ces argumentacions se faisoient pour la partie de nostre damoiselle et que elle queroit ung saige jeune homme, pour luy refroider les entrailles, ung très saige jeune clerc arriva, de son heur [2], qui venoit freschement de l'université de Boulongne la Crasse [3], là où il avoit esté plusieurs ans sans retourner. Tant avoit vacqué et donné son entente à l'estude, qu'en tout le pays n'y avoit clerc de plus grant renommée par les magistraux [4] de la cité; et avecques eulx assistoit continuellement. Il avoit coustume d'aller chascun jour, sur le marchié, à l'ostel de la ville, et jamais ne povoit passer que par devant la maison de ladicte damoiselle, à laquelle pleut très bien sa doulce maniere. Et combien qu'elle ne l'eust jamais veu exercer l'office de clergie, toutesfois elle jugea tantost qu'il estoit très grant clerc : auxquelz moyens elle ficha toute son amour, en luy disant qu'il garderoye la leçon de son mary; mais par quelle maniere elle luy pourroye monstrer son grant et ardant amour, et ouvrir le secret desir de son couraige, elle ne scavoit; dont elle estoit très desplaisante. Elle s'advisa neantmoins, pource que chascun jour ne failloit point de passer devant son huys, allant au marchié, elle se mettroye au perron, parée le plus gentement que pourroye, affin que, au passer, quant il getteroye son regard sur sa beaulté, il la convoitast et requist de ce dont on ne luy feroye refus. Plusieurs fois, la damoiselle se monstra, combien que ce ne feust auparavant sa coustume; et jà soit ce que très plaisante feust et telle pour qui ung jeune couraige devoit tantost estre esprins et alumé d'amours, toutesfoys le saige clerc jamais ne la apperceut, car il marchoit si gracieusement, que, en marchant, ne gettoit sa veue ne çà ne là. Et, par ce moyen, la bonne damoiselle ne prouffita rien en la façon qu'elle avoit pourpensée et advisée. S'elle fut dolente, il n'en est jà mestier d'en faire enqueste, et plus pensoit à son clerc, et plus allumoit et esprenoit son feu. A fin de piece, après ung tas d'ymaginacions que, pour abregier, je passe les reciter, conclud et se determina d'envoier sa petite meschinette [5] devers luy. Si la hucha et commanda qu'elle s'en allast demander ung tel, c'est assa-

---

[1] Doctrine, savoir.
[2] Par bonheur.
[3] Bologne-la-Grasse.
[4] Maitres ès arts, professeurs.
[5] Petite servante, chambrière.

voir de ce grant clerc, et quant elle l'auroye trouvé où qu'il feust, luy dist que, le plus en haste qu'il pourroye, venist à l'ostel d'une telle damoiselle, femme et espouse d'ung tel; et que, s'il demandoit quelle chose il plaisoit à la damoiselle, elle luy respondit que rien n'en scavoit; mais tant seulement luy avoit dit qu'il estoit grande necessité qu'il venist. La fillette mist en sa memoire les motz de sa charge et se partit pour querir celuy qu'elle trouva; ne demoura gueres, car l'en luy enseigna la maison où il mengeoit au disner, en une grande compaignie de ses amys et aultres gens de grant façon. Ceste fillette entra ens[1], et, en saluant toute la compaignie, se vint adresser au clerc, lequel elle demandoit; et, oyans tous ceulx de la table, luy fist son messaige bien saigement, ainsi que sa charge le portoit. Le bon seigneur, qui congnoissoit de sa jeunesse le marchant dont la fillette luy parloit, et sa maison aussi bien comme la sienne, mais ignorant qu'il feust marié ne qui feust sa femme, pensa tantost que, pour l'absence dudit marchant, sadicte femme le demandoit pour estre conseillée en aucune grosse cause, comme elle vouloit; car ledit clerc scavoit bien que le mary estoit dehors, et n'entendoit point la cautelle[2], ainsy comme elle; toutesfoys, il dist à la fillette : « M'amye, allez dire à vostre maistresse, que, incontinent que vostre disner sera passé, je iray vers elle. » La messagiere fist la responce telle qu'il falloit et que on luy avoit enchargé, et Dieu scait comme elle fut receue de sa maistresse. Quant elle entendit les nouvelles que le clerc, son amy par amours, devoit venir, elle estoit la plus joyeuse qu'oncques fut femme; et, pour la grant joye qu'elle avoit de tenir son clerc en sa maison, trembloit et ne scavoit tenir maniere. Elle fist balaiz courre partout, espandre la belle verdure en sa chambre[3], couvrir le lit e la couchette, desployer riches couvertures, tapis et courtines, et se para et atourna des meilleurs atours et plus precieux qu'elle eust. En ce point, l'attendit aucun petit de temps[4], qui luy sembla long à merveilles, pour e grant desir qu'elle avoit. Tant fut desiré et attendu, qu'il vint; et ainsi que elle l'appercevoit venir de loing, elle montoit et descendoit de sa chambre, alloit et venoit, maintenant cy, maintenant là; tant estoit esmeue, qu'il sembloit qu'elle feust ravye de son sens. En la fin,

[1] Dans la maison.
[2] On dirait encore dans le même sens : qui n'entendait pas finesse à l'invitation de la dame.
[3] On couvrait de feuillages verts et d'herbe fraiche le pavement ou carreau où le plancher des salles.
[4] Bien peu de temps.

monta en sa chambre, et illec prepara et ordonna les bagues et joyaulx qu'elle avoit attains et mis dehors pour festoier et recevoir son amoureux. Si fist demourer en bas la fillette chamberiere, pour l'introduire et le mener où estoit sa maistresse. Quant il fut arrivé, la fillette le receut tres graciousement et le mist ens et ferma l'huys, laissant tous ses serviteurs dehors, auxquelz il fut dist qu'ilz attendissent illec leur maistre. La damoiselle, oyant son amoureux estre arrivé, ne se peut tenir de venir en bas à l'encontre de luy, qu'elle salua doulcement. Quant elle le vit, le print par la main et le mena en la chambre qui luy estoit appareillée, et où il fut bien esbahy, quant il s'y trouva, tant pour la diversité des paremens, belles et precieuses ordonnances qui y estoient, comme aussi pour la très grant beaulté de celle qui le menoit. Si tost qu'il fut en la chambre entré, elle se seist sur une escabelle, auprès de la couchette; puis le feist seoir sur une aultre joignant[1] d'elle, où ilz furent aucune espace tous deux, sans mot dire, car chascun attendoit tousjours la parolle de son compaignon, l'un en une maniere, l'aultre en l'aultre; car le clerc, cuidant que la damoiselle luy deust ouvrir aucune grosse et difficile matiere, la vouloit laisser commencer; et, elle, d'aultre costé, pensant qu'il feust si saige et si prudent que, sans riens luy dire ne remonstrer plus avant, il deust entendre pourquoy elle l'avoit mandé. Quant elle vit que semblant ne maniere ne faisoit pour parler, elle commença et dist : « Mon très chier parfaict amy et très saige homme, je vous vueil dire presentement la raison pourquoy et la cause qui m'a meue à vous mander. Je cuide que vous avez bonne congnoissance et familiarité avec mon mary? En l'estat que vous me voyez icy m'a-il laissée et abandonnée pour aller sur la mer et mener ses marchandises en Alexandrie, comme il a de long temps acoustumé. Avant son partement, me dist que, quant il seroye absent, il se tenoit tout seur que ma nature et fragilité me contraindroient à rompre et briser ma continence, et que par necessité me conviendroye converser avec homme[2], affin d'estaindre la chaleur qui en moy devoit venir après son partement. En bonne foy, je le repute ung tres saige homme, car, de ce qu'il me sembloit adoncques impossible advenir, je voy l'experience veritable, car mon jeune aage, ma beaulté et mes tendres ans ne peuvent souffrir ne endurer que le temps despende[3] et consume ainsi

---

[1] A côté, auprès.
[2] Avoir commerce avec un homme.
[3] Dépense.

mes jours en vain; ma nature aussi ne se pourroye contenter. Et, affin que vous m'entendez bien à plain, mon saige et bien advisé mary, qui avoit regart[1] à mon cas, quant il se partit, en plus grande diligence que moy-mesmes, voyant que comme les jeunes et tendres fleurettes se seichent et amatissent[2], quant aucun accident leur advient, et contre l'ordonnance et inclinacion de leur nature, par telle maniere consideroit-il ce qu'il m'estoit à advenir. Et, voyant clerement que, se ma complexion et condicion n'estoient gouvernées selon l'exigence de leurs naturelz principes, gueres ne luy pourroye durer; si me fist jurer et promettre que, quant il adviendroye ainsi que ma nature me forceroye à rompre et briser mon entiereté, je esleusse ung homme saige et de haulte auctorité, qui couvert et subtil feust à garder nostre secret. Si est-il que, en toute la cité, je n'ay sceu penser pour homme, qui soit plus ydoine que vous, car vous estes jeune et très saige homme. Or m'est-il advis que ne me refuserez pas, ne rebouterez[3]. Vous voyez quelle je suis, et si povez l'absence de mon bon mary suppleer et son lieu tenir, voire maintenant se c'est vostre bon plaisir, car nul homme n'en scaura parler; le lieu, le temps, toute opportunité, nous favorisent. » Le bon seigneur, prevenu et anticipé[4], fut tout esbahy en son couraige de ce que la bonne dame dist, combien que semblant n'en fist. Il print la main destre à la damoiselle, et, de joyeux viaire[5] et plaisante chiere, luy commença à dire ces parolles : « Je doy bien rendre et donner graces infinies à ma dame Fortune, qui aujourd'huy me donne tant d'heur et me fait parcevoir le fruit du plus grant desir que je povoye au monde avoir; jamais ne me reputeray ne clameray infortuné, quant en elle treuve si large bonté. Je puis seurement dire que je suis aujourd'huy le plus heureux de tous les aultres, car, quant je concoy en moy, ma très belle et doulce amye, comment ensemble passerons joyeusement noz jeunes jours, sans ce que personne s'en puisse appercevoir ne donner garde, je senglantis[6] de joye. Où est maintenant homme, qui est plus aymé de Fortune, que moy? Se ne feust une seule chose, qui me donne ung petit et legier empeschement à mectre à execucion ce dont la dila-

---

[1] Égard.
[2] Se flétrissent, s'étiolent. Nous croyons qu'il faut lire plutôt : *amacissent* ou *émacissent*; du latin *emaciare*, maigrir.
[3] Repousserez.
[4] Qui n'avait pas eu la peine de faire les avances, ou sommé de répondre.
[5] Visage.
[6] Ou plutôt *singlutis*, sanglote; du latin *singultire*.

cion aigrement me poise et desplaist, je seroye le plus et mieulx fortuné de tout le monde; et me desplaist souverainnement que je ne le puis amender¹. » Quant la bonne damoiselle, qui à nul mal n'y pensoit, ouyt qu'il y avoit aucun empeschement qui ne luy laissoit desployer ses armes², elle, très dolente et bien marrie, luy pria qu'il le declairast, pour y remedier s'elle povoit. « L'empeschement, dist-il, n'est point si grant qu'en petit temps n'en soye delivré, et, puis qu'il plaist à vostre doulceur le scavoir, je le vous diray. Ou temps que j'estoye à l'estude, à l'université de Boulongne la Grasse, le peuple de la cité fut seduit et meu, tellement, que, par muthematbe³, s'esleva encontre le seigneur; si fus accusé avec les aultres mes compaignons d'avoir esté cause et moyen de la seduction et de muthematherie⁴ : pourquoy je fus mis en prison estroicte, ouquel lieu, quant je m'y trouvay, craignant perdre la vie, pource que je me sentoye innocent du cas, je me donnay et vouay à Dieu, luy promettant que, s'il me delivroit des prisons et rendoit icy entre mes parens et amys, je jeusneroye pour l'amour de luy ung an entier, chascun jour, au pain et à l'eaue, et, durant ceste abstinence, ne feroye peché de mon corps. Or ay-je, par son ayde, fait la plus part de l'année et ne m'en reste gueres. Je vous prie et requier toutesfoys, puis que vostre plaisir a esté moy eslire pour vostre, que vous ne me changiez pour nul aultre qui vive, et ne vous vueille ennuyer le petit delay que je vous donneray, pour paracomplir mon abstinence, qui sera brief faicte, et qui pieçà eust esté parfaicte, se je ne me eusse osé confyer en aultruy, qui m'en eust peu ayder et donner secours, car je suis quitte de chascune jeusne⁵ que ung aultre feroye pour moy comme je la faisoye. Et pour ce que j'apperçoy vostre grande amour et confiance que vous avez fischée en moy, je mettray, s'il vous plaist, la fiance en vous, que jamais n'ay osé mettre sur freres, ne amys, ne parens, que j'aye, doubtant que faulte ne me fissent touchant la jeusne. Et vous prieray que m'aydiez à jeusner une partie des jours qui restent à l'acomplissement de mon an, affin que plus brief je vous puisse secourir en la gracieuse re-

---

¹ Corriger, mener à bien.

² Faire l'amour.

³ Révolte. Ce mot est tiré de l'italien *mutamattia*. Les italianismes étaient encore très-rares dans la langue française à cette époque.

⁴ Mutinerie; de l'italien *mutamateria*.

⁵ L'étymologie de ce mot (*jejunium*) s'opposait à ce qu'il ce devînt du genre féminin. Peut-être lui a-t-on donné ce genre pour le distinguer de l'adjectif *jeune* (*juvenis*).

queste que m'avez faicte. Ma doulce entiere amye, je n'ay mais[1] que soixante jours, lesquelz, se c'est vostre plaisir et voulenté, je partiray[2] en deux parties, de quoy vous en aurez l'une, et moy l'aultre, par telle condicion que sans fraude me promettrez m'en acquitter justement, et, quant ilz seront acomplis, nous passerons plaisamment noz jours. Doncques, se vous avez la voulenté de moy ayder en la maniere que j'ay dessus dicte, dictes-le-moy maintenant? » Il est à supposer que la grande et longue espace de temps ne luy pleut gueres, mais, pource qu'elle estoit si doulcement requise de son amy, et aussi qu'elle desiroit moult la jeusne estre parfaicte et acomplie, affin qu'elle peust acomplir ses vouloirs et desirs avec son amoureux, pensant aussi que trente jours n'arresteroyent gueres, elle promist de les faire et acomplir sans fraulde ne sans deception ou mal engin[3]. Le bon et notable seigneur dessusdit, voyant qu'il avoit gaigné sa cause, et que ses besoingnes[4] se portoient très bien, si print congié à la bonne damoiselle, qui n'y pensoit nul mal, en luy disant que, puisque sa voye et son chemyn estoit, en venant de sa maison au marchié, de passer devant son huys, que sans faulte il la viendroye bien souvent visiter; et à tant se departit. Et la belle dame commença le lendemain à faire son abstinence, en prenant ordonnance que durant le temps de sa jeusne elle ne mengeroye son pain et son eaue jusques après soleil reconscé[5]. Quant elle eut jeusné trois jours, le sage clerc, ainsi qu'il s'en alloit au marchié, à l'heure qu'il avoit acoustumé, vint veoir sa dame, à qui il se devisa longuement; puis, au dire adieu, il luy demanda si la jeusne estoit encommencée. Et elle respondit que ouy. « Entretenez-vous ainsi, dist-il, et gardez vostre promesse, ainsi que l'avez faicte? — Tout entierement, dist-elle, ne vous en doubtez. » Il print congé et se partit, et elle perseverant de jour en jour en sa jeusne, et gardoit l'observance en la façon que elle avoit promis, tant estoit de bonne nature. Elle n'avoit pas jeusné huit jours, que sa chaleur naturelle commença fort à refroider et tellement que forcé luy fut de changer habillemens, car les mieulx fourrez et empennez[6] qui ne servoient qu'en l'hiver vindrent servir au lieu des sengles

---

[1] Plus.
[2] Diviserai, partagerai.
[3] Dol, tromperie.
[4] Affaires.
[5] Caché, couché; du latin *reconditus*. Il y a *reconfié* dans plusieurs éditions.
[6] Fourrés; du bas latin *empennatus*. Les fourrures étaient comprises, en général, sous la vieille dénomination de *pannes* ou *pennes*.

et tendres ¹ qu'elle portoit avant l'abstinence entreprinse. Au quinziesme jour fut arriere visitée de son amoureux le clerc, qui la trouva si foible, que à grant peine povoit-elle aller par la maison; et la bonne simplette ne se scavoit donner garde de la tromperie, tant s'estoit abandonnée à amours, et parfaictement mis son entente à perseverer à celle jeusne, et, pour les joyeux et plaisans deliz ² qu'elle attendoit seurement à avoir avecques son grant clerc; lequel, quant, à l'entrer en la maison, la veoit ainsi foible, luy dist : « Quelle viaire esse là et comment marchez-vous? Maintenant j'aperçoy que faictes l'abstinence à regret! Et comment, ma très doulce amye? Ayez ferme et constant couraige, nous avons aujourd'huy achevé la moictié de nostre jeusne; se vostre nature est foible, vainquez-la par roideur et constance de cueur, et ne rompez vostre lealle promesse. » Il l'amonnesta si doulcement, qu'il luy fist prendre couraige, par telle façon, qu'il luy sembloit bien que les aultres quinze jours qui restoient ne luy dureroyent gueres. Le vingtiesme vint, auquel la simplette avoit perdu toute couleur et sembloit à demy morte, et ne luy estoit plus le desir si grant comme il avoit esté. Il luy convint prendre le lit et y continuellement demourer, où elle se donna aucunement garde que son clerc luy faisoit faire abstinence, pour chastier son desir charnel; si jugea que la façon et maniere de faire estoient sagement advisées, et ne povoient venir que d'homme bien saige. Toutesfoys, ce ne la desmeut point, ne descouvrit, qu'elle ne fust deliberée ³ et arrestée de entretenir sa promesse. Au penultime ⁴ jour, elle envoya querir son clerc, qui, quant il la vit couchée au lit, demanda se, pour ung seul jour qui restoit, avoit perdu couraige? Et elle, entrerompant sa parole, luy respondit : « Ha! mon bon amy, vous m'avez parfaictement et de lealle amour aymée, non pas deshonnestement comme j'avoye presumé vous aymer. Pourquoy je vous tien et tiendray, tant que Dieu me donnera vie et à vous aussi pareillement, mon très chier et singulier amy, qui avez gardé, et moy après ⁵, mon en-

---

¹ Simples et légers.
² Les épithètes données ici à ce mot prouvent qu'il signifiait *plaisir*, *acte*, plutôt que *crime*, *péché*; ce qui changerait un peu le sens que nous attribuons à l'ancienne locution *flagrant délit*.
³ C'est-à-dire : cela ne la déconcerta point, et elle ne montra pas qu'elle fût moins déterminée.
⁴ Pour *pénultième*, avant-dernier.
⁵ Nous ne nous rendons pas compte de ce que peut signifier *et moy aprins*, qui se trouve dans toutes les éditions, à moins que ce ne soit une ellipse très-forte, pour dire : *qui avez gardé et qui m'avez appris à garder*.

tiere chasteté et ma chaste entiereté, l'honneur et la bonne renommée de moy, mon mary, mes parens et amys. Benoist soit mon chier espoux, de qui j'ay gardé et entretenu la leçon qui donne grant apaisement à mon cueur! Or çà, mon amy, je vous rends telles graces et remercye, comme je puis, du grant honneur et biens que m'avez faiz, pour lesquelz je ne vous scauroye ne pourroye jamais rendre ne donner suffisantes graces; non feroyent tous mes amys. » Le bon et saige seigneur, voyant son entreprinse estre bien achevée, print congié de la bonne damoiselle, et doulcement l'amonnesta qu'il luy souvint de chastier desormais sa nature par abstinence, toutes les fois qu'elle s'en sentiroye esguillonnée; par lequel moyen elle demoura entiere jusques au retour de son mary, qui ne sceust rien de l'adventure, car elle luy cela; si fist le clerc pareillement.

CY FINISSENT LES CENT NOUVELLES NOUVELLES,
COMPOSÉES ET RECITÉES PAR NOUVELLES
GENS DEPUIS NAGUERES.

TABLE DES MATIÈRES

Avertissement de l'éditeur. v
Notice sur le livre des *Cent Nouvelles nouvelles*. ix
A mon très redoubté seigneur Monseigneur le duc de Bourgoingne et de Brabant. 1
S'ensuit la table de ce present livre des *Cent Nouvelles nouvelles*, lequel en soy contient cent chapitres ou histoires, ou, pour mieulx dire, nouveaux comptes à plaisance. 5
LES CENT NOUVELLES NOUVELLES 51

PARIS. — IMP. SIMON RAÇON ET COMP., RUE D'ERFURTH, 1.